독자의 1초를 아껴주는 정성!

세상이 아무리 바쁘게 돌아가더라도
책까지 아무렇게나 빨리 만들 수는 없습니다.
인스턴트 식품 같은 책보다는
오래 익힌 술이나 장맛이 밴 책을 만들고 싶습니다.

길벗이지톡은 독자 여러분이
우리를 믿는다고 할 때 가장 행복합니다.
나를 아껴주는 어학도서,
길벗이지톡의 책을 만나보십시오.

독자의 1초를 아껴주는
정성을 만나보십시오.

미리 책을 읽고 따라해본 2만 베타테스터 여러분과
무따기 체험단, 길벗스쿨 엄마 2% 기획단,
시나공 평가단, 토익 배틀, 대학생 기자단까지!
믿을 수 있는 책을 함께 만들어주신 독자 여러분께 감사드립니다.

(주)도서출판 길벗 www.gilbut.co.kr
길벗이지톡 www.gilbut.co.kr
길벗스쿨 www.gilbutschool.co.kr

시험에 나오는 것만 공부한다!

시나공 JPT

단어

이승대 지음

길벗
이지:톡

시나공 JPT 단어
Crack the Exam!- JPT Vocabulary

초판 발행 · 2009년 4월 30일
초판 12쇄 발행 · 2021년 1월 5일

지은이 · 이승대
발행인 · 이종원
발행처 · (주)도서출판 길벗
브랜드 · 길벗이지톡
출판사 등록일 · 1990년 12월 24일
주소 · 서울시 마포구 월드컵로 10길 56(서교동)
대표 전화 · 02)332-0931 | 팩스 · 02)323-0586
홈페이지 · www.gilbut.co.kr | 이메일 · eztok@gilbut.co.kr

담당 편집 · 오윤희(tahiti01@gilbut.co.kr) | 기획 · 최준란 | 디자인 · 황애라 | 제작 · 이준호, 손일순, 이진혁
영업마케팅 · 김학흥, 장봉석 | 웹마케팅 · 이수미, 최소영 | 영업관리 · 심선숙 | 독자지원 · 송혜란, 윤정아

교정교열 · 이명희 | 일러스트 · 김학수 | 전산편집 · 수(秀) 디자인 | 사운드편집 · 영레코드
CD제작 · 인포미디어 | CTP출력 및 인쇄 · 북토리 | 제본 · 북토리

ISBN 978-89-6047-169-6 03730
(길벗 도서번호 300341)

정가 · 14,800원

독자의 1초를 아껴주는 정성 길벗출판사
길벗 | IT실용서, IT/일반 수험서, IT전문서, 경제경영서, 취미실용서, 건강실용서, 자녀교육서
더퀘스트 | 인문교양서, 비즈니스서
길벗이지톡 | 어학단행본, 어학수험서
길벗스쿨 | 국어학습서, 수학학습서, 유아학습서, 어학학습서, 어린이교양서, 교과서

페이스북 | www.facebook.com/gilbuteztok
네이버 포스트 | http://post.naver.com/gilbuteztok
유튜브 | https://www.youtube.com/gilbuteztok

"할 수 없기 때문에 포기하는 것이 아니라, 포기하기 때문에 할 수 없는 것이다"

어학공부에 이만큼 도움을 주는 말은 없다고 생각합니다. 그렇습니다. 어학은 끈기가 가장 중요합니다. 일본어가 우리말과 어순이 같고 같은 한자 문화권이라고 너무 쉽게 생각하고 덤비는 분들이 중도 하차라는 쓴 맛을 보게 마련입니다.

그렇다고 일본어 공부, 끈기 하나로 밀어붙이기만 하면 다 되느냐? 네, 할 수 있습니다. 하지만 아무 요령 없이 무식하게 덤벼서는 시간만 소비할 뿐 만족스런 결과를 얻지 못할 것입니다. 그래서 필자는 여러분의 귀중한 시간을 줄이고 보다 효율적인 학습을 위해 오랫동안 일본어 교육계의 고교, 대학, 학원을 거치며 쌓아온 경험과 노하우를 살려 학습의 가장 기본이 되는 어휘, 즉 단어를 정리해봤습니다.

현재 일본어에 관한 여러 가지 인정시험과 자격증이 있습니다. 특히 매월 시험이 실시되는 JPT와, 1년에 2번 실시되는 JLPT는 일본어 시험의 가장 중심이라고 할 수 있습니다. 나아가 일본의 대학으로 유학을 가는 분들이 치러야 하는 EJU 등도 있습니다. 더욱이 최근에는 일본이 관광수입 대국을 꿈꾸며 지금까지 자격증 없이 활동해온 일본 내의 관광가이드를 자격증 소지자로 제한하고 엄격한 규제를 만들어 단속하고 있습니다. 그래서 일본 통역 안내사, 이른바 로컬가이드 자격증이 각광을 받게 되자 점차 수험생들이 증가하는 추세가 되었습니다.

이러한 모든 시험의 50~80%를 차지하는 분야가 '문자와 어휘' 다시 말해 단어와 문형입니다. 일본어 단어의 중요성을 품사별로 나타내면 명사, 동사, 형용사, 어휘 및 문형입니다. 단어를 알아야 독해가 되고, 독해를 해야 문제를 풀 수 있으며, 청해 역시 단어를 잘 숙지하고 있으면 70% 정도는 해결할 수 있습니다.

따라서 합격의 지름길은 물론, 고득점으로 가는 가장 빠른 방법은 시험에 나오는 단어를 누가 더 많이 체계적으로 학습하느냐에 따라 결정됩니다.

《시나공 JPT 단어》는 시험에 합격할 수 있는 단어, 고득점을 노리는 단어 위주로 구성되었습니다. 부디 이 교재로 학습자 여러분의 희망인 합격과 동시에 고득점을 이루시기 바랍니다.

2009년 4월
이승대

JPT 어휘문제 출제경향

일본어 시험에는 크게 JPT와 JLPT 두 가지가 있습니다. JPT(Japanese Proficiency Test), JLPT(Japanese Language Proficiency Test) 둘 다 어휘 학습은 고득점을 올리는 비결 중 하나입니다. 본서에 수록된 기본 단어와 어휘, 기출 및 예상문제를 학습한다면 JPT뿐 아니라 JLPT에서도 좋은 점수를 기대할 수 있을 것입니다.

JPT의 경우는 청해(Listening Comprehension) 파트를 제외한 독해(Reading Comprehension) 파트의 가이드라인을 살펴보면 다음과 같습니다.

Part 5   어휘 찾기(20문항)

일본어에 있어 기본이 되는 한자 읽기 및 표기 능력을 통해 한자와 음, 훈에 관한 올바른 이해와 문법, 어휘를 통한 일본어 문장 작성의 기초적인 능력을 평가함으로써 일본어 전반에 걸친 지식이 골고루 학습되어 있는가를 평가합니다.

Part 6   오문정정(20문항)

틀린 문장이나 적합하지 않은 부분을 가려낼 수 있는 능력 평가는 단순한 독해력 테스트가 아닌 표현 능력과 간접적인 작문 실력을 평가하는 것입니다. 무엇이 잘못되었는지를 정확히 지적할 수 있는 실력이 필요합니다.

Part 7   공란 메우기(30문항)

불완전한 문장을 문장 속에서 전후 관계를 정확히 파악해 완전한 문장으로 완성시킬 수 있는가를 평가함으로써 표현력과 문법 그리고 간접적인 작문 능력을 평가합니다.

Part 8   독해(30문항)

표면적인 이해력보다는 일상생활 속에서의 문자를 매체로 정보를 얼마나 빨리 그리고 정확하게 파악할 수 있는가를 평가합니다. 또한 독해력의 종합적인 면으로써 그 내용에서 결론을 추론해 낼 수 있는지, 글의 지향하는 바가 무엇인지를 파악함으로써 사고력, 판단력, 분석력을 종합적으로 평가합니다.

• Part 5~8 문제유형분석

유형	출제되는 Part
1. 한자의 이해와 읽기 및 쓰기	Part 5, 6, 7, 8
2. 동사와 형용사의 접속형태 및 올바른 표기	Part 5, 6, 7
3. 문법과 표현 및 어휘	Part 5, 6, 7, 8

• 파트별 기출문제 및 예상문제

1. 한자의 이해와 읽기 및 쓰기

일본어에서 한자 단어를 빼면 공부할 게 없다고 해도 과언이 아닙니다. 특히 한자 단어는 명사의 80%를 차지합니다. 주로 읽기는 음독과 훈독의 구별, 쓰기는 일상생활과 관련되거나 혼동하기 쉬운 단어가 출제됩니다. 본 교재의 시나공 포인트만 읽어도 70%는 해결됩니다.

기출유형 (02, 08)

下の項目の中から旅行に関係ないことを<u>削除</u>しなさい。

(A) せきじょう   (B) せきじょ   (C) さくじょう   (D) さくじょ

우선 문제의 단어를 우리말로 읽을 줄 알면 한자 읽기의 반은 완성입니다. 음독은 우리나 일본이나 별반 차이가 없기 때문입니다. 우리말로 '삭제'인데 일본어 발음도 비슷합니다. さくじょ라고 읽고 정답은 (D)입니다.

해석 : 아래의 항목 중에서 여행에 관계없는 것을 삭제하세요.

2. 동사와 형용사의 접속형태 및 올바른 표기

동사는 많이 쓰이는 단어가 대략 300개 정도이고 형용사도 거의 300여 개입니다. 그 중 핵심 단어는 100여 개 정도입니다. 본 교재의 단어만 알아도 고득점을 기대할 수 있습니다.

기출유형 (02, 07)

今度の事故は地震がその原因だったので担当者は責任を<u>免れた</u>。

(A) すたれた   (B) まぬがれた   (C) あらわれた   (D) おとずれた

동사나 형용사는 출제가 반복되는 경우가 많습니다. 그만큼 명사에 비해 단어 수가 제한적이기 때문입니다. 그러므로 기출문제와 예상문제를 잘 학습하면 모두 풀 수 있을 것입니다. 이 문제에서 출제된 동사는 '면하다'라는 뜻의 まぬがれる 혹은 まぬかれる입니다. 정답은 (B)입니다.

해석 : 이번 사고는 지진이 그 원인이므로 담당자는 책임을 면했다.

3. 문법과 표현 및 어휘

문법이라 해도 우리가 일반적으로 생각하는 품사별 문법보다는 어휘나 문형에 가깝습니다. 그러므로 본 교재의 어휘, 문형 파트를 잘 학습하면 고득점을 받을 수 있을 것입니다. 또한 표현이나 문형은 광범위하지만 핵심은 제한적이니 걱정하지 않아도 됩니다.

기출유형 (07)

彼にとってそれぐらいは<u>朝飯前</u>だ。

(A) たやすいこと   (B) ご飯を食べない   (C) やるせない   (D) 腑に落ちない

핵심 사항은 朝飯前(あさめしまえ)입니다. 우리말로 그대로 읽어도 반은 이해됩니다. '조반전' 즉 아침식사 전이죠. 빈속으로도 할 수 있을 만큼 쉬운 일. 따라서 (A)의 '손쉬운 일'이 정답입니다.

해석 : 그에게 그 정도는 누워서 떡먹기다.

1. 초, 중급자 (JPT 450점 이하, JLPT N4 이하, EJU 200점 이하)

초, 중급 단계에서 너무 욕심 부리면 오히려 역효과가 발생합니다. 두 마리 토끼를 잡으려다 한 마리도 못 잡는 꼴이 됩니다. 그러므로 일단은 필수 단어(표제어)를 mp3 파일 듣기와 병행하면 아주 적절한 학습효과를 올릴 수 있습니다. mp3 폴더 중 '필수단어 720개' 오디오 파일을 복습 날에 이용해 보세요. 미니 단어장을 따로 만들 필요도 없습니다. 그냥 필수 단어에 형광펜으로 각자 나름대로 표시하기만 하면 됩니다.

주별	월	화	수	목	금	토	일(복습)
첫째주	01일	02일	03일	04일	05일	06일	01~06일
학습내용	명사 1 표제어만 학습	동사 1 표제어만 학습	명사 2 표제어만 학습	동사 2 표제어만 학습	형용사 표제어만 학습	문법 · 어휘 표제어만 학습	mp3 들으며 모르는 단어 표시
둘째주	07일	08일	09일	10일	11일	12일	07~12일
학습내용	명사 표제어만 학습	동사 표제어만 학습	형용사 표제어만 학습	문법 · 어휘 표제어만 학습	명사 1 표제어만 학습	명사 2 표제어만 학습	mp3 들으며 모르는 단어 표시
셋째주	13일	14일	15일	16일	17일	18일	13~18일
학습내용	동사 1 표제어만 학습	동사 2 표제어만 학습	형용사 표제어만 학습	문법 · 어휘 표제어만 학습	명사 표제어만 학습	동사 표제어만 학습	mp3 들으며 모르는 단어 표시
넷째주	19일	20일	21일	22일	23일	24일	19~24일
학습내용	형용사 표제어만 학습	문형 · 어휘 표제어만 학습	명사 표제어만 학습	동사 표제어만 학습	형용사 표제어만 학습	문형 · 어휘 표제어만 학습	mp3 들으며 모르는 단어 표시

※ 여기에서 보여준 학습방법은 기본적인 수준으로 제시한 것입니다. 개인별 학습시간과 학습수준에 따라 다르니 자신에게 맞는 학습방법을 찾아서 공부하는 것도 좋습니다.

2. 중, 고급자 (JPT 600점 이하, JLPT N3 이하, EJU 300점 이하)

이 단계의 실력자들이 제일 보강해야 할 점은 자기 점검입니다. 다시 말해서 자신만의 단어장을 만들어야 하는데, 이 교재를 응용하는 것도 한 방법이며 그밖에 모든 수단을 동원하여 스스로 공부한 흔적을 남기세요. 가장 쉬운 방법은 표제어 중에서 모르는 단어를 정리하여 단어장을 만듭니다. 그리고 박스 안의 내용 중에서 중요한 단어가 있으면 같이 정리하세요. 실전예상문제와 모의고사는 풀지 않고 넘어가도 좋습니다. mp3 폴더 중 '필수단어 720개' 오디오 파일을 전부 암기하도록 하세요.

주별	월	화	수	목	금	토	일(복습)
첫째주	01일	02일	03일	04일	05일	06일	01~06일
학습내용	명사 1 표제어 학습 단어 학습	동사 1 표제어 학습 단어 학습	명사 2 표제어 학습 단어 학습	동사 2 표제어 학습 단어 학습	형용사 표제어 학습 단어 학습	문법·어휘 표제어 학습 단어 학습	mp3 들으며 단어 복습
둘째주	07일	08일	09일	10일	11일	12일	07~12일
학습내용	명사 표제어 학습 단어 학습	동사 표제어 학습 단어 학습	형용사 표제어 학습 단어 학습	문법·어휘 표제어 학습 단어 학습	명사 1 표제어 학습 단어 학습	명사 2 표제어 학습 단어 학습	mp3 들으며 단어 복습
셋째주	13일	14일	15일	16일	17일	18일	13~18일
학습내용	동사 1 표제어 학습 단어 학습	동사 2 표제어 학습 단어 학습	형용사 표제어 학습 단어 학습	문법·어휘 표제어 학습 단어 학습	명사 표제어 학습 단어 학습	동사 표제어 학습 단어 학습	mp3 들으며 단어 복습
넷째주	19일	20일	21일	22일	23일	24일	19~24일
학습내용	형용사 표제어 학습 단어 학습	문형·어휘 표제어 학습 단어 학습	명사 표제어 학습 단어 학습	동사 표제어 학습 단어 학습	형용사 표제어 학습 단어 학습	문형·어휘 표제어 학습 단어 학습	mp3 들으며 단어 복습

3. 고급 및 만점 희망자 (JPT 800점 이상, JLPT N2 이상, EJU 300점 이상)

이 단계의 실력자 여러분들은 본 교재의 모든 부분을 완전히 소화해야 합니다. 최소한 표제어는 3번 정도는 반복해야 하며 시나공 포인트 코너도 꼼꼼히 챙기고 실전예상문제와 모의고사도 다 풀어야 합니다. 물론 문제의 보기 중에 있는 단어도 신경 써야 합니다. 단어 학습은 말할 필요도 없고 부록의 문형과 격언 등의 속담도 자기 노트나 단어장에 모르는 것은 정리해야 합니다. 피나는 노력과 반복 그리고 정리야말로 여러분을 만점의 길로 안내할 것입니다.

주별	월	화	수	목	금	토	일(복습)
첫째주	01일	02일	03일	04일	05일	06일	01~06일
학습내용	명사 1 표제어 학습 단어 학습 실전예상문제 어휘 모의고사	동사 1 표제어 학습 단어 학습 실전예상문제 어휘 모의고사	명사 2 표제어 학습 단어 학습 실전예상문제 어휘 모의고사	동사 2 표제어 학습 단어 학습 실전예상문제 어휘 모의고사	형용사 표제어 학습 단어 학습 실전예상문제 어휘 모의고사	문법·어휘 표제어 학습 단어 학습 실전예상문제 어휘 모의고사	mp3 들으며 단어 복습 부록 문형과 격언 정리
둘째주	07일	08일	09일	10일	11일	12일	07~12일
학습내용	명사 표제어 학습 단어 학습 실전예상문제 어휘 모의고사	동사 표제어 학습 단어 학습 실전예상문제 어휘 모의고사	형용사 표제어 학습 단어 학습 실전예상문제 어휘 모의고사	문법·어휘 표제어 학습 단어 학습 실전예상문제 어휘 모의고사	명사 1 표제어 학습 단어 학습 실전예상문제 어휘 모의고사	명사 2 표제어 학습 단어 학습 실전예상문제 어휘 모의고사	mp3 들으며 단어 복습 부록 문형과 격언 정리
셋째주	13일	14일	15일	16일	17일	18일	13~18일
학습내용	동사 1 표제어 학습 단어 학습 실전예상문제 어휘 모의고사	동사 2 표제어 학습 단어 학습 실전예상문제 어휘 모의고사	형용사 표제어 학습 단어 학습 실전예상문제 어휘 모의고사	문법·어휘 표제어 학습 단어 학습 실전예상문제 어휘 모의고사	명사 표제어 학습 단어 학습 실전예상문제 어휘 모의고사	동사 표제어 학습 단어 학습 실전예상문제 어휘 모의고사	mp3 들으며 단어 복습 부록 문형과 격언 정리
넷째주	19일	20일	21일	22일	23일	24일	19~24일
학습내용	형용사 표제어 학습 단어 학습 실전예상문제 어휘 모의고사	문형·어휘 표제어 학습 단어 학습 실전예상문제 어휘 모의고사	명사 표제어 학습 단어 학습 실전예상문제 어휘 모의고사	동사 표제어 학습 단어 학습 실전예상문제 어휘 모의고사	형용사 표제어 학습 단어 학습 실전예상문제 어휘 모의고사	문형·어휘 표제어 학습 단어 학습 실전예상문제 어휘 모의고사	mp3 들으며 단어 복습 부록 문형과 격언 정리

날 짜 별 학습방법 **4주 24일 완성 기준**

본 교재의 가장 이상적인 학습 일자입니다. 각기 치루는 시험의 한 달 전에 시작한다는 차원에서 학습효과는 최고라 할 수 있습니다. 내용은 중. 고급자 이상을 기본으로 합니다. 개인별 수준에 따라 날짜의 가감은 가능합니다. 각자 자신만의 학습방법을 세워보세요.

주별	월	화	수	목	금	토	일(복습)
첫째주	01일	02일	03일	04일	05일	06일	01~06일
학습내용	명사 1 표제어 학습 단어 학습 실전예상문제 어휘 모의고사	동사 1 표제어 학습 단어 학습 실전예상문제 어휘 모의고사	명사 2 표제어 학습 단어 학습 실전예상문제 어휘 모의고사	동사 2 표제어 학습 단어 학습 실전예상문제 어휘 모의고사	형용사 표제어 학습 단어 학습 실전예상문제 어휘 모의고사	문법 · 어휘 표제어 학습 단어 학습 실전예상문제 어휘 모의고사	mp3 들으며 복습 및 확인
둘째주	07일	08일	09일	10일	11일	12일	07~12일
학습내용	명사 표제어 학습 단어 학습 실전예상문제 어휘 모의고사	동사 표제어 학습 단어 학습 실전예상문제 어휘 모의고사	형용사 표제어 학습 단어 학습 실전예상문제 어휘 모의고사	문법 · 어휘 표제어 학습 단어 학습 실전예상문제 어휘 모의고사	명사 1 표제어 학습 단어 학습 실전예상문제 어휘 모의고사	명사 2 표제어 학습 단어 학습 실전예상문제 어휘 모의고사	mp3 들으며 복습 및 확인
셋째주	13일	14일	15일	16일	17일	18일	13~18일
학습내용	동사 1 표제어 학습 단어 학습 실전예상문제 어휘 모의고사	동사 2 표제어 학습 단어 학습 실전예상문제 어휘 모의고사	형용사 표제어 학습 단어 학습 실전예상문제 어휘 모의고사	문법 · 어휘 표제어 학습 단어 학습 실전예상문제 어휘 모의고사	명사 표제어 학습 단어 학습 실전예상문제 어휘 모의고사	동사 표제어 학습 단어 학습 실전예상문제 어휘 모의고사	mp3 들으며 복습 및 확인
넷째주	19일	20일	21일	22일	23일	24일	19~24일
학습내용	형용사 표제어 학습 단어 학습 실전예상문제 어휘 모의고사	문형 · 어휘 표제어 학습 단어 학습 실전예상문제 어휘 모의고사	명사 표제어 학습 단어 학습 실전예상문제 어휘 모의고사	동사 표제어 학습 단어 학습 실전예상문제 어휘 모의고사	형용사 표제어 학습 단어 학습 실전예상문제 어휘 모의고사	문형 · 어휘 표제어 학습 단어 학습 실전예상문제 어휘 모의고사	mp3 들으며 복습 및 확인

표제어

모든 표제어는 JPT 또는 JLPT에 자주 나오는, 기출 빈도순으로 구성되어 있습니다. 각자 공부하면서 1회, 2회, 3회를 체크해보세요.

시나공 포인트

표제어에 관한 설명과 더불어 저자의 단어 암기 비법이 들어있습니다. 특히 알아두면 유용한 유사 단어와 문장들로 구성되어 있어요.

필수단어 예문

표제어와 관련된 단어나 예문이 있습니다. 모든 표제어와 ▶표시가 있는 예문은 음성 파일을 제공하고 있으므로 들으면서 학습하세요.

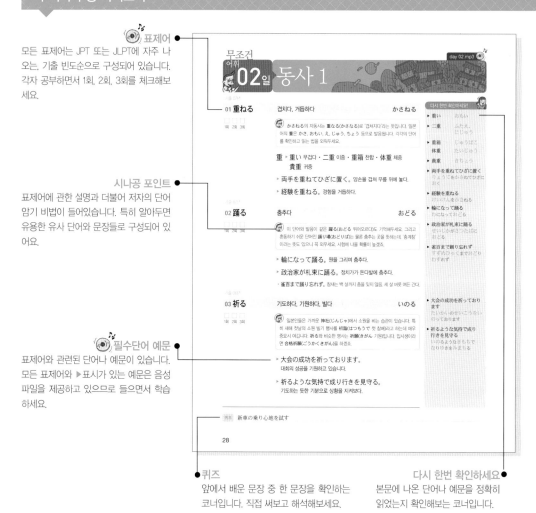

퀴즈

앞에서 배운 문장 중 한 문장을 확인하는 코너입니다. 직접 써보고 해석해보세요.

다시 한번 확인하세요

본문에 나온 단어나 예문을 정확히 읽었는지 확인해보는 코너입니다.

 mp3 CD 구성

기본학습용 무조건 어휘부터 축만점 어휘까지 표제어 전체와 하단의 ▶표시 예문이 녹음되어 있습니다.
녹음 순서 : 일본어 표제어(남자) – 일본어 표제어(여자) – 일본어 예문(남자) – 일본어 예문(여자)

필수단어 720개 무조건 어휘부터 축만점 어휘까지 표제어 720개가 우리말과 함께 녹음되어 있습니다.
녹음 순서 : 우리말 – (간격) – 일본어(남자) – 일본어(여자)

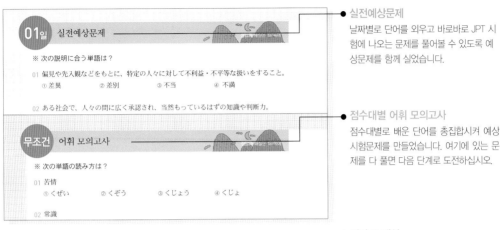

● 실전예상문제

날짜별로 단어를 외우고 바로바로 JPT 시험에 나오는 문제를 풀어볼 수 있도록 예상문제를 함께 실었습니다.

● 점수대별 어휘 모의고사

점수대별로 배운 단어를 총집합시켜 예상시험문제를 만들었습니다. 여기에 있는 문제를 다 풀면 다음 단계로 도전하십시오.

● 정답 & 해설

날짜별 단어 실전예상문제와 점수대별 어휘 모의고사의 정답과 친절한 해설입니다.

● 시험에 잘 나오는 중고급 문형 300개

일본 문학 작품과 시험에서 잘 나오는 표현에서 발췌한 것으로 살아 있는 일본 문형을 배울 수 있습니다.

● 시험에 잘 나오는 속담·격언 110개

속담 격언은 JPT 시험에 그대로 나오는 표현입니다. 통째로 외우시기 바랍니다.

● 필수단어 720개 색인

표제어로 제시된 총 720개 단어를 쉽게 찾아볼 수 있도록 오십음도순으로 정리하였습니다.

mp3 CD 듣기 훈련에 대하여
• 특별 부록 mp3 CD 는 약 6시간 분량으로 녹음하였습니다.
• 오디오는 실제 일본인들이 대화하는 속도로 녹음되어 있습니다.

mp3 파일을 다운로드 받으려면

www.eztok.co.kr 상단 검색창에 '시나공 JPT 단어'를 입력하세요.
검색한 도서로 이동하여 〈부록/학습자료〉를 클릭하세요.

차례

무조건 어휘 — 필수단어, 말이 필요 없다!

반드시 어휘 — JPT 600점 돌파 단어!

절대로 어휘 — JPT 700점 돌파 단어!

고득점 어휘 JPT 800점 돌파 단어!

축!만점 어휘 JPT 900점 돌파 단어!

금싸라기 부록

1. 기출 빈도순으로 공부하는 JPT 필수단어

모든 표제어는 기출문제를 철저히 분석하여 빈도수로 정리했습니다. JPT 시험은 매월 시행되고 있습니다. 그래서 거의 모든 단어가 두세 번씩 중복 출제되는 경우가 많아서 기출문제는 바로 JPT시험의 예상문제라고 생각하면 됩니다. 참고로 JLPT 시험도 문자, 어휘 파트는 출제문제의 30% 정도가 과거 기출문제에서 출제됩니다. 2010년 이후는 문제를 공개하지 않을 방침이기에 과거 기출문제 분석의 필요성이 더욱 절실해졌습니다.

2. 저자의 강의 노하우가 들어있는 시나공 포인트!

저자의 현장 경험이 그대로 묻어 있는 시나공 포인트와 함께 단어를 외우고 실전예상문제를 통해 바로바로 풀어 확인할 수 있습니다. 강의에서만 나올 수 있는 각 어휘의 포인트를 가르쳐주며 이 부분의 짧은 해설은 학습자들에게 고득점을 보장해 드립니다.

3. 외운 것을 바로바로 풀어볼 수 있는 실전예상문제 · 어휘 모의고사

날짜별 단어를 외우고 실전예상문제를 통해 JPT 시험에 나오는 문제를 바로바로 풀어볼 수 있습니다. 점수대별 구성의 어휘 모의고사는 앞에서 배운 어휘를 전체 응용한 예상 모의고사입니다. 또한 모든 문제는 책 뒤에 해설을 덧붙여 잘 모르는 부분은 해설을 보며 확인할 수 있습니다.

4. JPT 4주 학습 프로그램으로 구체적인 학습방법 제시

수준별(JPT 450점대, 600점대, 700점대, 800점대, 900점대)과 날짜별(하루에 표제어 30개)로 학습 계획표를 짜주어 학습자에게 구체적인 학습방법을 제시했습니다. 수준별, 날짜별 학습법은 학습자에게 충분한 동기부여가 될 것입니다.

 나의 JPT 점수는? 각 점수대별로 학습을 마쳤을 때 나의 JPT 점수는 어느 정도인지, 또 다른 일본어 시험 점수에서는 어느 수준인지 공개해 보겠습니다.

무조건 어휘	JPT450	JLPTN4	EJU200
반드시 어휘	JPT600	JLPTN3	EJU250
절대로 어휘	JPT700	JLPTN2	EJU300
고득점 어휘	JPT800	JLPTN1	EJU350
축만점 어휘	JPT900	JLPTN1	EJU400

무조건 어휘

필수단어,
말이
필요 없다!

기출 07년

01 信頼　신뢰　　しんらい

□ □ □
1회 2회 3회

> しんらい? 우리말과 발음이 비슷하죠? 자꾸 읽는 연습을 하다보면 익숙해집니다. 소리 내어 읽어보고 발음을 확인하고 넘어가면 一石二鳥(일석이조 いっせきにちょう)입니다.

信 ▸ 信仰 신앙 · 信号 신호 · 信者 신자

　　▸ 信用 신용 · 信任 신임 · 信じる 믿다

▸ 信頼できる人物。 신뢰할 수 있는 인물.

기출 07년

02 壁　벽　　かべ

□ □ □
1회 2회 3회

> '벽'으로 읽는 단어는 세가지입니다. 아래에 흙 토(土)가 있으면 '담'이고, 아래에 구슬 옥(玉)이 있으면 完璧(かんぺき 완벽)에 쓰이며, 盗癖(とうへき 도벽)처럼 나쁜 습관을 나타내는 '벽'도 있습니다. 한자 고르기 문제에 자주 출제되니 주의하세요.

▸ 石壁 돌담 · 土壁 흙담

▸ 記録の壁を破る。 기록의 벽을 깨다.

• 壁に耳。 벽에 귀. 낮 말은 새가 듣고, 밤 말은 쥐가 듣는다.

기출 05년

03 差別　차별　　さべつ

□ □ □
1회 2회 3회

> '큰 차이'라는 뜻은 大差(たいさ)인데, 큰 대(大)에 ゙(にごり)가 있는지 없는지 무척 헷갈립니다. 요령은 '큰~'처럼 접두어로 사용되면 보통 ゙가 붙고, 기본적으로는 ゙를 붙이지 않습니다. 예를 들면 大使(たいし) 대사 | 大陸(たいりく) 대륙 | 大事(だいじ) 대사

差 ▸ 大差 대차 · 時差 시차 · 差額 차액

　　人種差別 인종차별 · 千差万別 천차만별

▸ 差別待遇をする。 차별 대우를 하다.

• 雲泥の差 구름과 진흙의 차, 천양지차(하늘과 땅 차)

다시 한번 확인하세요!

▸ 信仰　しんこう
　信号　しんごう
　信者　しんじゃ
▸ 信用　しんよう
　信任　しんにん
　信じる　しんじる
　信頼できる人物
　しんらいできるじんぶつ

▸ 石壁　いしかべ
　　　　せきへき
　土壁　つちかべ
　　　　どへき
▸ 記録の壁を破る
　きろくのかべをやぶる
▸ 壁に耳　かべにみみ

▸ 大差　たいさ
　時差　じさ
　差額　さがく
　人種差別 じんしゅさべつ
　千差万別 せんさばんべつ
▸ 差別待遇をする。
　さべつたいぐうをする
▸ 雲泥の差 うんでいのさ

퀴즈 全国大会で優勝する　전국대회에서 우승하다.　ぜんこくたいかいでゆうしょうする

04 苦情

1회 2회 3회

불평, 불만　　　　　　　　　　　　　　　　くじょう

명사와 동사를 함께 외워두면 편리합니다. 이러한 단어 공부법을 세트비법이라 하는데, 예를 들면 '화상을 입다'는 火傷(やけど)をする와 '불만이 쇄도하다'는 苦情が殺到(さっとう)する 등이 있습니다.

▶ 苦情を言う。불평하다.

苦 ▶ 苦学 고학・苦痛 고통・苦笑 쓴 웃음
　　苦い 쓰다・苦しむ 괴로워하다
　　苦虫を噛みつぶしたよう。벌레를 씹은 듯한 표정.

情 ▶ 情熱 정열・人情 인정・情緒 정서
　　情けない 한심하다

05 積極

1회 2회 3회

적극　　　　　　　　　　　　　　　　せっきょく

극한 極寒(ごっかん)처럼 く 뒤에 か행의 글자가 오면 く는 촉음으로 바뀝니다. 예를 들면 国家(こっか 국가), 復活(ふっかつ 부활), 食器(しょっき 식기) 등입니다. '적극적'의 반대말은 消極的(しょうきょくてき 소극적) 입니다.

▶ 積極的に仕事に取り組む。적극적으로 일에 매달리다.

積 ▶ 面積 면적・蓄積 축적・累積 누적

極 ▶ 極限 극한・南極 남극・極秘 극비

06 常識

1회 2회 3회

상식　　　　　　　　　　　　　　　　じょうしき

常識처럼 돼버린 일, 즉 日常茶飯事(にちじょうさはんじ 일상다반사), 즉 하루에 차 마시고 밥 먹는 일만큼 흔해 빠진 일이라는 뜻입니다. 그냥 茶飯事(さはんじ)라고도 합니다.

▶ 常識外れ。상식을 벗어남.

常 ▶ 日常 일상・常時 상시・常勤 상근
　　常に 늘, 항상, 언제나

識 ▶ 知識 지식・識別 식별・認識 인식

다시 한번 확인하세요!

▶ 苦情を言う
　くじょうをいう

▶ 苦学　　くがく
　苦痛　　くつう
　苦笑　　くしょう
　苦い　　にがい
　苦しむ　くるしむ

▶ 苦虫を噛みつぶしたよう
　にがむしをかみつぶ
　したよう

▶ 情熱　　じょうねつ
　人情　　にんじょう
　情緒　　じょうちょ
　情けない　なさけない

▶ 積極的に仕事に取り組む
　せっきょくてきにしごと
　にとりくむ

▶ 面積　　めんせき
　蓄積　　ちくせき
　累積　　るいせき

▶ 極限　　きょくげん
　南極　　なんきょく
　極秘　　ごくひ

▶ 常識外れ
　じょうしきはずれ

▶ 日常　　にちじょう
　常時　　じょうじ
　常勤　　じょうきん
　常に　　つねに

▶ 知識　　ちしき
　識別　　しきべつ
　認識　　にんしき

퀴즈　家賃が高い　　　　집세가 비싸다　　　　やちんがたかい

07 気候

기후   きこう

기상 관련 어휘는 각종 시험에 단골로 출제되는 단어입니다. 최근에는 지구 환경 관련 단어도 자주 출제되니 반드시 기억해두세요. 한자는 다르지만 발음이 모두 **きこう**인 단어들도 확인하고 넘어가세요. **気候**(기후), **機構**(기구), **寄稿**(기고) 등입니다.

気 ▸ 気象 기상 · 蒸気 증기 · 景気 경기

候 ▸ 候補 후보 · 兆候 징후 · 天候 천후

▸ 温暖な気候。 온난한 기후.

▸ 気候がおかしい。 기후가 이상하다.

08 味方

내편, 아군   みかた

'아군'이란 뜻의 이 단어는 일상회화에서 자주 사용하는 단어입니다. 특히 청해시험에 자주 출제됩니다. 발음은 똑같지만 한자가 다른 見方(みかた 견해)도 기억해두세요. 아군의 반대말은 敵(かたき, てき 적)입니다.

味 ▸ 味覚 미각 · 賞味 맛을 음미함 · 味 맛
　　後味 뒷맛 · 塩味 소금 맛 · 醤油味 간장 맛

▸ 味方する 편을 들다

▸ いつも女性に味方する。 늘 여성 편을 들다.

09 首相

수상   しゅしょう

수상의 공식 명칭은 内閣総理大臣(ないかくそうりだいじん)입니다. 相의 발음은 そう나 しょう 두 가지입니다. 대부분 そう로 발음하지만, 수상의 경우는 しょう로 발음합니다. しゅしょう의 동음이의어로는 主将(주장)과, 殊勝(몹시 훌륭함)가 있습니다.

首 ▸ 首席 수석 · 首尾 수미(머리와 꼬리)

相 ▸ 手相 수상(손금) · 観相 관상

▸ 首相が米国を訪問する。 수상이 미국을 방문하다.

記録の壁を破る

▸ 気象　　きしょう
　蒸気　　じょうき
　景気　　けいき

▸ 候補　　こうほ
　兆候　　ちょうこう
　天候　　てんこう

▸ 温暖な気候
　おんだんなきこう

▸ 気候がおかしい
　きこうがおかしい

▸ 味覚　　みかく
　賞味　　しょうみ
　味　　　あじ
　後味　　あとあじ
　塩味　　しおあじ
　醤油味　しょうゆあじ

▸ 味方する
　みかたする

▸ いつも女性に味方する
　いつもじょせいにみかた
　する

▸ 首席　　しゅせき
　首尾　　しゅび

▸ 手相　　てそう
　観相　　かんそう

▸ 首相が米国を訪問する
　しゅしょうがべいこくを
　ほうもんする

10 牛乳

우유　　　　　　　　　　　　　　　　ぎゅうにゅう

> 일본의 직장인들이 점심 하면 규동(牛丼 ぎゅうどん 소고기 덮밥)이 떠오를 정도로 소와 인간은 뗄 수 없는 관계라고 할 수 있겠죠. 牛의 발음에 주의하세요. 牛に引かれて善光寺参(ぜんこうじまい)り, 소에게 이끌려 선광사 참배, 즉 친구 따라 강남 간다는 뜻입니다.

牛 ▶ 牛丼 소고기 덮밥 · 牛肉 쇠고기 · 牛 소

▶ 牛の歩み 소 걸음(진행속도가 느리다는 뜻).

▶ 牛乳は体によい。 우유는 몸에 좋다.

11 灰色

회색　　　　　　　　　　　　　　　　はいいろ

> 활활 타는 불(火) 위에 무엇을 얹으면 다 타고, 재(灰)만 남는다. 재(灰)가 산(山) 아래 묻혀 있으니 숯(炭)이 됩니다. すみ(炭, 숯)와 ひ(火, 불)가 합쳐져서 すみび(炭火 숯불)가 됩니다. 備長炭(びちょうたん 비장탄)은 화력이 좋은 최상의 숯.

灰 ▶ 灰皿 재떨이

　　· 鼠色 쥐색 = 쥐(鼠) + 색(色)

▶ 都市は灰色のようです。 도시는 회색 같습니다.

12 順調

순조　　　　　　　　　　　　　　　　じゅんちょう

> 어른들이 조시가 안 좋냐는 말을 쓰는데 일본어였습니다. 원래 발음은 초시죠. 調子(ちょうし)는 사물의 흐름이나 진행상태, 분위기 등을 표현하는 단어입니다. 調子がいい는 상대의 비위를 잘 맞추다. 調子に乗(の)る는 탄력을 받거나 부추김을 당해 도를 지나치다. 調子者는 행동이나 사고가 너무 앞서거나 경솔한 사람을 일컫는 말. 덜렁이, 촐랑이.

順 ▶ 順応 순응 · 順序 순서 · 順延 순연

調 ▶ 調査 조사 · 調達 조달 · 調整 조정

▶ 作業が順調に進む。 작업이 순조롭게 진행되다.

▶ 経過が順調だ。 경과가 순조롭다.

　積極的に仕事に取り組む

다시 한번 확인하세요!

▶ 牛丼　　　ぎゅうどん
　牛肉　　　ぎゅうにく
　牛　　　　うし
▶ 牛の歩み　うしのあゆみ
▶ 牛乳は体によい
　ぎゅうにゅうはからだによい

▶ 灰皿　　　はいざら
▶ 鼠色　　　ねずみいろ
▶ 都市は灰色のようです
　としははいいろのようです

▶ 順応　　　じゅんのう
　順序　　　じゅんじょ
　順延　　　じゅんえん
▶ 調査　　　ちょうさ
　調達　　　ちょうたつ
　調整　　　ちょうせい
▶ 作業が順調に進む
　さぎょうがじゅんちょうにすすむ
▶ 経過が順調だ
　けいかがじゅんちょうだ

13 尊敬　　존경　　　　　　　　　　　そんけい

□ □ □
1회 2회 3회

> 일본어의 명사는 모양이 비슷한 한자는 발음도 비슷한데 다음과 같이 부수에 따라 의미만 바뀌는 경우도 있습니다. 우리말로는 모두 '경'으로 발음되는 敬, 警, 驚의 예를 들면 けい나 きょう로 발음됩니다. 警察(けいさつ 경찰), 警告(けいこく 경고), 警戒(けいかい 경계), 驚異(きょうい 경이), 驚愕(きょうがく 경악) 등입니다.

尊 ▸ 尊厳 존엄 · 尊属 존속 : 손위의 혈족

敬 ▸ 敬語 경어 · 敬礼 경례 · 敬老 경로

▸ 親を尊敬します。 부모를 존경합니다.

▸ 彼の業績を尊敬する。 그의 업적을 존경하다.

14 販売　　판매　　　　　　　　　　　はんばい

□ □ □
1회 2회 3회

> 貝(조개 패)는 돈이나 경제, 즉 재물을 나타내는 말입니다. 옛날에 조개가 화폐의 역할을 대신했기 때문입니다. 다음의 관련 단어를 보면 쉽게 이해할 수 있을 것입니다.
>
> 財布(さいふ) 지갑 | 貨幣(かへい) 화폐 | 賠償(ばいしょう) 배상

販 ▸ 販促 판촉 · 市販 시판 · 販路 판로

売 ▸ 売買 매매 · 売却 매각 · 売国奴 매국노

▸ 食品を販売する。 식품을 판매하다.

▸ 自動販売機 자동판매기

15 欠点　　결점　　　　　　　　　　　けってん

□ □ □
1회 2회 3회

> 点滴(てんてき 점적)는 링거(포도당 주사)를 뜻하는 말입니다. 한자를 활용하여 새로운 단어를 만든 것인데 일본인들의 조어 능력을 엿볼 수 있습니다. 시험에 자주 출제되니 기억해두세요. '휠체어'라는 단어는 車椅子(くるまいす)라고 합니다.

欠 ▸ 欠席 결석 · 欠勤 결근 · 欠乏 결핍

点 ▸ 点検 점검 · 点滅 점멸 · 点字 점자

▸ そそっかしいのが彼の欠点だ。 덜렁거리는 게 그의 결점이다.

다시 한번 확인하세요!

▸ 尊厳　　そんげん
　尊属　　そんぞく

▸ 敬語　　けいご
　敬礼　　けいれい
　敬老　　けいろう

▸ 親を尊敬します
　おやをそんけいします

▸ 彼の業績を尊敬する
　かれのぎょうせきを
　そんけいする

▸ 販促　　はんそく
　市販　　しはん
　販路　　はんろ

▸ 売買　　ばいばい
　売却　　ばいきゃく
　売国奴　ばいこくど

▸ 食品を販売する
　しょくひんをはんばい
　する

▸ 自動販売機
　じどうはんばいき

▸ 欠席　　けっせき
　欠勤　　けっきん
　欠乏　　けつぼう

▸ 点検　　てんけん
　点滅　　てんめつ
　点字　　てんじ

▸ そそっかしいのが彼の
　欠点だ
　そそっかしいのがかれの
　けってんだ

퀴즈　温暖な気候

16 喫茶店

다방, 찻집 きっさてん

1회 2회 3회

茶는 우리말로도 차, 다 양쪽으로 읽습니다. 주로 차(ちゃ), 다(さ) 정도로 구별됩니다. 각종 시험에 자주 등장하는 단어로는 앞에서 나온 다반사(茶飯事 さはんじ)도 있었죠. 관련 한자인 흡연은 일상생활뿐만 아니라 청해 시험에도 자주 출제됩니다.

喫 ▸ 喫煙 끽연(흡연) ↔ 禁煙 금연

茶 ▸ 茶菓 다과・茶道 다도・お茶 차

다시 한번 확인하세요!

▸ 喫煙　きつえん
　禁煙　きんえん
▸ 茶菓　さか
　茶道　さどう
　お茶　おちゃ

17 恐怖

공포 きょうふ

1회 2회 3회

心(こころ), 마음 '심'자는 부수로 자주 쓰이는 글자죠. 위치에 따라 모양이 조금씩 바뀌는데, 옆에 있으면 怖い(こわい 무섭다) 忙しい(いそがしい 바쁘다) 등이 있으며, 아래쪽에 있으면 恋慕(れんぼ 연모), 添加(てんか 첨가) 등의 단어가 있습니다.

恐 ▸ 恐喝 공갈・恐慌 공황・恐竜 공룡

戦々恐々 전전긍긍

恐い 무섭다 = 怖い・恐ろしい 두렵다
恐れる 무서워하다

▸ 恐喝　きょうかつ
　恐慌　きょうこう
　恐竜　きょうりゅう
▸ 戦々恐々
　せんせんきょうきょう
▸ 恐い　こわい
　怖い　こわい
　恐ろしい　おそろしい
　恐れる　おそれる

18 駐車

주차 ちゅうしゃ

1회 2회 3회

馬(うま), 말 '마'자도 부수로 자주 사용됩니다. 두 가지 뜻이 있는데 하나는 '자동차'로 예전에는 말이 자동차의 역할을 했기 때문입니다. 두 번째는 '정상이 아니다'라는 뜻입니다. 즉 '미친 말'을 생각하면 됩니다. 예를 들면 騒ぐ(さわぐ 소란 피우다)인데 이는 騒=馬(말마)에 蚤(벼룩조)가 합쳐진 글자로, 말 엉덩이에 벼룩이 앉아 괴롭히니 이 말이 얼마나 미쳐 날뛰겠어요.

駐 ▸ 駐在 주재・駐屯 주둔・駐日 주일

車 ▸ 車掌 차장・車両 차량・乗車 승차

・火の車 경제적으로 몹시 어려운 상황, 궁핍

▸ 路上駐車は禁止です。 노상주차는 금지입니다.

▸ 駐車違反です。 주차위반입니다.

▸ 駐在　ちゅうざい
　駐屯　ちゅうとん
　駐日　ちゅうにち
▸ 車掌　しゃしょう
　車両　しゃりょう
　乗車　じょうしゃ
▸ 火の車　ひのくるま
▸ 路上駐車は禁止です
　ろじょうちゅうしゃは
　きんしです
▸ 駐車違反です
　ちゅうしゃはんです

퀴즈　都市は灰色のようです

21

19 訪問　　방문　　ほうもん

1회 2회 3회

> 방문의 한자가 門(문 문)이 아니라, 問(물을 문)인 점에 주의해야 합니다. 문 앞에서 '이리 오너라' 하고 입으로 묻는 거죠. 한자 고르기 문제에 단골로 등장하니 꼭 기억하세요.

訪 ▸ 探訪 탐방 · 歴訪 역방

問 ▸ 学問 학문 · 疑問 의문 · 質問 질문

▸ 家庭訪問をする。 가정방문을 하다.

▸ 知人宅を訪問する。 아는 사람 집을 방문하다.

20 標識　　표지　　ひょうしき

1회 2회 3회

> 識 역시 敬의 경우처럼 모양이 비슷한 글자가 많습니다. 따라서 발음도 비슷한 경우가 많고, 부수에 따라 뜻이 다릅니다. 識(식), 織(직), 職(직), 몇 가지 단어만 짚고 넘어가겠습니다.
> 組織(そしき 조직), 織姫(おりひめ 직녀), 職場(しょくば 직장) 등이 있습니다.

標 ▸ 標示 표시 · 標語 표어 · 標的 표적

識 ▸ 識見 식견 · 知識 지식 · 常識 상식

▸ 道路標識が見えない。 도로표지가 안 보인다.

21 宝石　　보석　　ほうせき

1회 2회 3회

> 예나 지금이나 보석은 인간과 떼려야 뗄 수 없는 중요한 존재입니다. 따라서 이와 관련된 단어도 많은데 기본적인 단어 정도만 기억해두세요.
> 石に花. 돌에 꽃, 즉 현실적으로 일어날 수 없는 일을 뜻합니다.
> 石の上にも三年. 돌 위에서도 3년, 차가운 돌 위에서라도 계속 앉아 있으면 따뜻해진다는 뜻으로 아무리 어려워도 참고 견디면 보답을 받는다는 뜻입니다.

宝 ▸ 宝庫 보고 · 宝物 보물 · 宝くじ 복권

石 ▸ 石工 석공 · 岩石 암석 · 碑石 비석 · 石 돌

▸ 彼女は宝石が大好きだ。 그녀는 보석을 매우 좋아한다.

퀴즈　親を尊敬します

다시 한번 확인하세요!

▸ 探訪　たんぼう
　歴訪　れきほう
▸ 学問　がくもん
　疑問　ぎもん
　質問　しつもん
▸ 家庭訪問をする
　かていほうもんをする
▸ 知人宅を訪問する
　ちじんたくをほうもんする

▸ 標示　ひょうじ
　標語　ひょうご
　標的　ひょうてき
▸ 識見　しきけん、しっけん
　知識　ちしき
　常識　じょうしき
▸ 道路標識が見えない
　どうろひょうしきがみえない

▸ 宝庫　ほうこ
　宝物　たからもの
　宝くじ　たからくじ
▸ 石工　せっこう
　岩石　がんせき
　碑石　ひせき
　石　いし
▸ 彼女は宝石が大好きだ
　かのじょはほうせきがだいすきだ

22 正直

정직

しょうじき

1회 2회 3회

正直이라는 한자는 우리말로는 '정직'이라는 한 가지 발음뿐인데 비해 일본어의 경우는 한 글자가 두세 가지로 발음되는 경우도 많습니다. 그 이유는 한자의 음독을 중국의 한, 오, 당나라의 발음을 모두 사용하기 때문입니다. 각각의 읽기를 한음, 오음, 당음이라 합니다.

正 ▶ 正月 정월・正義 정의・正門 정문

直 ▶ 直接 직접・直筆 직필・直言 직언・率直 솔직

▶ 正直に白状する。 정직하게 자백하다.

무조건 01일 명사 1

23 舞台

무대

ぶたい

1회 2회 3회

일본에서 주로 '무대'라고 하면 清水の舞台(きよみずのぶたい)를 떠올립니다. 이는 교토의 산중턱에 있는 절의 무대를 말하는데 깎아지른 벼랑 위에 있는 절입니다. 여기에서 유래된 말이 清水の舞台から飛び降りる로 기요미즈절의 무대에서 뛰어내리듯 큰 결단을 내림을 비유하는 말입니다.
部隊(ぶたい)라는 단어도 기억하세요. 발음은 똑같지만 뜻은 '부대'죠.

舞 ▶ 舞踊 무용・舞踏会 무도회・舞姫 무희

台 ▶ 台所 부엌・土台 토대・台詞 대사

▶ 世界を舞台に活躍する。 세계를 무대로 활약하다.

▶ 政治の舞台に立つ。 정치 무대에 서다.

24 面接

면접

めんせつ

1회 2회 3회

면접의 面이라는 한자는 얼굴을 뜻하는 말로 직접 만난다는 말이겠죠. 泣きっ面に蜂(なきっつらにはち)는 엎친 데 덮친다는 뜻이죠. 우는 애 얼굴에 벌이 침을 쏘니 얼마나 황당하겠습니까. 비슷한 표현으로는 かててくわえて가 있습니다.

面 ▶ 面会 면회・面識 면식・仮面 가면・面 얼굴

接 ▶ 接待 접대・接見 접견・接近 접근

▶ 面接試験を受ける。 면접시험을 치다.

퀴즈 　路上駐車は禁止です

25 応援　　응원　　おうえん

☐ 1회　☐ 2회　☐ 3회

> 応援する(응원하다)로 많이 쓰는데 이보다는 실제로 누군가를 응원할 때는 がんばれ라는 말을 많이 씁니다. 파이팅! 정도의 뜻입니다. 援(원)과 헷갈리기 쉬운 글자 暖(난)도 기억해두세요. 暖房(だんぼう 난방), 温暖(おんだん 온난).

応 ▸ 応急 응급・応対 응대・相応 상응

援 ▸ 援助 원조・声援 성원・援護 원호

▸ 応援演説をする。 응원 연설을 하다.

▸ 応援団を募集する。 응원단을 모집하다.

26 優勝　　우승　　ゆうしょう

☐ 1회　☐ 2회　☐ 3회

> 항상 優勝을 하면 좋겠지만 이기고 지는 문제는 꼭 실력만으로 결정되는 것은 아닙니다. 그래서 이런 말도 생긴 것 같습니다. 勝負は時の運(しょうぶ はときのうん 승부는 그때의 운). 주로 승부에 임할 때나 졌을 때 상대방을 위로하는 말로 사용됩니다.

優 ▸ 優越 우월・俳優 배우・優先 우선

勝 ▸ 勝負 승부・勝利 승리・決勝 결승

▸ 全国大会で優勝する。 전국대회에서 우승하다.

▸ 優勝旗を立てる。 우승기를 세우다.

27 鉄橋　　철교　　てっきょう

☐ 1회　☐ 2회　☐ 3회

> 鉄橋의 橋는 はし로 발음되기도 하는데 '다리'라는 뜻이죠. 같은 はし로 발음되나 한자는 다른 箸도 기억하세요. '젓가락'이라는 뜻입니다. 두 한자를 잘 구별해서 사용하세요. 桟橋(さんばし) 잔교 | 割箸(わりばし) 나무젓가락

鉄 ▸ 鉄板 철판・鉄鋼 철강・鉄骨 철골

橋 ▸ 架橋 가교・橋脚 교각

▸ 橋 다리・石橋 돌다리

· 石橋を叩いて渡る。 돌다리를 두드리고 건너가다.

다시 한번 확인하세요!

▸ 応急　　おうきゅう
　応対　　おうたい
　相応　　そうおう
▸ 援助　　えんじょ
　声援　　せいえん
　援護　　えんご
▸ 応援演説をする
　おうえんえんぜつをする
▸ 応援団を募集する
　おうえんだんをぼしゅう
　する

▸ 優越　　ゆうえつ
　俳優　　はいゆう
　優先　　ゆうせん
▸ 勝負　　しょうぶ
　勝利　　しょうり
　決勝　　けっしょう
▸ 全国大会で優勝する
　ぜんこくたいかいで
　ゆうしょうする
▸ 優勝旗を立てる
　ゆうしょうきをたてる

▸ 鉄板　　てっぱん
　鉄鋼　　てっこう
　鉄骨　　てっこつ
▸ 架橋　　かきょう
　橋脚　　きょうきゃく
▸ 橋　　はし
　石橋　　いしばし
▸ 石橋を叩いて渡る
　いしばしをたたいて
　わたる

퀴즈　道路標識が見えない

기출 00년

28 故郷

1회 2회 3회

고향

こきょう, ふるさと

故郷은 こきょう로 발음하지만 ふるさと(故郷, 古里)로 읽기도 합니다. 음독과 훈독의 차이로 시험문제에 단골손님입니다. 비슷한 예로, 流行る(はやる 유행하다)와 流行(りゅうこう 유행), 微笑む(ほほえむ 미소 짓다)와 微笑(びしょう 미소) 등이 있습니다.

故 ▶ 故事 고사 · 故障 고장 · 故人 고인

郷 ▶ 郷土 향토 · 郷愁 향수

· 郷に入っては郷に従え。 로마에 가면 로마의 법을 따르라.

▶ 韓国は第二の故郷だ。 한국은 제2의 고향이다.

▶ 故事　こじ
　 故障　こしょう
　 故人　こじん
▶ 郷土　きょうど
　 郷愁　きょうしゅう
▶ 郷に入っては郷に従え
　 ごういっってはごうにしたがえ
▶ 韓国は第二の故郷だ
　 かんこくはだいにのこきょうだ

기출 08년

29 家賃

1회 2회 3회

집세

やちん

家를 뜻으로 읽을 때(いえ)는 주로 건물을 표현하는 말이며 접미어 용법으로 や로 발음되는 경우는 가게나 상점 혹은 사람을 뜻하는 말입니다. 이 경우는 屋(や)를 사용하기도 합니다.

家 ▶ 家屋 가옥 · 家具 가구 · 家訓 가훈 · 家主 집주인

賃 ▶ 賃貸 임대 · 賃金 임금 · 賃借 임차

▶ 家賃が高い。 집세가 비싸다.

▶ 家屋　かおく
　 家具　かぐ
　 家訓　かくん
　 家主　やぬし
　 　　　いえぬし
▶ 賃貸　ちんたい
　 賃金　ちんぎん
　 賃借　ちんしゃく
▶ 家賃が高い
　 やちんがたかい

기출 06년

30 芸能

1회 2회 3회

연예

げいのう

연예나 연예인 등을 나타내는 단어는 한국어로는 演芸(연예)지만 일본어는 芸能(예능)이라고 합니다. 이처럼 한자표기가 우리와 다른 단어는 시험에 자주 나옵니다.

芸 ▶ 芸術 예술 · 芸能人 연예인(예능인)

能 ▶ 能力 능력 · 能率 능률 · 効能 효능

· 芸は身を助ける。 취미로 배운 재주가 때로는 생계에 보탬이 되거나 뜻밖에 도움이 되는 경우가 있다.

▶ 芸術　げいじゅつ
　 芸能人　げいのうじん
▶ 能力　のうりょく
　 能率　のうりつ
　 効能　こうのう
▶ 芸は身を助ける
　 げいはみをたすける

퀴즈　面接試験を受ける

※ 次の説明に合う単語は？

01 偏見や先入観などをもとに、特定の人々に対して不利益・不平等な扱いをすること。
　① 差異　　　　　　② 差別　　　　　　③ 不当　　　　　　④ 不満

02 ある社会で、人々の間に広く承認され、当然もっているはずの知識や判断力。
　① 懸念　　　　　　② 観念　　　　　　③ 常識　　　　　　④ 認識

03 信じてたよること。
　① 信心　　　　　　② 信念　　　　　　③ 信頼　　　　　　④ 信望

04 不十分で、補ったり改めたりしなければならないところ。
　① 欠勤　　　　　　② 欠乏　　　　　　③ 欠席　　　　　　④ 欠点

05 めじるしとして設置したもの。
　① 標榜　　　　　　② 標記　　　　　　③ 標示　　　　　　④ 標識

※ 次の単語の読み方は？

06 あなたは正真正銘の正直者ですね。
　① せいちょく　　　② しょうちょく　　③ せいじき　　　　④ しょうじき

07 首相と大統領の役割はどう違いますか。
　① しゅそう　　　　② しゅしょう　　　③ すいそう　　　　④ すいしょう

08 私は最近理由もなく恐怖を感じている。
　① きょうふ　　　　② こうふ　　　　　③ くふう　　　　　④ こうふ

09 路上駐車は禁止です。
　① じゅうしゃ　　　② じゅしゃ　　　　③ ちゅしゃ　　　　④ ちゅうしゃ

10 お客さんの<u>苦情</u>に対しては、迅速に対処してください。
　　① くじょう　　　② こじょう　　　③ くじゅう　　　④ こじゅう

11 この辺は高級住宅地だから、<u>家賃</u>が高い。
　　① かちん　　　　② いえちん　　　③ かにん　　　　④ やちん

※ 次の単語の漢字は？

12 母はいつも私の<u>みかた</u>をしてくれる。
　　① 見方　　　　　② 観方　　　　　③ 美方　　　　　④ 味方

13 仕事は<u>じゅんちょう</u>に進んでいる。
　　① 順潮　　　　　② 巡調　　　　　③ 順調　　　　　④ 純調

14 このまま勝ち進むと、<u>ゆうしょう</u>は間違いない。
　　① 有償　　　　　② 郵相　　　　　③ 優賞　　　　　④ 優勝

15 最近<u>ほうもん</u>販売が流行っているようです。
　　① 訪問　　　　　② 訪門　　　　　③ 訪文　　　　　④ 法門

※ 次の下線にあてはまるものは？

16 私もぜひ成功して＿＿＿＿＿＿＿＿へ錦を飾りたい。
　　① 標識　　　　　② 鉄橋　　　　　③ 故郷　　　　　④ 町

17 最近＿＿＿＿＿＿＿＿不順で風邪を引く人が多いですね。
　　① 気侯　　　　　② 空気　　　　　③ 気分　　　　　④ 気候

18 ベルリンの＿＿＿＿＿＿＿＿は冷戦時代の産物である。
　　① 橋　　　　　　② 壁　　　　　　③ 町　　　　　　④ 道

기출 07년

01 重ねる

☐ ☐ ☐
1회 2회 3회

겹치다, 거듭하다

かさねる

> かさねる의 자동사는 重なる(かさなる)로 '겹쳐지다'라는 뜻입니다. 일본어의 重은 かさ, おもい, え, じゅう, ちょう 등으로 발음됩니다. 각각의 단어를 확인하고 읽는 법을 외워두세요.

重 ▶ 重い 무겁다 · 二重 이중 · 重箱 찬합 · 体重 체중
    貴重 귀중

▶ 両手を重ねてひざに置く。 양손을 겹쳐 무릎 위에 놓다.

▶ 経験を重ねる。 경험을 거듭하다.

기출 07년

02 踊る

☐ ☐ ☐
1회 2회 3회

춤추다

おどる

> 이 단어와 발음이 같은 躍る(おどる 뛰어오르다)도 기억해두세요. 그리고 혼동하기 쉬운 단어인 踊り場(おどりば)는 물론 춤추는 곳을 뜻하는데, '층계참'이라는 뜻도 있으니 꼭 외우세요. 시험에 나올 확률이 높겠죠.

▶ 輪になって踊る。 원을 그리며 춤추다.

▶ 政治家が札束に踊る。 정치가가 돈다발에 춤추다.

· 雀百まで踊り忘れず。 참새는 백 살까지 춤을 잊지 않음. 세 살 버릇 여든 간다.

기출 06년

03 祈る

☐ ☐ ☐
1회 2회 3회

기도하다, 기원하다, 빌다

いのる

> 일본인들은 가까운 神社(じんじゃ)에서 소원을 비는 습관이 있습니다. 특히 새해 첫날의 소원 빌기 행사를 初詣(はつもうで 첫 참배)라고 하는데 매우 중요시 여깁니다. 祈る와 비슷한 명사는 祈願(きがん 기원)입니다. 입시생이라면 合格祈願(ごうかくきがん)을 하겠죠.

▶ 大会の成功を祈っております。
대회의 성공을 기원하고 있습니다.

▶ 祈るような気持で成り行きを見守る。
기도하는 듯한 기분으로 상황을 지켜보다.

다시 한번 확인하세요!

▶ 重い　　おもい

▶ 二重　　ふたえ、
　　　　　にじゅう

▶ 重箱　　じゅうばこ
　体重　　たいじゅう

▶ 貴重　　きちょう

▶ 両手を重ねてひざに置く
　りょうてをかさねてひざに
　おく

▶ 経験を重ねる
　けいけんをかさねる

▶ 輪になって踊る
　わになっておどる

▶ 政治家が札束に踊る
　せいじかがさつたばに
　おどる

▶ 雀百まで踊り忘れず
　すずめひゃくまでおどり
　わすれず

▶ 大会の成功を祈っており
　ます
　たいかいのせいこうをい
　のっております

▶ 祈るような気持で成り
　行きを見守る
　いのるようなきもちで
　なりゆきをみまもる

퀴즈　新車の乗り心地を試す

04 求める

추구하다, 구하다, 요구하다   もとめる

1회 2회 3회

> 求める와 자주 혼동하는 단어가 救(すく)う입니다. 이 단어는 주로 구조와 관련이 있는데 다음 단어를 통해 확인해보세요. 救急車(きゅうきゅうしゃ 구급차), 救助活動(きゅうじょかつどう 구조활동) 등이 있습니다.

▶ 理想を求める。이상을 추구하다.

▶ 人材を求める。인재를 구하다.

▶ 援助を求める。원조를 요구하다.

다시 한번 확인하세요!

▶ 理想を求める
りそうをもとめる

▶ 人材を求める
じんざいをもとめる

▶ 援助を求める
えんじょをもとめる

---

05 減る

줄다, 닳다   へる

1회 2회 3회

> 동사의 경우는 반대말이나 자타동사의 구별을 염두에 두면 자연스럽게 어휘를 늘릴 수도 있고, 학습효과도 크게 늘어납니다. 또한 같은 한자가 들어 간 명사도 함께 공부해두면 어휘력이 일취월장할 것입니다. 즉 타동사 減らす(へらす 줄이다)와 반대말 増える(ふえる 늘다)를 비롯하여, 減少(げんしょう 감소), 削減(さくげん 삭감), 増減(ぞうげん 증감) 등의 단어를 함께 기억하세요.

▶ 人口が減る。인구가 줄다.

▶ 靴の底が減る。신발 바닥이 닳다.

· 減らず口を叩く。억지를 부리다.

▶ 人口が減る
じんこうがへる

▶ 靴の底が減る
くつのそこがへる

▶ 減らず口を叩く
へらずぐちをたたく

---

06 沸く

끓다   わく

1회 2회 3회

> 비슷한 단어로 명사인 沸騰(ふっとう 비등)이 있습니다. 물이 끓는다는 뜻이지만 株価(かぶか)가沸騰する(주가가 오르다), 世論(よろん)が沸騰する(여론이 들끓다)의 뜻으로 사용됩니다. 타동사는 沸かす(わかす) '끓이다'가 되죠.

▶ 水は沸くと湯になる。물은 끓으면 온수가 된다.

▶ 風呂が沸く。목욕물이 끓다

▶ 勝利に沸く。승리에 끓다(湧く로 써도 무방)

· 逆転本塁打がスタンドを沸かす。역전 홈런이 스탠드를 들끓게 한다.

▶ 水は沸くと湯になる
みずはわくとゆになる

▶ 風呂が沸く ふろがわく

▶ 勝利に沸く
しょうりにわく

▶ 逆転本塁打がスタンドを沸かす
ぎゃくてんほんるいだが
スタンドをわかす

---

07 怒る　화내다, 화나다　おこる, いかる

> 같은 뜻을 지닌 말로 腹(はら)が立つ가 있습니다. 이 표현은 화가 나면 씩씩거리며 배가 나온다는 데서 유래했습니다. '화나다'는 腹立(はらだ)しい, '화내다'는 腹を立てる, 立腹(りっぷく)する, '열받다'는 頭(あたま)に来る, '욱하다'는 むきになる라고 합니다.

▶ 受付の冷淡な対応に怒る。 접수의 냉담한 대응에 화내다.

▶ 約束を破って友だちに怒られた。
약속을 어겨서 친구가 화를 냈다.

08 届く　이르다, 미치다, 도착하다, 통하다　とどく

> 届(とどけ)는 '이르다'라는 뜻의 한자로 주로 婚姻届(こんいんとどけ 혼인신고), 死亡届(しぼうとどけ 사망신고), 出生届(しゅっしょうとどけ 출생신고), 盗難届(とうなんとどけ 도난신고), 被害届(ひがいとどけ 피해신고) 등의 형태로 사용됩니다. 타동사는 '보내다'라는 뜻의 届ける입니다.

▶ 天井に手が届く。 천장에 손이 닿다.

▶ 宅配便が届く。 택배편이 도착하다.

▶ 神様に祈りが届く。 신에게 기도가 통하다.

・ お中元を届ける。 더운 여름을 잘 보내라는 뜻으로 선물을 보내다.

09 決まる　결정되다　きまる

> 의례적으로 하는 신선미가 없는 말을 決(き)まり文句(もんく)라 하여 '상투적인 말, 틀에 박힌 말'이라는 뜻입니다. 다음의 명사들도 확인하고 넘어갑시다. 決定(けってい), 決心(けっしん), 決意(けつい), 決行(けっこう). 타동사는 '결정하다'인 決(き)める입니다.

▶ 裁判で有罪が決まる。 재판에서 유죄가 결정되다.

▶ 出会いで人生が決まる。 만남으로 인생이 정해진다.

・ 努力の有無が合否を決める。 노력의 유무가 합격, 불합격을 결정한다.

・ ～に決まっている ～임에 뻔하다
彼は来るに決まっている。 그는 올 것임에 뻔하다.

퀴즈　政治家が札束に踊る

10 記録する

기록하다 きろくする

1회 2회 3회

> 명사에 する를 붙여 동사를 만들 경우 주로 관용적인 표현으로 사용됩니다. 結婚(けっこん)する, 運転(うんてん)する, 仕事(しごと)する, 感謝(かんしゃ)する 등이 있습니다. 또한 앞의 단어에 맞춰 해석되는 경우도 있습니다. 예를 들면 火傷(やけど)をする(화상을 입다), 怪我(けが)をする(부상을 당하다) 등입니다.

▸ 成績を記録しています。 성적을 기록하고 있습니다.

▸ よい記録が出る。 좋은 기록이 나오다.

▸ 成績を記録しています
  せいせきをきろくしています

▸ よい記録が出る
  よいきろくがでる

11 磨く

갈다, 연마하다 みがく

1회 2회 3회

> 磨く와 비슷한 뜻을 지닌 명사는 練磨(れんま 연마)입니다. 일본어에는 磨, 摩, 魔처럼 다른 한자라도 비슷하게 발음되는 경우가 많은데 이런 것들을 잘 익혀두면 일본어 단어의 고수가 되겠죠. 麻薬(まやく 마약), 摩擦(まさつ 마찰), 魔術(まじゅつ 마술) 등의 발음도 기억하세요.

▸ 布で窓ガラスを磨く。 헝겊으로 유리창을 닦다.

▸ 料理の腕を磨く。 요리 솜씨를 연마하다.

▸ 布で窓ガラスを磨く
  ぬのでまどがらすを
  みがく

▸ 料理の腕を磨く
  りょうりのうでをみがく

12 増す

늘다, 증가하다 ます

1회 2회 3회

> 増す와 같은 뜻의 명사는 増加(ぞうか 증가)입니다. 増은 贈(증), 僧(승), 憎(증)의 한자와 혼동하기 쉬우니 유의하세요. 각각의 단어를 통해 기억해두세요. 贈呈(ぞうてい 증정), 僧侶(そうりょ 승려), 憎悪(ぞうお 증오) 등이 있습니다. 보통 ～にもまして의 형태로 사용됩니다. '～보다 더(훨씬)'라는 뜻입니다.

▸ 人口が増している。 인구가 늘고 있다.

▸ 親近感が増す。 친근감이 더해지다.

▸ 前にも増して綺麗になった。 전보다 더(훨씬) 예뻐졌다.

▸ 人口が増している
  じんこうがましている

▸ 親近感が増す
  しんきんかんがます

▸ 前にも増して綺麗になった
  まえにもましてきれいに
  なった

퀴즈 靴の底が減る

13 補う 보충하다 おぎなう

> 補う와 비슷한 한자 단어도 함께 기억하세요. '붙잡다'는 뜻의 捕(と)らえる, '점포'를 뜻하는 店舗(てんぽ), '전국방방곡곡'의 의미인 津々浦々(つつうらうら). 비슷해 보이지만 전혀 다른 뜻을 지닌 단어들입니다. 출제지수 당연 톱이니 꼭 외워두세요.

▶ 解説をつけて本文を補う。 해설을 달아서 본문을 보충하다.

▶ 努力で欠点を補う。 노력으로 결점을 보완하다.

▶ 解説をつけて本文を補う
かいせつをつけて
ほんぶんをおぎなう

▶ 努力で欠点を補う
どりょくでけってんを
おぎなう

14 贈る 보내다, 선물하다 おくる

> おくる는 贈る와 送る 모두 사용할 수 있는데 贈る에는 祝福(しゅくふく 축복)이나 贈呈(ぞうてい 증정)의 느낌에 가깝습니다. 동음이의어인 送る는 단순히 '전달, 우송'의 뜻입니다. 예를 들면 別便(べつびん)でお送(おく)りします라고 하면 '다른 편으로 보내드리겠습니다'로 여기서는 贈る를 사용할 수 없습니다.

▶ お見舞いに果物を贈る。 병문안으로 과일을 보내다.

▶ 故郷の両親に現金を贈る。 고향의 부모님께 현금을 보내다.

▶ お見舞いに果物を贈る
おみまいにくだものを
おくる

▶ 故郷の両親に現金を贈る
ふるさとのりょうしんに
げんきんをおくる

15 疲れる 피곤하다, 지치다 つかれる

> 疲れる의 疲(피)는 비슷해 보이는 한자가 많은데 다음 단어들을 기억해두면 확실하게 구분할 수 있을 것입니다. '가죽'의 皮(かわ), '피혁'의 皮革(ひかく), '뒤집어쓰다'의 被る(かぶる), '그'의 彼(かれ), '찢다'의 破る(やぶる), '파도'의 波(なみ), '파문'의 波紋(はもん) 등입니다.

▶ 働き過ぎで疲れる。 일을 너무 많이 해서 지치다.

▶ 人生に疲れる。 인생에 지치다.

▶ 働き過ぎで疲れる
はたらきすぎでつかれる

▶ 人生に疲れる
じんせいにつかれる

宅配便が届く ....

기출 05년

16 座る

□ 1회 □ 2회 □ 3회

앉다   すわる

座는 주로 '앉는다'는 뜻을 나타냅니다. 예를 들면 '좌석'의 座席(ざせき), '정좌'의 正座(せいざ), '상석'의 上座(かみざ), '말석'의 下座(しもざ) 등입니다. 일본어 한자말 중에는 上座이나 下座처럼 한자읽기가 예외적인 것이 있습니다. 대표적으로는 '상반기'의 上半期(かみはんき), '하반기'의 下半期(しもはんき)가 있습니다. 당연히 시험에 잘 나오겠죠?

▸ 地べたに座る。땅바닥에 앉다.

▸ 首相の後釜に座る。수상의 후임에 앉다.

다시 한번 확인하세요!

▸ 地べたに座る
じべたにすわる

▸ 首相の後釜に座る
しゅしょうのあとがまに
すわる

기출 04년

17 占める

□ 1회 □ 2회 □ 3회

차지하다   しめる

占める와 혼동되는 단어로 '점치다'의 占う(うらなう)를 기억하세요. 일본 사람들은 유난히 점을 좋아하는데 온갖 종류의 점이 판치는 나라가 바로 일본입니다. 동물점, 별점, 돌점, 보석점 등등. 매일 아침 뉴스에도 오늘의 운세가 나오는 나라죠. '점쟁이'는 占い師(うらないし), '역술가'인 易者(えきしゃ)와 같은 관련 단어도 함께 기억하면 좋겠네요.

▸ 机が部屋の大部分を占めている。
책상이 방의 대부분을 차지하고 있다.

▸ 賛成者が多数を占めている。찬성자가 다수를 차지하다.

▸ 机が部屋の大部分を占め
ている
つくえがへやのだいぶ
ぶんをしめている

▸ 賛成者が多数を占めている
さんせいしゃがたすうを
しめている

기출 04년

18 招く

□ 1회 □ 2회 □ 3회

초대하다, 초래하다, 부르다   まねく

일본에 가면 한쪽 팔을 들고 사람을 부르는 것 같은 고양이가 있는데 이를 招き猫(まねきねこ)라고 합니다. 일본인들이 매우 좋아하는 인형으로 손님이나 재물을 불러들인다고 하여 특히 상점 앞에 많이 장식해둡니다. 일종의 복을 부르는 고양이죠. 같은 뜻을 가진 명사로 '초대'의 招待(しょうたい), '초청'의 招請(しょうせい)도 함께 외워두세요.

▸ 手を振って人を招く。손을 흔들어 사람을 부르다.

▸ 誕生日に友人を招く。생일날에 친구를 초대하다.

▸ 不注意が事故を招く。부주의가 사고를 초래하다.

▸ 手を振って人を招く
てをふってひとをまねく

▸ 誕生日に友人を招く
たんじょうびにゆうじん
をまねく

▸ 不注意が事故を招く
ふちゅういがじこをまねく

퀴즈   料理の腕を磨く

19 認める　인정하다　　　　　　　　　　みとめる

1회　2회　3회

> '인정하다'를 동사가 아닌 명사를 사용하여 표현할 수도 있겠죠. 認定(にんてい)する. 그밖에 みとめる에는 '판단하다, 승인하다, 좋게 평가하다'라는 뜻이 있습니다.

▶ 暴力は一切認めません。 폭력은 일절 인정하지 않습니다.

▶ 才能と実力を認める。 재능과 실력을 인정하다.

20 誤る　실수하다, 잘못하다　　　　　　　あやまる

1회　2회　3회

> 한자가 혼동하지 않게 다음 단어도 함께 외워두면 좋습니다. '오락'의 娯楽(ごらく)와 '깨닫다'의 悟る(さとる) 등입니다.

▶ 誤った考えは捨てなさい。 잘못된 생각은 버리세요.

▶ 君の考え方は人を誤るおそれがある。
네 사고방식은 사람을 잘못되게 할 염려가 있다.

・ 弘法にも筆の誤り 원숭이도 나무에서 떨어진다. (弘法 : 774~835 스님 붓글씨의 대가, 그런 뛰어난 스님의 붓글씨에도 실수가 있다)

21 異なる　다르다　　　　　　　　　　ことなる

1회　2회　3회

> 異가 들어 있는 단어로 우리와 친근한 단어인 糞(くそ, ふん)이 있습니다. '똥'이라는 뜻인데 米(쌀 미) 아래에 異(다를 이)가 들어 있네요. 쌀이 다르게 바뀌었으니 바로 똥이 됐네요. 糞이 들어간 단어들은 모두 찌꺼기와 관련됩니다. 目糞(めくそ 눈곱), 鼻糞(はなくそ 코딱지), 耳糞(みみくそ 귀지).

▶ 品質によって値段が異なる。 품질에 따라 가격이 다르다.

▶ 見本と実物とが異なる。 견본과 실물이 다르다.

다시 한번 확인하세요!

▶ 暴力は一切認めません
ぼうりょくはいっさいみとめません

▶ 才能と実力を認める
さいのうとじつりょくをみとめる

▶ 誤った考えは捨てなさい
あやまったかんがえはすてなさい

▶ 君の考え方は人を誤るおそれがある
きみのかんがえがたはひとをあやまるおそれがある

▶ 弘法にも筆の誤り
こうぼうにもふでのあやまり

▶ 品質によって値段が異なる
ひんしつによってねだんがことなる

▶ 見本と実物とが異なる
みほんとじつぶつとがことなる

퀴즈　故郷の両親に現金を贈る

34

22 謝る

기출 03년

1회 2회 3회

사과하다, 사죄하다 　　　　　　　あやまる

> 앞에서 배운 誤る(あやまる)와 혼동하지 않도록 꼭 기억하세요.
> 平謝(ひらあやま)리에 謝る는 '손바닥이 발바닥이 되도록 빌다'라는 뜻입니다.
> 謝罪(しゃざい 사죄), 感謝(かんしゃ 감사), 謝絶(しゃぜつ 사절), 謝礼(しゃれい 사례) 등의 단어도 함께 기억합시다.

▷ 誤解したことを謝る。 오해한 것을 사과하다.

▷ 謝って済む問題ではない。 사과해서 끝날 문제가 아니다.

---

23 暮す

기출 03년

1회 2회 3회

생활하다, 시간을 보내다 　　　　　　　くらす

> '살다'라는 뜻을 지닌 일본어는 우리말과는 달리 세 가지가 있습니다.
> '생활하다'의 暮す(くらす), '생존하다'의 生きる(いきる), '살다'의 住む(すむ)인데 그 중 住む는 주로 주거지를 나타냅니다.

▷ 日がな一日読書をして暮す。 하루종일 독서를 하며 보내다.

▷ 都心のマンションで一人で暮す。
　도심의 아파트에서 혼자 산다.

▶ 日がな一日読書をして暮す
　ひがないちにちどくしょ
　をしてくらす

▶ 都心のマンションで一人で
　暮す
　としんのマンションで
　ひとりでくらす

---

24 納める

기출 04년

1회 2회 3회

납부하다, 넣다 　　　　　　　おさめる

> おさめる와 동음이의어인 収める(거두다, 남도록 하다), 治める(다스리다), 修める(수양하다)도 많이 쓰이는 단어이니 함께 외워두세요.

▷ 売上金を金庫に納める。 매상금을 금고에 넣다.

▷ 怒りを心に納める。 분노를 마음에 담다.

퀴즈　賛成者が多数を占めている

25 試す

1회 2회 3회

시도하다, 알아보다

ためす

> 試す와 같은 뜻인 試みる(こころみる)도 기억해두세요. 시험에 자주 출제되는 試가 들어간 단어들도 확인하세요. 試着(しちゃく), 試験(しけん), 試行(しこう) 등입니다. 특히 試着은 '입어 본다'는 뜻으로, 우리말과 다른 뉘앙스 문제에서 자주 출제되니 주의하세요.

▶ 真価を試す。 진가를 알아보다.

▶ 新車の乗り心地を試す。 신차의 승차감을 시험해본다.

▶ 真価を試す
しんかをためす

▶ 新車の乗り心地を試す
しんしゃののりごこちを
ためす

26 気にいる

1회 2회 3회

마음에 들다

きにいる

> 일본어에는 気(き)가 들어간 단어가 꽤 많은데 우리말로 표현할 때는 보통 '기분, 느낌, 생각, 마음' 정도의 뜻을 포함하고 있습니다. 대표적인 표현 몇 가지는 꼭 기억해두세요. ~気がする(~느낌이 들다), 気になる(신경 쓰이다, 궁금하다), 気にする(신경 쓰다), 気があう(마음이 맞다) 등이 있습니다.

▶ 気に入っている人。 마음에 드는 사람.

▶ 気に入らなかったら捨ててください。
마음에 안 들면 버리세요.

▶ 気に入っている人
きにいっているひと

▶ 気に入らなかったら捨てて
ください
きにいらなかったらすてて
ください

27 叫ぶ

1회 2회 3회

외치다, 부르다

さけぶ

> 叫와 糾를 혼동하지 마세요. 口(입)와 糸(이 실)의 차이인데 입이 있으면 '외치다'라는 뜻이고, 실이 있으면 '얽히다, 바로 잡다'라는 뜻이 됩니다. 연관성이 있어 이해가 쉽죠. 기억할 대표 단어는 '규탄'의 糾弾(きゅうだん)과 '절규'의 絶叫(ぜっきょう)입니다.

▶ 快哉を叫ぶ。 쾌재를 부르다.

▶ 戦争反対を叫ぶ。 전쟁 반대를 외치다.

▶ 快哉を叫ぶ
かいさいをさけぶ

▶ 戦争反対を叫ぶ
せんそうはんたいを
さけぶ

퀴즈 才能と実力を認める

28 捜す

□ □ □
1회 2회 3회

수색하다, 찾다　　　　　　　　　　　　　　　さがす

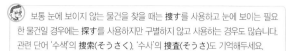

보통 눈에 보이지 않는 물건을 찾을 때는 **捜す**를 사용하고 눈에 보이는 필요한 물건일 경우에는 **探す**를 사용하지만 구별하지 않고 사용하는 경우도 많습니다. 관련 단어 '수색'의 **捜索(そうさく)**, '수사'의 **捜査(そうさ)**도 기억해두세요.

▸ 犯人を捜す。 범인을 찾다.

▸ 部屋を捜したが鍵は見つからなかった。
방을 뒤졌지만 열쇠는 발견되지 않았다.

▸ 犯人を捜す
はんにんをさがす

▸ 部屋を捜したが鍵は見つからなかった
へやをさがしたがかぎはみつからなかった

기출 07년

29 驚く

□ □ □
1회 2회 3회

놀라다　　　　　　　　　　　　　　　　　　おどろく

'깜짝 놀라다'라는 뜻을 가진 **びっくりする**도 함께 기억하세요.

▸ 驚いたことに誰もいない。 놀랍게도 아무도 없다.

▸ 彼の博識に驚く。 그의 박식함에 놀라다.

▸ 驚いたことに誰もいない
おどろいたことにだれもいない

▸ 彼の博識に驚く
かれのはくしきにおどろく

기출 07년

30 打ち消す

□ □ □
1회 2회 3회

부정하다, 일축하다　　　　　　　　　　　　　うちけす

打ち消す는 기본적으로 '부정하다'라는 뜻이지만 消す의 힘준 말로 '없애다, 지우다'라는 뜻도 있습니다. 같은 뜻으로 명사로 표현한 否定(ひてい)する도 기억하세요.

▸ 世の中のうわさを打ち消す。 세상의 소문을 부정하다.

▸ 不調説を打ち消すような本塁打。
부진 설을 일축하는 듯한 홈런.

▸ 世の中のうわさを打ち消す
よのなかのうわさをうちけす

▸ 不調説を打ち消すような本塁打
ふちょうせつをうちけすようなほんるいだ

퀴즈　日がな一日読書をして暮す

정답과 해설은 325쪽에

※ 次の説明に合う単語は？

01 意外なことに出くわして、心に衝撃を受ける。
　　① 驚く　　　　　② 喜ぶ　　　　　③ 悲しむ　　　　④ 怒る

02 受け取り手に渡す。
　　① 収める　　　　② 治める　　　　③ 修める　　　　④ 納める

03 物事の良否・真偽や能力の程度などを実際に調べ確かめる。
　　① 求める　　　　② 試す　　　　　③ 認める　　　　④ 占める

04 感謝や祝福などの気持ちを込めて、人に金品などを与える。
　　① 送る　　　　　② 授ける　　　　③ 承る　　　　　④ 贈る

05 物の上に、さらにそれと同類の物を載せる。
　　① 重ねる　　　　② 畳む　　　　　③ 挟む　　　　　④ 折る

※ 次の下線にあてはまるものは？

06 明日手術を受ける田中さんの無事を＿＿＿＿＿＿しかないですね。
　　① 拝む　　　　　② 求める　　　　③ 祈る　　　　　④ 謝る

07 彼は＿＿＿＿＿＿苦労をするからバカですよ。
　　① 重ねて　　　　② 求めて　　　　③ 決まって　　　④ 納めて

08 誤解を＿＿＿＿＿＿行動はよした方がいいです。
　　① 増す　　　　　② 募る　　　　　③ 叫ぶ　　　　　④ 招く

09 君の考え方は人を＿＿＿＿＿＿おそれがある。
　　① 誤る　　　　　② 謝る　　　　　③ 打ち消す　　　④ 驚く

10 この頃は男の先生より女の先生のほうが＿＿＿＿＿＿割合がもっと高い。
　　① 求める　　　　② 占う　　　　　③ 占める　　　　④ 捜す

※ 次の単語の読み方は？

11 私は腕を磨いて一人前のコックになりたい。
　　① まいて　　　　② みがいて　　　　③ みかいて　　　　④ といて

12 彼はアメリカで留学したから、英語の実力があるかどうかを試してみたい。
　　① こころして　　② めざして　　　③ ためして　　　④ はなして

13 彼女とは人生観が異なるので別れることにした。
　　① いなる　　　　② かさなる　　　③ つらなる　　　④ ことなる

14 　あの会社は人手不足を補うため、新入社員を採用することにした。
　　① まかなう　　　② おぎなう　　　③ まぎらう　　　④ うしなう

※ 次の単語の漢字は？

15 彼女はいつもファッション雑誌を見ておしゃれをみがいている。
　　① 研いて　　　　② 磨いて　　　　③ 解いて　　　　④ 描いて

16 「おどる大捜査線」は私の大好きな日本ドラマです。
　　　　①曲どる　　　② 跳る　　　　③ 唸る　　　　④ 踊る

17 韓国はオリンピック野球に優勝して喜びにわいている。
　　① 沸いて　　　　② 噴いて　　　　③ 撒いて　　　　④ 浮いて

18 彼は平あやまりにあやまった。
　　① 誤った　　　　② 謬った　　　　③ 過った　　　　④ 謝った

03일 명사 2

01 隅　　구석　　　　　　　　　　　　　　　　　すみ

1회 2회 3회

> 앞에서는 숯을 뜻하는 단어 **すみ(炭)**를 배웠습니다. 발음이 '구석'을 뜻하는 隅와 발음이 같은 것에 유의하시고 다른 단어들도 확인하고 넘어가세요. '먹'을 뜻하는 일본어 **すみ(墨)**와 '완료'나 '종료'의 의미를 지닌 **すみ(済み)**도 있습니다. '먹을 갈다'라는 표현은 墨をする, '주문완료'라는 표현은 注文(ちゅうもん)済(す)み라고 하면 됩니다.

> ▸ 四隅 네 구석 · 隅々 구석구석
> ▸ 部屋の隅々まで捜す。 방의 구석구석까지 뒤지다.
> ▸ 隅に置けない。 깔볼 수 없다.

02 記録　　기록　　　　　　　　　　　　　　　　きろく

1회 2회 3회

> 記録의 録과 혼동하기 쉬운 한자 몇 개를 기억해두세요. 녹색을 의미하는 **緑色(みどりいろ)**와 인연을 의미하는 **因縁(いんねん, いんえん)**이 있습니다. 縁은 '인연'이라는 뜻 외에도 둘레나 테두리를 의미하는 단어로 **額縁(がくぶち 액자)**를 기억해두세요.

> ▸ 五輪で新記録が出た。 올림픽에서 신기록이 나왔다.
> ▸ 議事を記録する。 의사를 기록하다.

03 泥　　진흙　　　　　　　　　　　　　　　　どろ, でい

1회 2회 3회

> '도둑'의 **泥棒(どろぼう)**를 줄여서 **泥(どろ)**라고도 합니다. **泥縄式(どろなわしき)**는 도둑을 보고 그제서야 縄(なわ) 즉 '포승'을 준비한다는 뜻으로 '소 잃고 외양간 고친다'는 뜻이겠죠. 비슷한 표현의 **後の祭(あとのまつり)**도 함께 기억해두세요.

> ▸ 顔に泥を塗る。 얼굴에 똥칠하다.
> ▸ 靴の泥を落とす。 구두에 묻은 흙을 털다.

다시 한번 확인하세요!

▸ 四隅　　よすみ
　隅々　　すみずみ

部屋の隅々まで捜す
へやのすみずみまで
さがす

▸ 隅に置けない
　すみにおけない

▸ 五輪で新記録が出た
　ごりんでしんきろくが
　でた

▸ 議事を記録する
　ぎじをきろくする

▸ 顔に泥を塗る
　かおにどろをぬる

▸ 靴の泥を落とす
　くつのどろをおとす

퀴즈　女性社員が育児問題で悩む

04 割合　비율　　　　わりあい

1회 2회 3회

> わりあい는 '비율'을 뜻하는 단어인데 に를 붙여 부사적으로 많이 사용합니다. 이때는 '비교적, 뜻밖에'라는 뜻이 됩니다. 비슷한 표현으로 わりと, わりに가 있습니다. 彼(かれ)の業績(ぎょうせき)は割合に知(し)られていない. 그의 업적은 비교적 알려져 있지 않다.

▶ 収入に占める食費の割合が高い。
수입에서 차지하는 식비의 비율이 높다.

▶ 安い割りにしっかりした作品だ。
싼 것에 비하면 단단한 작품이다.

다시 한번 확인하세요!

▶ 収入に占める食費の割合が高い
しゅうにゅうにしめる
しょくひのわりあいが
たかい

▶ 安い割りにしっかりした作品だ
やすいわりにしっかりした
さくひんだ

05 悲劇　비극　　　　ひげき

1회 2회 3회

> 반대말은 '희극'의 喜劇(きげき)입니다. 劇(げき)와 관련된 단어들을 확인하고 넘어가세요.

劇 ▶ 演劇 연극・開幕劇 개막극・歌劇 가극・活劇 활극
惨劇 참극・史劇 사극

▶ 悲劇的な事実に驚く。비극적인 사실에 놀라다.

▶ 一家心中という悲劇。일가 동반자살이라는 비극.

▶ 演劇　　えんげき
開幕劇　かいまくげき
歌劇　　かげき
活劇　　かつげき
惨劇　　さんげき
史劇　　しげき

▶ 悲劇的な事実に驚く
ひげきてきなじつに
おどろく

▶ 一家心中という悲劇
いっかしんじゅうという
ひげき

06 作業　작업　　　　さぎょう

1회 2회 3회

> 일본어의 作은 さく나 さ로 발음되는데 시험에 자주 출제됩니다. 예를 들면 作法(さほう), 作用(さよう), 動作(どうさ) 등입니다. 발음을 꼭 기억해두세요.

▶ 手作業 수작업・作業着 작업복

▶ 作業中は立ち入り禁止。작업중에는 출입금지.

▶ 手作業　　てさぎょう
作業着　　さぎょうぎ

▶ 作業中は立ち入り禁止
さぎょうちゅうはたち
いりきんし

07 操作

□ □ □
1회 2회 3회

조작   そうさ

> 操作처럼 そうさ로 발음되는 단어로 捜査(수사)가 있습니다. 이처럼 さ로 발음되는 단어를 살펴봤는데 이번에는 さく로 발음되는 단어들을 짚어보겠습니다. 力作(りきさく), 創作(そうさく), 原作(げんさく), 凶作(きょうさく) 등이 있습니다.

▶ 遠隔操作 원격조작 · 意識操作 의식조작
　株価操作 주가조작

▶ 遺伝子を操作する。 유전자를 조작하다.

08 小包

□ □ □
1회 2회 3회

소포   こづつみ

> つつみ는 명사로는 보따리나 꾸러미를 뜻하는 단어인데 수사로 뭔가에 싸여진 물건을 세는 단위로 사용하기도 합니다. 예를 들면 '돈뭉치'의 金包(かねづつみ), '약봉지'의 薬包(くすりづつみ), '한 봉지씩'이라는 의미의 一包ずつ (ひとつつみずつ) 등이 있습니다.

▶ 小包が届いたら連絡ください。
　소포가 도착하면 연락주세요.

▶ 冊子小包。 책자소포.

09 拒否

□ □ □
1회 2회 3회

거부   きょひ

> 拒否에 쓰인 한자 否는 음독하면 ひ가 되지만 훈독하면 '부정하다'라는 동사 否む(いなむ)입니다. 또한 いや(否)라고 하여 '아니'라는 뜻의 いいえ와 같은 뜻이 됩니다. 否応(いやおう)なしに는 '싫든 좋든'이라는 뜻이 됩니다.

拒 ▶ 拒絶 거절 · 抗拒 항거

否 ▶ 否定 부정 · 安否 안부

▶ 署名を拒否する。 서명을 거부하다.

▶ 拒否反応。 거부반응.

▶ 遠隔操作
　えんかくそうさ
　意識操作 いしきそうさ
　株価操作 かぶかそうさ
▶ 遺伝子を操作する
　いでんしをそうさする

▶ 小包が届いたら連絡ください
　こづつみがとどいたら
　れんらくください
▶ 冊子小包 さっしこづつみ

▶ 拒絶 　　きょぜつ
　抗拒 　　こうきょ
▶ 否定 　　ひてい
　安否 　　あんぴ
▶ 署名を拒否する
　しょめいをきょひする
▶ 拒否反応
　きょひはんのう

퀴즈 五輪で新記録が出た

기출 02년

10 観察　관찰　かんさつ

1회 2회 3회

> かんさつ로 발음되지만 뜻이 다른 '감찰'의 監察도 기억해두세요. 같이 외워두면 좋은 단어들로는 警察(けいさつ 경찰), 検察(けんさつ 검찰), 考察(こうさつ 고찰), 視察(しさつ 시찰) 등이 있습니다.

▶ 自己観察 자기관찰・保護観察 보호관찰

▶ クモの生態を観察する。 거미의 생태를 관찰하다.

▶ 自己観察　じこかんさつ
　保護観察　ほごかんさつ

▶ クモの生態を観察する
　クモのせいたいをかんさつする

기출 04년

11 混乱　혼란　こんらん

1회 2회 3회

> 발음이 우리말과 비슷해서 외우기 쉽겠네요. 우리말 '혼'에 해당되는 混은 こん으로 乱은 우리말처럼 らん으로 발음된다는 것을 기억하세요.

混 ▶ 混合 혼합・混雑 혼잡・混濁 혼탁

乱 ▶ 散乱 산란・騒乱 소란・内乱 내란

▶ 今日は頭が混乱している。 오늘은 머리가 혼란스럽다.

▶ 頭が混乱する。 머리가 혼란해지다.

▶ 混合　こんごう
　混雑　こんざつ
　混濁　こんだく

▶ 散乱　さんらん
　騒乱　そうらん
　内乱　ないらん

▶ 今日は頭が混乱している
　きょうはあたまがこんらんしている

▶ 頭が混乱する
　あたまがこんらんする

기출 04년

12 状況　상황　じょうきょう

1회 2회 3회

> 일본어에서 状(じょう)과 況(きょう)은 많이 사용되는 한자이니 단어를 통해 꼭 기억해두세요. 状態(じょうたい 상태), 実状(じつじょう 실상), 情状(じょうじょう 정상), 現況(げんきょう 현황), 不況(ふきょう 불황), 盛況(せいきょう 성황).

▶ 開票状況 개표상황・状況証拠 상황증거

▶ 韓国の状況が変わった。 한국의 상황이 변했다.

▶ 開票状況
　かいひょうじょうきょう
　状況証拠
　じょうきょうしょうこ

▶ 韓国の状況が変わった
　かんこくのじょうきょうがかわった

퀴즈 作業中は立ち入り禁止

13 改善　개선　かいぜん

한자 改는 우리말로는 '개'라고 발음하는데 일본어로는 かい죠. 우리말의 '가'와 모음 'ㅣ'가 분리됐다고 생각하면 어떨까요? 발음을 까먹진 않겠네요. 반대말은 고쳐서 도리어 나빠진다는 뜻의 改悪(かいあく 개악)입니다.

改 ▸ 改革 개혁・改訂 개정

善 ▸ 偽善 위선・善行 선행

▸ 会社で待遇を改善する。 회사에서 대우를 개선하다.

▸ 体質改善。 체질개선.

14 底　바닥　そこ

底는 '바닥'이라는 뜻일 때는 そこ로 발음되지만 '철저'의 徹底(てってい), '도저히'라는 뜻의 到底(とうてい)의 경우에는 てい로 발음됩니다. 底와 혼동하기 쉬운 한자들로는 低, 邸, 抵가 있습니다. 각각 低廉(ていれん 저렴), 邸宅(ていたく 저택), 抵抗(ていこう 저항) 등의 단어를 통해 기억해두세요.

▸ 船の底に水がたまる。 배 바닥에 물이 차다.

▸ 海の底 바다 속・心の底 마음 속

15 影響　영향　えいきょう

影響에서 影은 えい로 발음되지만 かげ라고 읽을 때는 '그림자'라는 뜻입니다. '인기척이 나다'라는 표현은 影が差(さ)す라고 합니다. 같은 표현으로는 人の気配(けはい)がする가 있습니다.

▸ 彼の父親の影響は大きかった。 그의 부친의 영향은 컸다.

▸ 悪影響 악영향

다시 한번 확인하세요!

▸ 改革　かいかく
　改訂　かいてい

▸ 偽善　ぎぜん
　善行　ぜんこう

▸ 会社で待遇を改善する
　かいしゃでたいぐうを
　かいぜんする

▸ 体質改善
　たいしつかいぜん

▸ 船の底に水がたまる
　ふねのそこにみずがたまる

▸ 海の底　うみのそこ
　心の底　こころのそこ

▸ 彼の父親の影響は
　大きかった
　かれのちちおやのえい
　きょうはおおきかった

▸ 悪影響
　あくえいきょう

퀴즈　遺伝子を操作する

16 適切

1회 2회 3회

적절　　　　　　　　　　　　　　　　　てきせつ

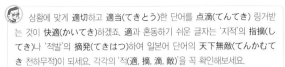

상황에 맞게 適切하고 適当(てきとう)한 단어를 点滴(てんてき) 링거받는 것이 快適(かいてき)하겠죠. 適과 혼동하기 쉬운 글자는 '지적'의 指摘(してき)나 '적발'의 摘発(てきはつ)하여 일본어 단어의 天下無敵(てんかむてき 천하무적)이 되세요. 각각의 '적(適, 摘, 滴, 敵)'을 꼭 확인해보세요.

▸ 適切な方法を取りなさい。 적절한 방법을 취하세요.

▶ 다시 한번 확인하세요!

▸ 適切な方法を取りなさい
てきせつなほうほうを
とりなさい

17 被害

1회 2회 3회

피해　　　　　　　　　　　　　　　　　ひがい

被와 害가 들어간 한자 단어를 각각 확인해보세요.
被告(ひこく) 피고　被爆(ひばく) 피폭　被服(ひふく) 피복　公害(こうがい) 공해　損害(そんがい) 손해　殺害(さつがい) 살해

被 ▸ 被る 뒤집어 쓰다
　　　猫を被る 내숭 떨다

▸ 今度の地震の被害は大きい。
이번 지진의 피해는 크다.

▶ 被る　　こうむる.
　　　　　かぶる
　猫を被る　ねこをかぶる
▶ 今度の地震の被害は大きい
こんどのじしんのひがいは
おおきい

18 準備

1회 2회 3회

준비　　　　　　　　　　　　　　　　　じゅんび

備(び)가 들어간 단어로는 '경비'의 警備(けいび), '설비'의 設備(せつび), '예비교'의 予備校(よびこう)가 있는데 예비고는 주로 대학 입시학원을 가리키는 단어입니다. 참고로 재수생은 浪人(ろうにん)인데 이는 떠돌이나 부랑자를 뜻하는 말이니 단어의 어감이 좋진 않네요. 열심히 공부해서 ろうにん이 되지 맙시다.

備 ▸ 備える 준비하다
　　・備えあれば憂い無し 유비무환

▸ 遠足の準備がととのう。 소풍 준비가 갖추어지다.

▸ 準備運動。 준비운동.

▶ 備える　　そなえる
▶ 備えあれば憂い無し
そなえあればうれいなし
▶ 遠足の準備がととのう
えんそくのじゅんびがと
とのう
▶ 準備運動
じゅんびうんどう

퀴즈　韓国の状況が変わった

45

19 寿命　　수명　　　　　　　　　　　　じゅみょう

1회　2회　3회

> 寿命의 읽기는 예외적입니다. 命은 보통 運命(うんめい), 革命(かくめい), 致命傷(ちめいしょう)처럼 めい로 발음하는데 寿命일 때는 みょう로 발음한다는 것 꼭 기억해두세요. 命あっての物種(ものだね). 이 말은 일단은 살고 봐야 한다. 즉 목숨이 붙어 있어야 다른 일을 이룰 수 있다는 말인데 여기서의 命은 いのち로 읽어야겠죠.

▸ このパソコンはもう寿命だ。
　이 컴퓨터는 이제 수명이 다했다.

▸ 平均寿命。평균수명.

20 募集　　모집　　　　　　　　　　　　ぼしゅう

1회　2회　3회

> '모집하다'라는 뜻을 가진 동사로 募る(つのる)가 있습니다. 이밖에 이 글자와 혼동하기 쉬운 한자를 각 단어를 통해 익혀두세요.
> お墓(はか) 묘지 | 開幕(かいまく) 개막 | 日暮れ(ひぐれ) 해질녘 | 恋慕(れんぼ) 연모

▸ 新しい会員を募集する。새로운 회원을 모집한다.

▸ アルバイト募集。아르바이트 모집.

21 窓　　창문　　　　　　　　　　　　　まど

1회　2회　3회

> 《窓際のトトチャン》이라는 유명한 책이 있습니다. 일본어를 공부하는 분이라면 원서로 한번 읽어보세요. '창가의 토토'인데 성격이 좀 특별한 꼬마아이 이야기입니다. 窓은 간혹 하늘을 뜻하는 空(そら)와 '갑자기'라는 뜻의 突然(とつぜん)의 한자와 혼동할 수 있으니 주의하세요.

▸ 同窓 동창 · 窓際 창가 · 窓口 창구

▸ 目は心の窓。눈은 마음의 창.

퀴즈　彼の父親の影響は大きかった

46

22 戦争

□ □ □
1회 2회 3회

전쟁　　　　　　　　　　　　せんそう

> 戦과 争에 관련된 단어들은 어쩐지 모두 좋지 않은 뜻을 가진 것 같습니다.
> 苦戦(くせん 고전), 抗戦(こうせん 항전), 善戦(ぜんせん 선전), 競争(きょうそう 경쟁), 抗争(こうそう 항쟁), 紛争(ふんそう 분쟁) 등 모두 치열한 단어들이네요.

戦 ▸ 戦う 전쟁하다

争 ▸ 争う 다투다

▸ 受験戦争 수험전쟁 · 交通戦争 교통전쟁
　太平洋戦争。태평양전쟁.

23 油断

□ □ □
1회 2회 3회

방심　　　　　　　　　　　　ゆだん

> ゆだんのならない相手(あいて), '방심할 수 없는 상대', 그것이 바로 일본어 한자죠. '유전'의 油田(ゆでん), '윤활유'의 潤滑油(じゅんかつゆ), '결단'의 決断(けつだん), '단식'의 断食(だんじき)와 같은 단어도 함께 기억해두세요.

油 ▸ 油 기름 · 水と油 물과 기름

断 ▸ 断る 거절하다

▸ 油断も隙もない。방심도 빈틈도 없다.

▸ 油断大敵。방심은 최대의 적.

24 強引

□ □ □
1회 2회 3회

무리, 억지로 함　　　　　　　　ごういん

> 強은 우리말로는 '강' 한가지로 읽지만 일본어에서는 보통은 勉強(べんきょう 공부), 強制(きょうせい 강제)의 경우처럼 きょう로 읽습니다. 하지만 '강도'의 強盗(ごうとう), '고집'의 強情(ごうじょう), '강간'의 強姦(ごうかん)처럼 예외적으로 ごう로 읽는 경우가 있는데 단골 시험문제입니다.

強 ▸ 強い 강하다

引 ▸ 引く 당기다

▸ 強引に奪い取る。강인하게 탈취하다.

▸ 戦う　　　たたかう

▸ 争う　　　あらそう

▸ 受験戦争
　じゅけんせんそう
　交通戦争
　こうつうせんそう
　太平洋戦争
　たいへいようせんそう

▸ 油　　　　あぶら
　水と油　　みずとあぶら
　断る　　　ことわる

▸ 油断も隙もない
　ゆだんもすきもない

▸ 油断大敵　ゆだんたいてき

▸ 強い　　　つよい

▸ 引く　　　ひく

▸ 強引に奪い取る
　ごういんにうばいとる

무조건 03일 명사 2

퀴즈　今度の地震の被害は大きい

25 育児

육아

いくじ

세상에 児童(じどう 아동)을 教育(きょういく 교육)시키는 일처럼 힘든 일은 없는 것 같습니다. 아프면 小児科(しょうにか 소아과)에도 데려 가야 하고 정말 大変(たいへん)でしょう 힘들죠. 育과 児의 읽기에 특히 주의하세요.

▶ 女性社員が育児問題で悩む。
여성사원이 육아문제로 고민하다.

▶ 育児休暇。육아휴가.

26 水滴

물방울

すいてき

'링거'를 뜻하는 단어 点滴(てんてき)과 혼동하지 마세요. 水는 '향수'의 香水(こうすい), '풍수'의 風水(ふうすい)처럼 보통 すい로 읽지만 '홍수'의 洪水(こうずい)에서는 ずい로 읽는다는 점에 주의하세요.

水 ▶ 水 물

滴 ▶ 滴 물방울

▶ 軒先から水滴が落ちる。 처마 끝에서 물방울이 떨어진다.

27 検査

검사

けんさ

検과 혼동하기 쉬운 한자들을 検討(けんとう 검토)해보세요. 検事(けんじ 검사)가 되기 위해 剣(つるぎ 칼)를 갈며 열심히 공부하여 試験(しけん)시험에 합격했으니, 이제부터 검사로서 勤倹(きんけん 근검)한 생활을 하면서 위험한 일도 마다 않고 다양한 経験(けいけん 경험)을 쌓아야겠습니다.

▶ 雨が降ってから水の検査をする。
비가 온 다음에 수질 검사를 한다.

▶ 女性社員が育児問題で悩む
じょせいしゃいんがいくじもんだいでなやむ

▶ 育児休暇
いくじきゅうか

▶ 水 みず
▶ 滴 しずく
▶ 軒先から水滴が落ちる
のきさきからすいてきがおちる

▶ 雨が降ってから水の検査をする
あめがふってからみずのけんさをする

기출 03년

28 共同　　공동　　　　　　　　　　　　きょうどう

1회 2회 3회

共同과 발음이 같은 **協同(きょうどう)** 기억해두세요. 일본어는 한자읽기가 무엇보다 중요하니 관련단어를 함께 기억해두는 것이 중요합니다. 公共(こうきょう), 共感(きょうかん), 共犯(きょうはん), 混同(こんどう 혼동), 同窓(どうそう 동창)

▸ 共同で作業する。공동으로 작업하다.

▸ 共同墓地 공동묘지・共同浴場 공동목욕탕

▸ 共同で作業する
きょうどうでさぎょうする

▸ 共同墓地
きょうどうぼち
共同浴場
きょうどうよくじょう

기출 02년

29 乾燥　　건조　　　　　　　　　　　　かんそう

1회 2회 3회

かんそう로 발음하는 한자는 乾燥 외에도 感想(감상), 観相(관상), 間奏(간주), 完走(완주)가 있습니다. 물론 시험에 자주 나오죠. 無味乾燥(むみかんそう), 단어 그대로 '무미건조'입니다. 비슷한 표현으로는 そっけない가 있는데 '냉담하다, 애교가 없다'는 뜻입니다.

▸ 部屋の空気が乾燥する。방의 공기가 건조하다.

▸ 無味乾燥。무미건조.

기출 02년

30 火災　　(화재로 인한) 재난, 재앙　　　　かさい

1회 2회 3회

이 단어는 주로 火事(かじ)와 혼동하기 쉬운데 火事는 단순한 화재를 가리키며 火災는 화재로 인한 재난이나 재앙을 뜻하는 말입니다. 관련 단어인 火炎(かえん), 防火(ぼうか), 火器(かき), 火傷(やけど)도 기억해두세요. 특히 火傷은 읽기 시험에 자주 출제됩니다.

▸ 火災で一文無しになってしまう。
화재로 빈털터리가 돼버렸다.

▸ 火災保険。화재보험.

퀴즈　油断も隙もない

49

※ 次の説明に合う単語は？

01 のちのちに伝える必要から事実を書き記すこと。また、その文書。
① 記録   ② 筆記   ③ 筆写   ④ 日記

02 人生の重大な不幸・悲惨を題材とし、死・破滅・敗北・苦悩などに終わる劇。
① 喜劇   ② 悲劇   ③ 寸劇   ④ 演劇

03 物事の真の姿を間違いなく理解しようとよく見ること。
① 視察   ② 洞察   ③ 観察   ④ 省察

04 悪いところを改めてよくすること。
① 改善   ② 改革   ③ 革新   ④ 改新

05 適不適や異状・不正の有無などを調べること。
① 捜査   ② 審査   ③ 監査   ④ 検査

※ 次の下線にあてはまるものは？

06 彼は＿＿＿＿＿＿に置けない人です。
① 遇   ② 隅   ③ 偶   ④ 寓

07 医術が発達するにつれて、人間の＿＿＿＿＿＿が延びるようになった。
① 知識   ② 知能   ③ 生命   ④ 寿命

08 貧乏な人は収入に占める食費の＿＿＿＿＿＿が高い。
① 割合   ② 価値   ③ 分量   ④ 欲求

09 戦争の後遺症は国民の生活に大きな＿＿＿＿＿＿を及ぼした。
① 混乱   ② 利益   ③ 迷惑   ④ 影響

10 アメリカの株価暴落によって、韓国の株価が＿＿＿＿＿をついた。

①低 　　　　　②邸 　　　　　③底 　　　　　④抵

※ 次の単語の読み方は？

11 親の顔に泥を塗る行為はやってはいけない。

①じろ 　　　　②どろ 　　　　③あま 　　　　④とろ

12 作業中は立ち入り禁止です。

①さぎょう 　　②さくぎょう 　③さくごう 　　④さごう

13 あのクラブは新しい会員を募集している。

①もしゅう 　　②ぼうしゅう 　③もうしゅう 　④ぼしゅう

14 育児問題で悩む女性のために相談所が設けられている。

①たくじ 　　　②たくご 　　　③いくじ 　　　④いくご

※ 次の単語の漢字は？

15 部屋の空気が乾燥して風邪をひいてしまった。

①けんそう 　　②かんそう 　　③かんそ 　　　④けんそ

16 この機械はそうさしやすく作られている。

①操作 　　　　②捜査 　　　　③造作 　　　　④燥作

17 国の経済を建て直すためにてきせつな対策を立てなければならない。

①摘切 　　　　②滴設 　　　　③適切 　　　　④適設

18 母は好きでもないピーマンをごういんに食べさせる。

①鋼引 　　　　②綱引 　　　　③強引 　　　　④強靭

기출 07년

01 **学ぶ**

1회 2회 3회

배우다

まなぶ

学ぶ는 '배우다'라는 뜻인데 명사로 표현하면 **学習**(がくしゅう)이며, 같은 뜻을 지닌 동사로 **習う**(ならう)도 있습니다. 이처럼 동사와 명사, 양쪽으로 같은 뜻을 지닌 단어들이 있는데 함께 외워두면 훨씬 도움이 됩니다. 예를 들면 **戦争**(せんそう), **戦う**(たたかう 싸우다), **争う**(あらそう 다투다), **過去**(かこ), **過ぎる**(すぎる 지나가다), **去る**(さる 사라지다), **流行**(りゅうこう), **流行る**(はやる 유행하다), **流れる**(ながれる 흐르다) 등이 있습니다.

▸ 昔の経験から学ぶ。 옛날의 경험에서 배우다.

▸ テレビで日本語を学ぶ。 텔레비전으로 일본어를 배우다.

기출 07년

02 **閉じる**

1회 2회 3회

닫다, 닫히다

とじる

자동사와 타동사에 관한 설명인데 '～이(가) 되다'는 자동사이고, '～를(을) 하다'이면 타동사입니다. 일본어의 동사 중에는 자동사와 타동사를 겸하는 단어도 있습니다. 閉じる가 그런 예입니다. 우리말로 '닫다, 닫히다' 양쪽 모두 사용할 수 있습니다. ～する도 마찬가지인데 '～하다'와 '～가 되다' 모두 사용 가능합니다.

▸ その窓は閉じていた。 그 창문은 닫혀 있었다.

▸ 目を閉じて音楽を聞く。 눈을 감고 음악을 듣다.

기출 07년

03 **得る**

1회 2회 3회

얻다

える

일본어의 得る는 주로 ～ざるを得ない(～하지 않을 수 없다)의 형태로 많이 사용합니다. 시험에 자주 출제되니 예문을 보고 꼭 기억하세요. 行かざるを得ない는 '가지 않을 수 없다'는 뜻이며, 感謝(かんしゃ)せざるを得ない는 '감사하지 않을 수 없다'는 뜻입니다.

▸ 新聞から情報を得る。 신문에서 정보를 얻다.

▸ 激励の言葉に力を得る。 격려의 말에 힘을 얻다.

다시 한번 확인하세요!

▸ 昔の経験から学ぶ
むかしのけいけんから
まなぶ

▸ テレビで日本語を学ぶ
テレビでにほんごを
まなぶ

▸ その窓は閉じていた
そのまどはとじていた

▸ 目を閉じて音楽を聞く
めをとじておんがくを
きく

▸ 新聞から情報を得る
しんぶんから
じょうほうをえる

▸ 激励の言葉に力を得る
げきれいのことばに
ちからをえる

퀴즈 辞任は考え直してみましょう

52

04 増やす

늘리다 ふやす

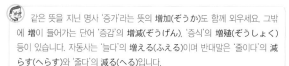
같은 뜻을 지닌 명사 '증가'라는 뜻의 増加(ぞうか)도 함께 외우세요. 그밖에 増이 들어가는 단어 '증감'의 増減(ぞうげん), '증식'의 増殖(ぞうしょく) 등이 있습니다. 자동사는 '늘다'의 増える(ふえる)이며 반대말은 '줄이다'의 減らす(へらす)와 '줄다'의 減る(へる)입니다.

▶ 生産量を増やす。 생산량을 늘리다.

▶ 売上高を増やす。 매상고를 늘리다.

05 割り込む

끼어들다 わりこむ

割り는 주로 복합어로 많이 쓰입니다. 우리에게 익숙한 단어도 많은데 예를 들면 割り勘(わりかん 각자계산), 割り箸(わりばし 나무젓가락), 割引(わりびき 할인), 割増(わりまし 할증), 割合(わりあい 비율), 割り算(わりざん 나누기) 등이 있습니다.

▶ 人の話に割り込む。 남의 이야기에 끼어들다.

▶ 割り込み禁止。 새치기 금지.

06 費やす

소비하다 ついやす

같은 뜻을 가진 명사로 '소비'라는 뜻의 消費(しょうひ)가 있습니다. 貝는 주로 돈과 관련된 단어가 많다는 것을 기억하시죠. 貧しい(まずしい)는 '가난하다'는 뜻인데 貝(돈)을 나누니(分) 가난해졌다는 뜻이 되겠네요. 貧乏(びんぼう) 역시 '가난'이라는 뜻입니다.

▶ 遊びに金と時間を費やす。 놀이에 돈과 시간을 소비하다.

▶ 仕事に一日八時間を費やす。
업무로 하루 8시간을 소비하다.

퀴즈 責任を果たす

다시 한번 확인하세요!

▶ 生産量を増やす
せいさんりょうをふやす

▶ 売上高を増やす
うりあげだかをふやす

▶ 人の話に割り込む
ひとのはなしにわりこむ

▶ 割り込み禁止
わりこみきんし

▶ 遊びに金と時間を費やす
あそびにかねとじかんを
ついやす

▶ 仕事に一日八時間を
費やす
しごとにいちにちはち
じかんをついやす

무조건 04일 동사 2

07 現れる

나타나다, 드러나다 あらわれる

□ □ □
1회 2회 3회

> 같은 뜻으로 한자만 다르게 사용하는 **表れる(あらわれる)**와 명사는 **表現**(**ひょうげん** 표현)이 있습니다. 거의 비슷하게 사용하지만 감정이나 생각 등을 표현할 때는 주로 **表れる**를 사용합니다. 예문을 통해 확인하세요.
> 喜(よろこ)びが顔(かお)に表れる 기쁨이 얼굴에 나타나다.
> 彼(かれ)が現れる 그가 나타나다.

▸ 約束の時間に恋人が現れる。약속시간에 애인이 나타나다.

▸ 悪事が現れる。나쁜 일이 드러나다.

08 横になる

눕다 よこになる

□ □ □
1회 2회 3회

> 横(よこ)는 '옆, 측면'이라는 뜻인데 주로 **横になる**의 형태로 한 단어처럼 사용합니다. 반대말은 '가로'라는 뜻의 **縦(たて)**입니다. 관용구로 쓰이는 **横車**(**よこぐるま**)**を押(お)す**는 '억지 부리다, 무리하게 밀어붙이다'라는 뜻입니다.

▸ 部屋で横になっている。방에 누워 있다.

▸ くたびれて横になる。지쳐서 눕다.

09 目覚める

눈뜨다, 잠깨다 めざめる

□ □ □
1회 2회 3회

> 비슷한 표현으로는 '눈을 뜨다'라는 표현인 **目を覚(さ)ます**와 '눈이 번쩍 뜨일 만하다'는 뜻인 **目覚ましい**가 있습니다. **目覚まし時計(どけい)**는 '알람시계'입니다.

▸ 恐ろしい夢から目覚める。무서운 꿈에서 깨다.

▸ 自我に目覚める。자아에 눈을 뜨다.

▸ 約束の時間に恋人が現れる
　やくそくのじかんにこい
　びとがあらわれる
▸ 悪事が現れる
　あくじがあらわれる

▸ 部屋で横になっている
　へやでよこになっている
▸ くたびれて横になる
　くたびれてよこになる

▸ 恐ろしい夢から目覚める
　おそろしいゆめからめざ
　める
▸ 自我に目覚める
　じがにめざめる

퀴즈　新聞から情報を得る

54

다시 한번 확인하세요!

10 落ち着く

침착하다, 안정되다, 정착하다 　　　　　　おちつく

1회 2회 3회

落ち着く처럼 ～着く(닿다, 도착하다의 뜻) 형태로 사용하는 단어로는 '도착하다'의 行き着く(いきつく), '간신히 도착하다'라는 뜻인 辿り着く(たどりつく), '정착하다'의 住み着く(すみつく)가 있습니다. 발음은 つく지만 뜻이 다른 단어들로는 突く(찌르다), 就く(취직하다), 点く(불이 켜지다)가 있습니다. 잘 기억해두세요.

▶ 落ち着いて行動しなさい。침착하게 행동하세요.

▶ 故郷に落ち着く。고향에 정착하다.

▶ 落ち着いて行動しなさい
おちついてこうどうしなさい

▶ 故郷に落ち着く
ふるさとにおちつく

11 伝える

전달하다 　　　　　　つたえる

1회 2회 3회

'전달하다'는 뜻을 가진 명사로는 伝達(でんたつ 전달), 伝言(でんごん 전언)이 있는데 伝言은 회화체나 전화상에서 자주 사용하는 단어입니다. '메모'의 의미도 있으니 꼭 기억하시기 바랍니다. 이밖에 알아둘 단어로는 口伝(くでん 구전), 伝説(でんせつ 전설), 秘伝(ひでん 비전) 등이 있습니다.

▶ 宜しくお伝えください。안부를 좀 전해주세요.

▶ 被害の状況を伝える。피해상황을 전달하다.

▶ 宜しくお伝えください
よろしくおつたえください

▶ 被害の状況を伝える
ひがいのじょうきょうを
つたえる

12 訊ねる

묻다 　　　　　　たずねる

1회 2회 3회

たずねる는 '묻다, 찾다, 방문하다'라는 뜻인데 '묻다'의 뜻일 때는 訊ねる를, '방문하다'라는 뜻일 때는 訪ねる 혹은 訪れる(おとずれる)를 사용합니다. 한자의 쓰임새에 따라 뜻이 달라지니 문장을 잘 읽고 의미를 파악하는 것이 중요합니다. 訊ねる의 명사형은 質問(しつもん)이겠죠. 동의어로는 尋ねる(たずねる)와 問う(とう)가 있습니다.

▶ 人生の意味を訊ねる。인생의 의미를 묻다.

▶ 安否を訊ねる。안부를 묻다.

▶ 人生の意味を訊ねる
じんせいのいみをたずねる

▶ 安否を訊ねる
あんぴをたずねる

퀴즈 生産量を増やす

13 外す

□ □ □
1회 2회 3회

떼어내다, 제외시키다   はずす

> はずす에는 '떼다, 빼다, 벗다, 뜨다, 피하다, 놓치다' 등 여러 가지 뜻이 있으니 문장을 잘 읽고 의미를 파악하세요. 대부분 外는 意外(いがい) 外貨(がいか)처럼 がい로 발음되는데 外科(げか)처럼 げ로 발음되는 예외도 있으니 이런 단어는 꼭 암기하세요. 자동사는 '떨어지다, 빗나가다'라는 뜻의 外れる(はずれる)입니다.

▶ 壁から絵を外す。 벽에서 그림을 떼다.

▶ 反対者をメンバーから外す。 반대자를 멤버에서 제외시키다.

▶ 羽目を外す。 도를 지나치다.

▶ 壁から絵を外す
  かべからえをはずす

▶ 反対者をメンバーから外す
  はんたいしゃをメンバーからはずす

▶ 羽目を外す
  はめをはずす

14 調べる

□ □ □
1회 2회 3회

조사하다   しらべる

> 보통 調べる라고 하여 그대로 명사형이 되는데 '조사'라는 뜻입니다. 한자 調査(ちょうさ) 역시 같은 뜻입니다. 한자 調가 들어가는 단어인 協調(きょうちょう), 強調(きょうちょう), 口調(くちょう 말투), 色調(しきちょう 색조) 등의 단어도 기억해두세요.

▶ 事故の原因を調べる。 사고의 원인을 조사하다.

• 団栗の背比べ 도토리 키재기

▶ 事故の原因を調べる
  じこのげんいんをしらべる

• 団栗の背比べ
  どんぐりのせいくらべ

15 離れる

□ □ □
1회 2회 3회

멀리 떨어지다   はなれる

> はなれる는 한자가 離れる일 때는 '떨어지다, 떠나다'의 뜻이며, 放れる일 때는 '놓이다, 풀리다'라는 뜻입니다. '이별'이라는 뜻의 명사, 離別(りべつ)도 기억하세요. 사자숙어 会者定離(えしゃじょうり 회자정리), '만난 자는 반드시 헤어진다'는 뜻입니다.

▶ 親と子供が離れて生活する。
  부모와 아이가 떨어져서 생활한다.

▶ 東京と大阪は400キロメートル以上離れている。
  도쿄와 오사카는 400킬로미터 이상 떨어져 있다.

▶ 親と子供が離れて生活する
  おやとこどもがはなれてせいかつする

▶ 東京と大阪は400キロメートル以上離れている
  とうきょうとおおさかはよんひゃくキロメートルいじょうはなれている

───────────────

퀴즈 恐ろしい夢から目覚める

16 与える

□ □ □
1회 2회 3회

주다, 부여하다

あたえる

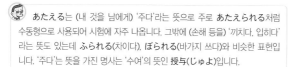
あたえる는 (내 것을 남에게) '주다'라는 뜻으로 주로 あたえられる처럼 수동형으로 사용되어 시험에 자주 나옵니다. 그밖에 (손해 등을) '끼치다, 입히다'라는 뜻도 있는데 ふられる(차이다), ぼられる(바가지 쓰다)와 비슷한 표현입니다. '주다'는 뜻을 가진 명사는 '수여'의 뜻인 授与(じゅよ)입니다.

▸ 神が与えた才能。신이 준 재능.

▸ 与えられた条件を満たす。주어진 조건을 채우다.

17 被る

□ □ □
1회 2회 3회

뒤집어쓰다, 당하다

かぶる

被る는 머리 등에 뭔가를 '쓰다, 덮어쓰다'라는 뜻과 피해나 누명 등을 '뒤집어쓰다'라는 뜻이 있습니다. 被가 들어간 단어 몇 개만 기억하세요.
被害(ひがい) 피해 | 被告(ひこく) 피고 | 被爆(ひばく) 피폭 | 被服(ひふく) 피복

▸ 帽子を斜めに被る。모자를 비스듬히 쓰다.

▸ 殺人の罪を被る。살인죄를 뒤집어쓰다.

▸ 猫を被る 내숭떨다

18 ためらう

□ □ □
1회 2회 3회

망설이다

ためらう와 비슷한 뜻을 가진 단어로 '헤매다, 방황하다'는 뜻의 迷う(まよう)와 '주저하다'는 뜻의 ちゅうちょする가 있습니다. にのあしを踏(ふ)む 역시 '망설이다, 주저하다'라는 뜻이니 기억해두세요.

▸ 人生の決定をためらっている。
인생의 결정을 망설이고 있다.

▸ 返事にためらう。대답에 망설이다.

무조건 04일 동사 2

다시 한번 확인하세요!

▸ 神が与えた才能
かみがあたえたさいのう

▸ 与えあられた条件を満たす
あたえられたじょうけんをみたす

▸ 帽子を斜めに被る
ぼうしをななめにかぶる

▸ 殺人の罪を被る
さつじんのつみをかぶる

▸ 猫を被る
ねこをかぶる

▸ 人生の決定をためらっている
じんせいのけっていをためらっている

▸ 返事にためらう
へんじにためらう

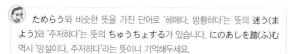

퀴즈 落ち着いて行動しなさい

19 文句を言う
불평하다   もんくをいう

文句는 불만이나 트집이라는 뜻인데 言う와 함께 한 단어처럼 많이 쓰입니다. '불만'이라는 뜻을 가진 단어로는 不平(ふへい), 不満(ふまん), 苦情(くじょう 불평, 불만), 言い分(いいぶん 불만이나 변명을 하고 싶은 말) 등이 있습니다. 文句에서 文을 注文(ちゅうもん)처럼 もん으로 발음하는 경우도 있으니 유의하세요.

▶ いちいち文句を言う。 일일이 불평을 말하다.

▶ 何か文句ある？ 뭐 불만 있어?

20 残る
남다   のこる

残る의 타동사는 '남기다'라는 뜻의 残す(のこす)입니다. 함께 알아두면 좋을 단어로는 '잔업'의 残業(ざんぎょう), '유감'이라는 뜻의 残念(ざんねん), 名残(なごり 흔적, 자국, 여파), 残酷(ざんこく 잔혹) 등이 있습니다.

▶ 部屋に三人残っている。 방에 세 명 남아 있다.

▶ 会社に残って仕事する。 회사에 남아서 일하다.

21 旅する
여행하다   たびする

명사를 사용하여 '여행하다'라는 표현을 하면 旅行(りょこう)する가 됩니다. '여행하는 사람'은 旅人(たびびと), '여정'은 한자 그대로 사용하여 旅程(りょてい)라고 하면 됩니다.

▶ 国中を旅したいです。 온 나라를 여행하고 싶습니다.

• 旅は道連れ世は情け 여행은 길동무가 있는 편이 든든한 것처럼, 세상을 사는 데는 인정이 중요하다는 뜻.

다시 한번 확인하세요!

▶ いちいち文句を言う
　いちいちもんくをいう

▶ 何か文句ある？
　なにかもんくある

▶ 部屋に三人残っている
　へやにさんにんのこっている

▶ 会社に残って仕事する
　かいしゃにのこってしごとする

▶ 国中を旅したいです
　くにじゅうをたびしたいです

▶ 旅は道連れ世は情け
　たびはみちづれよはなさけ

퀴즈 | 親と子供が離れて生活する

58

22 借りる

빌리다

かりる

1회 2회 3회

借りる는 보통 내가 남에게 뭔가를 빌릴 때 사용하는 단어이며 내가 남에게 빌려줄 때는 '빌려주다, 사용하게 하다'라는 뜻의 貸す(かす)를 씁니다. 두 단어는 초보자들이 혼동하기 쉬우니 주의하세요. 관련 단어로는 借金(しゃっきん 빚), 賃借(ちんしゃく 임차), 貸借(たいしゃく 대차) 등이 있습니다. 반대말은 '갚다'라는 뜻의 返す(かえす)입니다.

▸ 知人にお金を借りる。 지인에게 돈을 빌리다.

▸ ぜひあなたの知恵を借りたい。
꼭 당신의 지혜를 빌리고 싶다.

▸ 猫の手も借りたいほど忙しい。 눈코 뜰 새 없이 바쁘다.

▸ 知人にお金を借りる
  ちじんにおかねをかりる

▸ ぜひあなたの知恵を借りたい
  ぜひあなたのちえをかりたい

▸ 猫の手も借りたいほど忙しい
  ねこのてもかりたいほど
  いそがしい

23 晴れる

개이다, 풀리다

はれる

1회 2회 3회

'맑다'라는 표현은 여러 가지가 있습니다. 晴れる(はれる), '마음이나 물 등이 맑다'는 清い(きよい), 澄む(すむ)인데 문장에 따라 적절하게 사용하는 게 중요합니다. '기분전환'을 일본어로 표현하면 気晴らし(きばらし)와 憂さ晴らし(うさばらし)가 있는데 후자는 주로 우울하거나 기분 나쁠 때 사용하는 표현입니다. 타동사는 '풀다, 털어내다'는 뜻의 晴らす(はらす)입니다.

▸ 晴れているのに雨が降る。 맑은 데도 비가 온다.

▸ 恨みが晴れる。 한이 풀리다.

▸ 晴れているのに雨が降る
  はれているのにあめが
  ふる

▸ 恨みが晴れる
  うらみがはれる

24 弾む

튕기다

はずむ

1회 2회 3회

弾む는 '튀다', '숨이 가빠지다', '들뜨다, 탄력이 붙다'라는 뜻이 있습니다. 한 단어에 담긴 여러 가지 뜻을 잘 기억해두면 문장을 해석하기가 훨씬 수월해집니다. 함께 기억하면 좋을 단어로는 弾圧(だんあつ 탄압), 弾劾(だんがい 탄핵), 肉弾(にくだん 육탄), 糾弾(きゅうだん 규탄) 등이 있습니다.

▸ このまりはよく弾む。 이 공은 잘 튄다.

▸ 喜びで胸が弾む。 기쁨으로 가슴이 뛰다.

▸ このまりはよく弾む
  このまりはよくはずむ

▸ 喜びで胸が弾む
  よろこびでむねがはずむ

무조건 04일 동사 2

퀴즈 帽子を斜めに被る

25 考え直す

다시 생각하다

かんがえなおす

直す는 다른 동사의 뒤에 붙어 주로 '다시(고쳐) ~하다'라는 뜻을 나타냅니다. 예를 들면 '다시 말하다'의 言い直す(いいなおす), '다시 하다'의 やり直す(やりなおす), '다시 빨다'의 洗い直す(あらいなおす), '다시 읽다'의 読み直す(よみなおす) 등이 있습니다. 直은 음독할 경우 正直(しょうじき), 率直(そっちょく)처럼 じき와 ちょく로 읽는다는 점 꼭 기억해두세요.

▶ もう一度考え直したほうがいい。
다시 한 번 재고하는 편이 좋다.

▶ 辞任は考え直してみましょう。
사임은 다시 한번 생각해봅시다.

26 遅らせる

늦추다

おくらせる

비슷한 단어로 '늦다, 지각하다'는 뜻인 おくれる가 있는데 일반적으로는 遅れる를 사용하지만 '처지다' 혹은 '주눅 들다'는 뜻일 때는 後れる를 사용합니다. 함께 알아두면 좋은 단어는 遅刻(ちこく 지각), 遅滞(ちたい 지체), 遅延(ちえん 지연)이 있습니다.

▶ 予定の時間を遅らせる。 예정 시간을 늦추다.

▶ この時計は少し遅らせてある。 이 시계는 조금 늦춰 놓았다.

27 植える

심다

うえる

うえる는 한자를 두 가지로 사용하는데 植える일 때는 '심다, 주입하다, 이식하다'라는 뜻이며 飢える일 때는 '굶주리다'라는 뜻입니다. 함께 기억할 단어는 '이식'의 移植(いしょく), '식민지'라는 뜻의 植民地(しょくみんち)가 있습니다.

▶ 庭に木槿を植える。 정원에 무궁화를 심다.

▶ かつらに毛髪を植える。 가발에 모발을 심다.

▶ もう一度考え直したほうがいい
もういちどかんがえなおしたほうがいい

▶ 辞任は考え直してみましょう
じにんはかんがえなおしてみましょう

▶ 予定の時間を遅らせる
よていのじかんをおくらせる

▶ この時計は少し遅らせてある
このとけいはすこしおくらせてある

▶ 庭に木槿を植える
にわにむくげをうえる

▶ かつらに毛髪を植える
かつらにもうはつをうえる

퀴즈 国中を旅したいです ....

기출 00년

28 あきらめる 포기하다

☐1회 ☐2회 ☐3회

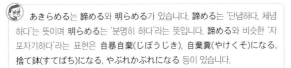

> あきらめる는 諦める와 明らめる가 있습니다. 諦める는 '단념하다, 체념하다'는 뜻이며 明らめる는 '분명히 하다'라는 뜻입니다. 諦める와 비슷한 '자포자기하다'라는 표현은 自暴自棄(じぼうじき), 自棄糞(やけくそ)になる, 捨て鉢(すてばち)になる, やぶれかぶれになる 등이 있습니다.

▶ 進学は潔くあきらめた。 진학은 깨끗이 포기했다.

▶ かなわぬ夢だと泣く泣く諦める。
이룰 수 없는 꿈이라고 울며 겨자 먹기로 포기하다.

- ▶ 進学は潔くあきらめた
  しんがくはいさぎよく
  あきらめた
- ▶ かなわぬ夢だと泣く泣く
  諦める
  かなわぬゆめだとなくなく
  あきらめる

기출 06년

29 比べる 비교하다 くらべる

☐1회 ☐2회 ☐3회

> くらべる는 比べる, 較べる, 競べる로 모두 사용하는데 일반적으로 서로 경쟁 상태인 경우는 競べる를 사용하는 것이 좋습니다. 함께 기억할 단어는 '비교'의 比較(ひかく), '비례' 比例(ひれい)가 있습니다.

▶ 二人の実力を比べる。 두 사람의 실력을 비교하다.

▶ 昨日に比べて今日が寒い。 어제에 비해 오늘이 춥다.

- ▶ 二人の実力を比べる
  ふたりのじつりょくを
  くらべる
- ▶ 昨日に比べて今日が寒い
  きのうにくらべて
  きょうがさむい

기출 07년

30 果たす 다하다 はたす

☐1회 ☐2회 ☐3회

> 果たす는 보통 '달성하다, 완수하다'라는 뜻이지만 동사 ます형에 붙어 '몽땅 ~해버리다'라는 뜻이 됩니다. 예를 들면 使(つか)い果たす는 '다 써버리다', 疲(つか)れ果たす는 '완전히 지치다'라는 뜻이 되겠죠.

▶ 責任を果たす。 책임을 다하다.

▶ 監督が役割を果たしていない。
감독이 역할을 다하고 있지 않다.

- ▶ 責任を果たす
  せきにんをはたす
- ▶ 監督が役割を果たして
  いない
  かんとくがやくわりを
  はたしていない

퀴즈 知人にお金を借りる

※ 次の説明に合う単語は？

01 仕方がないと断念したり、悪い状態を受け入れたりする。
　　① ためらう　　　② あきらめる　　　③ まぎれる　　　④ たしかめる

02 居所・職業が決まって居つく。
　　① 落ち着く　　　② 落ち入る　　　③ 落ちぶれる　　　④ 落し入れる

03 はまっているものを外へ抜き出す。
　　① 離れる　　　② 残る　　　③ 追い出す　　　④ 外す

04 物に当たる勢いではね返る。
　　① 反らす　　　② 踊る　　　③ 弾む　　　④ 挑む

05 今までなかったものが姿を見せる。
　　① 浮かぶ　　　② 現れる　　　③ 際立つ　　　④ 示す

※ 次の下線にあてはまるものは？

06 今年の春は庭にれんぎょうを_____つもりです。
　　① 植える　　　② 生やす　　　③ 買う　　　④ 飢える

07 こういう時に決定を_____てはいけません。
　　① しかっ　　　② おこっ　　　③ ためらっ　　　④ やぶっ

08 事故の原因を_____報告してください。
　　① 調べて　　　② 並べて　　　③ 比べて　　　④ 捜す

09 彼女は好きな男の人の前ではいつも猫を_____いる。
　　① 得て　　　② 閉じて　　　③ 被って　　　④ 飼って

10 人の話に＿＿＿＿＿のはよくないです。
　　① 目覚める　　　　② 打ち消す　　　　③ 横になる　　　　④ 割り込む

※ 次の単語の読み方は？

11 愛の感情を相手にうまく伝えるのは難しい。
　　① いえる　　　　　② そなえる　　　　③ そろえる　　　　④ つたえる

12 親と子供が離れて生活するのはつらい。
　　① はずれて　　　　② はなれて　　　　③ わかれて　　　　④ なれて

13 私は自分に与えられた条件の下で最善を尽くしたいです。
　　① おしえられた　　② あたえられた　　③ もらえられた　　④ そなえられた

14 自分に与えられた任務はちゃんと果たすべきである。
　　① いたす　　　　　② はたす　　　　　③ きたす　　　　　④ ひたす

15 もし道に迷ったら、交番に行ってお巡りさんに道を訊ねてください。
　　① たずねて　　　　② こねて　　　　　③ かさねて　　　　④ かねて

※ 次の単語の漢字は？

16 天気予報によると、明日ははれるそうです。
　　① 青れる　　　　　② 清れる　　　　　③ 晴れる　　　　　④ 請れる

17 非常時はおちついて行動してください。
　　① 落ち付いて　　　② 落ち突いて　　　③ 落ち着いて　　　④ 落ち就いて

18 この頃、私は猫の手もかりたいほど忙しいです。
　　① 貸りたい　　　　② 返りたい　　　　③ 借りたい　　　　④ 帰りたい

기출 07년

01 温かい・暖かい 따뜻하다　　　　　あたたかい

☐ ☐ ☐
1회 2회 3회

あたたかい의 한자 구별법은 주로 사물의 온도를 표현할 경우에는 温かい를 사용하는데 이때 반대말은 '차갑다'의 冷たい(つめたい)이며, 춥다거나 덥다는 식의 기온을 표현할 때는 暖かい를 사용합니다. 반대말은 '춥다'의 寒い(さむい)입니다. '따뜻하다'는 뜻 이외에 '정답다, 다정하다'는 뜻도 포함되어 있습니다. 비슷한 표현의 명사 温暖(おんだん)도 기억하세요.

▶ 温かいご飯が食べたい。 따뜻한 밥을 먹고 싶다.

▶ 暖かい春の日差し。 따뜻한 봄의 햇살.

▶ 温かいご飯が食べたい
　あたたかいごはんが
　たべたい

▶ 暖かい春の日差し
　あたたかいはるのひざし

기출 07년

02 図々しい 뻔뻔하다　　　　　ずうずうしい

☐ ☐ ☐
1회 2회 3회

ずうずうしい와 비슷한 단어들을 함께 외우세요. '대담하다, 배짱이 좋다'의 図太い(ずぶとい), '뻔뻔하다'의 野太い(のぶとい), '매우 능청스럽다'의 ふてぶてしい, '뻔뻔하다'의 厚(あつ)かましい, '철면피'를 뜻하는 恥知らず(はじしらず), '뻔뻔스럽다'의 面の皮が厚い(つらのかわがあつい), '뻔뻔스러움'의 厚顔(こうがん) 등이 있습니다.

▶ ずうずうしく行列に割り込む。 뻔뻔하게 줄 속에 끼어든다.

▶ 金をくれとはずうずうしい息子だ。
　돈을 달라니 뻔뻔한 자식이다.

▶ ずうずうしく行列に割り込む
　ずうずうしくぎょうれつにわりこむ

▶ 金をくれとはずうずうしい息子だ
　かねをくれとはずうずうしいむすこだ

기출 07년

03 そそっかしい, そそかしい 덜렁거리다, 촐랑거리다

☐ ☐ ☐
1회 2회 3회

경솔하고 조심성이 없는 사람을 표현할 때 사용하는 단어입니다. 비슷한 표현의 단어로는 '경솔함'이라는 뜻의 軽率(けいそつ)와 粗忽(そこつ), '덜렁이'라는 뜻의 粗忽者(そこつもの), '경망스러움'을 뜻하는 軽はずみ(かるはずみ), '미덥지 못한 사람'이라는 뜻의 お調子者(おちょうしもの) 등이 있습니다.

▶ そそっかしくて忘れ物ばかりする。
　덜렁거려서 물건만 잃어버린다.

▶ そそっかしい行動をするな。 경솔한 행동을 하지 마라.

▶ そそっかしくて忘れ物ばかりする
　そそっかしくてわすれものばかりする

▶ そそっかしい行動をするな
　そそっかしいこうどうをするな

퀴즈 恥ずかしくない点数を取って下さい

64

04 騒がしい

기출 06년

□ □ □
1회 2회 3회

소란스럽다, 시끌시끌하다

さわがしい

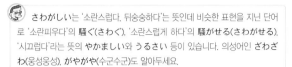
さわがしい는 '소란스럽다, 뒤숭숭하다'는 뜻인데 비슷한 표현을 지닌 단어로 '소란피우다'의 騒ぐ(さわぐ), '소란스럽게 하다'의 騒がせる(さわがせる), '시끄럽다'라는 뜻의 やかましい와 うるさい 등이 있습니다. 의성어인 ざわざわ(웅성웅성), がやがや(수군수군)도 알아두세요.

▸ 事件をめぐって世間が騒がしい。
사건을 둘러싸고 세상이 시끌시끌하다.

▸ 騒がしい子どもたち。소란스러운 어린이들.

▸ 事件をめぐって世間が騒がしい
じけんをめぐってせけんが
さわがしい

▸ 騒がしい子どもたち
さわがしいこどもたち

05 慌ただしい

기출 06년

□ □ □
1회 2회 3회

허둥지둥하다

あわただしい

あわただしい는 '분주하다, 허둥대다, 어수선하다'라는 뜻입니다. 비슷한 표현으로는 '허둥거리다'의 慌てる(あわてる), '몹시 허둥대다'라는 뜻의 慌(あわ)てふためく가 있습니다. 조급해하고 덜렁거리는 사람을 표현할 때는 慌てん坊(あわてんぼう)와 慌て者(あわてもの)를 사용합니다.

▸ 結婚の準備で慌ただしい。결혼 준비로 허둥지둥하다.

▸ 経済界の慌ただしい動き。경제계의 어수선한 움직임.

▸ 結婚の準備で慌ただしい
けっこんのじゅんびで
あわただしい

▸ 経済界の慌ただしい動き
けいざいかいのあわただ
しいうごき

06 険しい

기출 06년

□ □ □
1회 2회 3회

험악하다

けわしい

けわしい는 '험악하다, 위태롭다, 거칠다' 등의 뜻이 있습니다. 명사로 표현하면 '험악'의 険悪(けんあく), '험악한 표정'을 뜻하는 剣幕(けんまく) 등이 있습니다.

▸ 険しい顔つきの人。표정이 험악한 사람.

▸ 険しい目つきの人。눈초리가 험악한 사람.

▸ 険しい顔つきの人
けわしいかおつきのひと

▸ 険しい目つきの人
けわしいめつきのひと

퀴즈 考え方が甘い

07 怪しい

수상하다, 기이하다　　　　　　　　　　　　　　　　　あやしい

☐ ☐ ☐
1회 2회 3회

> あやしい는 불가사의하고 괴상하고 신비로운 것을 표현할 때 사용하는 단어이며 비슷한 표현의 疑(うたが)わしい는 보통 불확실하고 의심스러울 때 사용합니다. 비슷한 표현의 동사로는 '수상해하다'라는 뜻의 怪しむ(あやしむ)가 있습니다.

▶ 怪しい魅力にとりつかれる。기이한 매력에 사로잡히다.

▶ 怪しい話。수상쩍은 이야기.

08 詳しい

상세하다　　　　　　　　　　　　　　　　　　　　　　くわしい

☐ ☐ ☐
1회 2회 3회

> 단순히 '상세하다, 자세하다'라는 뜻이지만 어떤 일에 관해 잘 알고 있을 때도 くわしい를 사용할 수 있습니다. 이때는 '정통하다'라고 해석하면 됩니다. 명사로 표현하면 '상세'라는 뜻의 詳細(しょうさい)입니다.

▶ 経過を詳しく説明する。경과를 상세하게 설명하다.

▶ 事情をよく知っている男。사정을 잘 알고 있는 남자.

09 等しい

같다, 대등하다　　　　　　　　　　　　　　　　　　　ひとしい

☐ ☐ ☐
1회 2회 3회

> ～に(も)等しい의 형태로, 기준으로 삼은 것과 거의 비슷할 때 사용합니다. 예를 들면 沈黙(ちんもく)はしばしば同意(どうい)に等しい '침묵은 때로 동의에 가깝다'라는 뜻이죠. ひとしく라고 하여 '한결같이, 모두 함께'라는 뜻으로 자주 쓰입니다. 비슷한 단어로는 '똑같다'는 뜻의 同じだ(おなじだ)가 있습니다.

▶ 形は等しいが大きさが異なる。
모양은 같지만 크기가 다르다.

▶ 三人に等しく分ける。세 명에게 똑같이 나누다.

▶ 怪しい魅力にとりつかれる
あやしいみりょくにとりつかれる

▶ 怪しい話
あやしいはなし

▶ 経過を詳しく説明する
けいかをくわしく
せつめいする

▶ 事情をよく知っている男
じじょうをよくしっている
おとこ

▶ 形は等しいが大きさが異なる
かたちはひとしいが
おおきさがことなる

▶ 三人に等しく分ける
さんにんにひとしく
わける

퀴즈　暖かい春の日差し

10 浅い

얕다

あさい

1회 2회 3회

あさい는 '얕다, 깊지 않다'는 뜻과 '정도가 낮다, 양이 적다'라는 뜻도 됩니다. 経験(けいけん)が浅い는 '경험이 적다'라는 뜻입니다. 반대말은 '깊다'라는 뜻의 深い(ふかい)입니다.

▶ 海の浅い所で遊ぶ。 바다의 얕은 곳에서 놀다.

▶ つきあいが浅い。 교제한 지 얼마 안 된다.

다시 한번 확인하세요!

▶ 海の浅い所で遊ぶ
  うみのあさいところで
  あそぶ

▶ つきあいが浅い
  つきあいがあさい

11 賢い

똑똑하다

かしこい

1회 2회 3회

명사를 써서 賢明(けんめい)라고 하면 '현명하다, 똑똑하다'라는 뜻이 됩니다. 良妻賢母(りょうさいけんぼ), 일본어로는 '양처현모'지만 우리말로 해석할 때는 '현모양처'라고 해야겠죠. 일본어에는 이렇게 한자의 순서나 글자가 우리와 다르게 표현하는 단어들이 꽤 있습니다. 異口同音(いくどうおん), 물론 '이구동음'이 아닌 '이구동성'으로 해석해야겠죠.

▶ 最近は消費者も賢いです。 요즘은 소비자도 현명합니다.

▶ 賢く応える。 현명하게 대처하다.

▶ 最近は消費者も賢いです
  さいきんはしょうひしゃ
  もかしこいです

▶ 賢く応える
  かしこくこたえる

12 鋭い

예리하다, 날카롭다

するどい

1회 2회 3회

鋭い는 するどい와 すすどい로 읽을 수 있는데 비슷한 표현으로 사용하기도 하지만 주로 전자는 '날카롭다, 예리하다, 예민하다'는 뜻이며 후자는 '날쌔다, 민첩하다'는 뜻입니다. 명사로 표현하면 '예리'의 鋭利(えいり), '예민'의 뜻인 鋭敏(えいびん)이 있습니다. 반대말은 '둔하다'는 뜻의 鈍い(にぶい)입니다.

▶ 鋭く反応する。 날카롭게 반응하다.

▶ 鋭い口調で言う。 예리한 어조로 말하다.

▶ 鋭く反応する
  するどくはんのうする

▶ 鋭い口調で言う
  するどいくちょうでいう

퀴즈 結婚の準備で慌ただしい

13 甚だしい

엄청나다, 굉장하다, 막대하다　　　　　　　　　　はなはだしい

1회 2회 3회

> はなはだしい는 주로 오해나 피해 등 좋지 않은 일을 표현할 때 사용합니다. 비슷한 단어로는 おびただしい가 있는데 이는 주로 수량이 많을 때 사용합니다. 예를 들면 おびただしい人が集(あつ)まる는 '엄청나게 많은 사람이 모이다'라는 뜻입니다.

▶ 甚だしい被害をこうむる。막대한 피해를 입다.

▶ 非常識も甚だしい。몰상식도 이만저만이 아니다.

14 とんでもない

말도 안 된다, 터무니없다

1회 2회 3회

> 터무니없고 말도 안 될 때, 혹은 상대의 말을 강하게 부정할 때 '천만에'의 뜻으로 일본인들이 자주 쓰는 표현 중의 하나입니다. とんでもありません이나 とんでもございません의 형태로 사용합니다.

▶ とんでもない値段。말도 안 되는 가격.

▶ 今更 いやだなんてとんでもない。
　이제 와서 싫다니 말도 안 된다.

15 不思議

신기함, 불가사의함　　　　　　　　　　ふしぎ

1회 2회 3회

> 불가사의하고 이상하고 희한한 일을 표현할 때 不思議를 사용합니다. 비슷한 단어로는 '이상하다, 우습다'는 뜻의 おかしい와 異状(いじょう 이상), 異常(いじょう 이상) 등이 있습니다.

▶ 不思議なことに誰も来ない。
　신기하게도 아무도 오지 않는다.

▶ 不思議な現象。이상한 현상.

다시 한번 확인하세요!

▶ 甚だしい被害をこうむる
　はなはだしいひがいを
　こうむる

▶ 非常識も甚だしい
　ひじょうしきもはなはだ
　しい

▶ とんでもない値段
　とんでもないねだん

▶ 今更いやだなんてとんでも
　ない
　いまさらいやだなんてとん
　でもない

▶ 不思議なことに誰も来ない
　ふしぎなことにだれも
　こない

▶ 不思議な現象
　ふしぎなげんしょう

퀴즈　経過を詳しく説明する

16 素的 멋짐, 훌륭함　　　　　　　　すてき

□ □ □
1회 2회 3회

すてき는 매우 훌륭하고 근사하고 멋있을 때 사용하는 표현으로 주로 여성들이 많이 사용합니다. 한자를 素敵로 표기하기도 합니다. 비슷한 단어로는 '멋지다, 훌륭하다'는 뜻의 すばらしい와 '무시무시하다, 굉장하다'는 뜻의 すごい 등이 있습니다.

▸ 素的な時計をもらった。 멋진 시계를 받았다.

▸ あの人素的じゃない。 저 사람 멋있잖아.

▸ 素的な時計をもらった
　すてきなとけいをもらった

▸ あの人素的じゃない
　あのひとすてきじゃない

무조건 05일 형용사

---

17 汚い 더럽다　　　　　　　　きたない

□ □ □
1회 2회 3회

최근에는 우리가 살고 있는 지구의 環境(かんきょう) 문제에 부쩍 관심이 높아지고 있습니다. 환경 파괴나 대기 汚染(おせん 오염) 등으로 温暖化(おんだんか) 현상이 두드러지고 있기 때문이죠. 반대말은 '깨끗하다, 예쁘다'는 뜻의 綺麗(きれい)입니다.

▸ 汚い手を使う。 더러운 수법을 쓰다.

▸ 散らかっていて汚い部屋。 어질러져서 더러운 방.

▸ 汚い手を使う
　きたないてをつかう

▸ 散らかっていて汚い部屋
　ちらかっていてきたないへや

---

18 深い 깊다　　　　　　　　ふかい

□ □ □
1회 2회 3회

ふかい는 일반적으로 '깊다'라는 뜻인데 관계가 밀접하거나, 농도(색깔)가 짙다거나 계절이 한창일 때를 표현할 때도 사용합니다. 예를 들면 ふかい仲(なか)는 '깊은 사이', ふかい色合(いろあ)いは '짙은 색조'가 됩니다. 반대말은 浅い(あさい)였죠.

▸ 水深が深い湖。 수심이 깊은 호수.

▸ 深い悲しみに閉ざされる。 깊은 슬픔에 갇히다.

▸ 水深が深い湖
　すいしんがふかいみずうみ

▸ 深い悲しみに閉ざされる
　ふかいかなしみにとざされる

 鋭い口調で言う

19 清い

맑다, 청순하다 きよい

다시 한번 확인하세요!

▶ 清い心の持ち主
　きよいこころのもちぬし

▶ 清い恋　　きよいこい

▶ 源清ければ流れ清し
　みなもときよければ
　ながれきよし

> 🙂 きよい는 清い와 淨い로 모두 사용할 수 있습니다. '맑다'는 뜻 외에도 '결백하다'의 의미도 있습니다. 함께 기억할 단어로는 '청결'의 **清潔(せいけつ)**, '청산'의 **清算(せいさん)**이 있으며 '개다'라는 뜻의 **晴れる(はれる)**와 혼동하지 마세요.

▶ 清い心の持ち主。맑은 마음의 소유자.

▶ 清い恋。청순한 사랑.

・源清ければ流れ清し。윗물이 맑아야 아랫물이 맑다.

20 細かい

잘다, 세세하다 こまかい

▶ 野菜を細かく刻む
　やさいをこまかくきざむ

▶ 細かい点ばかり注意する
　こまかいてんばかり
　ちゅういする

> 🙂 こまかい는 '작다'는 의미의 '잘다'와 '자세하다, 상세하다'는 뜻으로 사용됩니다. 앞에서 배운 詳しい와 혼동하지 마세요. 명사로는 **詳細(しょうさい)**, '상세함'이라는 뜻의 **細(こま)か**가 있는데 **細かな説明(せつめい)**처럼 な형용사로 사용합니다. 뜻은 '자세한 설명'이 되겠죠.

▶ 野菜を細かく刻む。야채를 잘게 썬다.

▶ 細かい点ばかり注意する。세세한 점만 주의한다.

21 厚い

두껍다, 두텁다 あつい

▶ 言葉の壁が厚い
　ことばのかべがあつい

▶ 厚いもてなしに感謝する
　あついもてなしにかんしゃ
　する

> 🙂 あつい는 어떤 한자를 사용하느냐에 따라 뜻이 달라지니 정확히 외워두세요. 厚い는 '두껍다' 혹은 인정 등이 '두텁다'는 뜻이며, 熱い는 온도가 '뜨겁다' 또는 '열정적이다'이며, 暑い는 날씨가 '덥다'는 뜻입니다. 반대말은 '얇다'는 뜻의 薄い(うすい)입니다.

▶ 言葉の壁が厚い。언어의 장벽이 크다.

▶ 厚いもてなしに感謝する。후한 접대에 감사하다.

기출 05년

22 苦い

쓰다

にがい

□ □ □
1회 2회 3회

にがい는 맛이 '쓰다'는 뜻과 기분 등이 '언짢다, 불쾌하다'는 뜻도 있습니다. 함께 외워둬야 할 단어로 '불쾌한 표정을 짓다'의 苦る(にがる), '불쾌하다'의 苦々しい(にがにがしい), '쓴웃음'이라는 뜻의 苦笑い(にがわらい)와 苦笑(くしょう), '쓴 맛'의 苦味(にがみ) 등이 있습니다. 그밖에 맛에 관련된 표현으로는 '시다'의 酸っぱい(すっぱい), '짜다'의 塩辛い(しおからい), '달다'의 甘い(あまい), '맵다'의 辛い(からい), '떫다'의 渋い(しぶい)가 있습니다.

▶ 苦いコーヒーを飲む。 쓴 커피를 마시다.

▶ 苦い顔をする。 씁쓰레한 표정을 짓다.

· 苦虫を噛み潰したよう 벌레를 씹은 듯한(몹시 불쾌한 표정)

▶ 苦いコーヒーを飲む
にがいコーヒーをのむ

▶ 苦い顔をする
にがいかおをする

▶ 苦虫を噛み潰したよう
にがむしを
かみつぶしたよう

기출 06년

23 緩い

헐렁하다, 느슨하다

ゆるい

□ □ □
1회 2회 3회

ゆるい는 '헐렁하다, 느슨하다'는 뜻 외에 '엄하지 않다, 완만하다, 느리다'는 뜻도 있습니다. 문장에 맞게 해석하는 것이 중요합니다. 함께 외워둘 단어로는 緩和(かんわ), '완만'의 緩慢(かんまん), '완급'의 緩急(かんきゅう)가 있습니다. 반대말로는 '빡빡하다, 단단하다'는 뜻의 きつい, かたい가 있습니다.

▶ 指輪が緩い。 반지가 헐렁하다.

▶ 取締が緩くなった。 단속이 느슨해졌다.

▶ 指輪が緩い
ゆびわがゆるい

▶ 取締が緩くなった
とりしまりがゆるくなった

기출 06년

24 鈍い

둔하다, 무디다

にぶい

□ □ □
1회 2회 3회

그밖에 にぶい에는 '굼뜨다, 둔탁하다'는 뜻도 있습니다. 비슷한 단어로 のろい(鈍い)가 있습니다. '우둔'의 愚鈍(ぐどん)이나 '둔감'의 鈍感(どんかん) 같은 단어도 함께 기억하세요. 반대말은 '예리하다'는 뜻의 鋭い(するどい)입니다.

▶ 頭脳が鈍い。 머리가 둔하다.

▶ 鈍い包丁 무딘 식칼

▶ 頭脳が鈍い
ずのうがにぶい

▶ 鈍い包丁
にぶいほうちょう

퀴즈 水深が深い湖

기출 07년

25 悔しい　　분하다　　　　　　　　　　くやしい

1회 2회 3회

くやしい는 '분하다, 억울하다' 외에 '후회스럽다, 유감스럽다'는 뜻도 있습니다. 비슷한 단어로는 '아쉽다, 억울하다'는 뜻의 口惜しい(くちおしい), '후회하다, 애통하다'는 뜻의 悔やむ(くやむ)와 後悔(こうかい) 등이 있습니다.

▶ 試合に負けて悔しい。시합에 져서 분하다.

▶ 悔しい気持ちは分かる。분한 기분은 안다.

기출 07년

26 恥ずかしい　　부끄럽다, 창피하다　　　　はずかしい

1회 2회 3회

はずかしい와 비슷한 단어들로는 '부끄러워하다'의 恥じる(はじる), '수줍어하다'의 照れる(てれる), '쑥스럽다'의 てれくさい, '계면쩍다'의 決まりが悪い, '수줍어하다'의 はにかむ, '개망신 당하다'라는 뜻의 赤恥を掻く(あかはじをかく)가 있습니다.

▶ 恥ずかしくない点数を取って下さい。
　부끄럽지 않은 점수를 따세요.

▶ 人前で歌うのは恥ずかしい。
　남 앞에서 노래 부르는 건 창피하다.

・ 聞くは一時の恥じ聞かぬは一生の恥じ。
　질문은 순간의 창피함, 묻지 않는 건 영원한 창피함.

▶ 恥ずかしくない点数を
　取って下さい
　はずかしくないてんすうを
　とってください

▶ 人前で歌うのは恥ずかしい
　ひとまえでうたうのは
　はずかしい

▶ 聞くは一時の恥じ
　聞かぬは一生の恥じ
　きくはいっときのはじ
　きかぬはいっしょうのはじ

기출 07년

27 悲しい　　슬프다　　　　　　　　　　かなしい

1회 2회 3회

かなしい는 悲しい와 哀しい로 사용합니다. 뜻은 '슬프다, 애처롭다, 딱하다'입니다. 함께 기억할 단어는 동사 '슬퍼하다'의 뜻의 悲しむ(かなしむ)와 '비애'의 悲哀(ひあい), '비극'의 悲劇(ひげき) 등입니다. 반대말은 '기쁘다'는 뜻의 うれしい입니다.

▶ 彼女との別れは悲しい。그녀와의 이별은 슬프다.

▶ 悲しい物語。슬픈 이야기.

퀴즈　野菜を細かく刻む

28 楽 편함　　　　　　　　　　　　　　らく

1회 2회 3회

楽는 '편안함, 안락함, 생활이 넉넉함' 등의 뜻이 있고 らくに의 형태로 '수월함, 용이함'이라는 뜻으로 사용됩니다. 관련 단어로는 '쾌락'의 快楽(かいらく), '향락'의 享楽(きょうらく), '대기실'이라는 뜻의 楽屋(がくや) 등이 있습니다.

▶ 楽な仕事はない。편한 일은 없다.

・楽あれば苦あり。즐거움이 있으면 고통도 있다.

29 ずるい 교활하다

1회 2회 3회

ずるい는 '교활하고 간사하고 약삭빠른'이라는 뜻으로 주로 나쁜 의미로 사용합니다. 비슷한 표현으로는 '악다, 간교하다'는 뜻의 悪賢い(わるがしこい)와 '간사하다, 교활하다'는 뜻의 こすい가 있습니다.

▶ ずるい人間と付き合うな。교활한 사람과 사귀지 마라.

▶ 人をだますなんてずるいよ。사람을 속이다니 교활해요.

30 甘い 달다, 무르다　　　　　　　　　あまい

1회 2회 3회

あまい는 '달다'는 뜻 외에도 '무르다, 대수롭지 않다, 느슨하다, 무디다'는 뜻이 있습니다. 관련 단어로는 '응석부리다'는 뜻의 甘える(あまえる), '응석받이'인 甘えん坊(あまえんぼう), '단맛'을 뜻하는 甘口(あまくち), '너무 달다'라는 뜻의 甘ったるい 등이 있습니다. 반대말은 '맵다'는 뜻인 辛い(からい)입니다.

▶ お菓子のため口が甘い。과자 때문에 입이 달다.

▶ 考え方が甘い。사고방식이 무르다.

・甘い汁を吸う。단물을 빨다. 즉 고생은 하지 않고 이익만 취한다는 뜻.

▶ お菓子のため口が甘い
　　おかしのためくちが
　　あまい
▶ 考え方が甘い
　　かんがえかたがあまい
▶ 甘い汁を吸う
　　あまいしるをすう

※ 次の説明に合う単語は？

01 人をだましたりして自分だけが得をしようとするさま。
   ① こわい   ② うとい   ③ ずるい   ④ にぶい

02 知能、分別などが優れているさま。
   ① かしこい   ② くわしい   ③ うれしい   ④ こまかい

03 態度が落ち着かず注意が足りないようす。
   ① あつかましい   ② とんでもない   ③ みっともない   ④ そそっかしい

04 人に迷惑をかけながら平気でいる。
   ① あわただしい   ② さわがしい   ③ ずうずうしい   ④ はなはだしい

05 気持がせかせかして落ち着かない。
   ① さわがしい   ② あわただしい   ③ あやしい   ④ くやしい

※ 次の下線にあてはまるものは？

06 犯人はあの＿＿＿＿＿＿顔つきの人に違いない。
   ① にぶい   ② あつい   ③ きたない   ④ けわしい

07 アメリカは歴史が＿＿＿＿＿＿国である。
   ① あさい   ② うすい   ③ ふかい   ④ ながい

08 審判は＿＿＿＿＿＿判断力が必要である。
   ① にぶい   ② するどい   ③ あまい   ④ あつい

09 試合に負けて＿＿＿＿＿＿のは当たり前だ。
   ① うれしい   ② くやしい   ③ ひとしい   ④ くわしい

※ 次の単語の読み方は？

10 彼の行動には怪しいふしがある。
　　① いぶかしい　　　② くやしい　　　③ あやしい　　　④ たくましい

11 最近あの町では不思議な現象が相次いで起って住民が不安がっている。
　　① ふさぎ　　　　　② ふしぎ　　　　　③ ぶさぎ　　　　　④ ぶしぎ

12 親の面前でたばこを吸うなんて非常識も甚だしい。
　　① おびただしい　　② はだしい　　　③ きわただしい　　④ はなはだしい

13 この間起きた連続殺人事件をめぐって世間が騒がしい。
　　① そうぞがしい　　② さわがしい　　③ いそがしい　　　④ すがすがしい

※ 次の単語の漢字は？

14 彼女は清い心の持ち主である。
　　① きよい　　　　　② あおい　　　　　③ きよらかい　　　④ あさい

15 彼はそんなことを平気でしでかす。本当に面の皮があつい。
　　① 暑い　　　　　　② 厚い　　　　　　③ 熱い　　　　　　④ 篤い

16 彼は外で遊んでから、きたない手のままご飯を食べる。
　　① 汚い　　　　　　② 嫌い　　　　　　③ 染い　　　　　　④ 危い

17 取締りがゆるくなると、また飲酒運転者が増えるようです。
　　① 酷くなる　　　　② 丸くなる　　　　③ 緩くなる　　　　④ 薄くなる

18 これまで行った研究の経過をくわしく説明してください。
　　① 寂しく　　　　　② 悲しく　　　　　③ 嬉しく　　　　　④ 詳しく

기출 07년

01 いわゆる

□ □ □
1회 2회 3회

이른바, 소위

> いわゆる는 연체사입니다. 주로 많이 쓰이는 연체사로는 '어느, 혹은'의 뜻인 ある(或る), '모든'의 뜻인 あらゆる 그리고 この, その, あの, どの와 '크다'의 뜻인 大きい, '작다'라는 뜻의 小さい '여러 가지'의 뜻인 いろいろ 등이 있습니다.

▶ これこそいわゆる掘り出し物というものだ。
　　이거야말로, 이른바 웬 떡이지.

▶ いわゆる独身主義。 소위 말하는 독신주의.

기출 07년

02 あらゆる

□ □ □
1회 2회 3회

모든, 온갖

> あらゆる는 ありとあらゆる의 강조 형태로 자주 사용되는 연체사입니다. ありとあらゆる可能性(かのうせい)を考(かんが)えてみる는 '있을 만한 모든 가능성을 생각해보다'라는 뜻입니다.

▶ あらゆる男の人を見てきた。 온갖 남자들을 봐왔다.

▶ あらゆる角度から検討する。 모든 각도에서 검토하다.

기출 07년

03 あくる

□ □ □
1회 2회 3회

오는, 다가오는

> あくる 역시 연체사이며 한자로는 明くる라고 씁니다. 비슷한 표현으로 よく(翌)가 있는데 '다음날 아침'이라는 뜻의 翌朝(よくあさ), '익일, 다음날'인 翌日(よくじつ)의 형태로 사용됩니다. 반대말은 '지나간'이라는 뜻의 去る(さる)입니다.

▶ あくる朝。 그 다음날 아침.

▶ 明くる年。 다가오는 해(내년).

다시 한번 확인하세요!

▶ これこそいわゆる掘り出し物というものだ
　これこそいわゆるほりだしものというものだ

▶ いわゆる独身主義
　いわゆるどくしんしゅぎ

▶ あらゆる男の人を見てきた
　あらゆるおとこのひとをみてきた

▶ あらゆる角度から検討する
　あらゆるかくどからけんとうする

▶ あくる朝　あくるあさ

▶ 明くる年　あくるとし

퀴즈　状態は年々悪くなる一方だ

기출 06년

04 ご遠慮なく 사양하지 말고, 꺼리지 말고 ごえんりょなく

1회 2회 3회

ごえんりょなく는 회화체라기보다는 주로 공공장소의 경고문 등에 자주 쓰이는 말입니다. 예를 들면 駐車(ちゅうしゃ)ご遠慮ください라고 하면 '주차는 삼가해주세요'라는 표현이 됩니다.

▸ 遠慮がちに話し出す。 조심스럽게 말을 꺼내다.

▸ 今回はご遠慮なくおめしあがりください。
이번에는 사양하지 말고 마음껏 드세요.

▸ 遠慮会釈もなく。 인정사정없이.

다시 한번 확인하세요!

▸ 遠慮がちに話し出す
えんりょがちに
はなしだす

▸ 今回はご遠慮なくおめし
あがりください
こんかいはごえんりょ
なくおめしあがりください

▸ 遠慮会釈もなく
えんりょえしゃくもなく

05 おかまいなく 상관없이, 신경 쓰지 말고

1회 2회 3회

이 단어는 '상관하다, 마음쓰다' 뜻의 構う(かまう)라는 동사에서 나온 말입니다. 보통 かまわない라고 하면 '상관없다'는 뜻이 되고, 겸손의 お를 붙여 おかまいなく가 된 것입니다. 비슷한 표현으로는 '신경쓰다, 걱정하다'라는 뜻의 気(き)にする가 있습니다. 子供(こども)が見たってかまわない는 '아이가 봐도 상관없다'는 뜻이 됩니다.

▸ どうぞおかまいなくお入りください。
부디, 신경 쓰지 마시고 들어오세요.

▸ 夜中でもおかまいなく大声で歌っている。
밤중에도 신경쓰지 않고 큰 소리로 노래하고 있다.

▸ どうぞおかまいなく
お入りください
どうぞおかまいなく
おはいりください

▸ 夜中でもおかまいなく
大声で歌っている
よなかでもおかまいなく
おおごえでうたっている

06 ～たからには ～한 이상은

1회 2회 3회

～からには의 형태로 사용될 경우는 ～する以上(いじょう)도 같은 뜻입니다. 우리말로는 '～하는 이상'이라는 뜻입니다. ここまで来たからには最後(さいご)までやるべきだ는 '여기까지 온 이상 끝까지 해야 한다'는 뜻입니다.

▸ 約束したからには必ず守る。
약속한 이상은 반드시 지킨다.

▸ 始めたからには終わりまで行く。
시작한 이상은 끝까지 가다.

▸ 約束したからには必ず守る
やくそくしたからには
かならずまもる

▸ 始めたからには終わりまで
行く
はじめたからには
おわりまでいく

퀴즈 子供っぽい事を言うな

07 問わず

불문하고   とわず

□ □ □
1회 2회 3회

'묻다'라는 동사 問う(とう)의 부정형으로 자격이나 어떤 조건 등을 문제 삼지 않겠다는 뜻으로 사용됩니다. '묻지 않고, 똑같이, 불문하고' 정도로 해석하면 됩니다.

▶ 理由のいかんを問わず採用する。
이유여하를 막론하고 채용한다.

▶ 理由のいかんを問わず
採用する
りゆうのいかんをとわず
さいようする

---

08 ～次第だ

～나름이다(～에 달렸다)   しだいだ

□ □ □
1회 2회 3회

しだい(次第)는 단순히 '순서'라는 뜻이지만 しだいに의 형태로 '점차, 차츰'이라는 뜻도 있습니다. しだい가 접미어로 쓰일 때는 '～나름'이나 '하는 대로, 되는 대로'의 뜻이 되며, 동사에 붙어 '～하는 즉시, ～하자마자'의 뜻이 됩니다. 次第では는 '～에 따라서는'이라는 뜻이 됩니다.

▶ どうするかはあなた次第だ。
어떻게 할지는 너 하기 나름이다.

▶ 式の次第。 식의 순서대로.

▶ 満員になり次第しめきる。 만원이 되는 대로 마감한다.

・地獄の沙汰も金次第。 지옥의 심판도 돈 나름, 돈이면 다 된다.

▶ どうするかはあなた
次第だ
どうするかはあなたしだい
だ

▶ 式の次第 しきのしだい

▶ 満員になり次第しめきる
まんいんになりしだい
しめきる

▶ 地獄の沙汰も金次第
じごくのさたもかね
しだい

---

09 ～だけ

～만, 뿐

□ □ □
1회 2회 3회

だけ에는 한정이나 한도를 나타내는 '～만, 뿐'의 뜻 외에도 여러 가지 뜻이 있습니다. ほしいだけ라고 하면 '원하는 만큼'의 뜻이며, 昇進(しょうしん)すればそれだけ気苦労(きぐろう)も増(ふ)える '승진하면 그만큼 마음고생도 는다'라는 뜻이 됩니다. 또한 ～だけのことはあって의 형태로 '～한 만큼(역시), ～답게'의 의미도 있다는 것 꼭 기억하세요.

▶ 残りはこれだけだ。 나머지는 이것뿐이다.

▶ これだけあれば十分だ。 이것만 있으면 충분하다.

▶ 残りはこれだけだ
のこりはこれだけだ

▶ これだけあれば十分だ
これだけあれば
じゅうぶんだ

퀴즈 いわゆる独身主義

78

10 ~くせに

~인 주제에, 하면서도

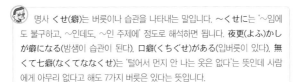

명사 くせ(癖)는 버릇이나 습관을 나타내는 말입니다. ~くせに는 '~임에도 불구하고, ~인데도, ~인 주제에' 정도로 해석하면 됩니다. 夜更(よふ)かしが癖になる(밤샘이 습관이 된다), 口癖(くちぐせ)がある(입버릇이 있다), 無くて七癖(なくてななくせ)는 '털어서 먼지 안 나는 옷은 없다'는 뜻인데 사람에게 아무리 없다고 해도 7가지 버릇은 있다는 뜻입니다.

▶ 学生のくせに勉強もしない。

학생인 주제에 공부도 하지 않는다.

▶ 知らないくせに口を出す。 모르면서도 말참견을 한다.

▶ 学生のくせに勉強もしない
がくせいのくせに
べんきょうもしない

▶ 知らないくせに口を出す
しらないくせにくちをだす

---

11 ~ついでに

~하는 김에

ついでに는 '~하는 김에, ~하는 기회에'라는 뜻으로 비슷한 단어로 '~하는 김에, ~겸하여'의 뜻인 がてら이 있습니다. 散歩がてら買い物する(산책을 겸해 쇼핑하다), 駅(えき)に行きがてらコンビニに立ち寄る(역에 가는 김에 편의점에 들르다).

▶ 言ったついでにもう一つ言いたい。

말 나온 김에 하나 더 말하고 싶다.

▶ 行ったついでに煙草を買ってきてくれ。

가는 김에 담배를 사다줘.

▶ 言ったついでにもう一つ
言いたい
いったついでにもうひとつ
いいたい

▶ 行ったついでに煙草を
買ってきてくれ
いったついでにたばこを
かってきてくれ

---

12 ~かねる

~하기 어렵다

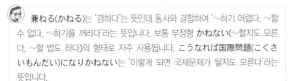

兼ねる(かねる)는 '겸하다'는 뜻인데 동사와 결합하여 '~하기 어렵다, ~할 수 없다, ~하기를 꺼리다'라는 뜻입니다. 보통 부정형 かねない(~할지도 모른다, ~할 법도 하다)의 형태로 자주 사용됩니다. こうなれば国際問題(こくさいもんだい)になりかねない는 '이렇게 되면 국제문제가 될지도 모른다'라는 뜻입니다.

▶ 見るに見かねて。 보다보다 못해서.

▶ 私には言いかねます。 저로서는 말하기 어렵습니다.

▶ 見るに見かねて
みるにみかねて

▶ 私には言いかねます
わたしにはいいかねます

遠慮がちに話し出す

13 たとえ

가령, 설령

> 명사 例え(たとえ)는 '예, 비유'를 뜻합니다. 동사로는 '예를 들다'는 뜻의 例える(たとえる)가 있습니다. 예문을 보면 格言(かくげん)をたとえに引(ひ)いて説明(せつめい)する는 '격언을 비유로 삼아 설명하다'라는 뜻이며, たとえて言えばこうなる는 예를 들어 말하면 이렇게 된다라는 뜻입니다.

▶ たとえ脅かされても秘密は守る。
설령 협박당해도 비밀은 지킨다.

▶ たとえうそにせよ傷つけるようなことは言うべきでない。설사 거짓말이라도, 상처 주는 듯한 말은 해서는 안 된다.

14 間もなく

바로, 곧, 금방   まもなく

> まもなく는 일본에서 열차를 기다릴 때 들을 수 있는 말입니다. まもなく列車がきます~ 이제 곧 열차가 들어온다는 말이겠죠? まもなく와 비슷한 단어로는 '이제 곧'의 もうすぐ, '눈 깜짝할 사이에'의 あっという間(ま)に, '어느새'의 いつのまにか, '순간적으로'의 瞬間的に(しゅんかんてきに), '찰나, 순간'의 とたんに 등이 있습니다.

▶ 間もなく新宿に到着します。 이제 곧 신주쿠에 도착합니다.

▶ 間もなく新学期になる。 곧 신학기가 된다.

15 ついに

드디어, 결국

> ついに와 마찬가지로 '마침내, 드디어, 결국'이라는 뜻을 지닌 とうとう와 いよいよ도 기억해두세요. 명사로 표현하면 '결국'이라는 뜻인 結局(けっきょく)가 되겠네요.

▶ 幼い時の夢がついに実現した。
어릴 때의 꿈이 드디어 실현되었다.

▶ ついに彼には一度も勝てなかった。
결국 그에게는 한 번도 이길 수 없었다.

▶ たとえ脅かされても秘密は守る
たとえおどかされても
ひみつはまもる

▶ たとえうそにせよ傷つけるようなことは言うべきでない
たとえうそにせよ
きずつけるようなことは
いうべきでない

▶ 間もなく新宿に到着します
まもなくしんじゅくに
とうちゃくします

▶ 間もなく新学期になる
まもなくしんがっきになる

▶ 幼い時の夢がついに実現した
おさないときのゆめが
ついにじつげんした

▶ ついに彼には一度も勝てなかった
ついにかれにはいちども
かてなかった

퀴즈 理由のいかんを問わず採用する

16 ～たからといって ～라고 해서

1회 2회 3회

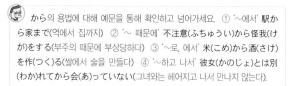 から의 용법에 대해 예문을 통해 확인하고 넘어가세요. ① '～에서' 駅から家まで(역에서 집까지) ② '～ 때문에' 不注意(ふちゅうい)から怪我(けが)をする(부주의 때문에 부상당하다) ③ '～로, 에서' 米(こめ)から酒(さけ)を作(つく)る(쌀에서 술을 만들다) ④ '～하고 나서' 彼女(かのじょ)とは別(わか)れてから会(あ)っていない(그녀와는 헤어지고 나서 만나지 않는다).

▸ 勉強したからといってすべて知るものではない。
　공부했다고 해서 모두 아는 건 아니다.

▸ やってみたからといって全部できるとは思いません。
　해봤다고 해서 전부 할 수 있다고는 생각하지 않습니다.

17 わりに 비교적, ～에 비해

1회 2회 3회

 割に(わりに)는 割合(わりあい)に, わりと와 마찬가지로 '비교적'이라는 뜻과 案外(あんがい)처럼 '뜻밖에, 생각 외로, 상당히'라는 思ったよりも의 뜻도 있습니다. 今日はわりにもうかった는 '오늘은 의외로 많이 벌었다'라는 뜻입니다.

▸ わりに易しかった。 비교적 쉬웠다.

▸ わりに楽な仕事だった。 비교적 편한 일이었다.

18 ～どころか ～는(은)커녕

1회 2회 3회

ところが 들어간 다양한 형태를 알아보면. ①ところが 그런데 ②～たところが '～했는데도, 해 봤자' ③ところで 그런데(화제전환) ④～たところで '～해본들, 해 봤자' ⑤ところどころ(あちこち) '여기저기' 등이 있습니다.

▸ 話どころか会ってもくれない。
　이야기는커녕 만나주지도 않는다.

▸ 成功するどころか失敗ばかりしている。
　성공은커녕 실패만 하고 있다.

▸ 勉強したからといってすべて知るものではない
　べんきょうしたからといってすべてしるものではない

▸ やってみたからといって全部できるとは思いません
　やってみたからといってぜんぶできるとはおもいません

▸ わりに易しかった
　わりにやさしかった

▸ わりに楽な仕事だった
　わりにらくなしごとだった

▸ 話どころか会ってもくれない
　はなしどころかあってもくれない

▸ 成功するどころか失敗ばかりしている
　せいこうするどころかしっぱいばかりしている

무조건 06일 문법·어휘

퀴즈 見るに見かねて

19 ～わけにはいかない　～할 수는 없다

1회　2회　3회

わけ에는 여러 가지 뜻이 있는데 '도리나 이치', '까닭이나 사정', '뜻이나 의미', 결과를 나타내는 '～할만도 하다' 등으로 해석할 수 있습니다. 부정형 문장과 함께 사용할 때는 부드럽게 부정하는 뜻이며, 뒤에 いかない를 붙여 '그렇게 할 수는 없다'는 뜻이 됩니다.

▶ 笑うわけにはいかない。웃을 수는 없다.

▶ 欠席するわけにはいかない。결석할 수는 없다.

20 ～ざるをえない　～하지 않을 수 없다

1회　2회　3회

일반적으로 동사의 ない형에 붙어 '～하지 않을 수 없다'는 뜻인데, する동사는 せざるをえない의 형태로 사용한다는 것에 주의하세요. 感謝(かんしゃ)する는 感謝せざるをえない(감사하지 않을 수 없다)가 됩니다.

▶ 行かざるをえない。가지 않을 수 없다.

▶ 飲まざるをえない。마시지 않을 수 없다.

21 ～しかない　～ (할 수)밖에 없다

1회　2회　3회

～しかない가 수량을 나타내는 말과 함께 사용될 때는 わずか(불과, 소량)의 의미가 됩니다. 예를 들면 あと二日(ふつか)しかない라고 하면 '앞으로 (불과) 이틀밖에 없다'라는 뜻이 됩니다. しか를 사용하여 어떤 것을 강조할 경우에는 だけしか를 사용하면 됩니다. 예를 들면 たったこれだけしかない라고 하면 '딱 요것밖에 없다'라는 뜻이 됩니다.

▶ 思いきってやるしかない。작정하고 할 수밖에 없다.

▶ 私しか知らない。나밖에 모른다.

▶ 笑うわけにはいかない
わらうわけにはいかない

▶ 欠席するわけにはいかない
けっせきするわけにはいかない

▶ 行かざるをえない
いかざるをえない

▶ 飲まざるをえない
のまざるをえない

▶思いきってやるしかない
おもいきってやるしかない

▶ 私しか知らない
わたししかしらない

퀴즈　幼い時の夢がついに実現した

82

22 ～さえ～ば
～만 ～하면

다시 한번 확인하세요!

▸ **時間さえあれば大丈夫**
じかんさえあれば
だいじょうぶ

▸ **問題点さえなければ通過
できる**
もんだいてんさえなければ
つうかできる

1회 2회 3회

'～만'이라는 뜻의 **さえ**와 가정형의 **～ば**가 만나 관용적으로 쓰이는 표현
입니다. 그밖에 **さえ**에는 '～조차, 마저, 까지'라는 의미도 있습니다. **子供さえ
分かる**(어린이조차 안다), **雨だけでなく風さえ吹**(ふ)**いてきた**는 '비뿐만 아
니라 바람까지 불어왔다'는 뜻입니다.

▸ **時間さえあれば大丈夫。** 시간만 있으면 문제 없다.

▸ **問題点さえなければ通過できる。**
문제점만 없으면 통과된다.

23 ～つつ
～하면서

▸ **明日を考えつつ行動する**
あしたをかんがえつつ
こうどうする

▸ **昔をしのびつつお酒を飲む**
むかしをしのびつつ
おさけをのむ

1회 2회 3회

つつ는 두 가지 동작을 동시에 하는 것을 나타내는 **ながら**(～하면서)의 뜻
과 **～も**와 함께 사용하여 '～하면서도, 임에도 불구하고' 라는 뜻도 있습니다.
또한 **～つつある**의 형태로 동작이나 작용이 현재 진행중임을 나타내는 '～하고
있다, 하는 중이다'의 뜻도 있습니다.

▸ **明日を考えつつ行動する。** 내일을 생각하면서 행동하다.

▸ **昔をしのびつつお酒を飲む。**
옛날을 그리워하며 술을 마시다.

24 残念ながら
유감이지만
ざんねんながら

▸ **残念ながらすべちゃった**
ざんねんながらすべ
ちゃった

▸ **残念ながら明日帰国します**
ざんねんながらあす
きこくします

1회 2회 3회

유감스러움이나 아쉬움, 분함이나 억울함을 표현할 때는 **残念**이라는 단어
를 사용합니다. 비슷한 표현으로는 '유감'의 **遺憾**(いかん), '분함, 원통함'의 뜻
인 **無念**(むねん), '분해하다'의 뜻인 **くやしがる**, '유감으로 생각하다'는 뜻의
心残(こころのこ)**りに思う** 등이 있습니다.

▸ **残念ながらすべちゃった。** 유감이지만 떨어졌다.

▸ **残念ながら明日帰国します。** 유감스럽지만 내일 귀국합니다.

퀴즈 **わりに楽な仕事だった**

25 ～おそれがある　우려가 있다, 염려가 있다

1회　2회　3회

'무서워하다, 두려워하다, 우려하다, 불안해하다'는 뜻의 동사 おそれる에서 나온 말입니다. 명사로 '공포나 두려움'(怖れ) 그리고 '걱정이나 염려'의 뜻이 있습니다.

▶ 大雨のおそれがある。홍수의 우려가 있다.

▶ 苦痛へのおそれを乗り越える。
　고통에 대한 공포를 극복하다.

▶ 不合格のおそれがある。불합격할 염려가 있다.

▶ **大雨のおそれがある**
　おおあめのおそれがある

▶ **苦痛へのおそれを乗り越える**
　くつうへのおそれをのりこえる

▶ **不合格のおそれがある**
　ふごうかくのおそれがある

26 さておき　제쳐놓고

1회　2회　3회

어떤 일을 일단 '그대로 두다, 잠시 제쳐놓다'는 뜻을 지닌 동사 さておく에서 파생된 단어입니다.

▶ 仕事はさておき遊んでばかりいる。
　일은 제쳐놓고 놀고만 있다.

▶ 費用はさておき人手が問題だ。
　비용은 둘째 치고, 일손이 문제다.

▶ **仕事はさておき遊んでばかりいる**
　しごとはさておきあそんでばかりいる

▶ **費用はさておき人手が問題だ**
　ひようはさておきひとでがもんだいだ

27 ～一方だ　～하기만 한다　　　　～いっぽうだ

1회　2회　3회

一方에는 여러 가지 뜻이 있는데 단순히 '한쪽 방면'을 뜻하기도 하고, 一方で와 같이 '～하는 한편'이라는 단순한 접속사로 쓰일 때도 있으니 문장을 잘 읽고 해석하세요.

▶ 状態は年々悪くなる一方だ。상태는 해마다 나빠지기만 한다.

▶ 彼女の考えは一方に傾いている。
　그녀의 사고는 한쪽으로 기울어져 있다.

▶ 効果が早い一方で持続力もある。
　효과가 빠른 한편 지속력도 있다.

▶ **状態は年々悪くなる一方だ**
　じょうたいはねんねんわるくなるいっぽうだ

▶ **彼女の考えは一方に傾いている**
　かのじょのかんがえはいっぽうにかたむいている

▶ **効果が早い一方で持続力もある**
　こうかがはやいいっぽうでじぞくりょくもある

퀴즈　飲まざるを得ない

84

28 ～よりほかない ～할 수밖에 없다

1회　2회　3회

'～보다, ～에서부터, ～밖에'의 뜻을 지닌 **より**와 '～밖에 없다'는 뜻의 **ほかない**가 합쳐져 관용적으로 사용됩니다.

▸ **行くよりほかない。** 갈 수밖에 없다.

▸ 絶対に守るべきの規律
　ぜったいにまもるべきの
　きりつ

▸ 子供の才能をできるだけ
　伸すべきだ
　こどものさいのうをできる
　だけのばすべきだ

▸ 潔く辞職すべし
　いさぎよくじしょく
　すべし

▸ 予測すべからざる事態
　よそくすべからざる
　じたい

29 ～べきだ ～해야 한다

1회　2회　3회

원형은 '당연히 ～해야 한다. 할 예정이다, 일 것이다'는 뜻을 지닌 조동사 **べし**이며 **べき**는 명사형입니다. **する**동사와 결합할 때는 **すべし**가 됩니다.

▸ **絶対に守るべきの規律。** 절대로 지켜야 할 규율.

▸ **子供の才能をできるだけ伸すべきだ。**
아이의 재능을 가능한 키워 줘야 한다.

· **潔く辞職すべし。** 깨끗이 사직할 것.

· **予測すべからざる事態。** 예측할 수 없는 사태.

▸ 子供っぽい事を言うな
　こどもっぽいことをいうな

▸ 俗っぽい趣味
　ぞくっぽいしゅみ

▸ 安っぽい家具
　やすっぽいかぐ

30 ～っぽい ～경향이 강하다

1회　2회　3회

ぽい는 동사 **ます**형이나 명사에 붙어 형용사를 만듭니다. 이때 앞말과의 사이에 촉음이 들어가 ～**っぽい**로 사용됩니다. 동사와 함께 쓰일 때는 '～하기 십상'의 뜻이며 형용사에 붙을 때는 '그런 느낌이 든다' 정도로 해석하면 됩니다.

▸ **子供っぽい事を言うな。** 애들 같은 말 하지 마.

▸ **俗っぽい趣味。** 저속한 취미.

▸ **あきっぽいひと。** 쉽게 물리는 사람.

▸ **安っぽい家具。** 싸구려 같은 가구.

퀴즈　残念ながら明日帰国します

※ 次の下線にあてはまるものは？

01 最近は男性女性＿＿＿＿＿＿、運転免許は持っている。
　① を問わず　　　② にとどまらず　　③ にしろ　　　　④ ばかりか

02 学校のいじめはどんな理由でも許す＿＿＿＿＿＿ではない。
　① くらい　　　　② べき　　　　　③ よう　　　　　④ はず

03 たとえ＿＿＿＿＿＿、親子一緒に暮すのがいい。
　① 貧しくても　　② 貧しいなら　　③ 貧しければ　　④ 貧しいのに

04 京都に行った＿＿＿＿＿＿親類の家に寄ってみた。
　① ところに　　　② とおりに　　　③ ついでに　　　④ くらいに

05 わが国の経済成長率は＿＿＿＿＿＿一方だ。
　① あがる　　　　② あがった　　　③ あがり　　　　④ あがるの

06 時間＿＿＿＿＿＿あれば旅に出る。
　① すら　　　　　② しか　　　　　③ さえ　　　　　④ ばかり

07 この仕事は忙しくて大変な＿＿＿＿＿＿、給料がよくない。
　① かわりに　　　② わりに　　　　③ だけに　　　　④ かぎりに

08 私には納得し＿＿＿＿＿＿＿＿＿＿＿。
　① きれます　　　② かねます　　　③ にくいます　　④ およびます

09 飲み過ぎは悪いと＿＿＿＿＿＿つつも、つい飲んでしまう。
　① 知り　　　　　② 知る　　　　　③ 知って　　　　④ 知れ

10 いそがしくて、休みをとる＿＿＿＿＿＿食事をする時間もない。
　　① ばかりか　　② どころか　　　③ ものなら　　　④ ことなく

※ 次の下線にあてはまるものは？

11 みんなで決めた＿＿＿＿成功するようにがんばろう。
　　① ためには　　　② からには　　　③ うえには　　　④ わけには

12 明日遠足に行けるかどうかは天気＿＿＿＿です。
　　① 始末　　　　　② 所以　　　　　③ 一方　　　　　④ 次第

13 彼は何も知らない＿＿＿＿何でも知っているようなことを言う。
　　① くせに　　　　② だけに　　　　③ しだいに　　　④ ついに

14 先生だ＿＿＿＿この問題を全部解けるとは限らない。
　　① からには　　　② からして　　　③ からこそ　　　④ からといって

15 いくら体の具合が悪くても会社を休む＿＿＿＿。
　　① わけだ　　　　　　　　　② わけにはいかない
　　③ わけではない　　　　　　④ はずがない

16 今日は仕事が多くて残業＿＿＿＿＿＿＿。
　　① せずにはいられない　　　② してやまない
　　③ せざるをえない　　　　　④ するにかたくない

17 冗談＿＿＿＿本論に入りましょうか。
　　① はさておき　　② をとわず　　　③ なくして　　　④ をよそに

18 このまま日照りが続くと、農作物に大きな被害を与える＿＿＿＿。
　　① おそれがある　　② とは限らない　　③ わけにはいかない　　④ にほかない

19 生活するお金もないので、学校をやめる＿＿＿＿。
　　① わけにはいかない　　② しかない　　　③ べきだ　　　④ とは限らない

정답과 해설은 363쪽에

※ 次の単語の読み方は？

01 苦情
　① くぜい　　　　② くぞう　　　　③ くじょう　　　　④ くじょ

02 常識
　① じょうしき　　② じょしき　　　③ ぞうしき　　　　④ ぞしき

03 過剰
　① のみすぎ　　　② かじょう　　　③ すぎのみ　　　　④ かぞう

04 乾燥
　① けんそ　　　　② かんそ　　　　③ けんそう　　　　④ かんそう

05 水滴
　① すいてき　　　② ずいてき　　　③ すいでき　　　　④ ずいでき

06 補う
　① おぎなう　　　② あきなう　　　③ おきなう　　　　④ うかがう

07 異なる
　① いやなる　　　② あやなる　　　③ ことなる　　　　④ こどなる

08 誤る
　① うつわる　　　② あやまる　　　③ いつわる　　　　④ おやまる

09 厳しい
　① きびしい　　　② けわしい　　　③ わびしい　　　　④ くわしい

10 羨ましい
　① さびしい　　　② うらやましい　③ にくましい　　　④ うらめしい

※ 次の説明に合う単語は？

11 はっきりと見える形をとって、姿・形がおもてに出る。
　　① 現れる　　　② 思れる　　　③ 出れる　　　④ 考れる

12 刃物などの切れ味が悪い様。
　　① 鋭い　　　　② 鈍い　　　　③ 薄い　　　　④ 濃い

13 使えるものが十分に活用されない状態を惜しいと思う様。
　　① みにくい　　② じれったい　③ もったいない　④ むりもない

14 食べ物がなく、ひどく腹が減る。
　　① 学える　　　② 習える　　　③ 植える　　　④ 飢える

15 あれこれ迷ってぐずぐずする。
　　① ためらう　　② すすむ　　　③ はやめる　　④ ひろめる

※ 次の下線にあてはまるのは？

16 名前を調べた＿＿＿＿＿そういう人はいなかった。
　　① ばかりに　　② からに　　　③ だけに　　　④ ところ

17 目的に＿＿＿＿＿まっすぐに進んでいるときが幸せな時だ。
　　① あたって　　② のって　　　③ むかって　　④ あって

18 となりの子供が怪我をしたそうですよ。それは＿＿＿＿＿。
　　① おまちどおさま　② おきのどくに　③ おせわさま　④ おじゃまさま

19 あんな汚いレストランには二度と行く＿＿＿＿＿か。
　　① もの　　　　② こと　　　　③ よう　　　　④ だろう

20 女性の課長が増えたと言うが、まだほんの一割程度＿＿＿＿＿。
　　① に過ぎない　　② に限りない　③ に達する　　④ に及ぶ

반드시
어 휘

JPT
600점
돌파 단어!

기출 이년

01 共感　　공감　　きょうかん

1회 2회 3회

> 일본어의 명사는 거의 대부분이 '한자어'로 되어 있습니다. 명사로 쓰이는 한자어는 보통 한자의 음을 소리 나는 대로 읽는 '음독(音讀)'인 경우가 많습니다. 그래서 우리의 한자 음과 와 비슷하게 발음되는 것도 꽤 있습니다.

共 ▸ 共通 공통・共用 공용・共同 공동

感 ▸ 同感 동감・**敏感** 민감・**鈍感** 둔감

▸ そのやり方には共感できない。 그 방법에는 공감할 수 없다.

▸ 絶対共感。 절대공감.

기출 이년

02 雲　　구름　　くも

1회 2회 3회

> '구름'을 뜻하는 雲(くも)는 다른 한자 뒤에 붙을 경우에는 발음을 부드럽게 하기 위해서 ぐも라고 읽습니다. 그리고, 동음이의어인 蜘蛛는 '거미'를 가리키는 말입니다.

雲 ▸ 暗雲 먹구름・雲行き 일의 상황, 흐름・雨雲 비구름

▸ 雲一つない青空。 구름 한 점 없는 창공

▸ 雲を掴むような話。 뜬 구름 잡는 이야기

기출 이년

03 星　　별　　ほし

1회 2회 3회

> 밤하늘에 떠 있는 '별'을 뜻하는 星(ほし)는 일본의 전통 경기인 스모(相撲 すもう)에서도 쓰입니다. 바로 선수들의 승패를 표시하는 원을 일컫는 말이죠. 승리한 선수에게는 '흰 별'이라는 뜻의 白星(しろぼし)라는 호칭을 쓰고, 패배한 선수에게는 '검은 별'이라는 뜻의 黒星(くろぼし)라고 합니다.

星 ▸ 衛星 위성・星座 성좌・惑星 혹성・星印 별표

▸ 星が光る。 별이 빛나다.

다시 한번 확인하세요!

▸ 共通　　きょうつう
　 共用　　きょうよう
　 共同　　きょうどう

▸ 同感　　どうかん
　 敏感　　びんかん
　 鈍感　　どんかん

▸ そのやり方には共感できない
　 そのやりかたにはきょうかんできない

▸ 絶対共感
　 ぜったいきょうかん

▸ 暗雲　　あんうん
　 雲行き　くもゆき
　 雨雲　　あまぐも

▸ 雲一つない青空
　 くもひとつないあおぞら

▸ 雲を掴むような話
　 くもをつかむような
　 はなし

▸ 衛星　　えいせい
　 星座　　せいざ
　 惑星　　わくせい
　 星印　　ほしじるし

▸ 星が光る　ほしがひかる

퀴즈　苦労して育てた子供

04 氷

얼음 こおり

'얼음'을 뜻하는 氷(빙)이 한자어 속에서 '빙'이라는 음으로 쓰일 때는 음독으로 ひょう라고 읽어요. 하지만, 한자어 속에서 '얼음'이라는 뜻으로 쓰일 때는 훈독으로 こおり라고 읽어요. 보통 회화에서는 훈독으로 읽는 こおり가 많이 쓰입니다.

氷 ▸ 氷河 빙하・氷山 빙산・氷点 빙점

　▸ 氷袋 얼음주머니・氷水 얼음물

　▸ 湖に氷が張る。호수에 얼음이 얼다.

　▸ 氷のように冷たい印象。얼음처럼 차가운 인상.

05 単純

단순 たんじゅん

純은 다른 한자와는 달리 じゅん으로만 발음됩니다. 훈독으로 사용되는 경우는 없고 주로 한자어의 맨 앞에 쓰이는 경우가 많습니다. 반대말은 '복잡'이라는 뜻의 複雑(ふくざつ)입니다.

純 ▸ 純益 순익・純潔 순결・純情 순정
　　純粋 순수・純白 순백

　▸ 言葉どおりの単純な意味です。말 그대로 단순한 의미입니다.

　▸ 単純明快な論理。단순명쾌한 논리.

06 背中

등, 뒤쪽 せなか

背와 관련된 표현들입니다.
背(せ)が高(たか)い 키가 크다 | 背広(せびろ) 양복 | 背筋(せすじ) 등줄기
子供(こども)を背負(せお)う 아이를 등에 업다

背 ▸ 背広 양복・背筋 등줄기・背が高い 키가 크다

　▸ 子供を背負う。아이를 등에 업다.

　▸ 背中に荷物を負う。등에 짐을 지다.

　▸ 冷蔵庫の背中 냉장고 뒤쪽

　・背中に眼はなし 자신의 등은 보이지 않음. 즉 음지에서 벌어지는 나쁜 일은 모르는 법이라는 뜻.

▸	氷河	ひょうが
	氷山	ひょうざん
	氷点	ひょうてん
▸	氷袋	こおりぶくろ
	氷水	こおりみず

▸ 湖に氷が張る
　みずうみにこおりがはる

▸ 氷のように冷たい印象
　こおりのようにつめたい
　いんしょう

▸	純益	じゅんえき
	純潔	じゅんけつ
	純情	じゅんじょう
	純粋	じゅんすい
	純白	じゅんぱく

▸ 言葉どおりの単純な意味
　です
　ことばどおりの
　たんじゅんないみです

▸ 単純明快な論理
　たんじゅんめいかいな
　ろんり

▸	背広	せびろ
	背筋	せすじ
	背が高い	せがたかい

▸ 子供を背負う
　こどもをせおう

▸ 背中に荷物を負う
　せなかににもつをおう

▸ 冷蔵庫の背中
　れいぞうこのせなか

▸ 背中に眼はなし
　せなかにめはなし

퀴즈　待ち合わせに遅刻する

07 構造

구조　　　　　　　　　　　　　　　　　こうぞう

1회 2회 3회

> 構(구)라는 한자는 뜻과 음은 다르지만 모양이 매우 비슷하여 헷갈리기 쉬운 한자들이 많습니다. 購(구)와 講(강)은 가장 많이 헷갈리는 한자이므로 제대로 구별하여 쓸 수 있도록 단어를 통해 잘 외워두세요.

▶ 社会構造 사회구조・精神構造 정신구조・二重構造 이중구조

▶ 文章の構造が複雑です。 문장의 구조가 복잡합니다.

▶ 家の構造 집의 구조

08 法律

법률　　　　　　　　　　　　　　　　　ほうりつ

1회 2회 3회

> 法(법)이라는 한자 하나만으로도 단어가 됩니다. 이 法은 한자어 앞에 붙는 경우도 많지만, 뒤에 붙으면 법의 종류를 나타냅니다. 예를 들면, 민법(民法 みんぽう), 헌법(憲法 けんぽう) 등입니다.

▶ 法律行為 법률행위 ・法律効果 법률효과
　法律問題 법률문제・法律事務所 법률사무소

▶ 社会秩序のための法律。 사회질서를 위한 법률.

▶ 法律学を専攻する。 법률학을 전공하다.

09 首脳

수뇌　　　　　　　　　　　　　　　　　しゅのう

1회 2회 3회

> 首(수)는 '머리'라는 뜻으로, 의역하면 '최고의, 가장 높은' 이라는 뜻입니다. 首脳(수뇌)라는 단어는 주로 정치계에서 최고 직책을 가리키는 말입니다. 脳(뇌)라는 한자 역시 이 글자 하나만으로 단어가 될 수 있습니다.

脳 ▶ 頭脳 두뇌・脳裏 뇌리・洗脳 세뇌

▶ 首脳会談 수뇌회담・首脳陣 수뇌진

▶ 各国の首脳が集まる。 각국의 수뇌가 모이다.

다시 한번 확인하세요!

▶ 社会構造
　しゃかいこうぞう
　精神構造
　せいしんこうぞう
　二重構造
　にじゅうこうぞう

▶ 文章の構造が複雑です
　ぶんしょうのこうぞうが
　ふくざつです

▶ 家の構造
　いえのこうぞう

▶ 法律行為 ほうりつこうい
　法律効果 ほうりつこうか
　法律問題
　ほうりつもんだい
　法律事務所
　ほうりつじむしょ

▶ 社会秩序のための法律
　しゃかいちつじょのため
　のほうりつ

▶ 法律学を専攻する
　ほうりつがくをせんこう
　する

▶ 頭脳　　　ずのう
　脳裏　　　のうり
　洗脳　　　せんのう

▶ 首脳会談
　しゅのうかいだん
　首脳陣　　しゅのうじん

▶ 各国の首脳が集まる
　かっこくのしゅのうが
　あつまる

---

10 煙

연기 けむり

1회 2회 3회

> 煙(연)을 けむり로 읽을 때는 煙와 煙り로 표기합니다. 그리고, 煙이 들어 간 한자어 중에서 '흡연'은 우리말과는 다르게 吸煙(きゅうえん)을 쓰지 않고 喫煙(きつえん) 즉, '끽연'이라는 한자어를 쓰죠. 틀리기 쉬우니 꼭 기억해두세 요. 또한, 흡연(喫煙)과 금연(禁煙)은 단골로 출제되는 문제입니다.

> 禁煙 금연 · 喫煙 흡연(끽연) · 煤煙 매연

> 煙がたちこめる。 연기가 자욱하다.

> 火の無いところに煙は立たぬ。 아니 땐 굴뚝에 연기나랴.

11 缶詰

통조림 かんづめ

1회 2회 3회

> 缶(かん)은 '깡통, 캔'을 뜻하고, 詰(づめ)는 원래 詰(つ)める에서 온 말로 '꽉 채우다, 가득 담다'라는 뜻입니다. 그리고, 缶詰라는 말 속에는 '(통조림처럼) 한 곳에 처박혀 있는 상황'이라는 뜻도 있습니다.

> 鯖の缶詰を買った。 고등어 통조림을 샀다.

> 立ち往生の電車の中で缶詰にされる。
> 오도 가도 못하는 전철 속에서 감금당하다.

> 人を事務所に缶詰にする。 사람을 사무실에 가두다.

12 冷凍

냉동 れいとう

1회 2회 3회

> 冷凍을 동사로 표현하면 '얼다'는 뜻의 凍(こお)る가 됩니다. '얼리다'는 凍 らせる라고 사역형으로 쓰면 됩니다. 참고로, 冷凍의 반대말인 '냉장'은 冷蔵 (れいぞう)입니다.

> 冷凍食品 냉동식품 · 冷凍庫 냉동고 · 冷凍麻酔 냉동마취

> 魚を冷凍する。 생선을 냉동하다.

다시 한번 확인하세요!

▶ 禁煙　　　きんえん
　喫煙　　　きつえん
　煤煙　　　ばいえん

▶ 煙がたちこめる
　けむりがたちこめる

▶ 火の無いところに煙は立
　たぬ
　ひのないところにけむり
　はたたぬ

▶ 鯖の缶詰を買った
　さばのかんづめをかった

▶ 立ち往生の電車の中で缶詰
　にされる
　たちおうじょうのでんしゃ
　のなかでかんづめにされる

▶ 人を事務所に缶詰にする
　ひとをじむしょにかん
　づめにする

▶ 冷凍食品
　れいとうしょくひん
　冷凍庫　　れいとうこ
　冷凍麻酔
　れいとうますい

▶ 魚を冷凍する
　さかなをれいとうする

반드시 07일 명사

퀴즈 背中に荷物を負う

13 履歴

이력

りれき

□ □ □
1회 2회 3회

履歴는 '이력' 또는 '경력'을 뜻하는 말입니다. 비슷한 단어로 経歴(けいれき)가 있습니다. 뜻은 물론 한자 그대로 '경력'이 되겠지요. 履歴에 傷(きず)가 つく는 '이력에 흠이 가다(오점을 남기다)'라는 뜻입니다. 履歴を調(しら)べる는 '이력을 조사하다'라는 뜻입니다.

歴 ▶ 経歴 경력 · 遍歴 편력 · 歴任 역임 · 歴代 역대
　　　歴史 역사

▶ 履歴書を提出する。 이력서를 제출하다.

14 偶然

우연

ぐうぜん

□ □ □
1회 2회 3회

偶는 음이 같지만 모양이 다른 한자들이 있는데 바로 隅, 寓, 愚입니다. 이 한자들 중에 偶, 隅, 寓는 '우'로 읽고 일본어로는 ぐう로 읽습니다. 그러나 愚만은 ぐう가 아닌 ぐ로 읽습니다.

각각의 예를 살펴보면 다음과 같습니다.
① 偶 : 우연 우, 짝수 우 │偶数(ぐうすう) 짝수 │偶像(ぐうぞう) 우상
② 隅 : 구석 우 │隅(すみ) 구석 │隅々(すみずみ) 구석구석
③ 寓 : 맡길 우 │寓話(ぐうわ) 우화
④ 愚 : 어리석을 우 │愚鈍(ぐどん) 우둔 │愚直(ぐちょく) 우직

▶ 偶然の一致。 우연의 일치.

▶ 偶然に見つける。 우연히 발견하다.

15 改札口

개찰구

かいさつぐち

□ □ □
1회 2회 3회

여기 쓰인 口는 '입구, 구멍'이라는 뜻입니다. 보통 한자어의 맨 뒤에 오는 경우가 많습니다. 참고로, 口가 단어 끝에 놓이면 くち가 아닌 ぐち로 읽습니다. 발음할 때 자연스럽고 부드럽게 하기 위해서 탁음이 된 것입니다.

口 ▶ 窓口 창구 · 非常口 비상구 · 出入り口 출입구
　　　糸口 실마리 · 裏口 뒷문 · 蛇口 수도꼭지

▶ 改札口の前で待つ。 개찰구 앞에서 기다리다.

▶ 自動改札口。 자동개찰구.

퀴즈 法律学を専攻する

다시 한번 확인하세요!

▶ 経歴　　　けいれき
　遍歴　　　へんれき
　歴任　　　れきにん
　歴代　　　れきだい
　歴史　　　れきし
▶ 履歴書を提出する
　りれきしょをていしゅつ
　する

▶ 偶然の一致
　ぐうぜんのいっち
▶ 偶然に見つける
　ぐうぜんにみつける

▶ 窓口　　　まどぐち
　非常口　　ひじょうぐち
　出入り口　でいりぐち
　糸口　　　いとぐち
　裏口　　　うらぐち
　蛇口　　　じゃぐち
▶ 改札口の前で待つ
　かいさつぐちのまえで
　まつ
▶ 自動改札口
　じどうかいさつぐち

16 酒　술　　　　　　　　　　　　　　　　さけ

酒를 훈독하면 さけ가 됩니다. 보통 회화에서는 酒 앞에 お를 붙여서 お酒라고 합니다. 여기서 お는 뒤에 오는 말을 예쁘고 친근하게 꾸며주는 역할을 하죠. 그리고, 酒를 단어 뒤에 써서 しゅ로 읽으면 '~주'라는 뜻이 되어 술의 종류를 나타내는 말이 됩니다.

酒 ▸ お酒 술・酒屋 술집
　　▸ 清酒 청주

▸ 酔う 취하다・酔っぱらう 취하다

▸ 酒に飲まれる。 술에 취하다

▸ 酒は百薬の長。 술은 백약의 으뜸.

17 恋愛　연애　　　　　　　　　　　　　　れんあい

恋은 '사랑, 연애'라는 뜻으로, 보통은 こい로 읽는 경우가 많습니다. 愛 역시 '사랑'을 뜻하는 말이지만, 恋보다는 사랑하는 정도가 더 강하고 진한 경우에 씁니다. 恋는 감정적이고 순수한 사랑을 표현하는 뉘앙스가 강하다고 할 수 있습니다.

恋 ▸ 恋人 연인・悲恋 비련・恋慕 연모

▸ 恋愛結婚 연애결혼 ↔ お見合い結婚 중매결혼

▸ 社内恋愛 사내연애

18 夢中　열중, 정신없음　　　　　　　　　むちゅう

夢中는 한자어 그대로 직역하면 '꿈 속, 꿈꾸고 있는 동안'이라는 뜻입니다. 즉, 꿈꾸고 있는 상황이라서 '정신이 없음, 매우 열중함, 몰두함'이라는 뜻으로 해석할 수 있습니다. 夢을 음으로 읽을 때 む로 발음하는 것에 주의하세요.

夢 ▸ 悪夢 악몽・同床異夢 동상이몽

▸ 夢中で本を読む。 정신없이 책을 읽다.

▸ 競馬に夢中になる。 경마에 (빠져) 정신이 없다.

▸ お酒　　おさけ
　酒屋　　さかや
　清酒　　せいしゅ

▸ 酔う　　よう
　酔っぱらう よっぱらう

▸ 酒に飲まれる
　さけにのまれる

▸ 酒は百薬の長
　さけはひゃくやくの
　ちょう

▸ 恋人　　こいびと
　悲恋　　ひれん
　恋慕　　れんぼ

▸ 恋愛結婚
　れんあいけっこん

▸ お見合い結婚
　おみあいけっこん

▸ 社内恋愛
　しゃないれんあい

▸ 悪夢　　あくむ
　同床異夢
　どうしょういむ

▸ 夢中で本を読む
　むちゅうでほんをよむ

▸ 競馬に夢中になる
　けいばにむちゅうになる

퀴즈　鯖の缶詰を買った

19 警察

1회 2회 3회

경찰

けいさつ

▶ 知人は警察です
　ちじんはけいさつです

▶ 警察に届ける
　けいさつにとどける

> 警과 음은 똑같지만 모양과 뜻이 다른 한자들이 있는데 驚과 敬입니다. 여기서 주의할 점은 警은 けい라고 읽는데, 驚은 きょう로 읽습니다. 警과 똑같이 けい로 읽는 것은 敬입니다.
>
> 각각의 예를 살펴보면 다음과 같습니다.
> ① 警 : 경계 경 ┃ **警告(けいこく)** 경고 ┃ **警報(けいほう)** 경보
> ② 驚 : 놀랄 경 ┃ **驚異(きょうい)** 경이 ┃ **驚嘆(きょうたん)** 경탄
> ③ 敬 : 공경 경 ┃ **尊敬(そんけい)** 존경 ┃ **敬語(けいご)** 경어

▶ **知人は警察です**。 지인은 경찰입니다.

▶ **警察に届ける**。 경찰에 신고하다.

20 筆跡

1회 2회 3회

필적

ひっせき

▶ 筆跡　　　ひっせき
▶ 筆　　　　ふで
▶ 筆跡を鑑定する
　ひっせきをかんていする

> 筆은 ひつ라고 읽는데, 뒤에 跡(せき)처럼 さ행으로 읽는 한자가 오면, ひつ의 つ가 촉음 っ로 바뀝니다. 이 역시 부드럽게 발음하기 위해서 입니다. 참고로, 跡(せき)는 '자국, 흔적'이라는 뜻입니다.

筆 ▶ **筆跡** 필적 · **筆** 붓

▶ **筆跡を鑑定する**。 필적을 감정하다.

21 掃除

1회 2회 3회

청소

そうじ

▶ 削除　　　さくじょ
　解除　　　かいじょ
　除籍　　　じょせき
　除く　　　のぞく
▶ 部屋の掃除をする
　へやのそうじをする

> 掃除라는 단어를 풀어쓰면 '쓸어서 없애다'인데, '청소'라는 뜻입니다. 읽을 때도 우리 한자음인 '소제'처럼 음독해서 そうじ라고 읽습니다. 掃를 동사로 표현하면 掃(は)く라고 하여, '빗자루로 쓸다'라는 뜻입니다.

除 ▶ **削除** 삭제 · **解除** 해제 · **除籍** 제적

　　除く 제거하다

▶ **部屋の掃除をする**。 방 청소를 하다.

22 洗濯

세탁

せんたく

洗는 예외적인 발음으로 **せん**으로 읽습니다. **せ**로 읽지 않도록 주의하세요. 그리고, 洗濯은 **せんたく**라고 읽는데, 選択 역시 **せんたく**로 읽습니다. 한자음과 뜻은 전혀 다르지만 발음이 같으니 꼭 함께 외워두세요.

▶ 真夜中は洗濯機を使わないでください。
한밤중에는 세탁기를 사용하지 마세요.

▶ 命の洗濯。 기분전환.

23 想像

상상

そうぞう

想像은 **そうぞう**라고 읽는데, 동음이의어인 創造도 있습니다. 그리고 像처럼 한자음도 똑같고 모양도 비슷한 한자로 象이 있는데 이 한자는 '코끼리'라는 뜻으로 쓰일 때만 **ぞう**로 읽고, 그밖의 다른 단어에서는 대부분 **しょう**로 읽습니다. 틀리기 쉬운 단어이니 꼭 외워두세요.

想 ▶ 仮想 가상 · 空想 공상 · 夢想 몽상 · 幻想 환상
　　妄想 망상 · 連想 연상

像 ▶ 映像 영상 · 肖像 초상 · 偶像 우상

▶ 想像したとおりの結果になる。 상상한 대로의 결과가 되다.

▶ 想像妊娠。 상상임신.

24 微妙

미묘

びみょう

微와 모양이 비슷한 한자로 徴이 있어요. 얼핏 보면 너무 비슷해서 착각하기 쉽지만 정확하게 구분하여 쓸 수 있도록 확실하게 외워두세요. 이 두 한자를 잘 구분할 방법은 微는 **び**로 읽고 徴은 **ちょう**로 읽는다는 것을 기억해두세요.

微 ▶ 顕微鏡 현미경 · 微細 미세

妙 ▶ 巧妙 교묘 · 絶妙 절묘 · 妙味 묘미 · 妙薬 묘약
　　妙案 묘안

▶ 気持ちが微妙に変化する。 기분이 미묘하게 변화한다.

▶ 真夜中は洗濯機を使わないでください
まよなかはせんたくきをつかわないでください

▶ 命の洗濯
いのちのせんたく

▶ 仮想　　かそう
　空想　　くうそう
　夢想　　むそう
　幻想　　げんそう
　妄想　　もうそう
　連想　　れんそう

▶ 映像　　えいぞう
　肖像　　しょうぞう
　偶像　　ぐうぞう

▶ 想像したとおりの結果になる
そうぞうしたとおりのけっかになる

▶ 想像妊娠
そうぞうにんしん

▶ 顕微鏡　けんびきょう
　微細　　びさい

▶ 巧妙　　こうみょう
　絶妙　　ぜつみょう
　妙味　　みょうみ
　妙薬　　みょうやく
　妙案　　みょうあん

▶ 気持ちが微妙に変化する
きもちがびみょうにへんかする

퀴즈　夢中で本を読む

25 苦労　　고생　　くろう

1회 2회 3회

苦는 くろ로 읽는데, '고'라는 한자음 때문에 こ라고 잘못 읽기 쉬운 한자입니다. 특히 苦情은 くじょう라고 읽는데, 한자음과는 전혀 다르게 '불평, 불만'이라는 뜻입니다. 시험에 자주 출제되니, 꼭 외워두세요.

苦 ▶ 苦学 고학 · 苦情 불평, 불만 · 苦戦 고전

▶ 苦労して育てた子供。고생해서 키운 아이.

· ご苦労様 수고했습니다(주로 동료들끼리 사용함)

· お疲れ様 수고했습니다(주로 동료나 윗사람)

26 金額　　금액　　きんがく

1회 2회 3회

金은 きん으로 읽는데, 훈독하면 かね입니다. '돈'이라는 뜻으로 쓸 때는 맨 앞에 お를 붙여서 お金로 사용됩니다. 또한 음독할 경우에는 단어에 따라 きん으로도 읽고 ぎん으로도 읽습니다. ぎん으로 읽는 대표적인 단어가 바로 임금이라는 뜻의 賃金(ちんぎん)입니다.

金 ▶ 現金 현금 · 賃金 임금 · 金庫 금고 · 借金 빚
　　金銭 금전 · お金 돈

額 ▶ 半額 반액 · 額面 액면 · 高額 고액 · 額縁 액자

▶ 莫大な金額。막대한 금액.

27 涙　　눈물　　なみだ

1회 2회 3회

涙는 '눈물'이라는 뜻으로, るい로 음독하는 경우는 드물고, 대부분 훈독인 なみだ로 읽습니다. 참고로, なみだ로 읽는 한자에는 涙 외에 泪도 있는데, 泪는 주로 노래 가사 속에 등장합니다.

▶ 有難涙 고마움에 흘리는 눈물 · 嬉し涙 기쁨의 눈물
　悔し涙 분함의 눈물 · 血の涙 피눈물 · 空涙 위선의 눈물
　雀の涙 참새의 눈물처럼 아주 적은 양

▶ 涙を浮かべる。눈물을 글썽거리다.

▶ 血も涙もない。피도 눈물도 없다.

다시 한번 확인하세요!

▶ 苦学　　くがく
　苦情　　くじょう
　苦戦　　くせん

▶ 苦労して育てた子供
　くろうしてそだてた
　こども

▶ ご苦労様　ごくろうさま

▶ お疲れ様　おつかれさま

▶ 現金　　げんきん
　賃金　　ちんぎん
　金庫　　きんこ
　借金　　しゃっきん
　金銭　　きんせん

▶ お金　　おかね

▶ 半額　　はんがく
　額面　　がくめん
　高額　　こうがく
　額縁　　がくぶち

▶ 莫大な金額
　ばくだいなきんがく

▶ 有難涙
　ありがたなみだ
　嬉し涙　うれしなみだ
　悔し涙　くやしなみだ
　血の涙　ちのなみだ
　空涙　　そらなみだ
　雀の涙
　すずめのなみだ

▶ 涙を浮かべる
　なみだをうかべる

▶ 血も涙もない
　ちもなみだもない

퀴즈　筆跡を鑑定する

28 幼児　유아　　　　ようじ

幼는 よう로 읽는데, 동음이의어인 用과 楊이 있습니다. 그리고 児는 한자음과는 전혀 상관없이 じ로 읽습니다. 예외적인 발음되어 시험에 자주 출제됩니다. 武士(ぶし)는 食(く)わねど高楊枝(たかようじ)는 '무사는 먹지 않아도 그럴 듯하게 이를 쑤신다'는 말로, 무사의 청빈과 체면을 중시하는 기풍을 뜻합니다. ようじ와 동음이의어인 用事(볼일)와 楊枝(이쑤시개)도 기억하세요.

▸ 幼児期 유아기

▸ 幼児教育 유아교육

▸ 幼児心理学 유아심리학

29 遅刻　지각　　　　ちこく

遅는 ち로도 읽지만, 일반적으로는 遅(おく)れる와 같이 훈독으로 쓰이는 경우가 훨씬 많습니다. 刻과 헷갈리기 쉬운 한자로 咳와 核이 있습니다. 단어를 통해 확인하고 넘어가세요. 咳(せき 기침), 非核(ひかく 비핵)이 있습니다.

刻 ▸ 彫刻 조각・刻印 각인・深刻 심각

▸ 待ち合わせに遅刻する。약속 모임에 늦다.

30 平等　평등　　　　びょうどう

平等는 예외적인 발음이어서 시험에 단골로 출제됩니다. 반드시 외워야 하는 단어입니다. 平等의 정확한 발음은 びょうどう인데 へいとう 또는 ひょうとう라고 잘못 읽기 쉽습니다. 꼭 기억해두세요.

平 ▸ 平和 평화・公平 공평・平凡 평범・平ら 평평함

▸ 利益を平等に分配する。이익을 평등하게 분배한다.

▸ 男女平等 남녀평등

다시 한번 확인하세요!

▸ 幼児期　　ようじき
▸ 幼児教育
　ようじきょういく
▸ 幼児心理学
　ようじしんりがく

▸ 彫刻　　ちょうこく
　刻印　　こくいん
　深刻　　しんこく
▸ 待ち合わせに遅刻する
　まちあわせにちこくする

▸ 平和　　へいわ
　公平　　こうへい
　平凡　　へいぼん
　平ら　　たいら
▸ 利益を平等に分配する
　りえきをびょうどうに
　ぶんぱいする
▸ 男女平等
　だんじょびょうどう

한자 07일째

퀴즈　気持ちが微妙に変化する

※ 次の説明に合う単語は？

01 他人の意見などにそのとおりだと感じること。
① 供感　　　　　② 供通　　　　　③ 共感　　　　　④ 共通

02 精神的、肉体的に力を尽くし、苦しい思いをすること。
① 若栄　　　　　② 若労　　　　　③ 苦栄　　　　　④ 苦労

03 物事に熱中して我を忘れること。
① 夢中　　　　　② 夢仲　　　　　③ 無中　　　　　④ 無仲

※ 次の下線にあてはまるものは？

04 河童は＿＿＿＿＿＿上の動物です。
① 想像　　　　　② 想象　　　　　③ 創造　　　　　④ 槍造

05 部屋の＿＿＿＿＿＿をしてから出かけなさい。
① 掃除　　　　　② 帰除　　　　　③ 掃塗　　　　　④ 帰塗

06 昨日道ばたで＿＿＿＿＿＿に、中学校の友だちに会った。
① 隅然　　　　　② 偶然　　　　　③ 偶燃　　　　　④ 隅燃

07 人間は何の差別なく＿＿＿＿＿＿に扱われるべきである。
① 均等　　　　　② 坪等　　　　　③ 平度　　　　　④ 平等

08 火のないところに＿＿＿＿＿＿は立たぬ。
① 小火　　　　　② 炎　　　　　③ 煙　　　　　④ 災い

09 彼はいつも＿＿＿＿＿＿をつかむような話ばかりする。
① 雲　　　　　② 雨　　　　　③ 氷　　　　　④ 霧

※ 次の単語の読み方は？

10 文章を理解するためには、まずその文章の構造を知らねばならない。
　　① くうそう　　　② くうぞう　　　③ こうぞう　　　④ こうそう

11 彼は血も涙もない冷血漢である。
　　① ろう　　　　　② あみだ　　　　③ さみだ　　　　④ なみだ

12 銀行員が莫大な金額の貯金を盗んで逃げ出した。
　　① きんかく　　　② きんがく　　　③ かねぶち　　　④ かなぶち

※ 次の単語の漢字は？

13 独り暮らしの人にとって、かんづめは大事なものである。
　　① 金詰め　　　　② 缶吉　　　　　③ 缶桔　　　　　④ 缶詰

14 社会の構成員として、ほうりつは必ず守らなければならない。
　　① 法率　　　　　② 法律　　　　　③ 法津　　　　　④ 法建

15 れいとう食品は長持ちするから便利です。
　　① 零凍　　　　　② 冷凍　　　　　③ 霊湯　　　　　④ 冷東

16 けいさつは社会の秩序を守る番人である。
　　① 警擦　　　　　② 警察　　　　　③ 驚擦　　　　　④ 敬察

17 今度の大会でゆうしょうした。
　　① 優勝　　　　　② 憂勝　　　　　③ 優星　　　　　④ 憂星

18 これとあれはびみょうな差がある。
　　① 微秋　　　　　② 微妙　　　　　③ 徴妙　　　　　④ 微妙

기출 0I년

01 誘う
1회 2회 3회

유혹하다, 권유하다　　　　　　　　　　　　さそう

誘(さそ)う의 글자를 보면 '꼬실 유'입니다. 글자의 구조를 보면 言(말씀 언)과 秀(빼어날 수)가 합쳐져 있죠. 그래서 '빼어나게 말하다'라는 뜻이 되고 의역하면 '꼬시다, 유혹하다'의 뜻이 됩니다. 누군가를 유혹하려면 일단 말을 잘해야겠죠? 그것도 그냥 잘하는 정도가 아니라 아주 빼어나게 잘해야죠.

誘 ▶ **誘惑** 유혹・**勧誘** 권유・**誘拐** 유괴・**誘導** 유도

▶ 涙を誘うドラマ。눈물을 유혹하는 드라마.

▶ ドライブに誘う。드라이브를 권유하다.

▶ 誘惑　　ゆうわく
　 勧誘　　かんゆう
　 誘拐　　ゆうかい
　 誘導　　ゆうどう
▶ 涙を誘うドラマ
　 なみだをさそうドラマ
▶ ドライブに誘う
　 ドライブにさそう

기출 0I년

02 超える・越える
1회 2회 3회

초과하다, 넘다　　　　　　　　　　　こえる

こえる라는 동사를 한자로 표기하면 **超える**와 **越える** 두 가지가 있습니다. **超える**는 일정한 분량이나 기준을 초과할 때 쓰며, **越える**는 어떤 경계를 넘는 경우에 사용합니다. 그리고, こえる와 동음이의어인 **肥える**도 있는데 '살찌다'라는 뜻입니다.

超 ▶ **超越** 초월・**超過** 초과・**超人** 초인

▶ 国境を越える。국경을 넘다.

▶ 危険水位を超える。위험 수위를 넘다.

▶ 超越　　ちょうえつ
　 超過　　ちょうか
　 超人　　ちょうじん
▶ 国境を越える
　 こっきょうをこえる
▶ 危険水位を超える
　 きけんすいいをこえる

기출 0I년

03 備える
1회 2회 3회

준비하다, 대비하다, 갖추다　　　　　　　そなえる

そなえる를 한자로 표현하면 **備える**와 **供える**로 표기할 수 있습니다. **備える**는 '준비하다, 갖추다, 대비하다'라는 뜻이고, **供える**는 '공양하다'라는 뜻입니다. 정확하게 구분하여 쓸 수 있어야겠죠?

▶ 地震に備える。지진에 대비하다.

▶ あらゆる条件を備えている。모든 조건을 갖추고 있다.

・備えあれば憂い無し 유비무환

▶ 地震に備える
　 じしんにそなえる
▶ あらゆる条件を備えている
　 あらゆるじょうけんを
　 そなえている
▶ 備えあれば憂い無し
　 そなえあればうれいなし

퀴즈　事件の裏に隠れた謎がある

04 述べる

□ □ □
1회 2회 3회

말하다, 서술하다   のべる

> のべる는 述べる와 延べる 두 가지 표기법이 있습니다. 述べる는 '말하다, 서술하다'라는 뜻이고, 延べる는 '펼치다, 뻗다'라는 뜻입니다. 특히, '말하다'라는 뜻의 述べる는 문장 속에서 많이 쓰는 표현이고, 회화에서는 言う를 많이 사용합니다.

述 ▶ 口述試験 구술시험 · 陳述 진술 · 論述 논술 · 前述 전술

▶ 所信を述べる。소신을 말하다.

▶ 自分の意見を述べなさい。자신의 의견을 서술하시오.

▶ 口述試験
  こうじゅつしけん
  陳述   ちんじゅつ
  論述   ろんじゅつ
  前述   ぜんじゅつ
▶ 所信を述べる
  しょしんをのべる
▶ 自分の意見を述べなさい
  じぶんのいけんをのべなさい

05 うかがう

□ □ □
1회 2회 3회

묻다, 듣다, 방문하다

> うかがう에는 두 가지 뜻이 있습니다. 하나는 '여쭙다, 듣다, 방문하다'라는 뜻이고, 다른 하나는 '엿보다, 살피다'라는 뜻이죠. 보통 전자의 뜻으로 많이 쓰이는데, 이때의 うかがう는 상대방을 높이고 자신을 낮춰 말하는 겸양어입니다. 部屋の中をうかがう는 '방안을 엿보다', 顔色(かおいろ)をうかがう는 '안색을 살피다'라는 뜻입니다.

▶ おうわさはかねがねうかがっております。
  소문은 예전부터 들었습니다.

▶ この件について御意見をおうかがいします。
  이 건에 대해서 의견을 여쭤보겠습니다.

▶ 来週こちらからうかがいます。
  다음 주에 제가 찾아뵙겠습니다.

▶ この件について御意見を
  おうかがいします
  このけんについて
  ごいけんをおうかがい
  します
▶ 来週こちらからうかが
  います
  らいしゅうこちらからう
  かがいます

06 用いる

□ □ □
1회 2회 3회

활용하다, 채용하다   もちいる

> 用(もち)いる는 '활용하다, 채용하다'라는 뜻이며 이와 비슷한 뜻인 '사용하다, 쓰다'라는 표현에는 使(つか)う가 있습니다. 使う를 명사로 표현하면 使用(しよう)する라고 하면 됩니다.

用 ▶ 活用 활용 · 応用 응용 · 雇用 고용

▶ 新しい方法を用いる。새로운 방법을 활용하다.

▶ 人材を選んで用いる。인재를 골라서 채용하다.

▶ 活用   かつよう
  応用   おうよう
  雇用   こよう
▶ 新しい方法を用いる
  あたらしいほうほうを
  もちいる
▶ 人材を選んで用いる
  じんざいをえらんで
  もちいる

퀴즈 疑う余地がない ....

07 効く, 利く

효과가 있다

きく

□ □ □
1회 2회 3회

> きく하면 가장 먼저 떠오르는 단어가 聞く(듣다)일 것입니다. 그런데, 동음이의어인 効く와 利く는 '효과가 있다'라는 뜻으로 사용되는데 이 동사는 단독으로 쓰이기보다는 다른 명사와 함께 숙어처럼 해석됩니다.
> 예를 들면 ①気が利く 재치가 있다. ②顔が利く 얼굴이 통한다. ③幅が利く 발언력이 있다

▸ 宣伝が効いて大評判だ。
선전이 효과가 있어 평판이 좋다.

▸ 口を利く。말을 하다.

08 味わう

맛보다

あじわう

□ □ □
1회 2회 3회

> 味는 우리말과 똑같이 음독일 때는 み라고 읽습니다. 하지만 훈독하면 '맛, 입맛'이라는 뜻의 あじ가 됩니다. 이 味가 들어 있는 동사로는 味(あじ)わう가 있는데 뜻은 '맛을 보다. 맛보다'입니다.

味 ▸ 意味 의미 · 興味 흥미 · 地味 수수함
　　味を占める。맛을 들이다.

▸ よくかんで味わって食べる。잘 씹어서 맛을 보고 먹는다.

▸ 人生の悲哀を味わう。인생의 비애를 맛보다.

09 蒔く

씨를 뿌리다

まく

□ □ □
1회 2회 3회

> 蒔(ま)く는 '씨를 뿌리다'라는 뜻인데, 한자의 구조를 살펴보면 '풀 초' 아래에 '때 시'가 와 있죠. 한자를 풀어보면 '모든 풀은 그 씨 뿌릴 때가 있다'가 되는데 蒔가 상용한자가 아니라서 어렵기는 하지만 뜻을 생각해보면 이해하기 쉬워져요. 동음이의어로 '감다. 뿌리다'라는 뜻의 巻く가 있습니다.

▸ 自分で蒔いた種。자기가 뿌린 씨앗.

▸ 蒔かぬ種は生えぬ。뿌리지 않은 씨는 자라지 않는다. 즉, 콩 심은 데 콩 나고 팥 심은 데 팥 난다. 뿌린 만큼 거둔다.

다시 한번 확인하세요!

▸ 宣伝が効いて大評判だ
　せんでんがきいて
　だいひょうばんだ

▸ 口を利く　くちをきく

▸ 意味　　　いみ
　興味　　　きょうみ
　地味　　　じみ
　味を占める
　あじをしめる

▸ よくかんで味わって食べる
　よくかんであじわって
　たべる

▸ 人生の悲哀を味わう
　じんせいのひあいを
　あじわう

▸ 自分で蒔いた種
　じぶんでまいたたね

▸ 蒔かぬ種は生えぬ
　まかぬたねははえぬ

퀴즈 地震に備える

기출 00년

10 焼ける

1회 2회 3회

타다, 구워지다

やける

焼ける는 보통 ～に焼ける의 형태로 많이 쓰입니다. 또 '불에 굽다, 태우다'는 焼(や)く인데, '질투하다, 시기하다'라는 뜻도 있습니다. 관용어인 焼きもちを焼く역시 '질투하다'라는 뜻입니다. 魚を焼く는 '생선을 굽다'라는 뜻이며 手を焼く는 '처치 곤란하다, 주체를 못하다'라는 뜻입니다.

焼 ▶ 焼酎 소주 · 焼失 소실 · 燃焼 연소

▶ 古タイヤの焼けるにおい。 헌 타이어 타는 냄새.

▶ 真っ赤に焼けた西の空。 새빨갛게 불탄 서쪽 하늘.

▶ 焼酎　　しょうちゅう
　 焼失　　しょうしつ
　 燃焼　　ねんしょう
▶ 古タイヤの焼けるにおい
　 ふるタイヤのやけるにおい
▶ 真っ赤に焼けた西の空
　 まっかにやけたにしの
　 そら

기출 00년

11 偏る, 片寄る

1회 2회 3회

치우치다, 기울다

かたよる

偏을 음독하면 へん이 됩니다. 그런데 훈독하면 偏(かたよ)る가 되는데, 여기서 주의할 점은 어간인 偏이 かたよ 세 글자가 된다는 점입니다. 잘못 쓰기 쉬우니 주의하세요.

偏 ▶ 偏見 편견 · 偏愛 편애 · 偏差 편차 · 偏重 편중

▶ 偏った考え方。 치우친 사고방식.

▶ 人口が首都圏に偏る。 인구가 수도권에 치우치다.

▶ 偏見　　へんけん
　 偏愛　　へんあい
　 偏差　　へんさ
　 偏重　　へんちょう
▶ 偏った考え方
　 かたよったかんがえかた
▶ 人口が首都圏に偏る
　 じんこうがしゅとけんに
　 かたよる

기출 00년

12 抑える, 押える

1회 2회 3회

억누르다, 억압하다

おさえる

おさえる는 '억누르다, 억압하다'라는 뜻의 동사인데, 한자로 표기할 때는 두 가지 표기법으로 쓰입니다. 抑를 써서 抑える라고도 하고, 押(압)을 써서 押える라고도 하죠. 양쪽 모두 자주 쓰이는 표현이므로 함께 기억해두세요.

抑 ▶ 抑圧 억압 · 抑揚 억양 · 抑制 억제

押 ▶ 押収 압수 · 押送 압송

▶ 反対派を抑える。 반대파를 억압하다.

▶ 怒りを抑える。 분노를 억누르다.

▶ 抑圧　　よくあつ
　 抑揚　　よくよう
　 抑制　　よくせい
▶ 押収　　おうしゅう
　 押送　　おうそう
▶ 反対派を抑える
　 はんたいはをおさえる
▶ 怒りを抑える
　 いかりをおさえる

퀴즈　自分の意見を述べなさい

13 崩れる

무너지다, 붕괴되다

くずれる

1회 2회 3회

崩(붕)을 음으로 읽으면 ほう인데, 뜻으로 읽어서 崩(くず)れる가 됩니다. 이 崩과 모양도 비슷하고 음도 똑같이 '붕'으로 읽는 한자가 바로 棚인데 이 棚은 음으로 읽는 경우가 거의 없어요. 보통 뜻으로 읽어서 たな(선반)라고 하죠. 棚(たな)に上げる(할 일을 제쳐놓다)라는 관용표현도 함께 알아두세요. 비슷한 표현의 명사는 '붕괴'라는 뜻의 崩壊(ほうかい)입니다.

▶ 信頼関係が崩れる。 신뢰관계가 무너지다.

▶ 積み荷が崩れる。 쌓은 짐이 무너지다.

· 雪崩 눈사태

14 しびれる

마비되다, 저리다

1회 2회 3회

しびれる는 우리 몸 중에서도 손발에 혈액순환이 잘 되지 않아서 '저리다, 마비되다'라는 뜻으로 쓰여요. 한자로 쓰면 痺(비)를 써서 痺れる라고 하는데, 상용한자가 아니라서 보통은 히라가나로만 쓰는 경우가 많죠. 또 마음을 빼앗겨 '황홀해하다', 혹은 강렬한 자극을 받아서 '도취되다'의 의미로도 쓰입니다. 명사형은 '마비'라는 뜻의 麻痺(まひ)입니다.
ジャズ演奏(えんそう)にしびれる 재즈연주에 도취되다

▶ 正座して足がしびれた。 정좌해서 발이 저렸다.

▶ 感電してしびれた。 감전으로 마비되었다.

15 防ぐ

막다, 예방하다

ふせぐ

1회 2회 3회

ふせぐ는 한자를 禦ぐ로 표현하기도 합니다. '막다, 방지하다, 방비하다'라는 뜻으로 시험에 자주 출제되는 동사입니다. 防이 들어간 단어로는 '방위'의 防衛(ぼうえい), '방비'의 防備(ぼうび), '방어'의 防御(ぼうぎょ) 등이 있습니다.

▶ 敵の侵攻を防ぐ。 적의 침공을 막다.

▶ 二次感染を防ぐ。 이차 감염을 예방하다.

16 覚える

기억하다, 익히다, 느끼다 おぼえる

1회 2회 3회

覚(각)을 음으로 읽으면 かく라고 하는데 우리말의 '각'과 비슷합니다. 뜻으로 읽으면 覚える라고 해요. 여기서 주의할 점은 覚える의 뜻이 두 가지인데 '외우다, 기억하다, 암기하다'의 뜻과 다른 하나는 '느끼다'라는 뜻입니다. 앞에 오는 말에 따라 해석을 다르게 해야 합니다.

覚 ▸ 覚悟 각오・覚書 각서・感覚 감각
　　覚醒剤 각성제・幻覚 환각・錯覚 착각・触覚 촉각

▸ 幼いときのことは覚えていない。
　어린 시절의 일은 기억하고 있지 않다.

▸ 技術を覚える。기술을 익히다.

▸ 愛着を覚える。애착을 느끼다.

17 進む

나아가다, 진행되다 すすむ

1회 2회 3회

進む는 '나아가다, 진행되다'라는 뜻의 자동사이고, '나가게 하다, 진행하다'라는 뜻의 타동사는 進(すす)める입니다. '나아가다'라는 뜻의 명사형은 前進(ぜんしん)する입니다. 비슷한 표현으로는 다음과 같습니다. 突進(とっしん)する 돌진하다 ｜ 進行(しんこう)する 진행하다 ｜ 進歩(しんぽ)する 진보하다 ｜ 進出(しんしゅつ)する 진출하다

進 ▸ 進学 진학・進退 진퇴・進展 진전

▸ 出口に向かって進む。출구 쪽으로 나아가다.

▸ 開発が進む。개발이 진행되다.

18 蒸す

찌다 むす

1회 2회 3회

蒸을 음으로 읽으면 じょう이고, 뜻으로 읽을 때는 蒸す가 됩니다. 蒸す는 '찌다, 삶다'라는 뜻인데, 한여름의 날씨가 푹푹 찌는 듯이 더운 경우에도 蒸し暑(あつ)い라는 표현을 사용합니다.

蒸 ▸ 蒸気 증기・蒸発 증발・蒸留 증류

▸ 冷たい御飯を蒸す。찬밥을 찌다.

▸ 真夏で部屋の中が蒸す。한여름이어서 방안이 푹푹 찐다.

다시 한번 확인하세요!

▸ 覚悟　かくご
　覚書　おぼえがき
　感覚　かんかく
　覚醒剤　かくせいざい
　幻覚　げんかく
　錯覚　さっかく
　触覚　しょっかく

▸ 幼いときのことは覚えていない
　おさないときのことはおぼえていない

▸ 技術を覚える
　ぎじゅつをおぼえる

▸ 愛着を覚える
　あいちゃくをおぼえる

▸ 進学　しんがく
　進退　しんたい
　進展　しんてん

▸ 出口に向かって進む
　でぐちにむかってすすむ

▸ 開発が進む
　かいはつがすすむ

▸ 蒸気　じょうき
　蒸発　じょうはつ
　蒸留　じょうりゅう

▸ 冷たい御飯を蒸す
　つめたいごはんをむす

▸ 真夏で部屋の中が蒸す
　まなつでへやのなかがむす

---

19 年を取る

나이를 먹다

としをとる

年은 '해'라는 뜻 외에 '나이'를 뜻하기도 합니다. 관용표현인 年を取る를 직역하면 '나이를 얻다, 취하다'가 되죠. 바꿔 말하면 나이를 먹는 것이죠. 참고로, 年甲斐(としがい)もない(나이 값도 못하다)와 いい年(とし)をして(나잇살이 나 먹어서) 같은 관용표현도 함께 알아두면 좋아요.

年 ▶ 忘年会 망년회 · 年賀 연하장 · 今年 올해

▶ 年のわりには元気だ。 나이에 비해서는 건강하다.

▶ 年を取ればそれだけ世間が見えてくる。
나이를 먹으면 그만큼 세상이 보이게 된다.

20 渡す

건네주다, 넘기다

わたす

渡す는 '건네주다, 넘기다'라는 뜻인데, 자동사인 '건너다, 넘어가다'라는 뜻의 渡(わた)る도 함께 알아두세요. 또한, 渡를 음으로 읽으면 と라고 합니다. '과도기'의 過渡期(かとき)와 '도래'의 渡来(とらい)가 대표적인 한자어입니다.

渡 ▶ 過渡期 과도기 · 渡来 도래

▶ 書類を渡す。 서류를 건네주다.

▶ 土地を人手に渡す。 토지를 남의 손에 넘기다.

· 渡る世間に鬼はない 살아가는 세상에 귀신만 있는 것이 아니라, 인정도 반드시 있다.

21 抜く

뽑다, 빼다

ぬく

抜를 음으로 읽으면 ばつ라고 하는데, '발군'의 抜群(ばつぐん)과 '선발'의 選抜(せんばつ) 정도의 한자는 기본적으로 알아두세요. 그리고, 동사의 ます형 뒤에 '뽑다, 빼다'의 뜻인 抜(ぬ)く를 쓰면 '끝까지 ~하다, ~해내다'라는 뜻입니다. 難工事(なんこうじ)をやり抜(ぬ)く 어려운 공사를 끝까지 해내다

抜 ▶ 奇抜 기발 · 抜群 발군 · 選抜 선발

▶ 歯を抜く。 이를 뽑다.

▶ 書棚から読みたい本を抜く。 책장에서 읽고 싶은 책을 뽑다.

· 抜きつ抜かれつ 앞서거니 뒤서거니

· 抜け目がない。 빈틈이 없다.

퀴즈　正座して足がしびれた

22 通る

지나가다, 통하다 　　　　　　　　　　　　とおる

1회　2회　3회

通을 음으로 읽으면 つう입니다. 그리고, '통하다' 뜻의 通じる(つうじ
る)를 읽을 때도 つう로 읽는다는 것에 주의하세요. 通じる와 같은 뜻인 通ず
る도 있는데, 문장 속에서만 가끔 사용되고 일반적으로는 通じる를 많이 사용
합니다.

通 ▶ 通過 통과 · 通行 통행 · 通訳 통역

▶ 窮すれば通ずる。 궁하면 통한다.

▶ 絶え間なく車が通る。 끊임없이 차가 지나간다.

▶ 無理が通る。 억지가 통한다.

▶ 通過　　つうか
　通行　　つうこう
　通訳　　つうやく
▶ 窮すれば通ずる
　きゅうすればつうずる
▶ 絶え間なく車が通る
　たえまなくくるまが
　とおる
▶ 無理が通る
　むりがとおる

23 加える

더하다, 덧붙이다 　　　　　　　　　　　　くわえる

1회　2회　3회

加의 구조를 살펴보면, 力(힘 력)과 口(입 구)가 합쳐졌습니다. 즉, 삽질을
할 때 힘을 내야 하는 순간에 입을 꼭 다물고 하는 것보다 "으샤으샤!"하고 소리
내어 입으로 힘을 더한다는 의미로 생각할 수 있어요.

加 ▶ 加減 가감 · 増加 증가 · 追加 추가

▶ 列車が速度を加える。 열차가 속도를 더하다.

▶ 説明を加える。 설명을 덧붙이다.

▶ 加減　　かげん
　増加　　ぞうか
　追加　　ついか
▶ 列車が速度を加える
　れっしゃがそくどを
　くわえる
▶ 説明を加える
　せつめいをくわえる

24 倒れる

도산하다, 넘어지다 　　　　　　　　　　　たおれる

1회　2회　3회

倒れる는 '넘어지다, 도산하다'라는 뜻인데, '도산'이라는 뜻의 명사는 倒産
(とうさん)이므로 함께 알아두면 좋아요. 즉, 倒(도)를 음으로 읽으면 とう가
된다는 사실을 알 수 있죠. 타동사는 '넘어트리다'라는 뜻의 倒す(たおす)입니다.

倒 ▶ 一辺倒 일변도 · 卒倒 졸도 · 打倒 타도

▶ 暴風で木が倒れる。 폭풍으로 나무가 쓰러지다.

▶ 不景気で倒れる会社が多い。
　불경기로 쓰러지는 회사가 많다.

▶ 一辺倒　　いっぺんとう
　卒倒　　そっとう
　打倒　　だとう
▶ 暴風で木が倒れる
　ぼうふうできがたおれる
▶ 不景気で倒れる会社が多い
　ふけいきでたおれる
　かいしゃがおおい

퀴즈　出口に向かって進む

25 隠れる

감추어지다, 숨다　　　　　　　　　　　　　かくれる

□ □ □
1회 2회 3회

> 隠을 음으로 읽으면 いん입니다. 그런데, 은밀(隠密)이라는 단어는 いんみつ 또는 おんみつ라고도 읽으므로 함께 알아두세요. 참고로 隠(かく)れる의 타동사는 '감추다, 숨기다'는 뜻의 隠(かく)す입니다.

▶ 親に隠れてたばこを吸う。 부모 몰래 담배를 피다.

▶ 事件の裏に隠れた謎がある。
   사건의 이면에 감춰진 수수께끼가 있다.

• 隠れん坊 숨바꼭질 (로컬가이드 기출 08)

26 恐れる

두려워하다　　　　　　　　　　　　　　おそれる

□ □ □
1회 2회 3회

> 恐를 음으로 읽으면 きょう인데, 대표적인 단어로 '공포'의 恐怖(きょうふ)가 있죠. '두려워하다, 무서워하다'라는 뜻의 동사는 恐れる이며, '무섭다, 두렵다'라는 뜻의 형용사는 恐(こわ)い 또는 恐ろしい입니다. 또한, こわい는 怖い로도 표기할 수 있으니 꼭 기억해두세요.
>
> • 다른 유사어 : 怖がる(こわがる) 무서워하다 | おびえる 겁먹다 | おじる 주눅들다 | 懸念する(けねんする) 걱정하다 | はばかる 꺼려하다 | 臆病者 (おくびょうもの) 겁쟁이

▶ 報復を恐れる。 보복을 두려워하다.

▶ 社会から恐れられている病気。 사회가 두려워 하는 병.

27 拾う

줍다, 거둬들이다　　　　　　　　　　　　ひろう

□ □ □
1회 2회 3회

> 拾을 음으로 읽으면 しゅう인데, '습득'으로 읽는 拾得과 習得은 모두 しゅうとく라고 발음합니다. 꼭 기억해두세요. 또한, 拾う는 뭔가 떨어져 있는 것을 '줍다, 거둬들이다'라는 뜻의 동사로, 반대말인 '버리다'는 捨(す)てる입니다.

▶ 財布を拾う。 지갑을 줍다.

▶ 彼に拾われたのが出世の糸口となった。
   그가 거두어 준 것이 출세의 실마리가 되었다.

▶ 命を拾う。 목숨을 건지다, 구사일생하다.

다시 한번 확인하세요!

▶ 親に隠れてたばこを吸う
   おやにかくれてたばこをすう

▶ 事件の裏に隠れた謎がある
   じけんのうらにかくれたなぞがある

▶ 隠れん坊　かくれんぼう

▶ 報復を恐れる
   ほうふくをおそれる

▶ 社会から恐れられている病気
   しゃかいからおそれられているびょうき

▶ 財布を拾う
   さいふをひろう

▶ 彼に拾われたのが出世の糸口となった
   かれにひろわれたのがしゅっせのいとぐちとなった

▶ 命を拾う
   いのちをひろう

퀴즈 土地を人手に渡す

28 捨てる

버리다   すてる

1회 2회 3회

> 捨를 쓰는 동사로 捨てる가 있어요. '버리다'라는 뜻인데, 보통 '～을 버리다'는 뜻의 ～を捨てる의 형태로 많이 사용됩니다. 자주 쓰이는 문형들 중에서 '목숨을 버리다'는 뜻의 命を捨てる 정도는 외워두세요. 반대말은 '줍다'는 뜻의 拾う(ひろう)입니다.

▸ 武器を捨てて投降する。무기를 버리고 투항하다.

▸ 妻子を捨てる。처자를 버리다.

・ 捨てる神あれば拾う神あり 버리는 신이 있으면, 줍는 신도 있다. 나를 싫어하는 사람도 있고, 좋아하는 사람도 있는 법이다.

29 疑う

의심하다   うたがう

1회 2회 3회

> 疑를 음으로 읽으면 ぎ입니다. 이 한자는 い로 잘못 읽기 쉬우니 정확하게 외워두세요. 또한, '의심하다'라는 동사는 疑う인데, うた까지가 어간이며 한자 疑 발음인 것을 꼭 기억하세요. 명사유의어는 '의심'은 疑心(ぎしん)입니다. 疑心暗鬼(ぎしんあんき)는 의심이 깊으면 아무 일도 아닌 것이 두렵고 의심스러워진다는 의미입니다.

疑 ▸ 疑惑 의혹・嫌疑 혐의・半信半疑 반신반의

▸ 疑う余地がない。의심할 여지가 없다.

▸ 効果を疑う。효과를 의심하다.

30 冷める

식다   さめる

1회 2회 3회

> 冷을 음으로 읽으면 れい지만, 뜻으로 읽을 경우 동사와 형용사의 음이 다릅니다. 즉, '식다'라는 뜻의 동사는 冷(さ)める 또는 冷(ひ)える이며, '차다, 차갑다'라는 뜻의 형용사는 冷(つめ)たい입니다. 타동사는 '식히다'라는 뜻의 冷ます(さます)입니다.

冷 ▸ 冷静 냉정・冷淡 냉담・冷蔵庫 냉장고
　　冷房 냉방・寒冷 한냉

▸ 御飯が冷める。밥이 식다.

▸ 愛情が冷める。애정이 식다.

퀴즈   暴風で木が倒れる

※ 次の説明に合う単語は？

01 これから先に起る事態に対応できるようにじゅんびする。
　① そなえる　　　② こごえる　　　③ にげる　　　④ おこれる

02 本当かどうか怪しいと思う。
　① しんじる　　　② そだてる　　　③ おもんじる　　　④ うたがう

03 体の一部または全体の感覚を失って、運動の自由を失う。
　① くたびれる　　② しびれる　　③ くずれる　　④ たおれる

04 湯気をとおして熱する。
　① やく　　　② にる　　　③ むす　　　④ いためる

※ 次の下線にあてはまるものは？

05 仕事を＿＿＿＿＿人は多いが、就職口はなかなか見つからない。
　① もとめる　　② ころぶ　　③ たすける　　④ はこぶ

06 このコーヒーは＿＿＿＿＿おいしくないですね。
　① ひやして　　② たべて　　③ さめて　　④ つめたくて

07 子供の時のことは＿＿＿＿＿いない。
　① やいて　　② あそんで　　③ おぼえて　　④ わからなくて

08 私は彼に対する怒りを＿＿＿＿＿いました。
　① よろこんで　　② おさえて　　③ たのしんで　　④ さそって

09 人口が都市に＿＿＿＿＿ように研究している。
　① かぞえない　　② すてない　　③ かたよらない　　④ くみたてない

※ 次の単語の読み方は？

10 最近食事に<u>誘って</u>くれる人もいない。
　① さそって　　　② すすんで　　　③ うまれて　　　④ そだてて

11 この方法を<u>用いて</u>問題を解いてください。
　① ひきいて　　　② もちいて　　　③ おきいて　　　④ みちびいて

12 彼が不景気対策について詳しく<u>述べる</u>と思います。
　① かいる　　　　② やめる　　　　③ のべる　　　　④ あきらめる

13 彼はまだ若いのにありとあらゆる人生の苦しみを<u>味わって</u>しまった。
　① あざわって　　② わらわって　　③ まにわって　　④ あじわって

※ 次の単語の漢字は？

14 大雨で山が<u>くずれる</u>おそれがある。
　① 崩れる　　　　② 亡くれる　　　③ 破れる　　　　④ 壊れる

15 参加者の人数を<u>かぞえて</u>報告してください。
　① 学えて　　　　② 数えて　　　　③ 習えて　　　　④ 求えて

16 必要なものだけ残して全部<u>すてて</u>ください。
　① 勝てて　　　　② 負てて　　　　③ 捨てて　　　　④ 拾てて

17 水は熱を<u>くわえる</u>と、水蒸気に変ってしまう。
　① 加える　　　　② 捕らえる　　　③ 進める　　　　④ 集める

18 最近不景気で<u>たおれる</u>会社が増えている。
　① 崩れる　　　　② 外れる　　　　③ 到れる　　　　④ 倒れる

기출 01년

01 豊か
1회 2회 3회

풍성함, 풍요로움　　　　　　　　　　　ゆたか

> 豊かだ는 な형용사로, 상황이나 상태가 '풍성하다, 풍요롭다'라는 뜻입니다. 또한, 경제적으로 넉넉한 상황을 표현할 때 豊かだ를 쓰면 '넉넉하다, 풍부하다'의 뜻이 됩니다. 반대말인 '빈곤하다, 부족하다'는 貧困(ひんこん)だ입니다. 명사유의어로 '풍부'의 豊富(ほうふ), '풍만'의 豊満(ほうまん)이 있습니다.

▶ 国際色豊かなマラソン大会。 국제색이 풍성한 마라톤 대회.

▶ 豊かな家に育つ。 풍요로운 집에서 자라다.

다시 한번 확인하세요!

▶ 国際色豊かなマラソン
大会
こくさいしょくゆたかな
マラソンたいかい

▶ 豊かな家に育つ
ゆたかないえにそだつ

기출 01년

02 地味
1회 2회 3회

수수함　　　　　　　　　　　　　　　　じみ

> 地味의 구조를 풀어보면 '땅의 맛'이란 뜻이죠. 땅의 맛이 강하거나 자극적이지 않고 평범하다는 뉘앙스를 가지고 있기 때문에 地味(じみ)라는 な형용사는 '수수하다, 차분하다'라는 뜻이 됩니다. 관련 단어를 살펴보면 '화려하다'의 派手だ(はでだ), '검소하다'의 質素だ(しっそだ), '사치스럽다'의 贅沢だ(ぜいたくだ) 등입니다.

▶ 地味な服装の人。 수수한 복장의 사람.

▶ 地味で目立たない生徒。 수수해서 눈에 띄지 않는 학생.

▶ 地味な服装の人
じみなふくそうのひと

▶ 地味で目立たない生徒
じみでめだたないせいと

기출 01년

03 新た
1회 2회 3회

새로움　　　　　　　　　　　　　　　　あらた

> 新ただ라는 な형용사는 '새롭다'라는 뜻으로, い형용사인 新(あたら)しい와 같은 뜻이죠. 그런데 여기서 주의할 점은 新의 음이 서로 다르다는 점입니다. な형용사로 쓰일 때는 あら로, い형용사로 쓰일 때는 あたら라고 발음합니다.

新 ▶ 革新 혁신・新品 신품・更新 갱신・新規 신규
　　 新人 신인・新陳代謝 신진대사

▶ 新たな局面を迎える。 새로운 국면을 맞이하다.

▶ 認識を新たにする。 인식을 새롭게 하다.

▶ 革新　　　かくしん
　新品　　　しんぴん
　更新　　　こうしん
　新規　　　しんき
　新人　　　しんじん
　新陳代謝
　しんちんたいしゃ

▶ 新たな局面を迎える
あらたなきょくめんを
むかえる

▶ 認識を新たにする
にんしきをあらたにする

퀴즈　今度の風邪はしつこい

04 無駄

1회 2회 3회

쓸데없음

むだ

無駄는 無(없을 무)와 駄(실을 태)를 합친 말로, '실을 것이 없다'는 뜻으로 즉, 아무것도 없거나 필요가 없는 것을 나타낼 때 사용합니다. 히라가나로만 쓰는 경우도 많아요. 명사로는 '무익'의 無益(むえき) 가 있습니다.

▸ 無駄な金を使う。 쓸데없는 돈을 쓰다.

▸ 時間を無駄にする。 시간을 낭비하다.

▸ 無駄な金を使う
  むだなかねをつかう

▸ 時間を無駄にする
  じかんをむだにする

05 退屈

1회 2회 3회

심심함, 지루함

たいくつ

退屈だ는 특별히 해야 할 일이 없어서 매우 '심심하다, 지루하다, 따분하다'라는 뜻입니다. 한자음과 의미가 전혀 다르므로 꼭 기억해두세요. 참고로, '심심풀이'라는 말은 退屈しのぎ이며, '시간 떼우기'는 暇潰し(ひまつぶし) 또는 時間潰し(じかんつぶし)라고 합니다.

退 ▸ 引退 은퇴 · 進退 진퇴 · 退職 퇴직

▸ 読む本がなくて退屈する。 읽을 책이 없어서 지루하다.

▸ 退屈な話。 지루한 이야기.

▸ 退屈しのぎに 심심풀이로

▸ 引退   いんたい
  進退   しんたい
  退職   たいしょく

▸ 読む本がなくて退屈する
  よむほんがなくて
  たいくつする

▸ 退屈な話
  たいくつなはなし

▸ 退屈しのぎに
  たいくつしのぎに

06 危うい

1회 2회 3회

위태롭다

あやうい

危가 들어가는 말은 대부분 위험하거나 위태로운 상황을 나타내는 단어들입니다. 危うい는 '위태롭다'인데, 이와 비슷한 '위험하다'라는 말은 危(あぶ)ない입니다. 똑같은 한자 危를 あや라고도 읽고 あぶ라고도 읽는다는 것을 기억해두세요. 명사는 '위험'이라는 뜻의 危険(きけん)입니다.

▸ 彼の地位は危うい。 그의 지위는 위태롭다.

▸ 危うきこと累卵の如し。
  위험하기 짝이 없다(언제 깨질지 모르는 계란처럼…).

▸ 彼の地位は危うい
  かれのちいはあやうい

▸ 危うきこと累卵の如し
  あやうきことるいらんの
  ごとし

퀴즈 反応が鈍い

07 激しい

격렬하다

はげしい

□ □ □
1회 2회 3회

激은 매우 격렬하고 심한 상황이나 상태를 나타내는 한자로, 激しい는 '격렬하다'라는 뜻입니다. '격렬'이라는 명사는 激을 げき로 읽어서 激烈(げきれつ)입니다. 비슷한 표현으로 '심하다'는 ひどい, '대단하다'는 すごい입니다.
다른 유사어 : 凄まじい(すさまじい) 굉장하다 ┃ 厳しい(きびしい) 엄격하다 ┃ きつい 빡빡하다 ┃ 強烈(きょうれつ) 강열 ┃ 猛烈(もうれつ) 맹렬 ┃ 熾烈(しれつ) 치열

激 ▸ 感激 감격・刺激 자극・激怒 격노

▸ 激しい反対に遭う。 격렬한 반대에 부딪히다.

▸ 人の出入りが激しい。 사람의 출입이 격심하다.

08 でたらめ

아무렇게나 함, 함부로 함

□ □ □
1회 2회 3회

でたらめだ는 な형용사로 '함부로 하다, 아무렇게나 하다, 적당히 하다, 대강대강 하다'라는 뜻으로, 보통 히라가나로 씁니다. 주로 회화체로 많이 쓰는 말이기 때문에 TV드라마 속에서 자주 등장하죠. 비슷한 표현으로는 いいかげん, 出任(でまか)せ, めちゃくちゃ, 適当(てきとう) 등이 있습니다.

▸ その男は平気ででたらめなことを言う。
그 남자는 태연히 아무렇게나 말한다.

▸ 数字をでたらめに並べる。 숫자를 아무렇게나 늘어놓다.

09 明らか

명확함, 분명함

あきらか

□ □ □
1회 2회 3회

明らかだ는 어떤 상황이나 상태가 '명확하다, 분명하다, 확실하다, 틀림없다'라는 뜻으로 쓰는 말입니다. 보통 부사형인 明らかに의 형태로 '명확하게, 분명하게'라는 뜻으로 많이 쓰입니다.

明 ▸ 明確 명확・照明 조명・証明 증명

▸ 失敗は明らかに彼の責任だ。 실패는 분명히 그의 책임이다.

▸ 火を見るよりも明らかだ。 불을 보는 것보다 더 명확하다.

다시 한번 확인하세요!

▸ 感激　かんげき
　刺激　しげき
　激怒　げきど
▸ 激しい反対に遭う
　はげしいはんたいにあう
▸ 人の出入りが激しい
　ひとのでいりがはげしい

▸ その男は平気で
　でたらめなことを言う
　そのおとこはへいきで
　でたらめなことをいう
▸ 数字をでたらめに並べる
　すうじをでたらめに
　ならべる

▸ 明確　めいかく
　照明　しょうめい
　証明　しょうめい
▸ 失敗は明らかに彼の責任だ
　しっぱいはあきらかに
　かれのせきにんだ
▸ 火を見るよりも明らかだ
　ひをみるよりもあき
　らかだ

퀴즈 地味な服装の人

10 さしつかえない 지장이 없다

1회 2회 3회

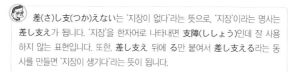

差(さ)し支(つか)えない는 '지장이 없다'라는 뜻으로, '지장'이라는 명사는 差し支え가 됩니다. '지장'을 한자어로 나타내면 支障(ししょう)인데 잘 사용하지 않는 표현입니다. 또한, 差し支え 뒤에 る만 붙여서 差し支える라는 동사를 만들면 '지장이 생기다'라는 뜻이 됩니다.

▶ 明日の仕事に差し支える。 내일 일에 지장이 생기다.

▶ 日常生活にはさしつかえない。 일상생활에는 지장이 없다.

▶ 明日の仕事に差し支える
あしたのしごとに
さしつかえる

▶ 日常生活にはさしつかえ
ない
にちじょうせいかつには
さしつかえない

11 親しい 친하다, 친숙하다   したしい

1회 2회 3회

親しい는 사람과의 관계를 나타내는 말로 '친하다, 친근하다, 친숙하다'라는 뜻입니다. 한자 親의 구조를 살펴보면, 立(설 립)과 木(나무 목)과 見(볼 견)이 합쳐진 말이죠. 즉, 부모는 자식이 밖에 나가면 지켜봅니다. 그러다 안 보이면 나무 위로 올라가 서서 자식이 안 보일 때까지 계속 지켜보는 부모님. 그래서 親의 뜻이 '어버이 친, 친할 친'인 거죠.

親 ▶ 親密 친밀 · 親類 친척 · 親父 아버지

親 부모 · 母親 모친 · 父親 부친

▶ 子供のころから耳に親しいおとぎ話。
어린 시절부터 귀에 친숙한 동화.

· 親しき中にも礼儀あり 친한 사이일수록 예의를 지켜야 한다

▶ 親密   しんみつ
親類   しんるい
親父   おやじ

▶ 親   おや
母親   ははおや
父親   ちちおや

▶ 子供のころから耳に親しい
おとぎ話
こどものころからみみに
したしいおとぎばなし

▶ 親しき中にも礼儀あり
したしきなかにもれいぎ
あり

12 粗末 조잡함, 소홀함   そまつ

1회 2회 3회

粗末だ는 어떤 행동이나 물건이 매우 '조잡하다, 허술하다, 소홀하다'라는 뜻으로 쓰는 말입니다. 여기서의 '행동이나 물건'은 주로 말하는 이와 관련된 것으로 겸양의 의미로 사용합니다. 상대방의 행동이나 물건에 대해 말할 때는 쓰지 마세요. 비슷한 표현으로는 '경시하다'의 ないがしろにする, '적당히 다루다'의 いいかげんに扱(あつか)う가 있습니다.

粗 ▶ 粗悪 조악 · 粗雑 조잡

▶ 粗末な家 조잡한 집

▶ 粗末な扱いを受ける。 소홀한 취급을 받다.

· お粗末様。 변변치 않습니다. · ご馳走様。 잘 먹었습니다.

▶ 粗悪   そあく
粗雑   そざつ

▶ 粗末な家 そまつないえ

▶ 粗末な扱いを受ける
そまつなあつかいを
うける

▶ お粗末様 おそまつさま
ご馳走様 ごちそうさま

퀴즈 時間を無駄にする

기출 00년

13 手ごろ

1회 2회 3회

적당함, 알맞음   てごろ

> 手ごろだ는 어떤 물건을 눈으로 직접 보고 나서 모양에 관해 '알맞다, 적당하다'라는 뜻으로 사용됩니다. 손으로 알 수 있을 정도로 적당하는 뜻이죠. 물건의 가격이 비싸지도 싸지도 않아 구매하기에 적당한 경우에도 사용합니다. 명사로는 '적당'의 뜻인 適当(てきとう)가 있습니다.

▶ 手ごろな厚さの辞書。알맞은 두께의 사전.

▶ 手ごろな仕事。적당한 일.

다시 한번 확인하세요!

▶ 手ごろな厚さの辞書
　てごろなあつさのじしょ

▶ 手ごろな仕事
　てごろなしごと

기출 00년

14 気楽

1회 2회 3회

마음 편함, 여유로움   きらく

> 気楽だ는 정신적이고 심리적인 상태를 나타내는 말로 '마음이 편하다, 여유롭다'라는 뜻입니다. 여기서의 気는 '기분, 마음, 정신'을 가리키는 말이죠. 気楽だ와 비슷한 뜻을 가진 말로 '태평하다, 여유롭다'는 뜻의 呑気(のんき)だ와 '유유자적하다'는 뜻의 のんびりした가 있습니다.

楽 ▶ 安楽 안락 · 快楽 쾌락 · 苦楽 고락 · 極楽 극락
　　娯楽 오락

▶ 気楽に暮す。편하게 살다.

▶ 気楽なことを言う。여유로운 말을 한다.

▶ 安楽　　あんらく
　快楽　　かいらく
　苦楽　　くらく
　極楽　　ごくらく
　娯楽　　ごらく

▶ 気楽に暮す
　きらくにくらす

▶ 気楽なことを言う
　きらくなことをいう

기출 99년

15 涼しい

1회 2회 3회

시원하다   すずしい

> 涼しい는 주로 날씨나 기온을 나타내는 말로 '시원하다, 선선하다'라는 뜻입니다. 덥지도 않고 춥지도 않은 날씨를 나타내죠. 涼(량)을 음으로 읽으면 りょう인데, 음으로 읽는 단어는 '청량'의 뜻인 清涼(せいりょう) 정도만 기억해 두세요. 비슷한 표현으로는 '상쾌하다'의 さわやか, '싸늘하다'는 뜻의 冷(ひや)やか가 있습니다.

▶ 涼しい木陰。시원한 나무 그늘.

▶ 言葉涼しく述べる。말을 시원하게 한다.

▶ 涼しい木陰
　すずしいこかげ

▶ 言葉涼しく述べる
　ことばすずしくのべる

퀴즈　激しい反対に遭う

16 憎らしい　　얄밉다　　　　　　　　　　　　　　にくらしい

1회 2회 3회

憎을 음으로 읽으면 ぞう인데, '증오'의 憎悪(ぞうお)와 生憎(あいにく)는 예외서서 독해나 청해문제에 자주 출제됩니다. 특히, 生憎는 한자음과는 전혀 상관없이 '마침, 하필이면, 공교롭게도'라는 뜻의 부사이므로 꼭 기억해두세요. 비슷한 표현으로는 '밉다'의 憎い(にくい)와 '미워하다'의 憎む(にくむ)가 있습니다.

憎 ▶ 憎悪 증오・愛憎 애증
　　生憎 공교롭게도, 하필이면, 마침

▶ 私を捨てたあの人が憎らしい。나를 버린 그 사람이 밉다.

17 やかましい　　시끄럽다

1회 2회 3회

やかましい는 사람이나 사물의 소리가 시끄럽고 소란스러운 경우에 사용합니다. 또한 잔소리 같은 듣기 싫은 뉘앙스의 '시끄럽다'는 표현도 됩니다. 비슷한 말로 うるさい와 騒(さわ)がしい가 있는데 모두 '시끄럽다, 소란스럽다'라는 뜻이죠.

▶ 工事現場のやかましい音。공사현장의 시끄러운 소리.

▶ 世間がやかましい。세상이 시끄럽다.

18 ばからしい　　바보 같다, 엄청나다

1회 2회 3회

ばからしい라는 い형용사는 '바보, 멍청이'라는 뜻의 ばか와 '~인 것 같다, ~인 모양이다'라는 뜻의 らしい가 합쳐진 말이죠. 그래서 '바보 같다'라는 뜻으로 쓰여요. 회화에서는 ばか를 강조하여 두 번 쓴 ばかばかしい가 많이 쓰인답니다. 馬鹿(ばか)も休み休み言え는 '바보 같은 소리 작작해'라는 뜻입니다.

▶ ばからしい仕事。바보 같은 일.

▶ ばかばかしく大きい船。엄청나게 큰 배.

퀴즈　粗末な扱いを受ける

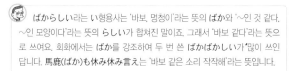

다시 한번 확인하세요!

▶ 憎悪　　　ぞうお
　愛憎　　　あいぞう
　生憎　　　あいにく

▶ 私を捨てたあの人が
　憎らしい
　わたしをすてたあのひと
　がにくらしい

▶ 工事現場のやかましい音
　こうじげんばのやかまし
　いおと

▶ 世間がやかましい
　せけんがやかましい

▶ ばからしい仕事
　ばからしいしごと

▶ ばかばかしく大きい船
　ばかばかしくおおきいふね

형용사 09일

19 なまいき　건방짐

1회　2회　3회

なまいきだ를 한자로 나타내면 **生意気**입니다. 生을 훈독하면 **なま**가 되는데, '있는 그대로의'라는 뜻이죠. 한편, **意気**는 '생각, 뜻, 마음'으로, 있는 그대로의 생각이나 마음, 의역하면 '건방지다, 무례하다'가 된 것입니다. 비슷한 표현으로는 '무례하다, 건방지다'의 **おうへいだ**, '뻐기다'의 **いばる**, '주제넘게 나서다'의 **でしゃばる**가 있습니다.

▸ **生意気な口を利く**。건방진 말을 한다.

▸ **生意気盛り**。건방 떨기 쉬운 나이.

20 おおざっぱ　대략적임, 대충함

1회　2회　3회

おおざっぱだ를 한자로 나타내면 **大雑把**だ입니다. 한자가 너무 어렵죠? 그래서 보통 히라가나로만 쓰여요. 이와 비슷한 말로 **大(おお)まかだ**도 있는데, '대충하다, 대강하다'라는 뜻입니다.

▹ **おおざっぱな仕事ぶり**。대충대충 일하는 모양.

▸ **大雑把な見積もりを出す**。대략적인 견적을 내다.

21 もうしわけない　할 말이 없다, 너무 미안하다

1회　2회　3회

もうしわけない의 한자는 **申し訳ない**이며, '이유, 핑계'라는 뜻의 **申し訳**와 **ない**가 합쳐진 말이죠. 보다 정중한 표현으로는 **ない** 대신에 **ありません**이나 **ございません**을 쓰면 됩니다. 그리고, **申し訳がない**(변명의 여지가 없다), **申し訳が立(た)たない**(변명할 수 없다)와 같은 관용표현도 함께 알아두세요.

▹ **不始末をしでかして申し訳ない**。
흐지부지하게 일을 저질러서 드릴 말씀이 없다.

▹ **出席できず申し訳ありません**。
출석할 수 없어 죄송합니다.

다시 한번 확인하세요!

▸ **生意気な口を利く**
なまいきなくちをきく

▸ **生意気盛り**
なまいきざかり

▸ **おおざっぱな仕事ぶり**
おおざっぱなしごとぶり

▸ **大雑把な見積もりを出す**
おおざっぱなみつもりをだす

▸ **不始末をしでかして申し訳ない**
ふしまつをしでかしてもうしわけない

▸ **出席できず申し訳ありません**
しゅっせきできずもうしわけありません

퀴즈　涼しい木陰

22 思いがけない 뜻밖이다, 생각도 못하다 　　　　　　おもいがけない

  思いがけない라는 い형용사는 전혀 예상할 수 없었던 일이 생겨서 '뜻밖이다, 생각도 못하다'라는 뜻입니다. 이와 비슷한 말로 '의외다'라는 뜻의 意外(いがい)도 많이 사용합니다. 보통 意外な(의외의) 또는 意外に(의외로)의 형태로 많이 쓰입니다.

▸ 思いがけないお客さん。 뜻밖의 손님.

▸ 思いがけない計画が生じる。 뜻밖의 계획이 생기다.

23 穏やかだ 온화함, 평온함 　　　　　　　　　　おだやか

  穏은 우리말의 '온'처럼 おん이라고 읽어요. 따로 외울 필요도 없겠죠? 뜻으로 읽으면 穏やかだ인데 상황이나 상태가 큰일 없이 무난하게 '평온하다, 온화하다'라는 뜻이죠. 사람의 성격을 나타낼 때도 씁니다.

穏 ▸ 穏当 온당 · 穏和 온화 · 平穏 평온

▸ 穏やかな人柄。 온화한 인품.

▸ 穏やかに話し合う。 평온하게 서로 이야기하다.

24 痛い 아프다 　　　　　　　　　　　　　　　いたい

  痛을 음으로 읽으면 つう이며. 뜻으로 읽을 때는 품사에 따라 달라져요. '아프다'라는 い형용사는 痛(いた)い, '지나가다, 통과하다'라는 뜻의 동사는 通(とお)る, '다니다'는 通(かよ)う라고 하죠. 또한 痛과 모양이 닮은 한자인 踊(용)과 桶(통)도 함께 알아두세요.

痛 ▸ 陣痛 진통 · 沈痛 침통 · 鎮痛剤 진통제 · 痛快 통쾌

▸ 頭が痛い。 머리가 아프다.

▸ 痛い目にあう。 괴로운 지경에 처하다.

· 痛し痒し。 진퇴양난(긁으면 아프고, 안 긁으면 가려우므로).

퀴즈 工事現場のやかましい音

▶ 思いがけないお客さん
おもいがけない
おきゃくさん

▶ 思いがけない計画が生じる
おもいがけないけいかくが
しょうじる

다시 한번 확인하세요!

▶ 穏当　　おんとう
穏和　　おんわ
平穏　　へいおん

▶ 穏やかな人柄
おだやかなひとがら

▶ 穏やかに話し合う
おだやかにはなしあう

▶ 陣痛　　じんつう
沈痛　　ちんつう
鎮痛剤　ちんつうざい
痛快　　つうかい

▶ 頭が痛い
あたまがいたい

▶ 痛い目にあう
いたいめにあう

▶ 痛し痒し　いたしかゆし

25 かゆい

1회 2회 3회

가렵다

다시 한번 확인하세요!

> かゆいは 한자로도 자주 사용하는데 痒い로 표기합니다. かゆい와 비슷한 단어로는 '간지럽다'는 뜻의 くすぐったい가 있습니다. 痒い와 부수가 같은 단어로는 '아프다'는 뜻의 痛い(いたい)와 '피곤하다'의 疲れる(つかれる), '병'이라는 뜻의 病(やまい) 등이 있습니다.

▶ 蚊に刺されて腕がかゆい。 모기에 쏘여 팔이 가렵다.

▶ 痛し痒し。 진퇴양난, 이러지도 저러지도 못함.

・退っ引きならぬ。 빼도 박도 못하다.

・二進も三進も行かない。 이러지도 저러지도 못하다.

- ▶ 蚊に刺されて腕がかゆい
  かにさされてうでがかゆい
- ▶ 痛し痒し　いたしかゆし
- ▶ 退っ引きならぬ
  のっぴきならぬ
- ▶ 二進も三進も行かない
  にっちもさっちもいかない

26 にぎやか

1회 2회 3회

번화함, 시끌벅적함, 활기가 있음

> にぎやかだ를 한자로 나타내면 賑やかだ입니다. 어떤 상황이나 분위기가 '번화하다, 활기가 있다, 시끌벅적하다'라는 뜻으로 쓰이는 말이죠. 특히, にぎやかだ를 '시끌벅적하다'라고 해석하면 어수선하고 부정적인 의미가 아니라 활기차고 긍정적인 뉘앙스입니다. 비슷한 명사로는 '활기'의 活気(かっき)가 있습니다.

▶ 店がたくさんできてにぎやかになる。
가게가 많이 생겨서 번화해지다.

▶ にぎやかな笑い声。 시끌벅적한 웃음소리.

- ▶ 店がたくさんできて
  にぎやかになる
  みせがたくさんできて
  にぎやかになる
- ▶ にぎやかな笑い声
  にぎやかなわらいごえ

27 しつこい

1회 2회 3회

끈질기다

> しつこい는 주로 사람의 성격이나 성질을 나타내는 말로 '끈질기다, 악착같다'라는 뜻입니다. 좀 부정적인 뉘앙스를 가진 말이죠. 비슷한 표현으로 くどい가 있는데, '끈질기다, 칙칙하다'라는 뜻이며 '지긋지긋하다'는 뜻의 うんざりする도 있습니다.

▶ 今度の風邪はしつこい。 이번 감기는 끈질기다.

▶ あの人は酔うとしつこくなる。
저 사람은 취하면 집요해진다.

- ▶ 今度の風邪はしつこい
  こんどのかぜはしつこい
- ▶ あの人は酔うとしつこく
  なる
  あのひとはようとしつこく
  なる

퀴즈　生意気な口を利く

28 鈍い

느리다 のろい

> のろい를 한자로 쓰면 鈍い입니다. 여기서 꼭 알아둬야 할 것은 '느리다'라는 뜻의 い형용사인 鈍い는 のろい나 にぶい 양쪽으로 발음됩니다. にぶい는 '둔하다'라는 뜻입니다. 또한, のろい는 '저주'라는 뜻의 명사로도 쓰이므로 함께 알아두세요. 반대말은 '빠르다'의 早い(はやい)입니다.

▶ 足が鈍い。발이 느리다.

▶ 反応が鈍い。반응이 느리다.

▶ 足が鈍い
あしがのろい

▶ 反応が鈍い
はんのうがのろい

---

29 まぶしい

눈부시다

> まぶしい를 한자로 나타내면 眩しい가 됩니다. 보통 햇빛 등에 의해 '눈이 부시다'라는 뜻인데, '눈부시다'라는 뜻으로도 쓰여서 사물이나 사람을 향해 긍정적으로 기분 좋게 칭찬하는 경우에 사용합니다. 비슷한 표현으로는 まばゆい가 있습니다.

▶ 彼女の輝く笑顔がまぶしい。
그녀의 빛나는 미소가 눈부시다.

▶ 日がまぶしい。해가 눈부시다.

▶ まばゆい朝の光り。눈부신 아침 빛.

▶ 彼女の輝く笑顔がまぶしい
かのじょのかがやく
えがおがまぶしい

▶ 日がまぶしい
ひがまぶしい

▶ まばゆい朝の光り
まばゆいあさのひかり

---

30 惜しい

애석하다, 아깝다 おしい

> おしい를 한자로 나타내면 惜しい입니다. 말하는 이의 감정을 나타내는 말로 '애석하다, 안타깝다, 아깝다'라는 뜻이죠. 어떤 한도나 기준에 못 미치는 경우에 사용합니다. 惜과 모양이 닮은 한자로 昔(석)과 借(차)가 있습니다.

惜 ▶ 惜別 석별・哀惜 애석・惜敗 석패

▶ 惜しい人物を失った。아까운 인물을 잃었다.

▶ 名残惜しい。헤어지기 섭섭하다.

▶ 惜別　　せきべつ
　哀惜　　あいせき
　惜敗　　せきはい

▶ 惜しい人物を失った
おしいじんぶつを
うしなった

▶ 名残惜しい
なごりおしい

※ 次の説明に合う単語は？

01 物事を深刻に考えないで、のんきなこと。
　　① けわしい　　　② きらく　　　③ きびしい　　　④ きのどく

02 今にもよくないことが起こりそうで、安心できない状態。
　　① にぶい　　　　② たまらない　　③ こわい　　　　④ あやうい

03 品質が劣っていること。
　　① そまつ　　　　② えらい　　　③ てごろ　　　　④ のろい

04 弁解の余地もない。すまない。
　　① さしつかえない　② もうしわけない　③ とりとめもない　④ やむをえない

05 こまかい事にこだわらないさま。
　　① じみ　　　　　② そまつ　　　③ おおざっぱ　　④ なまいき

06 光が強く輝いてまともに見ることができない。
　　① しつこい　　　② はげしい　　③ にくたらしい　④ まぶしい

※ 次の下線にあてはまるものは？

07 彼は目立たない＿＿＿＿＿＿服が好きだそうですよ。
　　① 華やかな　　　② はでな　　　③ ぜいたくな　　④ じみな

08 話の相手がいなくて＿＿＿＿＿＿しています。
　　① らくに　　　　② いばり　　　③ たいくつ　　　④ でしゃばり

09 彼の生活の態度が＿＿＿＿＿＿なのでいやです。
　　① ざっくばらん　② でたらめ　　③ すなお　　　　④ まじめ

126

10 時間を＿＿＿＿＿＿してはいけません。
　① のろく　　　　② せつなに　　　　③ むだに　　　　④ きれいに

11 このバックは＿＿＿＿＿＿値段で、それに品質もいいです。
　① 気楽な　　　　② 粗末な　　　　　③ 手ごろな　　　　④ 地味な

12 彼は過ちを犯してもいつも＿＿＿＿＿＿顔をしている。
　① 生意気な　　　② 穏やかな　　　　③ 涼しい　　　　④ 惜しい

13 彼女は新入生のくせによくも＿＿＿＿＿＿口を利く。
　① 豊かな　　　　② 生意気な　　　　③ でたらめな　　④ 気楽な

14 この道をまっすぐ行くと、＿＿＿＿＿＿上り坂が出る。
　① 緩い　　　　　② 思いがけない　　③ のろい　　　　④ 惜しい

15 彼は足が＿＿＿＿＿＿から、かけっこはいつもびりである。
　① 速い　　　　　② のろい　　　　　③ あやうい　　　④ 緩い

16 彼女は交通事故に遭ったけど、軽い怪我で日常生活には＿＿＿＿＿＿。
　① さしつかえない　② 粗末だ　　　　③ 手ごろだ　　　④ 賑やかだ

17 この世の中では＿＿＿＿＿＿出来事が多い。
　① せまい　　　　② うやうやしい　　③ おもいがけない　④ あきらかな

18 政府の政策は国民の＿＿＿＿＿＿反対に遭った。
　① ゆるい　　　　② はげしい　　　　③ やかましい　　④ おだやかな

19 ＿＿＿＿＿＿車に引かれるところだった。
　① 親しく　　　　② 惜しく　　　　　③ 危うく　　　　④ 激しく

127

기출 03년

01 ~たとたん ~한 순간, 찰나

1회 2회 3회

~たとたん은 앞의 일이 끝남과 거의 동시에 생각지 못한 일이 벌어진 경우에 쓰는 표현입니다. 동사의 과거형(た형) 뒤에 연결되는데, ~たとたんに 형태로 사용됩니다. 그리고 한자로 표기하면 途端이 됩니다. とたん과 바꿔쓸 수 있는 말로는 '순간'의 瞬間(しゅんかん)이 있습니다.

▶ よそ見をしたとたん転んだ。 한눈을 판 순간 뒹굴었다.

▶ 顔を見たとたん泣き出した。 얼굴을 본 순간 울기 시작했다.

▶ 飲むと途端に人が変わる。 술을 마시면 바로 사람이 바뀐다.

다시 한번 확인하세요!

▶ よそ見をしたとたん転んだ
よそみをしたとたん
ころんだ

▶ 顔を見たとたん泣き出した
かおをみたとたん
なきだした

▶ 飲むと途端に人が変わる。
のむととたんにひとが
かわる

기출 03년

02 ~たあげく ~한 끝에

1회 2회 3회

~たあげく는 여러 가지 방법으로 시도해 본 결과, 유감스러운 결과를 낳게 된 경우에 쓰는 표현입니다. 이 표현도 동사의 과거형(た형) 뒤에 연결되는데, ~たあげくに의 형태로 사용됩니다. 그리고 あげく를 한자 挙げ句나 揚げ句로 쓰기도 합니다.

▶ さんざん迷ったあげく買ってしまった。
상당히 주저한 끝에 사버렸다.

▶ 揚げ句の果て 결국에, 끝장에는
口論が続き揚げ句の果て殴り合いのけんかになった。
말싸움이 계속되어, 결국에 치고 박는 싸움이 되었다.

▶ さんざん迷ったあげく買ってしまった
さんざんまよったあげく
かってしまった

▶ 揚げ句の果て
あげくのはて

▶ 口論が続き揚げ句の
果て殴り合いのけんかに
なった
こうろんがつづきあげ
くのはてなぐりあいの
けんかになった

기출 03년

03 ~たびに ~할 때마다

1회 2회 3회

~たびに는 어떤 행동을 규칙적으로 하는 경우에 쓰는 표현입니다. 동사의 기본형 뒤에 연결되며 たび를 한자 度로 쓰기도 해요. 또한, たび는 관용적인 인사말에도 사용됩니다. 예를 들면 '이번에는 신세 좀 지겠습니다'라는 표현은 この度(たび)はお世話(せわ)になります입니다.

▶ 会うたびに綺麗になる。 만날 때마다 예뻐진다.

▶ 会うたびに綺麗になる
あうたびにきれいになる

퀴즈 別れられるものなら別れたい

기초 03회

04 ~にしろ~にしろ ~든~든

1회 2회 3회

~にしろ ~にしろ는 여러 개의 대상을 나열하면서 예를 들 경우에 쓰는 표현으로, 그 예를 포함한 다른 것에도 똑같이 적용돼요. ~にしろ는 する동사의 명령형에서 나온 것으로, する동사의 다른 명령표현인 ~にせよ로 바꿔 써도 됩니다.

▸ 韓国にしろ日本にしろ同じ問題だ。
한국이든 일본이든 같은 문제다.

▸ 旅行に行くにせよ行かないにせよ早く決めたほうがいい。 여행을 가든 안 가든 빨리 정하는 편이 좋다.

기초 03회

05 ~だけあって ~인 만큼

1회 2회 3회

~だけあって는 사람의 재능이나 신분에 걸맞게 행동한다는 뜻으로, 상대방에게 감탄의 마음으로 칭찬하는 경우에 쓰는 표현입니다. '~에 걸맞게, ~답게'라는 뜻이죠. 주로 명사 뒤에 연결되는데 동사, い형용사, な형용사의 기본형 뒤에도 연결돼요. ~だけのことはある의 형태로도 쓰이기도 합니다.

▸ 政治家だけあって口がうまい。 정치가인 만큼 말을 잘한다.

▸ 苦労しただけのことはある。 고생한 보람은 있다.

기초 03회

06 ~ものの ~하기는 하지만

1회 2회 3회

~ものの는 앞에 오는 내용의 결과로 예측한 일이 일어나지 않는 경우에 사용합니다. '~이지만, ~인데도, ~라고는 하지만'이라는 뜻이죠. 보통 동사의 과거형(た형) 뒤에 연결되어 ~たものの의 형태로 많이 쓰입니다.

▸ 力はあるものの実戦に弱い。 힘은 있지만 실전에 약하다.

▸ 習いはしたもののすっかり忘れてしまった。
배우기는 했지만 완전히 잊어버렸다.

퀴즈 彼が先立って登る

다시 한번 확인하세요!

▸ 韓国にしろ日本にしろ同じ問題だ
かんこくにしろにほんにしろおなじもんだいだ

▸ 旅行に行くにせよ行かないにせよ早く決めたほうがいい
りょこうにいくにせよいかないにせよはやくきめたほうがいい

▸ 政治家だけあって口がうまい
せいじかだけあってくちがうまい

▸ 苦労しただけのことはある
くろうしただけのことはある

▸ 力はあるものの実戦に弱い
ちからはあるもののじっせんによわい

▸ 習いはしたもののすっかり忘れてしまった
ならいはしたもののすっかりわすれてしまった

기출 03년

07 ～せいか

～탓인지

□ □ □
1회 2회 3회

～せいか는 '～탓인지, ～때문인지'라는 뜻이죠. 명사 뒤에 올 때는 の를 붙여서 ～のせいか의 형태로 쓰이고, 동사, い형용사, な형용사 뒤에 올 때는 과거형(た형) 뒤에 와서 ～たせいか의 형태로 쓰여요. 참고로, せい는 '원인'의 原因(げんいん)과 같은 뜻입니다.

▶ 年のせいか疲れやすい。 나이 탓인지 금방 피곤해진다.

▶ 人のせいにする。 남의 탓으로 돌린다.

▶ 年のせいか疲れやすい
としのせいかつかれ
やすい

▶ 人のせいにする
ひとのせいにする

기출 03년

08 ～ようなら

～하려 한다면

□ □ □
1회 2회 3회

～ようなら는 어떤 행동을 행할 때 쓰는 표현으로, 동사의 의지형 뒤에 연결돼요. 그밖에 ～ようとする는 '～하려고 하다'는 뜻인데, 말하는 이가 어떤 행동을 실행에 옮기려고 할 때 쓰는 표현입니다. 起(お)きようとしても起られない는 '일어나려고 해도 일어날 수가 없다'는 뜻입니다.

▶ 失敗なんかしようなら許しません。
실패 따위를 한다면 용서하지 않겠습니다.

▶ 失敗なんかしようなら許し
ません
しっぱいなんかしようなら
ゆるしません

기출 02년

09 ～かねない

～할 수도 있다, ～일(할)지도 모른다

□ □ □
1회 2회 3회

～かねない는 정확한 사실은 아니지만 그럴지도 모른다는 추측을 할 때 쓰는 표현입니다. '～할 수도 있다, ～할 지도 모른다'라는 뜻이죠. 여기서 かねない는 '겸하다'라는 뜻의 兼(か)ねる에서 온 말입니다.

▶ 悪口も言い出しかねない。 욕을 할 수도 있다.

▶ 彼ならどんなことでもやりかねない。
그 사람이라면 어떤 일도 할 수 있다.

▶ 悪口も言い出しかねない
わるぐちもいいだし
かねない

▶ 彼ならどんなことでもや
りかねない
かれならどんなことでもや
りかねない

퀴즈 揚げ句の果て

10 ~あわや

까딱하면

 あわや는 주로 문장 속에서 '하마터면 (~뻔하다), 당장이라도 (~하려 하다), 이제 막 (~하려 하다)'라는 뜻으로 사용됩니다. 그밖에 감동사로서 '아차, 앗, 아뿔싸'라는 의미로 사용됩니다.

▶ あわや人にぶつかるところだった。
까딱하면 남과 부딪힐 뻔했다.

11 ~ずにはいられない ~하지 않고는 있을 수 없다

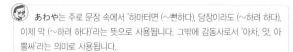 ~ずにはいられない는 어떠한 일의 상황, 사정, 상태를 보고 하고 싶은 마음이 생겨서 참을 수 없게 된 경우에 쓰는 표현입니다. '~하지 않을 수는 없다, ~하지 않고는 못 배긴다'라는 뜻이죠. 동사의 부정형(ない형) 뒤에 연결되며, 여기서의 ず는 ない와 같은 뜻입니다.

▶ 心配せずにはいられない。 걱정하지 않을 수가 없다.

▶ 泣かずにはいられない。 울지 않을 수가 없다.

12 ~(する)どころではない ~에 상황이 아니다

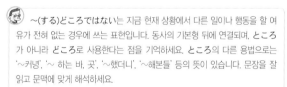 ~(する)どころではない는 지금 현재 상황에서 다른 일이나 행동을 할 여유가 전혀 없는 경우에 쓰는 표현입니다. 동사의 기본형 뒤에 연결되며, ところ가 아니라 どころ로 사용한다는 점을 기억하세요. ところ의 다른 용법으로는 '~커녕', '~ 하는 바, 곳', '~했더니', '~해본들' 등의 뜻이 있습니다. 문장을 잘 읽고 문맥에 맞게 해석하세요.

▶ 勉強に追われて遊ぶどころではない。
공부에 쫓겨 놀 상황이 아니다.

▶ あわや人にぶつかるところだった
あわやひとにぶつかる
ところだった

▶ 心配せずにはいられない
しんぱいせずにはいられ
ない

▶ 泣ずにはいられない
なかずにはいられない

▶ 勉強に追われて
遊ぶどころではない
べんきょうにおわれて
あそぶどころではない

퀴즈 韓国にしろ日本にしろ同じ問題だ ....

131

13 ～てたまらない ～해서 참을 수 없다, ～하고 싶어 죽겠다

1회 2회 3회

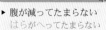

～てたまらない는 사람의 건강이나 감정 상태가 너무 심해서 어떻게 할 수 없는 때 쓰는 표현입니다. 동사의 て형 뒤에 연결됩니다. 그리고 여기 쓰인 たまらない는 堪(たま)る에서 온 말로, '참다, 견디다'라는 뜻인데 긍정으로 쓰는 경우는 드물고 대부분 부정형인 たまらない로 사용됩니다. たまらない의 다른 용법으로는 어떤 상태를 유지할 수 없을 때, 더할 나위 없이 좋을 때, '굉장히' '무지하게' 등의 뜻으로 사용됩니다.

▶ 腹が減ってたまらない。 배고파 죽겠다.

▶ 恋人に会いたくてたまらない。 애인을 만나고 싶어 죽겠다.

▶ 腹が減ってたまらない
　 はらがへってたまらない

▶ 恋人に会いたくて
　 たまらない
　 こいびとにあいたくてた
　 まらない

14 ～限り ～하는 한   ～かぎり

1회 2회 3회

～限り는 한계, 제한을 나타내는 표현입니다. '～하는 한, ～하는 한은'이라는 뜻이죠. 명사 뒤에 올 때는 である를 붙여서 ～である限り의 형태로 쓰이고, 동사, い형용사, な형용사 뒤에 올 때는 명사형 뒤에 연결됩니다.

▶ 学問の世界に限りはない。 학문의 세계에 끝은 없다.

▶ 力有る限りやってみます。 힘이 있는 한 해보겠습니다.

▶ 学問の世界に限りはない
　 がくもんのせかいに
　 かぎりはない

▶ 力有る限りやってみます
　 ちからあるかぎりやって
　 みます

15 ～にあたって ～할 때에, ～를 맞이하여

1회 2회 3회

～にあたって의 형태도 쓰며 '～에 즈음하여, ～에 맞춰서'라는 뜻이죠. ～にあたる는 어떤 특별한 상황이나 상태, 처지 또는 입장을 표현할 때 사용합니다. 여기 쓰인 あたる는 '닿다. 맞다. 해당하다'라는 뜻의 当たる를 말하죠. 그밖에 あたる에는 '～를 잘 받다', '대항하다', '적중하다', '당첨되다' 등의 뜻이 있습니다.

▶ 出発に当たり人員数のチェックをした。
　 출발에 앞서 인원수 체크를 했다.

▶ 新しい年を迎えるに当たって一年間の計画を考えた。 새로운 해를 맞아 1년간의 계획을 생각했다.

▶ 出発に当たり人員数の
　 チェックをした
　 しゅっぱつにあたりにん
　 いんすうのチェックをした

▶ 新しい年を迎えるに当たって
　 一年間の計画を考えた
　 あたらしいとしをむかえる
　 にあたっていちねんかんの
　 けいかくをかんがえた

퀴즈 悪口も言い出しかねない

16 ～をめぐって ～을 둘러싸고

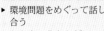

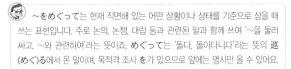

～をめぐって는 현재 직면해 있는 어떤 상황이나 상태를 기준으로 삼을 때 쓰는 표현입니다. 주로 논의, 논쟁, 대립 등과 관련된 말과 함께 쓰여 '～을 둘러싸고, ～와 관련하여'라는 뜻이죠. めぐって는 '돌다, 돌아다니다'라는 뜻의 巡(めぐ)る에서 온 말이며, 목적격 조사 を가 있으므로 앞에는 명사만 올 수 있어요.

▶ 環境問題をめぐって話し合う。
환경문제를 둘러싸고 서로 이야기한다.

▶ 一人の女性をめぐって争う。 한 명의 여성을 둘러싸고 다투다.

17 ～が早いか　　～하기가 무섭게　　　　　　～がはやいか

が早いか는 '빠르다'는 형용사 早い(はやい)에서 …するが早いか의 형태가 되어 '～하기가 바쁘게, ～하자마자'라는 뜻이 됩니다. 비슷한 표현으로는 '하자마자'의 뜻인 ～やいなや와 '～하는 대로'의 뜻인 ～なり와 ～次第(しだい), '하자마자'의 뜻인 そばから 등이 있습니다.

▶ 話を聞くが早いか。 이야기를 듣기가 무섭게.

18 ～から見れば ～의 입장에서 보면　　　　　　～からみれば

～から見れば는 현재 처해 있는 상황이나 상태를 판단하고 평가하는 표현으로, 비교하는 뉘앙스가 매우 강해요. 見れば를 見ると로 바꿔 쓸 수도 있죠. 시점이나 입장을 나타내는 표현이기 때문에 항상 명사 뒤에 연결됩니다. から에 관해서는 매년 각종시험에 단골로 출제됩니다.

▶ 彼から見れば違うかも知れない。
그의 입장에서 보면 다를지도 모른다.

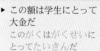

19 ~にとって   ~에게 있어서

1회 2회 3회

~にとって는 뒤에 오는 내용의 기준이나 기점을 표현할 때 사용합니다. 명사 뒤에 연결되며, 뒤에 も를 붙여서 ~にとっても의 형태로 '~에 있어서도'라는 뜻이고, 뒤에 の를 붙여서 ~にとっての의 형태로 쓰면 '~에 있어서의'라는 뜻이 됩니다. 비슷한 표현으로는 ~として와 ~からみて가 있습니다.

▸ この額は学生にとって大金だ。
이 액수는 학생에게 있어 큰 돈이다.

▸ お正月は大人にとっても楽しいものだ。
설날은 어른에게도 즐거운 법이다.

▸ 日本にとっての立場。 일본(으로서)의 입장.

20 ~際   ~때   さい

1회 2회 3회

~際는 어떤 행동을 해야 할 때 사용할 수 있습니다. 여기서 際는 '때'를 나타내므로 時(とき)로 바꿔 쓸 수도 있죠. 명사 뒤에 올 때는 の를 붙여서 ~の際의 형태로 쓰고, 동사나 い형용사는 기본형 뒤에 연결됩니다.

際 ▸ 交際 교제・国際・국제
　　金輪際 무슨 일이 있어도, 단연코, 어디까지라도

▸ 利用する際の注意点。 이용할 때의 주의점.

▸ その際は連絡をください。 그때는 연락을 주세요.

21 たとえ~ても   가령(설령) ~라도

1회 2회 3회

たとえ ~ても는 만약에 어떠한 일이 있더라도 그와는 상관없이 뒷일이 이어지는 경우에 사용됩니다. 여기서 たとえ는 '가령, 설령, 비록'이라는 뜻인데, '비유하다, 예를 들다'라는 뜻의 例(たと)える에서 온 말이죠. たとえ 뒤에는 ~ても를 쓰기 때문에 동사의 て형이 옵니다.

▸ たとえむだになってもやってみよう。
비록 헛일이 되더라도 해보자.

▸ たとえ親類でも許せない。 설령 친척이라도 용서할 수 없다.

다시 한번 확인하세요!

▸ この額は学生にとって大金だ
このがくはがくせいにとってたいきんだ

▸ お正月は大人にとっても楽しいものだ。
おしょうがつはおとなにとってもたのしいものだ

▸ 日本にとっての立場
にほんにとってのたちば

▸ 交際　　こうさい
　国際　　こくさい
　金輪際　こんりんざい

▸ 利用する際の注意点
りようするさいのちゅういてん

▸ その際は連絡をください
そのさいはれんらくをください

▸ たとえ親類でも許せない
たとえしんるいでもゆるせない

▸ たとえ親類でも許せない
たとえしんるいでもゆるせない

퀴즈 腹が減ってたまらない

22 ～のみならず ～뿐만 아니라

1회 2회 3회

～のみならず는 범위가 한정적이지 않고 더 넓게 미치는 경우에 쓰는 표현입니다. 비슷한 표현으로는 ～ばかりでなく, ～だけでなく가 있으니 함께 알아두세요. 또한 앞에 ただが 오면 '단지 ～뿐만 아니라'의 뜻이 되어 강조 표현이 됩니다.

▸ 彼は私にとって無二の親友だ。のみならず恩人でもある。 그는 나에게는 둘도 없는 친구다. 게다가 은인이기도 하다.

▸ 筆者のみならず読者も認めるところ。
 필자뿐만 아니라 독자도 인정하는 바.

23 ～まい ～하지 않을 것이다, ～하지 않겠다

1회 2회 3회

～まい는 말하는 이가 자신의 생각을 강하게 부정할 때 쓰는 표현입니다. 동사의 기본형 뒤에 연결되며, 주로 문장 끝에 쓰입니다. ～まい는 고어(古語)지만 현재도 문장 속에서 많이 사용되며, 비슷한 표현으로 ～ないだろう가 있습니다.

▸ 化け物ではあるまい。요괴는 아닐 것이다.

▸ 何があっても行くまい。무슨 일이 있어도 가지 않겠다.

24 ～向き ～용 ～むき

1회 2회 3회

～向き는 사람, 사물, 장소, 위치 등을 특정한 대상이나 목적으로 하는 경우에 사용합니다. 항상 앞에 명사가 오고 뒤에 の를 붙인 ～向きの의 형태로 많이 쓰이는데, '～용의, ～을 위한, ～에 꼭 맞는'이라는 뜻이 됩니다.

▸ 幼児向きの番組。유아용 프로그램.

▸ 女向きじゃない。여자용이 아니다.

· 向きになってつっかかる。정색을 하고 덤비다.

퀴즈　環境問題をめぐって話し合う

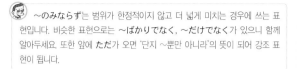

다시 한번 확인하세요!

▸ 彼は私にとって無二の親友だ。のみならず恩人でもある
　かれはわたしにとってむにのしんゆうだ。のみならずおんじんでもある

▸ 筆者のみならず読者も認めるところ
　ひっしゃのみならずどくしゃもみとめるところ

▸ 化け物ではあるまい
　ばけものではあるまい

▸ 何があっても行くまい
　なにがあってもいくまい

▸ 幼児向きの番組
　ようじむきのばんぐみ

▸ 女向きじゃない
　おんなむきじゃない

▸ 向きになってつっかかる
　むきになってつっかかる

반드시 10일 문법·어휘

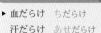

기출 00년

25 ~だらけ　투성이

1회　2회　3회

~だらけ는 '~투성이'라는 뜻인데, 보통 눈에 보이는 것을 표현합니다. 주로 '상처, 실수, 빚' 등의 부정적인 것 뒤에 붙는 경우가 많습니다. だらけ 앞에는 명사가 오며, 비슷한 표현으로는 **まみれ**가 있습니다.

▶ 血だらけ 피투성이(＝血まみれ)
　汗だらけ 땀투성이(＝汗まみれ)

▶ 傷だらけ 상처투성이 · 間違いだらけ 실수투성이

▶ 借金だらけ 빚투성이

▶ 血だらけ　ちだらけ
　汗だらけ　あせだらけ
▶ 傷だらけ　きずだらけ
　間違いだらけ
　まちがいだらけ
▶ 借金だらけ
　しゃっきんだらけ

기출 99년

26 ~ものなら　~라면

1회　2회　3회

~ものなら는 앞의 문장에서 실현되기 어려운 사항을 제시한 후, 그것이 실현되기를 바라거나 기대할 경우에 쓰는 표현입니다. 즉, 실현될 가능성이 적은 것에 대한 가정을 나타내죠. '만약 ~라면, 가능하다면, ~할 수 있다면'의 뜻으로, 동사의 기본형 뒤에 연결됩니다.

▶ 別れられるものなら別れたい。
　헤어질 수 있다면 헤어지고 싶다.

▶ 嘘をつこうものならとんでもない目にあうぞ。
　거짓말을 하려 한다면 엄청난 일을 당할 것이다.

▶ 別れられるものなら別れ
　たい
　わかれられるものなら
　わかれたい
▶ 嘘をつこうものなら
　とんでもない目にあうぞ
　うそをつこうものなら
　とんでもないめにあうぞ

기출 99년

27 ~かのように　~하는 것처럼

1회　2회　3회

~かのように는 말하는 이가 주관적으로 그럴 것이라고 추측하거나 그렇게 느끼고 있는 것을 말할 때 쓰는 표현입니다. 여기서 ように는 불확실한 단정을 나타내는 ようだ(~같다)에서 온 말이죠.

▶ 行くかのように見えたが。 갈 것처럼 보였는데.

▶ あたかも夢のようだ。 마치 꿈만 같다.

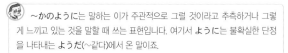

퀴즈　利用する際の注意点

28 ～抜きにして ～는 빼고

ぬきにして

1회 2회 3회

> ～抜きにしては 어떠한 상황이나 상태에서 해당되는 것을 빼거나 그것 없이는 불가능함을 나타낼 때 쓰는 표현입니다. 여기서 **抜き**는 '빼다, 뽑다'라는 뜻의 **抜く**에서 온 말로, 명사 뒤에 연결되고 ～は抜きにして와 함께 ～を抜きにして도 많이 쓰입니다.

> ▸ 挨拶は抜きにして本論を始めましょう。
> 인사는 빼고 본론을 시작합시다.

> ・ 歯を抜く 이를 뽑다 ・ 朝食を抜く 아침을 거르다 ・ 空気を抜く 공기를 빼다

29 ～にさきだち ～에 앞서서

1회 2회 3회

> ～にさきだちは 어떤 상황이나 상태, 기준이나 목표보다 앞서 나가야 할 때 쓰는 표현입니다. 항상 명사 뒤에 연결되며, 여기서 **さきだち**는 '앞서다'라는 뜻의 **先立つ**에서 온 말입니다.

> ▸ 流行にさきだち自分がやってみる。
> 유행에 앞서서 자기가 해보다.

> ▸ 彼が先立って登る。그가 앞서서 오르다.

> ▸ 親に先立つ不孝。부모보다 먼저 떠나는 불효.

30 なにしろ

여하튼, 아무튼

1회 2회 3회

> なにしろは 말하는 이가 상황과는 상관없이 자신의 생각이나 의지대로 할 경우에 쓰는 표현으로, 문장과 문장을 매끄럽게 이어주는 역할을 하는 접속사입니다. とにかく로 바꿔 쓸 수도 있습니다.

> ▸ なにしろこの大雨では出かけられない。
> 아무튼 이런 홍수로는 나갈 수 없다.

> ▸ なにしろ今日中に終わらせなければ。
> 여하튼 오늘 중에 끝내게 하지 않으면.

다시 한번 확인하세요!

▸ 挨拶は抜きにして本論を始めましょう
あいさつはぬきにしてほんろんをはじめましょう

▸ 歯を抜く　はをぬく

▸ 朝食を抜く
ちょうしょくをぬく

▸ 空気を抜く　くうきをぬく

▸ 流行にさきだち自分がやってみる
りゅうこうにさきだちじぶんがやってみる

▸ 彼が先立って登る
かれがさきだってのぼる

▸ 親に先立つ不孝
おやにさきだつふこう

▸ なにしろこの大雨では出かけられない
なにしろこのおおあめではでかけられない

▸ なにしろ今日中に終わらせなければ
なにしろきょうちゅうにおわらせなければ

반드시 10일 문법·어휘

※ 次の下線にあてはまるものは？

01 家を出た＿＿＿＿＿雨が降り出した。
　① とたんに　　　② あげくに　　　③ べきに　　　④ いやに

02 この本は読む＿＿＿＿＿感動を新たにする。
　① からに　　　② たびに　　　③ ときに　　　④ ことに

03 さんざん迷った＿＿＿＿＿買ってしまった。
　① はじめ　　　② うえに　　　③ あげく　　　④ したに

04 横綱＿＿＿＿＿強いですね。
　① しかない　　　② ばかりあって　　③ ほかない　　　④ だけあって

05 力はある＿＿＿＿＿、実戦に弱い。
　① ものの　　　② 限り　　　③ ばかり　　　④ ほど

06 あの人なら、そんなことも＿＿＿＿＿かねない。
　① やる　　　② やら　　　③ やれ　　　④ やり

07 勉強に追われて、遊ぶ＿＿＿＿＿ではない。
　① ばかり　　　② だけ　　　③ どころ　　　④ とたん

08 家族に会いたくて＿＿＿＿＿。
　① いられない　　② いるはずがない　③ たまります　④ たまらない

09 疲れた＿＿＿＿＿休むわけにはいかない。
　① からには　　② しかない　　③ うえには　　④ からといって

10 社長＿＿＿＿＿それも妥協かも知れない。
　① から言えば　　② から見れば　　③ からには　　④ からいくと

11 _____むだになってもやってみよう。
　　① たとえ　　　　② たとえば　　　　③ なお　　　　　④ つねに

12 利用する_____の注意を言います。
　　① ほど　　　　　② さい　　　　　③ さえ　　　　　④ だけ

13 友だち_____お金も失った。
　　① ならでは　　　② とべつに　　　③ のみならず　　④ いうまでもなく

14 間違い_____の答案のまま提出しないこと。
　　① あたりまえ　　② だらけ　　　　③ どろに　　　　④ かぎり

15 二度と過ちは繰り返す_____。
　　① はず　　　　　② やら　　　　　③ まい　　　　　④ ぞ

16 遺産相続を_____家族の間のもめごとが起きた。
　　① について　　　② にとって　　　③ めぐって　　　④ にさきだち

17 もし失敗しよう_____、彼は二度と立ち直れないだろう。
　　① ことなら　　　② ものなら　　　③ ものでも　　　④ ことでも

18 卒業式_____、予行練習を行う予定です。
　　① について　　　② にとって　　　③ をめぐって　　④ にさきだち

19 時間が許す_____、世界一週をしてみたい。
　　① だけに　　　　② 限り　　　　　③ だけあって　　④ ものの

※ 次の単語の読み方は？

01 共感
　① きょうびん　　② くうかん　　③ くうびん　　④ きょうかん

02 単純
　① だんじゅん　　② たんせん　　③ たんじゅん　　④ だんせん

03 環境
　① わけい　　② かんきょう　　③ わきょう　　④ かんけい

04 構造
　① こうぞう　　② こうしょう　　③ きょうそう　　④ きょうぞう

05 首脳
　① しゅのう　　② すいのう　　③ すいにょう　　④ しゅうのう

06 優勝
　① ゆうしゅう　　② ゆうしょう　　③ ようしゅう　　④ ようしょう

07 筆跡
　① ひってき　　② ひつてき　　③ ひっせき　　④ ひつせき

08 掃除
　① しょうじ　　② そうぜ　　③ しょうぜ　　④ そうじ

09 洗濯
　① せんたく　　② せんよう　　③ せんとく　　④ せんざい

10 微妙
　① ちょうめい　　② びみょう　　③ ちょうみょう　　④ びまく

※ 次の説明に合う単語は？

11 相手にある事をするようにすすめる。
　　① 進む　　　　　② 知らせる　　　　③ 認める　　　　④ 誘う

12 賃金や料金を払って、ある期間人や乗り物などを使う。
　　① 遊ぶ　　　　　② 顧みる　　　　　③ 雇う　　　　　④ 習う

13 食物のもつうまさをかみしめながら食べる。
　　① 飯む　　　　　② 味わう　　　　　③ 味わる　　　　④ 飲む

14 偉そうにする。
　　① いばる　　　　② おとなしい　　　③ まさる　　　　④ おとる

15 体や頭を使いすぎてつかれる。
　　① ためらう　　　② くたびれる　　　③ でしゃばる　　　④ げんきになる

※ 次の下線にあてはまるのは？

16 デザインの＿＿＿＿＿＿車。
　　① なつかしい　　② おとなしい　　　③ やかましい　　　④ うるさい

17 青春の日々を＿＿＿＿＿＿思い出す。
　　① いそがしく　　② せわしく　　　　③ なつかしく　　　④ おいしく

18 彼は目立たなく＿＿＿＿＿＿暮している。
　　① ぜいたくに　　② 華やかに　　　　③ 派手に　　　　④ 地味に

19 今度の風邪は＿＿＿＿＿＿ですね。
　　① しつこい　　　② すっぱい　　　　③ からい　　　　④ のろい

20 この時計は捨てるには＿＿＿＿＿＿ですね。
　　① 惨い　　　　　② 惜しい　　　　　③ 悲しい　　　　④ 楽しい

절대로 어휘

JPT
700점
돌파 단어!

기출 07년

01 問屋　　도매상　　　　　　　　　　　　　　**とんや**

1회 2회 3회

> 問(문)은 원래 もん으로 읽는 한자이지만, '도매상'을 뜻하는 問屋에서는 예외적으로 とん으로 읽어야 합니다. 그리고 뒤에 붙은 屋(や)는 보통 단어의 뒤에 붙어서 '~가게, 사람'을 나타냅니다. 반대어는 小売(こう)り입니다.

屋 ▶ 金物屋 철물점・八百屋 채소가게・青物屋 청과물가게
▶ 彼の家は包丁の問屋です。 그의 집은 부엌칼 도매가게입니다.
▶ そうは問屋が下ろさない。 그렇게 엿장수 마음대로 안 된다.

▶ 金物屋　　かなものや
　 八百屋　　やおや
　 青物屋　　あおものや
▶ 彼の家は包丁の問屋です
　 かれのいえはほうちょう
　 のとんやです
▶ そうは問屋が下ろさない
　 そうはとんやがおろさない

기출 07년

02 人質　　인질　　　　　　　　　　　　　　**ひとじち**

1회 2회 3회

> 質은 원래 しつ로 읽지만, 人質에서는 예외적으로 じち라고 읽습니다. しち로 읽는 다른 한자어로 質屋(しちや)도 있어요. '전당포'를 말하죠. 이렇게 단어에 따라 음이 다른 한자는 시험에 자주 출제되므로 꼭 외워두세요.

質 ▶質屋 전당포・性質 성질・言質 언질
人 ▶仲人 중매인・素人 서툰 사람(아마추어)
　　盗人 도둑・旅人 나그네・恋人 연인
▶ 人質を解放する。 인질을 해방하다.

▶ 質屋　　　しちや
　 性質　　　せいしつ
　 言質　　　げんち
▶ 仲人　　　なこうど
　 素人　　　しろうと
　 盗人　　　ぬすっと
　 旅人　　　たびびと
　 恋人　　　こいびと
▶ 人質を解放する
　 ひとじちをかいほうする

기출 07년

03 認識　　인식　　　　　　　　　　　　　　**にんしき**

1회 2회 3회

> 識을 음으로 읽으면 しき인데, 識과 모양이 닮은 한자가 많아서 헷갈리기 쉽죠. 織(짤 직)은 識처럼 しき라고 읽는 한자이며, 職(직책 직)은 모양만 비슷하고 읽을 때는 しょく라고 읽어요. 정확하게 알아두세요.

識 ▶知識 지식・常識 상식・識別 식별
▶ 認識を新たにする。 인식을 새롭게 하다.
▶ 認識が甘い。 인식이 물렁하다.

▶ 知識　　　ちしき
　 常識　　　じょうしき
　 識別　　　しきべつ
▶ 認識を新たにする
　 にんしきをあらたにする
▶ 認識が甘い
　 にんしきがあまい

퀴즈　雑誌を購読している

04 獲物

□ □ □
1회 2회 3회

획득물, 사냥감

えもの

物을 음으로 읽으면 ぶつ 또는 もつ인데, 物로 끝나는 한자어 중에는 物을 훈독하여 もの라고 읽는 것도 있어요. 예를 들면, '싸구려, 값싼 물건'을 뜻하는 安物(やすもの), '날붙이, 칼'을 뜻하는 刃物(はもの) 등입니다. 이렇게 もの로 읽는 단어는 앞 글자도 뜻으로 읽는 경우가 많아요. 비슷한 말로 '획득'의 뜻인 獲得(かくとく)가 있습니다.

▶ 獅子が獲物を狙う。 사자가 먹잇감을 노리다.

▶ 獲物の鹿を担ぐ。 사냥감인 사슴을 메다.

다시 한번 확인하세요!

▶ 獅子が獲物を狙う
　ししがえものをねらう

▶ 獲物の鹿を担ぐ
　えもののしかをかつぐ

---

05 抽選

□ □ □
1회 2회 3회

추첨

ちゅうせん

抽選은 '추첨'이라는 뜻의 한자어인데, 실제 한자의 음은 '추선'입니다. '추첨'의 원래 한자는 抽籤(ちゅうせん)이지만 첨(籤)이 상용한자가 아니기 때문에 대용한자로 選을 쓴 것이죠. 대용한자를 쓴 단어로 '자극'의 刺激(しげき), '첨단'의 先端(せんたん) 등이 있습니다.

抽 ▶ 抽象 추상 · 抽象画 추상화 · 抽出 추출

▶ 抽選で順番を決める。 추첨으로 순번을 정한다.

▶ 宝くじの抽選。 복권 추첨.

▶ 抽象　　ちゅうしょう
　抽象画　ちゅうしょうが
　抽出　　ちゅうしゅつ

▶ 抽選で順番を決める
　ちゅうせんでじゅんばん
　をきめる

▶ 宝くじの抽選
　たからくじのちゅうせん

---

06 暴露

□ □ □
1회 2회 3회

폭로

ばくろ

暴露는 한자 읽기 문제로 자주 출제되는 명사입니다. 예외적인 발음이기 때문이죠. 원래 暴은 음으로 읽으면 ぼう인데 暴露에서의 暴은 예외적으로 ばく라고 읽어야 해요. '폭로는 "밖으로" = 바쿠로(ばくろ) 한다'로 외워두면 절대 틀리지 않을 거예요.

暴 ▶ 自暴自棄 자포자기 · 横暴 횡폭 · 暴君 폭군

　　暴く 폭로하다 · 暴れる 난폭하게 굴다

▶ 真相を暴露する。 진상을 폭로하다.

▶ 暴露記事 폭로기사

▶ 自暴自棄　じぼうじき
　横暴　　　おうぼう
　暴君　　　ぼうくん
　暴く　　　あばく
　暴れる　　あばれる

▶ 真相を暴露する
　しんそうをばくろする

▶ 暴露記事
　ばくろきじ

---

07 崩壊　붕괴　ほうかい

□ □ □
1회 2회 3회

> ほうかい로 읽는 한자어에는 崩壊 외에 法界도 있어요. 이 단어는 '법조계'라는 뜻이죠. 또한, 崩과 壊는 각각 뜻으로 읽는 동사도 함께 알아두세요. 崩(くず)れる(붕괴하다, 무너지다)와 壊(こわ)れる(부서지다. 고장 나다)입니다.

壊 ▶ 破壊 파괴・損壊 손괴

▶ 地震で建物が崩壊する。 지진으로 건물이 붕괴하다.

▶ 家庭の崩壊 가정의 붕괴

08 印鑑　인감　いんかん

□ □ □
1회 2회 3회

> 印을 음을 읽으면 우리말의 '인'처럼 いん이 됩니다. 무척 쉽죠? 그런데, '표시'라는 뜻으로 읽으면 しるし라고 해요. 단, 印이 다른 말과 합쳐져서 뒤에 오는 경우는 しるし가 아니라 じるし로 읽어야 합니다.

印 ▶ 刻印 각인・印税 인세・印象 인상

　　矢印 화살표・星印 별표・無印 무표

▶ 印鑑を彫る。 인감을 파다.

▶ 印鑑証明 인감증명

09 飽和　포화　ほうわ

□ □ □
1회 2회 3회

> 飽를 음을 읽으면 ほう인데, 뜻으로 읽는 동사로는 飽(あ)きる가 있습니다. '질리다, 싫증나다'라는 뜻이죠. 또한 和를 음으로 읽으면 わ입니다. 그런데, '좋은 날씨'라는 뜻의 日和(ひより)에 쓰인 和는 わ로 읽지 않고 예외적으로 より라고 읽습니다.

和 ▶ 穏和 온화・講和 강화・調和 조화

▶ 飽和状態の交通事情。 포화상태의 교통사정.

▶ 飽和溶液 포화용액

다시 한번 확인하세요!

▶ 破壊　　はかい
　損壊　　そんかい

▶ 地震で建物が崩壊する
　じしんでたてものが
　ほうかいする

▶ 家庭の崩壊
　かていのほうかい

▶ 刻印　　こくいん
　印税　　いんぜい
　印象　　いんしょう

▶ 矢印　　やじるし
　星印　　ほしじるし
　無印　　むじるし

▶ 印鑑を彫る
　いんかんをほる

▶ 印鑑証明
　いんかんしょうめい

▶ 穏和　　おんわ
　講和　　こうわ
　調和　　ちょうわ

▶ 飽和状態の交通事情
　ほうわじょうたいの
　こうつうじじょう

▶ 飽和溶液
　ほうわようえき

퀴즈　認識を新たにする

기출 06년

10 類似 유사　　るいじ

1회 2회 3회

類를 음으로 읽을 때는 예외적으로 るい가 됩니다. りゅう로 잘못 발음할 수 있으니 주의해야겠죠? 또한 似(사)를 음으로 읽으면 じ인데, 뜻으로 읽는 동사로 似(に)る가 있습니다. 이 似る를 써서 '～를 닮다'라고 하려면 ～に似る가 됩니다.

類 ▸ 衣類 의류・分類 분류・類例 유례

似 ▸ 近似 근사・疑似 의사

▸ 筆跡が類似している。 필적이 유사하다.

기출 06년

11 融通 융통　　ゆうずう

1회 2회 3회

融通은 한자음 읽기 문제에 자주 출제되는 명사입니다. 왜냐하면 예외적인 발음이기 때문이죠. 원래 通은 음으로 읽을 때 つう라고 읽는데 融通에서의 通은 예외적으로 ずう로 읽습니다. 또한 通을 つ로 읽는 通夜(つや)도 있는데, 상갓집에서의 밤샘을 뜻합니다.

融 ▸ 金融 금융・融資 융자・融和 융화

通 ▸ 通過 통과・交通 교통・通貨 통화

▸ 融通のきかない石頭。 융통성이 없는 돌머리.

기출 06년

12 街頭 가두, 길거리, 노상　　がいとう

1회 2회 3회

頭을 음으로 읽을 때는 とう와 ず의 두 가지가 있습니다. 일반적으로는 とう로 읽는 단어가 많지만, ず라고 읽는 단어도 꽤 있어요. 대표적인 예로 '두뇌'의 頭脳(ずのう), '두통'의 頭痛(ずつう)가 있는데, 이 정도 단어는 꼭 기억해 두세요.

頭 ▸ 頭脳 두뇌・頭巾 두건・頭痛 두통

　　 出頭 출두・口頭 구두・頭取 은행장

▸ 街頭で演説をする。 길거리에서 연설을 하다.

▸ 街頭募金 가두모금

다시 한번 확인하세요!

▸ 衣類　いるい
　分類　ぶんるい
　類例　るいれい
▸ 近似　きんじ
　疑似　ぎじ
▸ 筆跡が類似している
　ひっせきがるいじしている

▸ 金融　きんゆう
　融資　ゆうし
　融和　ゆうわ
▸ 通過　つうか
　交通　こうつう
　通貨　つうか
▸ 融通のきかない石頭
　ゆうずうのきかないいしあたま

▸ 頭脳　ずのう
　頭巾　ずきん
　頭痛　ずつう
▸ 出頭　しゅっとう
　口頭　こうとう
　頭取　とうどり
▸ 街頭で演説をする
　がいとうでえんぜつをする
▸ 街頭募金
　がいとうぼきん

절대로 11일 명사1

퀴즈　真相を暴露する

147

13 侵入

침입　　　　　　　　　　　　　　　しんにゅう

☐ ☐ ☐
1회 2회 3회

> 侵入은 しんにゅう로 읽는데, 동음이의어로 新入(신입), 進入(진입), 浸入(침입) 등이 있습니다. 이런 동음이의어는 무슨 일이 있어도 꼭 외워두세요. 또한, 侵을 뜻으로 읽는 동사 侵(おか)す도 동음이의어가 있는데 바로 '범하다, 저지르다'의 뜻인 犯す와 '무릅쓰다, 감행하다'의 뜻인 冒す입니다.

▶ 盗人が侵入する。 도둑이 침입하다.

▶ 不法侵入。 불법침입.

14 親善

친선　　　　　　　　　　　　　　　しんぜん

☐ ☐ ☐
1회 2회 3회

> 親을 음으로 읽으면 しん입니다. 한자음이 '친'이라서 た행인 ちん으로 발음하기 쉽지만, 親은 さ행인 しん으로 읽어야 해요. 善을 음으로 읽으면 ぜん인데 한자음이 '선'이라서 さ행인 せん으로 잘못 읽기 쉽지만, 善은 ざ행인 ぜん으로 읽어야 합니다.

親 ▶ 親切 친절 · 親密 친밀

善 ▶ 改善 개선 · 次善 차선 · 独善 독선

▶ 明日は国際親善試合がある。 내일은 국제친선시합이 있다.

15 防犯

방범　　　　　　　　　　　　　　　ぼうはん

☐ ☐ ☐
1회 2회 3회

> 防을 음으로 읽으면 ぼう이며, 뜻으로 읽는 동사는 '막다'라는 뜻의 防(ふせ)ぐ입니다. 犯(범)을 음으로 읽으면 はん이며, 뜻으로 읽는 동사는 '범하다'는 뜻의 犯(おか)す라고 하죠. 그런데, 침범(侵犯)이라는 한자어에서는 犯을 ぱん으로 됩니다. 읽어서 しんぱん이 됩니다. 한자어에 따라 발음이 바뀌니 주의하세요.

防 ▶ 防衛 방위 · 防御 방어 · 防備 방비

犯 ▶ 侵犯 침범 · 犯罪 범죄 · 共犯 공범

▶ 防犯ベルを設ける。 방범 벨을 설치하다.

다시 한번 확인하세요!

▶ 盗人が侵入する
ぬすっとがしんにゅう
する

▶ 不法侵入
ふほうしんにゅう

▶ 親切　　しんせつ
　親密　　しんみつ

▶ 改善　　かいぜん
　次善　　じぜん
　独善　　どくぜん

▶ 明日は国際親善試合がある
あすはこくさいしん
ぜんじあいがある

▶ 防衛　　ぼうえい
　防御　　ぼうぎょ
　防備　　ぼうび

▶ 侵犯　　しんぱん
　犯罪　　はんざい
　共犯　　きょうはん

▶ 防犯ベルを設ける
ぼうはんベルをもうける

퀴즈　地震で建物が崩壊する

기출 00년

16 補償

1회 2회 3회

보상　　　　　　　　　　　　ほしょう

補償은 ほしょう라고 읽는데, 뜻은 다르지만 읽는 법이 같은 단어가 있어요. 바로 保証(보증)과 保障(보장)이죠. 이러한 동음이의어는 꼭 함께 외워두세요. 시험에 출제될 확률이 높으니까요.

補 ▶ 候補 후보 · 補修 보수 · 補強 보강

▶ 労働災害を補償する。 노동재해를 보상하다.

다시 한번 확인하세요!
▶ 候補　　こうほ
　 補修　　ほしゅう
　 補強　　ほきょう
▶ 労働災害を補償する
　 ろうどうさいがいを
　 ほしょうする

기출 00년

17 汚染

1회 2회 3회

오염　　　　　　　　　　　　おせん

汚를 음으로 읽을 때는 한자음 그대로 お로 읽습니다. 그런데, '더럽다'라는 い형용사로 쓰이면 汚(きたな)い, '더러워지다'라는 동사로 쓰이면 汚(よご)れる가 됩니다. 또한, 染(염)은 한자음과는 다르게 さ행인 せん으로 읽어요. 한자음이 '염'이라서 あ행으로 착각하기 쉬우니 주의하세요.

汚 ▶ 汚名 오명 · 汚職 오직 · 汚点 오점

染 ▶ 感染 감염 · 染色 염색

▶ 工場の廃水が河川を汚染する。
공장의 폐수가 하천을 오염시킨다.

▶ 大気汚染 대기오염

▶ 汚名　　おめい
　 汚職　　おしょく
　 汚点　　おてん
▶ 感染　　かんせん
　 染色　　せんしょく
▶ 工場の廃水が河川を汚染
　 する
　 こうじょうのはいすいが
　 かせんをおせんする
▶ 大気汚染　たいきおせん

기출 00년

18 献立

1회 2회 3회

차림표, 준비, 수배　　　　　　こんだて

献立은 어려운 한자어로, 읽는 음도 독특해서 시험에 자주 출제됩니다. 원래 献은 けん으로 읽는데, 여기서는 こん으로 읽어야 합니다. 立 역시 훈독인 だて라고 읽어야겠죠. 献立와 같은 뜻의 단어로는 メニュー(menu 메뉴)가 있습니다. 자주 쓰이진 않지만 '버스를 수배하다'라는 의미도 있습니다.

献 ▶ 献金 헌금 · 貢献 공헌 · 献納 헌납

▶ あの店の献立はすごい。 저 가게의 메뉴는 대단하다.

▶ 会議の献立をする。 회의 준비를 하다.

▶ 献金　　けんきん
　 貢献　　こうけん
　 献納　　けんのう
▶ あの店の献立はすごい
　 あのみせのこんだては
　 すごい
▶ 会議の献立をする
　 かいぎのこんだてをする

퀴즈　融通のきかない石頭

19 苗

1회 2회 3회

묘목(모) / なえ

苗를 뜻으로 읽으면 なえ가 되는데, '모종' 또는 '묘목'을 뜻하는 말입니다. 苗와 한자음이 같은 한자는 猫(고양이 묘)와 描(묘사할 묘)가 있어요. 보통 猫는 ねこ로 뜻으로 읽고, 描는 びょう로 음으로 읽는 경우가 많습니다.

▸ 苗木。묘목.

▸ 田に苗を植える。논에 모를 심다.

다시 한번 확인하세요!

▸ 苗木　なえぎ
▸ 田に苗を植える
　たになえをうえる

20 披露

1회 2회 3회

피로, 널리 알림 / ひろう

披露는 ひろう라고 읽는데, 동음이의어 한자로 피로(疲労)가 있습니다. 하지만, 일본에서는 疲労라는 한자어 대신 '피로, 피곤'이라는 뜻인 疲(つか)れ를 더 많이 사용합니다. 참고로, '피곤하다, 지치다'라는 동사는 疲(つか)れる입니다.

▸ 裏話を披露する。뒷얘기를 피로하다.

▸ 開店披露宴。개점 피로연.

▸ 裏話を披露する
　うらばなしをひろうする
▸ 開店披露宴
　かいてんひろうえん

21 就職

1회 2회 3회

취직 / しゅうしょく

就를 음으로 읽으면 しゅう인데, 예외적인 발음이 있습니다. 바로 성취(成就 じょうじゅ)라는 단어죠. 이 단어에서는 就를 しゅう가 아닌 じゅ로 읽어야 합니다. 예외니까 시험에 자주 출제되겠죠? 꼭 기억해 두세요.

就 ▸ 就寝 취침・去就 거취・成就 성취

職 ▸ 職業 직업・職場 직장・退職 퇴직

▸ 地元の企業に就職する。자기 고향의 기업에 취직하다.

▸ 就職試験。취직시험.

▸ 就寝　しゅうしん
　去就　きょしゅう
　成就　じょうじゅ
▸ 職業　しょくぎょう
　職場　しょくば
　退職　たいしょく
▸ 地元の企業に就職する
　じもとのきぎょうに
　しゅうしょくする
▸ 就職試験
　しゅうしょくしけん

퀴즈 防犯ベルを設ける

22 魂

혼, 영혼 — たましい

魂을 음으로 읽으면 こん이고, '혼, 영혼'이라는 뜻으로 읽으면 魂(たましい)가 됩니다. 물론 こん으로 읽는 한자어도 있지만, 일반적으로는 魂을 たましい처럼 뜻으로 읽는 경우가 훨씬 많아요.

魂 ▸ 鎮魂 진혼 · 霊魂 영혼 · 負けじ魂 지지 않으려는 기백

▸ 魂が抜けたようになる。 혼이 빠진 듯하다.

▸ 大和魂。 일본의 혼.

· 一寸の虫にも五分の魂 지렁이도 밟으면 꿈틀거린다

23 渋滞

정체, 체증, 밀림 — じゅうたい

渋滞는 한자음과는 전혀 상관없는 '정체, 체증'이란 뜻입니다. 주로 교통체증을 가리키는 말로 일본의 어느 도시나 도로의 전광판에 등장하는 단어라 일상생활과 매우 밀접합니다. 그래서 시험에 출제될 확률이 높아요.

滞 ▸ 延滞 연체 · 滞在 체재 · 滞留 체류

滞る 밀리다, 정체되다

▸ 事務が渋滞する。 업무가 밀리다.

▸ 交通渋滞。 교통체증.

24 勘弁

참음, 용서, 이해 — かんべん

勘弁은 우리말 '감변'과 비슷하게 かんべん이라고 읽습니다. 하지만, 한자음과는 전혀 상관없이 '참음, 용서, 이해'라는 뜻의 단어입니다. 보통 勘弁する의 형태로 많이 쓰이고 있습니다.

勘 ▸ 勘案 감안 · 勘定 계산(감정) · 割り勘 각자계산

弁 ▸ 強弁 강변 · 弁護 변호 · 支弁 지변

▸ 今度だけは勘弁してやる。 이번만큼은 용서해주겠다.

다시 한번 확인하세요!
▸ 鎮魂 ちんこん
霊魂 れいこん
負けじ魂 まけじだましい
▸ 魂が抜けたようになる たましいがぬけたようになる
▸ 大和魂 やまとだましい
▸ 一寸の虫にも五分の魂 いっすんのむしにもごぶのたましい
▸ 延滞 えんたい
滞在 たいざい
滞留 たいりゅう
▸ 滞る とどこおる
▸ 事務が渋滞する じむがじゅうたいする
▸ 交通渋滞 こうつうじゅうたい
▸ 勘案 かんあん
勘定 かんじょう
割り勘 わりかん
▸ 強弁 きょうべん
弁護 べんご
支弁 しべん
▸ 今度だけは勘弁してやる こんどだけはかんべんしてやる

퀴즈 労働災害を補償する

151

25 志望

지망   しぼう

1회 2회 3회

志望은 しぼう로 읽는데, 뜻은 다르지만 발음이 같은 단어가 있습니다. 바로 死亡(사망)과 脂肪(지방)이죠. 이런 동음이의어는 꼭 함께 외워두세요. 시험에 출제될 확률이 높으니까요.

志 ▸ 志 뜻, 의지

望 ▸ 希望 희망 · 願望 원망 · 失望 실망
　　望む 바라다

　▸ 日本の大学を志望する。 일본대학을 지망하다.

26 裁縫

재봉   さいほう

1회 2회 3회

裁를 음으로 읽으면 さい가 되는데, 裁와 한자음이 똑같은 한자로 栽(심을 재)와 載(실을 재)가 있습니다. 이 두 단어는 읽는 음도 裁처럼 さい로 발음되니 꼭 함께 기억해두세요.

縫 ▸ 縫いぐるみ 봉제인형 · 縫い目 재봉선
　　縫う 재봉하다, 깁다

　▸ 裁縫をする。 재봉을 하다.

　▸ 裁縫箱。 재봉상자.

27 購読

구독   こうどく

1회 2회 3회

購를 음으로 읽으면 こう입니다. 특히 購의 부수로 쓰인 貝(조개 패)는 돈과 관련된 단어가 많습니다. 또한 讀은 음이 우리말의 '독'과 비슷하게 발음되는 どく입니다.

購 ▸ 購買 구매 · 購入 구입

読 ▸ 音読 음독 · 訓読 훈독 · 句読点 구두점

　▸ 雑誌を購読している。 잡지를 구독하고 있다.

　▸ 定期講読。 정기구독.

다시 한번 확인하세요!

- 志　　こころざし
- 希望　　きぼう
  願望　　がんぼう
  失望　　しつぼう
  望む　　のぞむ
- 日本の大学を志望する
  にほんのだいがくを
  しぼうする

- 縫いぐるみ
  ぬいぐるみ
  縫い目　　ぬいめ
  縫う　　ぬう
- 裁縫をする
  さいほうをする
- 裁縫箱　　さいほうばこ

- 購買　　こうばい
  購入　　こうにゅう
- 音読　　おんどく
  訓読　　くんどく
  句読点　　くとうてん
- 雑誌を購読している
  ざっしをこうどくして
  いる
- 定期講読
  ていきこうどく

퀴즈   地元の企業に就職する

28 愛想

1회 2회 3회

애교, 붙임성, 계산   あいそ

> 愛想은 한자음과는 상관없이 '애교, 붙임성'이란 뜻입니다. 특히 想을 そ로 발음하는 것에 주의하세요. 원래 想은 そう로 읽는데, 愛想에서는 そ로 읽어야 합니다. 참고로 관용표현인 '붙임성이 있다'는 뜻은 愛想がある, '애교, 붙임성이 없다(안 좋다)'는 愛想がない(悪い)도 함께 알아두세요.

想 ▸ 回想 회상・空想 공상・幻想 환상・想像 상상

▸ 愛想のない返事。붙임성이 없는 대답.

▸ お愛想願います。계산 부탁합니다.

▸ 愛想が尽きる。정나미 떨어지다.

다시 한번 확인하세요!

▸ 回想   かいそう
   空想   くうそう
   幻想   げんそう
   想像   そうぞう

▸ 愛想のない返事
   あいそのないへんじ

▸ お愛想願います
   おあいそねがいます

▸ 愛想が尽きる
   あいそがつきる

29 奇数

1회 2회 3회

홀수   きすう

> 奇数는 한자음과는 상관없이 '홀수'라는 뜻입니다. 반대말인 '짝수'는 偶数이며 ぐうすう라고 읽습니다. 数를 음으로 읽으면 すう지만, 뜻으로 읽으면 かず입니다. 음과 뜻 모두 많이 쓰이는 기본 한자이므로 꼭 외워두세요.

奇 ▸ 怪奇 괴기・奇襲 기습・奇想天外 기상천외

数 ▸ 口数 말수・指数 지수・分数 분수

▸ 私は奇数が好きだ。나는 홀수를 좋아한다.

▸ 怪奇   かいき
   奇襲   きしゅう
   奇想天外
   きそうてんがい

▸ 口数   くちかず
   指数   しすう
   分数   ぶんすう

▸ 私は奇数が好きだ
   わたしはきすうがすきだ

30 圧縮

1회 2회 3회

압축   あっしゅく

> 圧을 음으로 읽으면 あつ인데, 圧 뒤에 かな さ행으로 읽는 한자가 오면 あつ의 つ가 촉음 っ로 바뀝니다. 반대말은 '해동'의 뜻인 解凍(かいとう)입니다. 그리고 縮을 음으로 읽으면 しゅく, 뜻으로 읽으면 '줄어들다'는 뜻의 縮(ちぢ)む, '줄이다'는 뜻의 縮(ちぢ)める가 됩니다.

圧 ▸ 圧巻 압권・圧勝 압승・弾圧 탄압

縮 ▸ 収縮 수축・凝縮 응축・短縮 단축

▸ ファイルを圧縮して保存する。파일을 압축하여 보관하다.

▸ 圧縮空気。압축공기.

▸ 圧巻   あっかん
   圧勝   あっしょう
   弾圧   だんあつ

▸ 収縮   しゅうしゅく
   凝縮   ぎょうしゅく
   短縮   たんしゅく

▸ ファイルを圧縮して保存する
   ファイルをあっしゅくしてほぞんする

▸ 圧縮空気
   あっしゅくくうき

퀴즈   事務が渋滞する

※ 次の説明に合う単語は？

01 二で割りきれない整数。

① 正数   ② 算数   ③ 偶数   ④ 奇数

02 人当たりのいい態度。

① 返事   ② 答え   ③ 愛想   ④ 応え

03 「志望」と同じ読み方の単語は。

① 指導   ② 脂肪   ③ 時報   ④ 司法

04 人の体に宿り、精神活動をつかさどると考えられているもの。

① 魂   ② 鬼   ③ 魅   ④ 塊

05 「披露」と同じ読み方の単語は。

① 破労   ② 疲労   ③ 波路   ④ 被路

06 稲・野菜・草木などの、発芽して間がないもの。

① 芝   ② 筍   ③ 苗   ④ 笠

※ 次の単語の読み方は？

07 次の単語の読み方は？

1	献立	① こんだち	② けんりつ	③ こんりつ	④ こんだて
2	問屋	① とんや	② といおく	③ とんおく	④ ききや
3	融通	① ゆうつう	② ゆうつ	③ ゆうず	④ ゆうずう

08 このファイルを圧縮して保存してください。

① あっちく   ② しょうしゅく   ③ あっしゅく   ④ あっちく

09 政府は大気おせん問題で頭を抱えている。

① 御煎   ② 汚洗   ③ 汚鮮   ④ 汚染

10 今回は公平に<u>抽選</u>で順番を決めましょう。
　　① ちゅうぜん　　② しゅうぜん　　③ ちゅうせん　　④ しゅうせん

11 朝から交通<u>渋滞</u>で今日も遅刻です。
　　① しょうたい　　② じゅうたい　　③ じょうたい　　④ さつたい

12 あの記者は政府の不正を<u>暴露</u>するために調べている。
　　① ぼうろ　　② ばくろ　　③ ぼうろう　　④ ばくろう

13 最近<u>人質</u>事件が相次いでいる。
　　① じんしつ　　② にんしつ　　③ にんじち　　④ ひとじち

14 日本では学級<u>崩壊</u>が深刻な問題になっている。
　　① ほうかい　　② ふうかい　　③ ほうき　　④ ふうけい

※ 次の単語の漢字は？

15 今世界の人口は<u>ほうわ</u>状態である。
　　① 忘我　　② 飽和　　③ 放和　　④ 方我

16 <u>ぼうはん</u>カメラは時にはプライバシー侵害のおそれがある。
　　① 防寒　　② 防氾　　③ 模犯　　④ 防犯

17 韓国と日本のサッカー<u>しんぜん</u>試合が行われる予定である。
　　① 神前　　② 新鮮　　③ 親鮮　　④ 親善

18 彼は国家に<u>ほしょう</u>を求めた。
　　① 墓所　　② 舗装　　③ 補償　　④ 補賞

기출 07년

01 演奏

□ □ □
1회 2회 3회

연주

えんそう

演은 주로 음독으로 읽습니다. 즉, 음과 뜻 모두 えん으로 읽어요. 동사로는 演(えん)じる가 있는데 '연기하다'라는 뜻이죠. 그리고, 奏(そう)는 そう로 읽는데, 뜻으로 읽으면 '연주하다'는 뜻의 奏(かな)でる입니다.

演 ▸ 演説 연설・講演 강연・演技 연기

▸ 恋人と演奏会に行く。애인과 연주회에 가다.

▸ 演奏記号。연주기호.

다시 한번 확인하세요!

▸ 演説　　えんぜつ
　講演　　こうえん
　演技　　えんぎ

▸ 恋人と演奏会に行く
　こいびととえんそうかい
　にいく

▸ 演奏記号
　えんそうきごう

기출 07년

02 署名

□ □ □
1회 2회 3회

서명

しょめい

署名처럼 しょめい로 발음하는 단어로 書名(서명)가 있습니다 名은 보통 めい로 발음하지만, 단어에 따라 '성(姓)'이라는 뜻의 名字(みょうじ)처럼 みょう로도 읽고 뜻으로 읽으면 な가 됩니다.

名 ▸ 汚名 오명・除名 제명・名刺 명함

　　▸ 名札 명찰・源氏名 예명・名無し 무명(이름이 없음)

▸ 契約書に署名をする。계약서에 서명하다.

▸ 署名捺印。서명날인.

▸ 汚名　　おめい
　除名　　じょめい
　名刺　　めいし

▸ 名札　　なふだ
　源氏名　げんじな
　名無し　ななし

▸ 契約書に署名をする
　けいやくしょにしょめい
　をする

▸ 署名捺印
　しょめいなついん

기출 07년

03 模倣

□ □ □
1회 2회 3회

모방

もほう

模는 우리말 '모'와 똑같이 も로 읽습니다. 외울 필요도 없을 만큼 쉽죠? 그런데, 단어에 따라 模를 예외적으로 읽기도 합니다. 바로 '규모'의 規模(きぼ)라는 단어죠. 이 단어에서는 模를 も가 아니라 ぼ로 읽어야 해요. 예외적 읽기로 시험에 자주 출제됩니다.

模 ▸ 模型 모형・模範 모범・模索 모색

▸ 他人の作品を模倣する。타인의 작품을 모방하다.

▸ 模倣芸術。모방예술.

▸ 模型　　もけい
　模範　　もはん
　模索　　もさく

▸ 他人の作品を模倣する
　たにんのさくひんを
　もほうする

▸ 模倣芸術
　もほうげいじゅつ

퀴즈　論理上の欠陥を衝く

04 追放

추방 ついほう

□ □ □
1회 2회 3회

追를 음으로 읽으면 つい, 뜻으로 읽으면 '쫓다'는 뜻의 追(お)う입니다. 또한 放을 음으로 읽으면 ほう인데, 한자음이 '방'이라서 ば행인 ぼう로 착각하기 쉽습니다. 放을 뜻으로 읽으면 '풀어주다, 놓아주다'는 뜻의 放(はな)つ가 됩니다.

追 ▶ 追加 추가 · 追撃 추격 · 追求 추구

放 ▶ 解放 해방 · 放置 방치 · 放牧 방목

▶ 社会の悪を追放する。 사회의 악을 추방하다.

▶ 暴力追放。 폭력추방.

05 台無し

엉망이 됨, 못 쓰게 됨 だいなし

□ □ □
1회 2회 3회

台를 음으로 읽으면 だい인데, 이 한자는 뜻으로 읽는 음이 없습니다. 즉, 음으로 읽는 だい만 확실히 외워두면 끝이죠! 그리고, 無(な)し는 '없음'이라는 뜻의 명사인데, '없다'의 い형용사인 無い의 또 다른 명사형이라고 할 수 있죠.

台 ▶ 鏡台 경대 · 尊台 존대 · 台詞 대사

▶ 計画が台無しになる。 계획이 엉망이 되다.

▶ 雨で着物が台無しになる。 비 때문에 기모노가 엉망이 되다.

06 誘導

유도 ゆうどう

□ □ □
1회 2회 3회

誘는 우리말 '유'처럼 ゆう로 발음되고, 導 역시 '도'와 비슷하게 どう라고 읽습니다. 두 한자 모두 한자음 그대로 읽고 뒤에 장음인 う를 붙여 읽으면 되는 거죠. 발음이 쉬워 외울 필요가 없겠네요.

誘 ▶ 誘惑 유혹 · 誘拐 유괴 · 勧誘 권유
　　誘う 유혹하다, 권하다

導 ▶ 引導 인도 · 半導体 반도체 · 導入 도입 · 導く 인도하다

▶ 客を非常口へ誘導する。 손님을 비상구로 유도한다.

▶ 追加　　ついか
　追撃　　ついげき
　追求　　ついきゅう
▶ 解放　　かいほう
　放置　　ほうち
　放牧　　ほうぼく
▶ 社会の悪を追放する
　しゃかいのあくを
　ついほうする
▶ 暴力追放
　ぼうりょくついほう

▶ 鏡台　　きょうだい
　尊台　　そんだい
　台詞　　せりふ
▶ 計画が台無しになる
　けいかくがだいなしに
　なる
▶ 雨で着物が台無しになる
　あめできものがだいな
　しになる

▶ 誘惑　　ゆうわく
　誘拐　　ゆうかい
　勧誘　　かんゆう
　誘う　　さそう
▶ 引導　　いんどう
　半導体　はんどうたい
　導入　　どうにゅう
　導く　　みちびく
▶ 客を非常口へ誘導する
　きゃくをひじょうぐちへ
　ゆうどうする

절대도 12일 명사 2

퀴즈 完璧な演技を見せる

157

07 進呈

1회 2회 3회

진정, 드림　　　　　　　　　　　　　　しんてい

🙂 進을 음으로 읽으면 しん이고, 뜻으로 읽으면 '나아가다'라는 뜻의 進(すす)む입니다. 그런데, 呈은 음으로 읽든 뜻으로 읽든 てい로 발음합니다. '증정하다'라는 동사는 呈(てい)する가 됩니다.

進 ▸ 急進 급진・後進 후진・進退 진퇴

呈 ▸ 献呈 헌정・贈呈 증정・露呈 노정

▸ 記念に自著を進呈する。기념으로 자서를 진정하다.

08 衝撃

1회 2회 3회

충격　　　　　　　　　　　　　　　しょうげき

🙂 衝撃의 衝을 しゅう로 읽지 않도록 주의하세요. 반드시 아래 단어를 통해 しょう로 발음되는 것을 기억하세요. 衝撃波(しょうげきは)는 '충격파', 衝撃療法(しょうげきりょうほう)는 '충격요법'이라는 뜻입니다.

衝 ▸ 衝突 충돌・衝動 충동・緩衝 완충

撃 ▸ 射撃 사격・攻撃 공격・襲撃 습격

▸ 世界に強い衝撃を与えた事件。세계에 충격을 준 사건.

09 執着

1회 2회 3회

집착　　　　　　　　　　　　　しゅうちゃく

🙂 執은 음이 しゅう와 しつ의 두 가지라서 단어에 따라 잘 구분해야 합니다. 예를 들어 '집념'의 執念은 しゅうねん, '집무'의 執務는 しつむ로 읽습니다. 그리고, 着은 우리말 '착'과 비슷한 ちゃく라고 읽고, 뜻으로 읽으면 '도착하다'는 뜻의 着(つ)く가 됩니다.

執 ▸ 執念 집념・我執 아집・執務 집무

着 ▸ 決着 결착・着服 착복・密着 밀착

▸ 金に執着する。돈에 집착하다.

▸ 執着心。집착심.

퀴즈　契約書に署名をする

10 禁物

1회 2회 3회

금물　　　　　　　　　　　　　　　　　　　　きんもつ

禁物에서 物은 もつ라고 읽지만, 일반적으로는 ぶつ로 읽는 경우가 훨씬 많아요. 하지만, 物을 もつ로 읽는 경우가 시험에 더 자주 출제됩니다. もつ로 발음되는 단어에는 貨物(かもつ 화물), 穀物(こくもつ 곡물) 등이 있어요.

禁 ▶ 監禁 감금・軟禁 연금・禁欲 금욕

物 ▶ 貨物 화물・穀物 곡물・異物 이물・怪物 괴물

▸ 病気に酒は禁物だ。병에 술은 금물이다.

▸ 油断は禁物。방심은 금물.

11 開拓

1회 2회 3회

개척　　　　　　　　　　　　　　　　　　　　かいたく

開를 음으로 읽으면 かい이고, 뜻으로 읽으면 '열다'는 뜻의 開(あ)ける가 됩니다. 拓을 음으로 읽으면 たく인데 한자음이 '척'이라서 ちょく로 발음하기 쉬우니 주의하세요.

開 ▶ 開業 개업・開講 개강・開放 개방

▸ 販路を開拓する。판로를 개척하다.

▸ 開拓者。개척자.

12 柔軟

1회 2회 3회

유연　　　　　　　　　　　　　　　　　　　　じゅうなん

柔를 음으로 읽으면 한자음과는 달리 じゅう로 발음되며 뜻으로 읽으면 '부드럽다'는 뜻의 柔(やわ)らかな 형용사입니다. 柔의 한자음이 '유'라서 ゆう로 잘못 발음하기 쉬우니 주의하세요.

柔 ▶ 外柔内剛 외유내강・柔順 유순

軟 ▶ 軟弱 연약・軟化 연화

▸ 柔軟に対応する。유연하게 대응하다.

▸ 柔軟体操。유연체조.

다시 한번 확인하세요!

▶ 監禁　　　かんきん
　　軟禁　　　なんきん
　　禁欲　　　きんよく
▶ 貨物　　　かもつ
　　穀物　　　こくもつ
　　異物　　　いぶつ
　　怪物　　　かいぶつ
▶ 病気に酒は禁物だ
　　びょうきにさけは
　　きんもつだ
▶ 油断は禁物
　　ゆだんはきんもつ

▶ 開業　　　かいぎょう
　　開講　　　かいこう
　　開放　　　かいほう
▶ 販路を開拓する
　　はんろをかいたくする
▶ 開拓者　　かいたくしゃ

▶ 外柔内剛
　　がいじゅうないごう
　　柔順　　　じゅうじゅん
▶ 軟弱　　　なんじゃく
　　軟化　　　なんか
▶ 柔軟に対応する
　　じゅうなんにたいおう
　　する
▶ 柔軟体操
　　じゅうなんたいそう

절대로 12일 명사 2

퀴즈　客を非常口へ誘導する

13 申請

신청   しんせい

□ □ □
1회 2회 3회

> 請을 음으로 읽으면 せい인데, 請과 모양이 닮은 한자로 晴(개일 청)과 清(맑을 청)이 있어요. 특히, 晴과 清은 뜻으로 읽는 경우가 많습니다. 각각의 단어를 살펴보면 晴은 '날이 개다'는 뜻의 晴(は)れる, 清은 '맑다, 깨끗하다'는 뜻의 清(きよ)い가 있습니다.

請 ▸ **請求** 청구 · **請託** 청탁 · **請負** 청부

▸ **ビザを申請する。** 비자를 신청하다.

▸ 請求　　せいきゅう
　請託　　せいたく
　請負　　うけおい

▸ ビザを申請する
　ビザをしんせいする

14 距離

거리   きょり

□ □ □
1회 2회 3회

> 距離를 음으로 읽으면 우리말의 '거리'와 비슷하게 きょり로 발음됩니다. 그런데, 여기 쓰인 離를 뜻으로 읽으면 離(はな)れる인데 '떨어지다, 헤어지다'라는 뜻으로 멀리 거리를 두고 있다는 뉘앙스입니다.

離 ▸ **隔離** 격리 · **分離** 분리 · **会者定離** 회자정리

　　　　離れる 떨어지다

▸ **考え方に距離がありすぎる。** 사고방식에 너무 거리가 있다.

▸ 隔離　　かくり
　分離　　ぶんり
　会者定離
　えしゃじょうり

▸ 離れる　はなれる

▸ 考え方に距離がありすぎる
　かんがえかたにきょりが
　ありすぎる

15 燃焼

연소   ねんしょう

□ □ □
1회 2회 3회

> 燃을 음으로 읽으면 ねん이고, 뜻으로 읽으면 '불타다'라는 뜻의 燃(も)える입니다. 또한 焼를 음으로 읽으면 しょう이며 뜻으로 읽으면 '굽다'는 뜻의 焼(や)く가 됩니다. 참고로, 燃과 然은 둘 다 '연'이지만, 火가 있으면 '태울 연'이고, 火가 없으면 '그러할 연'입니다.

燃 ▸ **再燃** 재연 · **燃費** 연비 · **燃料** 연료

焼 ▸ **焼却** 소각 · **焼失** 소실 · **焼酎** 소주

▸ **全生命を芸術に燃焼させる。** 전생명을 예술로 불태우다.

▸ 再燃　　さいねん
　燃費　　ねんぴ
　燃料　　ねんりょう

▸ 焼却　　しょうきゃく
　焼失　　しょうしつ
　焼酎　　しょうちゅう

▸ 全生命を芸術に燃焼させる
　ぜんせいめいをげいじゅ
　つにねんしょうさせる

퀴즈　金に執着する

16 修繕

수선　　　　　　　　　　　　しゅうぜん

□ □ □
1회 2회 3회

修를 음으로 읽으면 しゅう이며, 뜻으로 읽으면 修(おさ)める가 됩니다. 특히 おさめる로 읽는 대표적인 동사는 네 종류가 있습니다. 修める는 '수양하다', 収める는 '거두다', 納める는 '납부하다', 治める는 '다스리다'라는 뜻입니다.

▸ 屋根を修繕する。지붕을 수선하다.

· 身を修める。몸을 수양하다.
· 授業料を収める。수업료를 거두다.
· 税金を納める。세금을 납부하다.
· 国を治める。나라를 다스리다.

17 膨張

팽창　　　　　　　　　　　　ぼうちょう

□ □ □
1회 2회 3회

膨張(ぼうちょう)는 '팽창'이라는 뜻의 한자어인데, 실제 한자의 음은 '팽장'입니다. '팽창'의 원래 한자는 膨脹(ぼうちょう)이지만 장(脹)이 상용한자가 아니기 때문에 대용한자로 張(장)을 썼습니다. 대용한자의 예로는 '첨단'의 先端(せんたん), '추첨'의 抽選(ちゅうせん) 등입니다.

張 ▸ 緊張 긴장・拡張 확장・開張 개장

膨 ▸ 膨らむ 부풀다

▸ 予算が膨張する。예산이 팽창하다.

▸ 膨張宇宙。팽창우주.

18 強行

강행　　　　　　　　　　　　きょうこう

□ □ □
1회 2회 3회

強行은 きょうこう로 읽는데, 뜻은 다르지만 음이 같은 단어로 강경(強硬)이 있습니다. 強은 보통 きょう로 읽는데, 단어에 따라 ごう로도 읽습니다. 예를 들어 '강도'의 強盗는 ごうとう입니다. 이렇게 예외적인 발음은 꼭 시험에 나와요!

強 ▸ 頑強 완강・強制 강제・強引 강인・強盗 강도
　　強いる 강요하다

▸ 採決を強行する。채결을 강행하다.

▸ 強行突破。강행돌파.

　病気に酒は禁物だ

절대로 12일 명사 2

19 破裂

1회 2회 3회

파열　　　　　　　　　　　　　　　　　　　　　はれつ

> 破裂은 はれつ라고 읽는데, 여기 쓰인 破는 단어에 따라 ぱ라고 읽기도 해요. 예를 들어, 간파(看破)는 かんぱ라고 읽고 한파(寒波)는 かんぱ라고 읽죠. 왜 이 한자어에서는 は를 ぱ로 읽을까요? 그 이유는 발음을 편하게 하기 위해서랍니다.

破 ▸ 看破 간파 · 破壊 파괴

裂 ▸ 決裂 결렬 · 支離滅裂 지리멸렬

▸ 談判が破裂する。담판이 결렬되다.

▸ 水道管の破裂。수도관의 파열.

20 復興

1회 2회 3회

부흥　　　　　　　　　　　　　　　　　　　　　ふっこう

> 復興에서는 復을 '부'로 읽었지만 '복'으로 발음하기도 합니다. 復은 보통 ふく로 읽는데, 復과 발음도 같고 모양도 비슷한 한자로 腹(배 복)과 複(겹칠 복)이 있어요. 두 한자 모두 ふく로 발음합니다.

復 ▸ 往復 왕복 · 復活 부활 · 復帰 복귀
　　報復 보복 · 復旧 복구

興 ▸ 興行 흥행 · 興信所 흥신소 · 興味 흥미 · 酒興 주흥

▸ 伝統工芸を復興する。전통 공예를 부흥하다.

21 騒音

1회 2회 3회

소음　　　　　　　　　　　　　　　　　　　　　そうおん

> 馬가 들어간 한자어는 크게 두 가지 뜻이 있어요. 첫째는 '자동차'예요. 옛날에는 말이 자동차를 대신했기 때문이죠. 이 뜻에 해당하는 단어로는 '주차'의 駐車(ちゅうしゃ), '주재'의 駐在(ちゅうざい)가 있습니다. 두 번째는 '미친 말'입니다. 여기에 해당하는 단어가 바로 騒(さわ)ぐ인데, '소란을 피우다, 시끄럽게 떠들다'라는 뜻이죠.

騒 ▸ 騒動 소동 · 騒乱 소란

▸ 騒音防止のための規則。소음방지를 위한 규칙.

다시 한번 확인하세요!

▸ 看破　　　かんぱ
　破壊　　　はかい

▸ 決裂　　　けつれつ
　支離滅裂　しりめつれつ

▸ 談判が破裂する
　だんぱんがはれつする

▸ 水道管の破裂
　すいどうかんのはれつ

▸ 往復　　　おうふく
　復活　　　ふっかつ
　復帰　　　ふっき
　報復　　　ほうふく
　復旧　　　ふっきゅう

▸ 興行　　　こうぎょう
　興信所　　こうしんじょ
　興味　　　きょうみ
　酒興　　　しゅきょう

▸ 伝統工芸を復興する
　でんとうこうげいを
　ふっこうする

▸ 騒動　　　そうどう
　騒乱　　　そうらん

▸ 騒音防止のための規則
　そうおんぼうしのための
　きそく

全生命を芸術に燃焼させる

22 蓄積

축적   ちくせき

1회 2회 3회

蓄을 음으로 읽으면 ちく, 뜻으로 읽으면 '모으다, 저축하다'는 뜻의 蓄(た くわ)える입니다. 또한 積을 음으로 읽으면 せき이며, 뜻으로 읽으면 '쌓다'는 뜻의 積(つ)む가 됩니다. 두 한자 모두 쉬운 단어는 아니므로 음과 뜻을 잘 외워 두세요.

蓄 ▸ 含蓄 함축 · 蓄財 축재 · 貯蓄 저축

積 ▸ 積載 적재 · 累積 누적 · 面積 면적

▸ 疲労が蓄積する。 피로가 축적되다.

· 塵も積もれば山となる。 티끌모아 태산.

23 宣言

선언   せんげん

1회 2회 3회

言은 げん과 ごん 두 가지 발음으로 단어에 따라 정확히 읽어야 합니다. 예를 들어, '전언'의 伝言은 でんごん으로, '증언'의 証言은 しょうげん으로 읽습니다. 이렇게 음이 두 개인 한자는 단어마다 읽는 법이 달라서 시험에도 자주 출제됩니다.

言 ▸ 格言 격언 · 言及 언급 · 言質 언질 · 言論 언론

▸ 国家の独立を宣言する。 국가의 독립을 선언하다.

▸ 人権宣言。 인권선언.

24 付録

부록   ふろく

1회 2회 3회

録을 음으로 읽으면 ろく인데, 録과 모양이 닮은 한자로 緑(푸를 록)과 縁 (인연 연)이 있어요. 특히 이 한자들 중에서 録과 緑은 모두 ろく로 읽지만, 縁은 えん으로 발음합니다. 서로 모양은 닮았지만 음이 같지는 않으니 주의하세요. 附録(ふろく)로도 사용 가능합니다.

録 ▸ 語録 어록 · 実録 실록 · 登録 등록

▸ 雑誌の別冊付録。 잡지의 별책부록.

다시 한번 확인하세요!

▸ 含蓄   がんちく
   蓄財   ちくざい
   貯蓄   ちょちく

▸ 積載   せきさい
   累積   るいせき
   面積   めんせき

▸ 疲労が蓄積する
   ひろうがちくせきする

▸ 塵も積もれば山となる
   ちりもつもればやまとなる

▸ 格言   かくげん
   言及   げんきゅう
   言質   げんち
   言論   げんろん

▸ 国家の独立を宣言する
   こっかのどくりつを
   せんげんする

▸ 人権宣言
   じんけんせんげん

▸ 語録   ごろく
   実録   じつろく
   登録   とうろく

▸ 雑誌の別冊付録
   ざっしのべっさつふろく

절대로 12일 명사 2

퀴즈   予算が膨張する

25 無言

무언   むごん

> 無는 음이 む와 ぶ의 두 가지라서 단어에 따라 제대로 읽어야 합니다. 예를 들어, '무언'의 無言은 むごん으로 읽고, '무사'의 無事는 ぶじ가 됩니다. 이렇게 음이 두 가지인 한자는 읽는 법이 어려운 만큼 시험에도 자주 출제됩니다.

無 ▶ 有象無象 어중이떠중이 · 無事 무사 · 無礼講 야자타임

言 ▶ 予言 예언 · 妄言 망언 · 独り言 독백

▶ 無言で応える。 무언으로 응답하다.

▶ 無言劇。 무언극.

26 欠陥

결함   けっかん

> 欠을 음으로 읽으면 けつ인데, 欠이 들어가는 한자어 중에 けっかん으로 읽는 한자어가 두 가지 있어요. 欠陥(결함)과 血管(혈관)인데, 뜻은 다르지만 발음은 같습니다. 이러한 동음이의어는 시험에 출제될 확률이 높으니까 외워두세요.

欠 ▶ 完全無欠 완전무결 · 欠点 결점

陥 ▶ 陥没 함몰 · 陥る 빠지다, 떨어지다

▶ 論理上の欠陥を衝く。 논리상의 결함을 찌르다.

▶ 欠陥商品。 결함상품.

27 通常

통상   つうじょう

> 常을 음으로 읽으면 じょう인데, 常이 들어가는 한자어 중에 いじょう로 읽는 한자어가 두 가지 있어요. 異常과 以上인데, 서로 뜻은 다르지만 '이상'으로 발음됩니다. 이러한 동음이의어는 시험에 출제될 확률이 높으니까 외워두세요. 유사어로 '보통'이란 뜻의 普通(ふつう)가 있습니다.

通 ▶ 交通 교통 · 貫通 관통 · 通貨 통화

常 ▶ 常識 상식 · 無常 무상 · 異常 이상

▶ 通常は事務室にいる。 통상은 사무실에 있다.

▶ 有象無象 うぞうむぞう
　無事 ぶじ
　無礼講 ぶれいこう
▶ 予言 よげん
　妄言 もうげん
　独り言 ひとりごと
▶ 無言で応える
　むごんでこたえる
▶ 無言劇 むごんげき

▶ 完全無欠 かんぜんむけつ
　欠点 けってん
▶ 陥没 かんぼつ
▶ 陥る おちいる
▶ 論理上の欠陥を衝く
　ろんりじょうのけっかん
　をつく
▶ 欠陥商品
　けっかんしょうひん

▶ 交通 こうつう
　貫通 かんつう
　通貨 つうか
▶ 常識 じょうしき
　無常 むじょう
　異常 いじょう
▶ 通常は事務室にいる
　つうじょうはじむしつに
　いる

퀴즈 談判が破裂する

28 交代

交代   교대   こうたい

1회 2회 3회

> 交를 음으로 읽으면 こう이고, 代를 음으로 읽으면 だい입니다. こうたい로 읽는 한자어에는 交代(교대)와 交替(교체)가 있어요. 참고로, '교대하다'라는 동사는 명사 交代 뒤에 する만 붙여서 交代する라고 하면 됩니다. 유사어로는 '대체'의 代替(だいたい), '교체'의 入れ替わり(いれかわり), '경질, 교체'의 更迭(こうてつ)가 있습니다.

交 ▶ 交換 교환 · 交易 교역

代 ▶ 近代 근대 · 代行 대행

▷ 当番を交代する。 당번을 교대하다.

▷ 選手交代。 선수교대.

29 寄贈

寄贈   기증   きぞう

1회 2회 3회

> 寄를 음으로 읽으면 우리말의 '기'처럼 き라고 하며, 贈을 음으로 읽으면 ぞう, 뜻으로 읽으면 '보내다, 기증하다'는 뜻의 贈(おく)る가 됩니다. 보통 선물 같은 것을 보낼 때 쓰죠. 또한 贈과 똑같지만 뜻이 다른 増(늘어날 증)도 함께 알아두세요.

寄 ▶ 寄宿舎 기숙사 · 寄付(＝寄附) 기부 · 寄与 기여

贈 ▶ 贈呈 증정 · 贈る 보내다, 기증하다

▷ 母校にピアノを寄贈する。 모교에 피아노를 기증하다.

30 完璧

完璧   완벽   かんぺき

1회 2회 3회

> 完璧은 かんぺき라고 읽는데, 여기 쓰인 璧은 원래 へき입니다. 璧과 음독, 훈독이 같은 한자가 바로 壁(담 벽), 癖(버릇 벽)이죠. 왜 へき를 ぺき라고 읽을까요? 이유는 발음을 편하게 하기 위해서랍니다.

▷ 完璧な演技を見せる。 완벽한 연기를 보이다.

· 難癖をつける。 생트집을 잡다.

· 無くて七癖。 털어 먼지 안 나는 옷 없다(아무리 없다 해도 사람에게는 7가지 버릇이 있다).

다시 한번 확인하세요!

▶ 交換   こうかん
    交易   こうえき

▶ 近代   きんだい
    代行   だいこう

▶ 当番を交代する
    とうばんをこうたいする

▶ 選手交代
    せんしゅこうたい

▶ 寄宿舎   きしゅくしゃ
    寄付   きふ
    寄与   きよ

▶ 贈呈   ぞうてい
    贈る   おくる

▶ 母校にピアノを寄贈する
    ぼこうにピアノをきぞうする

▶ 完璧な演技を見せる
    かんぺきなえんぎをみせる

▶ 難癖をつける
    なんくせをつける

▶ 無くて七癖
    なくてななくせ

절대로 12일 명사 2

※ 次の説明に合う単語は？

01 文書に自分の姓名を書きしるすこと。
① 明記　　　　　② 署名　　　　　③ 筆名　　　　　④ 匿名

02 強く心をひかれ、それにとらわれること。
① 我執　　　　　② 密着　　　　　③ 執着　　　　　④ 付着

03 犯罪者を一定地域外に放逐する刑。
① 追放　　　　　② 放出　　　　　③ 追撃　　　　　④ 追跡

04 用いることを禁じられた物事
① 禁煙　　　　　② 禁輸　　　　　③ 禁物　　　　　④ 厳禁

05 物体の体積が増大すること。
① 拡張　　　　　② 緊張　　　　　③ 開張　　　　　④ 膨張

※ 次の下線にあてはまるものは？

06 大雨でコンサートが_____になった。
① 完璧　　　　　② 台無し　　　　③ 強行　　　　　④ 禁物

07 不景気の時には新しい販路を_____しなければならない。
① 誘導　　　　　② 開拓　　　　　③ 開業　　　　　④ 強行

08 私は_____つきの雑誌を買うのが大好きです。
① 折り紙　　　　② 署名　　　　　③ 付録　　　　　④ 判子

09 他人の作品を_____するのはよくない。
① 模倣　　　　　② 操作　　　　　③ 破裂　　　　　④ 寄贈

10 彼は＿＿＿＿＿＿演技を見せるために稽古を怠らなかった。
　① 粗雑な　　　　　② 完璧な　　　　　③ おおざっぱな　　④ でたらめな

※ 次の単語の読み方は？

11 目まぐるしい変化の時代にあっては柔軟に対応するのが賢明である。
　① しょうなん　　② じゅうなん　　③ ゆうなん　　　　④ しょうよん

12 彼は膨張する借金に頭を抱えている。
　① はいちょう　　② ほうちょう　　③ ばいちょう　　　④ ぼうちょう

13 すべての運動は選手交代のタイミングが肝心である。
　① こうだい　　　② こうたい　　　③ きょうだい　　　④ きょうたい

※ 次の単語の漢字は？

14 犯人は警察のゆうどう尋問にかかってすべての罪を白状した。
　① 湧洞　　　　　② 誘導　　　　　③ 誘道　　　　　④ 遊動

15 長年にわたる技術ちくせきの成果があの会社の発展の原動力である。
　① 畜積　　　　　② 蓄績　　　　　③ 蓄積　　　　　④ 畜績

16 暴風雨にもかかわらず、最初の計画をきょうこうすることにした。
　① 強攻　　　　　② 強硬　　　　　③ 強行　　　　　④ 凶行

17 あの音楽家は母校にピアノをきぞうした。
　① 奇贈　　　　　② 寄憎　　　　　③ 奇憎　　　　　④ 寄贈

18 寒波が続くと、水道管がはれつするおそれがある。
　① 破烈　　　　　② 破裁　　　　　③ 破裂　　　　　④ 破列

01 危ぶむ

□ □ □
1회 2회 3회

불안하다, 위험하다   あやぶむ

비슷한 단어로 あぶない(危ない)라는 단어가 있는데 이는 단순히 '위험하다'는 뜻인 반면 あやぶむ는 '의심하다, 불안해하다, 위태로워하다, 걱정하다'는 뜻입니다. 명사로는 '위험'의 危険(きけん), '불안'의 不安(ふあん)이 있습니다.

▶ 卒業が危ぶまれる。 졸업이 불안하다.

▶ 母の安否を危ぶむ。 어머니의 안부가 걱정이다.

▶ 卒業が危ぶまれる
そつぎょうがあやぶまれる

▶ 母の安否を危ぶむ
ははのあんぴをあやぶむ

02 漂う

□ □ □
1회 2회 3회

감돌다, 표류하다   ただよう

명사로는 한자 그대로 '표류'의 漂流(ひょうりゅう)라고 표현합니다. ただよう는 '감돌다, 표류하다' 외에 '방황하다, 헤매다' 또는 안개 따위가 '자욱이 끼다'라는 뜻도 있습니다.

▶ 険悪な空気が漂う。 험악한 공기가 감돌다.

▶ 空を漂う雲。 하늘을 맴도는 구름.

▶ 険悪な空気が漂う
けんあくなくうきが
ただよう

▶ 空を漂う雲
そらをただようくも

03 稼ぐ

□ □ □
1회 2회 3회

벌다   かせぐ

비슷한 동사로 '돈을 벌다'는 뜻의 儲ける(もうける)가 있습니다. もうける 한자를 設ける로 쓸 때는 '설치하다, 준비하다'라는 뜻이 됩니다. 시험에 자주 나오는 '맞벌이'는 共稼ぎ(ともかせぎ) 또는 共働き(ともばたらき)가 됩니다. 함께 기억할 단어는 '가업'의 稼業(かぎょう), '가동'의 稼働(かどう)가 있습니다.

▶ 学費を稼ぐ。 학비를 벌다.

▶ 支度ができるまで司会者が時間を稼ぐ。
준비가 될 때까지 사회자가 시간을 벌다.

▶ 学費を稼ぐ
がくひをかせぐ

▶ 支度ができるまで司会者が
時間を稼ぐ
したくができるまでしか
いしゃがじかんをかせぐ

퀴즈 反抗期で父親を避ける

168

기출 04년

04 賄う

1회 2회 3회

조달하다, 준비하다, 꾸리다 　　　　　　　　まかなう

 비슷한 표현으로는 '변통하다'라는 뜻의 やりくりする와 명사로는 '준비'라는 뜻의 準備(じゅんび), 支度(したく), 用意(ようい)가 있습니다. 그밖에 '뇌물'의 賄賂(わいろ)나 '수뢰'의 収賄(しゅうわい)라는 단어도 기억해두세요.

▷ 寄付で費用を賄う。기부로 비용을 조달하다.

▷ 夕食を賄う。저녁을 준비하다.

다시 한번 확인하세요!

▶ 寄付で費用を賄う
　きふでひようをまかなう

▶ 夕食を賄う
　ゆうしょくをまかなう

기출 07년

05 潜る

1회 2회 3회

잠수하다 　　　　　　　　　　　　　　　もぐる

 もぐる에는 '기어들다', '잠입하다'라는 뜻도 있습니다. 명사로는 '잠수'의 뜻인 潜水(せんすい)가 있으며 그밖에 '잠행'의 潜行(せんこう), '잠재'의 潜在(せんざい), '잠복'의 潜伏(せんぷく), '잠입'의 潜入(せんにゅう)라는 단어도 외워두세요. 특히 '전공'의 뜻인 せんこう(専攻)나 '선입'의 뜻인 せんにゅう(先入) 같은 동음이의어의 발음도 주의하세요.

▷ 海に潜る。바다로 잠수하다.

▷ 地下に潜る。지하로 잠수하다.

▶ 海に潜る　うみにもぐる

▶ 地下に潜る
　ちかにもぐる

기출 06년

06 促す

1회 2회 3회

재촉하다, 독촉하다, 촉구하다 　　　　　　　うながす

 명사로는 '재촉, 독촉'의 의미를 지닌 催促(さいそく)가 있습니다. 기억할 단어로는 '촉음'의 뜻인 促音(そくおん), '촉진'의 뜻인 促進(そくしん), '독촉'의 뜻인 督促(とくそく) 등이 있습니다.

▷ 注意を促す。주의를 촉구하다.

▷ 都市の発展を促す。도시의 발전을 재촉하다.

▶ 注意を促す
　ちゅういをうながす

▶ 都市の発展を促す
　としのはってんを
　うながす

퀴즈　希望に輝く未来

07 澄む

□ □ □
1회 2회 3회

맑다　　　　　　　　　　　　　　　　　すむ

다시 한번 확인하세요!

> ▶ 澄んだ高原の空気
> すんだこうげんのくうき

> ▶ 澄んだ水色
> すんだみずいろ

　すむ와 동음이의어인 住む는 '살다'라는 뜻이며 済む는 '끝나다'라는 전혀 다른 뜻인 것 기억하고 계시죠? 모두 시험에 자주 나오는 단어니 꼭 확인하고 넘어가세요.

▷ 澄んだ高原の空気。 맑은 고원의 공기.

▷ 澄んだ水色。 맑은 물색.

08 惜しむ

□ □ □
1회 2회 3회

아쉬워하다, 아깝다, 애석하다　　　　　　おしむ

> ▶ 別れを惜しむ
> わかれをおしむ

> ▶ 骨身を惜しまず働く
> ほねみをおしまず
> はたらく

　그밖에 おしむ에는 '꺼리다', '소중히 여기다'라는 뜻도 있습니다. 비슷한 명사로는 '애석'의 哀惜(あいせき)가 있습니다. 그밖에 '석별'의 惜別(せきべつ), '석패'의 惜敗(せきはい)도 기억하세요.

▷ 別れを惜しむ。 이별을 아쉬워하다.

▷ 骨身を惜しまず働く。 고생을 마다하고 일하다.

09 測る

□ □ □
1회 2회 3회

재다, 측량하다　　　　　　　　　　　　はかる

> ▶ 推測　　すいそく
> 予測　　よそく
> 測量　　そくりょう

> ▶ 体温を測る
> たいおんをはかる

> ▶ 距離を測る
> きょりをはかる

　'재다, 측량하다'는 뜻의 測る는 量る, 計る로 표기해도 무방합니다. 그러나 はかる로 발음되는 '도모하다'는 뜻의 図る, '꾀하다, 꾸미다'의 謀る, '상담하다, 자문하다'의 諮る는 뜻이 모두 다르니 잘 기억해두세요.

▷ 推測 추측・予測 예측・測量 측량

▷ 体温を測る。 체온을 재다.

▷ 距離を測る。 거리를 재다.

퀴즈 険悪な空気が漂う

기출 00년

10 志す

1회 2회 3회

뜻을 두다, 지향하다   **こころざす**

> 명사로는 志(こころざし)라고 하여 '뜻'이나 '의지'를 표현하는 단어입니다. 함께 기억할 단어로는 '의사'의 意志(いし), '지원'의 志願(しがん), '입지'의 立志(りっし) 등이 있습니다.

▷ 学問に志す。 학문에 뜻을 두다.

▷ 建築家を志す。 건축가에 뜻을 두다.

다시 한번 확인하세요!

▶ 学問に志す
   がくもんにこころざす

▶ 建築家を志す
   けんちくかをこころざす

기출 06년

11 けなす

1회 2회 3회

헐뜯다, 비방하다

> けなす처럼 '비방하다, 헐뜯다'라는 뜻을 지닌 そしる(謗る)와 くさす(腐す)도 기억해두세요. 명사로는 '비방'의 誹謗(ひぼう) 또는 '비난'의 非難(ひなん)이라는 단어가 있습니다.

▷ 他人の作品をけなす。 타인의 작품을 헐뜯다.

▷ 口でけなして心で褒める。
   입으로 비난하고 마음으로 칭찬하다.

▶ 他人の作品をけなす
   たにんのさくひんを
   けなす

▶ 口でけなして心で褒める
   くちでけなしてこころで
   ほめる

기출 06년

12 脅かす

1회 2회 3회

협박하다, 놀라게 하다   **おどかす**

> 명사로는 그냥 脅迫(きょうはく)라고 표현합니다. '협박'이라는 뜻이죠. 비슷한 단어로는 '위협'의 脅威(きょうい)가 있습니다.

▷ 脅かして金を奪う。 협박하여 돈을 빼앗다.

▷ 急に声を上げて脅かす。 갑자기 소리를 질러 놀라게 하다.

▶ 脅かして金を奪う
   おどかしてかねをうばう

▶ 急に声を上げて脅かす
   きゅうにこえをあげて
   おどかす

퀴즈   寄付で費用を賄う

13 勧める　　　권유하다　　　　　　　　　　　　すすめる

> すすめるには 勧める 외에도 동음이의어인 '진행하다'의 뜻인 進める와 '추천하다'의 뜻인 薦める가 있습니다.

▸ 勧告 권고・韓国 한국
　勧奨 권장・鑑賞 감상・干渉 간섭・緩衝 완충
　感傷 감상・完勝 완승

▸ 辞任を勧める。 사임을 권유하다.

▸ 茶菓を勧める。 다과를 권하다.

14 添える　　　첨가하다　　　　　　　　　　　　そえる

> そえる에는 '첨가하다'는 뜻 외에 '거들다', '더하다'라는 뜻도 있습니다. 예를 들면 口(くち)をそえる는 '말을 거들다'라는 뜻이며, 興(きょう)をそえる라고 하면 '흥을 돋우다'라는 뜻이 됩니다. 명사로 표현하면 '첨가'의 添加(てんか)가 됩니다.

▸ 贈り物に手紙を添える。 선물에 편지를 첨가하다.

▸ 薬味を添える。 양념을 첨가하다.

15 慕う　　　그리워하다, 따르다, 사모하다　　　　したう

> 그밖에 したう에는 '우러르다, 앙모하다', '뒤를 좇다'라는 뜻이 있습니다. 함께 기억할 단어로는 '연모'의 恋慕(れんぼ), '사모'의 思慕(しぼ), '추모'의 追慕(ついぼ) 등이 있습니다.

▸ 遠い祖国を慕う。 먼 조국을 그리워하다.

▸ 兄のように慕う。 형처럼 따르다.

퀴즈　澄んだ高原の空気

16 臨む

임하다, 향하다, 직면하다 　　　　　　　　　　　　 **のぞむ**

1회　2회　3회

> のぞむ는 한자를 望む로 표기하면 '바라다, 소망하다'라는 뜻이 됩니다. 예를 들면 誰(だれ)でも幸福(こうふく)を望んでいる는 '누구라도 행복을 원하고 있다'라는 뜻이 됩니다.

▷ **君臨** 군림・**降臨** 강림・**再臨** 재림

▷ **海**に**臨**んだ**宿屋**。 바다를 마주한 여관.

▷ **危機**に**臨**む。 위험에 직면하다.

▶ 君臨　　くんりん
　降臨　　こうりん
　再臨　　さいりん

▶ 海に臨んだ宿屋
　うみにのぞんだやどや

▶ 危機に臨む
　ききにのぞむ

---

17 嘆く

한탄하다, 비탄에 잠기다 　　　　　　　　　　　　 **なげく**

1회　2회　3회

> なげく에는 '한탄하다'는 뜻과 '분개하다, 개탄하다'는 뜻도 있습니다. 예를 들면 道徳(どうとく)の低下(ていか)をなげく는 '도덕의 저하를 개탄하다'라는 뜻이 됩니다. 그밖에 なげく에는 '슬퍼하다'라는 뜻도 있으니 기억해두세요.

▷ **感嘆** 감탄・**簡単** 간단・**嘆声** 탄성
　端正 단정・**嘆息** 탄식　**悲嘆** 비탄

▷ **論理感**の**喪失**を**嘆**く。 논리감의 상실을 한탄하다.

▷ **友**の**死**を**嘆**く。 친구의 죽음을 비탄하다.

▶ 感嘆　　かんたん
　簡単　　かんたん
　嘆声　　たんせい
　端正　　たんせい
　嘆息　　たんそく
　悲嘆　　ひたん

▶ 論理感の喪失を嘆く
　ろんりかんのそうしつを
　なげく

▶ 友の死を嘆く
　とものしをなげく

---

18 悟る

깨닫다, 느끼다 　　　　　　　　　　　　 **さとる**

1회　2회　3회

> さとる(悟る, 覚る)는 '깨닫다'는 뜻 외에도 '득도하다' '똑똑히 알다'라는 뜻이 있습니다. 한자가 두 가지로 쓰인다는 점, 꼭 기억하세요. 득도를 하기 위해서는 覚悟(かくご)를 단단히 해야겠죠.

▷ **芸術**の**真価**を**悟**る。 예술의 진가를 깨닫다.

▷ **危険**を**悟**る。 위험을 느끼다.

▶ 芸術の真価を悟る
　げいじゅつのしんかを
　さとる

▶ 危険を悟る
　きけんをさとる

퀴즈　脅かして金を奪う

19 率いる

1회 2회 3회

인솔하다, 통솔하다, 이끌다 　　　　　　　　　ひきいる

> 비슷한 단어로는 '통솔'의 統率(とうそつ), '인솔'의 引率(いんそつ), '지휘'의 指揮(しき) 등이 있습니다. ひきいる에 쓰인 한자 率은 우리말로 '솔', '율'로 읽히는데 '확률'의 確率(かくりつ), '경솔'의 軽率(けいそつ)처럼 다르게 읽힌다는 점 꼭 알아두세요.

▶ 劇団を率いている代表。 극단을 이끌고 있는 대표.

▶ 学生を率いて旅行に行く。 학생을 인솔하고 여행을 가다.

다시 한번 확인하세요!

▶ 劇団を率いている代表
げきだんをひきいて
いるだいひょう

▶ 学生を率いて旅行に行く
がくせいをひきいて
りょこうにいく

기출 07년

20 施す

1회 2회 3회

베풀다 　　　　　　　　　　　　　　　　ほどこす

> 그밖에 ほどこす에는 '시행하다, 덧붙이다, 세우다' 등의 뜻이 있습니다. 예를 들면 策(さく)をほどこす는 '방책을 세우다' 面目(めんもく)をほどこす는 '면목을 세우다'라는 뜻이 됩니다. 그밖에 장식, 가공 등을 '가하다, 덧붙이다, 입히다'라는 뜻도 있습니다.

施 ▶ 施行 시행 · 実施 실시 · 施工 시공

▶ 試行 시행 · 思考 사고 · 志向 지향

▶ 医療を施す。 의료를 베풀다.

▶ 恩恵を施す。 은혜를 베풀다.

▶ 施行　　しこう
実施　　じっし
施工　　せこう
▶ 試行　　しこう
思考　　しこう
志向　　しこう
▶ 医療を施す
いりょうをほどこす
▶ 恩恵を施す
おんけいをほどこす

기출 07년

21 隔てる

1회 2회 3회

사이에 두다, 간격이 생기다 　　　　　　　　へだてる

> 그밖에 へだてる에는 '세월을 보내다' '가로막다' '멀리하다'라는 뜻도 있습니다. 病人(びょうにん)をへだてる는 '환자를 격리하다'라는 뜻이 되겠죠.

▶ 障子を隔てて話す。 장지문을 사이에 두고 이야기하다.

▶ 十メートル隔てて家を建てる。
10미터 간격으로 집을 세우다.

▶ 二人の仲をへだてる。 두 사람 사이를 떼어 놓다.

▶ 障子を隔てて話す
しょうじをへだてて
はなす
▶ 十メートル隔てて家を建て
る
じゅうメートルへだてて
いえをたてる
▶ 二人の仲をへだてる
ふたりのなかをへだてる

퀴즈 贈り物に手紙を添える

기출 05년

22 取り扱う

다루다, 취급하다 とりあつかう

1회 2회 3회

 持ち扱う(もちあつかう) 역시 取り扱う와 같이 '다루다, 취급하다, 대처하다'는 뜻입니다. 取り가 붙는 단어로는 '거래'의 取引(とりひき), '일단, 우선'의 とりあえず, '집어 들다'는 뜻의 とりあげる, '조합시키다'는 뜻의 とりあわせる 등이 있습니다.

▸ 乱暴に取り扱う。 난폭하게 다루다.

▸ 輸入品を取り扱う。 수입품을 취급하다.

다시 한번 확인하세요!

▸ 乱暴に取り扱う
  らんぼうにとりあつかう

▸ 輸入品を取り扱う
  ゆにゅうひんを
  とりあつかう

기출 04년

23 崩す

무너트리다, 깨다 くずす

1회 2회 3회

 명사로는 '붕괴'라는 뜻의 崩壊(ほうかい)가 되겠네요. ひざをくずす라고 하면 '정좌하지 않고 편히 앉다'라는 뜻이 됩니다. 그밖에 くずす에는 돈을 '헐다' 글씨를 '흘리다'라는 뜻도 있습니다. 자동사는 '무너지다'는 뜻의 崩れる(くずれる)입니다.

▸ 足場を崩す。 발판을 무너트리다.

▸ 一万円札を崩す。 만 원짜리 지폐를 깨다.

▸ 雪崩。 눈사태, 혹은 그런 모양.

▸ 足場を崩す
  あしばをくずす

▸ 一万円札を崩す
  いちまんえんさつを
  くずす

▸ 雪崩   なだれ

기출 04년

24 控える

대기하다, 앞두다, 삼가다 ひかえる

1회 2회 3회

ひかえる와 비슷한 단어로는 待機(たいき)する가 있는데 뜻은 '대기하다', 慎む(つつしむ)는 '조심하다', 憚る(はばかる)는 '삼가다'이며 그밖에 ひかえる에는 '기록하다' 記録(きろく)する라는 뜻도 있습니다. 控室(ひかえしつ)는 '대기실'이며, 控え帳(ひかえちょう)는 '메모지'라는 뜻입니다.

▸ 主人の後ろに控える。 남편 뒤에 대기하다.

▸ 卒業が三日後に控えている。 졸업을 3일 후로 앞두고 있다.

▸ 煙草を控える。 담배를 삼가다.

▸ 主人の後ろに控える
  しゅじんのうしろに
  ひかえる

▸ 卒業が三日後に
  控えている
  そつぎょうがみっかごに
  ひかえている

▸ 煙草を控える
  たばこをひかえる

퀴즈 芸術の真価を悟る

175

25 避ける

피난하다, 대피하다 さける

1회 2회 3회

さける에는 발음은 같지만 한자가 다른 裂ける와 割ける가 있습니다. 모두 '찢어지다, 갈라지다'라는 뜻이 있습니다. 紙(かみ)가 裂ける는 '종이가 찢어지다', 地震(じしん)으로 地面(じめん)이 割ける는 '지진으로 지면이 갈라지다'라는 뜻입니다. 명사는 '피난'의 뜻인 避難(ひなん)이 되겠네요.

▶ 反抗期で父親を避ける。 반항기여서 아버지를 피하다.

▶ 武力衝突は避けたい。 무력충돌은 피하고 싶다.

26 うぬぼれる

자만하다, 우쭐해하다

1회 2회 3회

うぬぼれる(己惚れる)는 한자에서 보여지듯 자기에게 '반하다'라는 뜻이 됩니다. '반하다'라는 뜻의 ほれる(惚れる)가 들어갔네요. 비슷한 단어로 '뽐내다, 으스대다'는 威張る(いばる), '주제넘게 나서다'는 뜻의 でしゃばる가 있습니다. 自惚れる로 표기할 수 있습니다.

▶ 彼女は美人だとうぬぼれる。 그녀는 미인이라고 자만한다.

▶ 天才だとうぬぼれる。 천재라고 자부하다.

27 あつらえる

주문하다, 맞추다

1회 2회 3회

おあつらえむき는 '안성맞춤'이라는 뜻입니다. 이밖에도 '안성맞춤'의 뜻을 지닌 표현으로는 오리찜을 하려는데 오리가 파까지 메고 온다는 뜻의 鴨(かも)가 葱(ねぎ)를 背負(しょ)ってくる와 持(も)ってこい, 打って付け(うってつけ) 등이 있습니다. 한자는 誂える로 표기합니다.

▶ 特別にあつらえた洋服。 특별히 맞춘 양복.

▶ パーティーに出す特別料理をあつらえる。
파티에 내놓을 특별요리를 주문하다.

다시 한번 확인하세요!

▶ 反抗期で父親を避ける
はんこうきでちちおやを
さける

▶ 武力衝突は避けたい
ぶりょくしょうとつはさ
けたい

▶ 彼女は美人だとうぬぼれる
かのじょはびじんだと
うぬぼれる

▶ 天才だとうぬぼれる
てんさいだとうぬぼれる

▶ 特別にあつらえた洋服
とくべつにあつらえた
ようふく

▶ パーティーに出す特別料理
をあつらえる
パーティーにだすとくべつ
りょうりをあつらえる

퀴즈 医療を施す

28 冷やかす

식히다, 조롱하다, 희롱하다   ひやかす

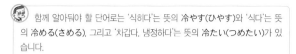

함께 알아둬야 할 단어로는 '식히다'는 뜻의 冷やす(ひやす)와 '식다'는 뜻의 冷める(さめる), 그리고 '차갑다, 냉정하다'는 뜻의 冷たい(つめたい)가 있습니다.

▸ 冷却 냉각 · 冷静 냉정 · 冷凍 냉동

▸ 新婚夫婦を冷やかす。신혼부부를 조롱하다.

29 輝く

반짝거리다, 빛나다   かがやく

かがやく와 비슷한 단어로 光る(ひかる)가 있습니다. 뜻은 '빛나다, 반짝거리다'입니다. '빛나다, 비치다'는 뜻의 映える(はえる)도 기억하세요. 蛍(ほたる)がひかる는 '반딧불이 반짝거리다'라는 뜻입니다.

▸ 希望に輝く未来。희망으로 빛나는 미래.

▸ ネオンが輝く。네온이 반짝거린다.

30 断る

거절하다, 양해를 구하다   ことわる

ことわる는 상대방의 요청이나 희망을 거절하는 뜻과 사전에 사정을 설명하고 양해를 구하는 승낙이나 허락을 요구하는 단어입니다. ことわっておくが는 '미리 말해두지만'이라는 뜻으로 관용적으로 많이 사용하는 표현이니 꼭 기억해두세요.

断 ▸ 決断 결단 · 裁断 재단 · 言語道断 언어도단
　　　診断 진단 · 断食 단식 · 断絶 단절

▸ 面会を断る。면회를 거절하다.

▸ 断って早退する。양해를 구하고 조퇴하다.

다시 한번 확인하세요!

▸ 冷却 　れいきゃく
　冷静 　れいせい
　冷凍 　れいとう

▸ 新婚夫婦を冷やかす
　しんこんふうふを
　ひやかす

▸ 希望に輝く未来
　きぼうにかがやくみらい

▸ ネオンが輝く
　ネオンがかがやく

▸ 決断 　けつだん
　裁断 　さいだん
　言語道断
　　ごんごどうだん
　診断 　しんだん
　断食 　だんじき
　断絶 　だんぜつ

▸ 面会を断る
　めんかいをことわる

▸ 断って早退する
　ことわってそうたいする

퀴즈 主人の後ろに控える

※ 次の説明に合う単語は？

01 物事を早くするようにせきたてる。
　①たやがす　　　②うながす　　　③かがやく　　　④つちかう

02 水や空気などに濁りがなくはっきり見える。
　①すむ　　　　②にごる　　　③くもる　　　④はれる

03 怖がらせて脅迫する。
　①そびえる　　　②くやむ　　　③おどかす　　　④うらやむ

※ 次の単語の読み方は？

04 慕う　　①したう　　②つのう　　③うたう　　④うばう

05 悟る　　①おどる　　②おごる　　③さとる　　④うえる

06 率いる　　①ひきいる　　②みちいる　　③もちいる　　④あきいる

07 隔てる　　①あわてる　　②かかてる　　③へだてる　　④あきはてる

08 くずす　　①崩す　　②壊す　　③破す　　④砂す

09 ことわる　　①起る　　②怒る　　③断る　　④切る

10 ひかえる　　①強える　　②控える　　③抱える　　④捕える

11 険悪な空気が漂っています。
　①おそって　　　②おおって　　　③うばって　　　④ただよって

12 海女が海に<u>潜って</u>いる。
　　① まやして　　　② ふとって　　　③ もぐって　　　④ やせて

13 彼はパーティーに参加するために背広を<u>誂えた</u>。
　　① しつらえた　　② あつらえた　　③ そなえた　　　④ さかえた

14 彼は母の死を<u>嘆いて</u>自殺した。
　　① なげいて　　② わめいて　　　③ もがいて　　　④ ないて

※ 次の下線にあてはまるものは？

15 新しいマンションが入居者を_____らしいです。
　　① 募る　　　　　② 暮る　　　　　③ 幕る　　　　　④ 墓る

16 私は失敗してから再び再起を_____います。
　　① 諮って　　　　② 図って　　　　③ 量って　　　　④ 測って

17 寄付で費用を_____つもりです。
　　① あたえる　　　② まかなう　　　③ うぬぼれる　　④ あじわう

18 この品物は_____ときに注意してください。
　　① かがやく　　　② こわす　　　　③ とりあつかう　④ ほどこす

19 試合に_____友達のために豚カツを買ってきた。
　　① のぞむ　　　　② まけた　　　　③ やぶる　　　　④ しりぞく

20 彼は貧しい人を助けるのに協力を_____。
　　① まぬがれない　② ほどこさない　③ おしまない　　④ はからない

기출 07년

01 察する 살피다, 짐작하다, 배려하다   さっする

1회 2회 3회

> 그밖에 さっする에는 '동정하다, 상세히 조사하다'라는 뜻도 있습니다. さっするところは '추측컨대, 짐작하건대'라는 뜻입니다.

▶ 観察 관찰・警察 경찰・視察 시찰

▶ 危険を察して現場を去る。위험을 살피고 현장을 떠나다.

▶ どうか私の立場を察してください。
부디 저의 입장을 배려해 주세요.

▶ 観察   かんさつ
   警察   けいさつ
   視察   しさつ

▶ 危険を察して現場を去る
   きけんをさっしてげんば
   をさる

▶ どうか私の立場を察して
   ください
   どうかわたしのたちばを
   さっしてください

다시 한번 확인하세요!

기출 07년

02 とぼける 딴청부리다, 시치미 떼다, 얼빠지다

1회 2회 3회

> 비슷한 단어로 '시치미를 떼다'라는 뜻의 しらばくれる가 있습니다. わざと知らないふりをする는 '일부러 모른 척하다'라는 뜻입니다. '얼빠지다'를 다르게 표현하면 間(ま)の抜(ぬ)けたしぐさをする라고 하여 '얼빠진 행동을 하다'라는 뜻입니다.

▶ 肝心の点になるととぼける。핵심 부근에서 딴청부리다.

▶ とぼけた表情で笑わせる。얼빠진 표정으로 웃기다.

▶ 肝心の点になるととぼける
   かんじんのてんになると
   とぼける

▶ とぼけた表情で笑わせる
   とぼけたひょうじょうで
   わらわせる

기출 07년

03 ぼやく 투덜거리다, 불평하다

1회 2회 3회

> 비슷한 표현으로 '불평하다'라는 뜻의 文句(もんく)を言う가 있으며 愚痴(ぐち)をこぼす는 말도 되지 않을 일을 한탄하거나 투덜거린다는 의미입니다. 명사로는 '불평'의 不平(ふへい), '불만'의 不満(ふまん), '불평, 불만'의 뜻인 苦情(くじょう) 등이 있습니다.

▶ 仕事がきついとぼやく。일이 빡빡하다고 투덜거리다.

▶ 安い給料をぼやく。적은 급료를 불평하다.

▶ 仕事がきついとぼやく
   しごとがきついとぼやく

▶ 安い給料をぼやく
   やすいきゅうりょうを
   ぼやく

퀴즈   輝かしい実績を誇る

04 漏らす
누설하다, 새게 하다　　　　　　　　　　　もらす

> もらす에는 本音(ほんね)を漏らす, '본심을 입 밖에 내다'라는 뜻과 言い漏らす, '빠뜨리고 말하다'라는 뜻도 있습니다. 자동사는 漏れる(もれる)로 뜻은 '새다, 누설되다'입니다.

> 漏水 누수・老衰 노쇠・脱漏 빠짐

> 水も漏らさぬ備え。 물 샐 틈 없는 대비.

> 秘密を漏らす。 비밀을 누설하다.

05 もがく
바둥거리다

> もがく는 '발버둥 치다, 안달하다'라는 뜻입니다. 비슷한 단어로 あがく가 있는데 뜻은 손발을 뒤흔들며 몸부림치거나 발악을 한다는 뜻입니다. 今さらもがいてもしかたがない는 '이제 와서 발악해도 어쩔 수 없다'는 뜻입니다.

> 相手の腕から逃れようともがく。
> 상대의 팔에서 빠져나가려고 바둥거리다.

> 苦しくてもがく。 괴로워서 바둥거리다.

06 据える
앉히다, 설치하다　　　　　　　　　　　すえる

> すえる는 보통 관용적인 표현으로 자주 사용됩니다. 腹(はら)を据える는 '각오를 하다'이며 灸(きゅう)を据える는 '뜸을 뜨다'이며 腰(こし)を据える는 '침착하다'라는 뜻이 됩니다.

> 事務室に大型テレビを据える。
> 사무실에 대형 텔레비전을 설치하다.

> 田中さんを部長に据える。 다나카 씨를 부장으로 앉히다.

· 据え膳を喰わぬ男の恥じ。 차려놓은 밥상을 먹지 않는 건 남자의 수치.

다시 한번 확인하세요!

▶ 漏水　　　　ろうすい
　老衰　　　　ろうすい
　脱漏　　　　だつろう

▶ 水も漏らさぬ備え
　みずももらさぬそなえ

▶ 秘密を漏らす
　ひみつをもらす

▶ 相手の腕から逃れようと
　もがく
　あいてのうでからのがれ
　ようともがく

▶ 苦してもがく
　くるしくてもがく

▶ 事務室に大型テレビを据え
　る
　じむしつにおおがた
　テレビをすえる

▶ 田中さんを部長に据える
　たなかさんをぶちょうに
　すえる

▶ 据え膳を喰わぬ男の恥じ
　すえぜんをくわぬおとこの
　はじ

절대로 14일 동사 2

07 衰える

1회 2회 3회

쇠퇴하다, 쇠약해지다, 수그러들다　　　　　　おとろえる

> おとろえる는 힘이나 기세 등이 '쇠퇴하다, 쇠약해지다'라는 뜻입니다. 반대말은 '번영하다, 번창하다'는 뜻의 栄える(さかえる)입니다. 명사형은 衰え(おとろえ)로 '쇠약'이라는 뜻이 됩니다. 体(からだ)のおとろえが目(め)につく는 '몸의 쇠약함이 눈에 띄다'라는 뜻입니다.

衰 ▶ 衰弱 쇠약 · 老衰 노쇠 · 盛衰 성쇠

▶ 雨脚が衰える。 빗발이 수그러들다

▶ 記憶力が衰える。 기억력이 쇠퇴하다.

08 ふさがる

1회 2회 3회

막히다, 닫히다

> ふさがる에는 그밖에 '꽉차다, 막히다'의 뜻인 詰まる(つまる) 용법으로도 사용되는데 예를 들면 家(いえ)が建(た)って空き地(あきち)がふさがる라고 하면 '집이 서서 빈터가 차다'라는 뜻입니다. 部屋(へや)は全部(ぜんぶ)ふさがっている는 '방은 모두 꽉 찼다'라는 뜻이 되겠죠.

▶ 下水管がごみでふさがる。 하수관이 쓰레기로 막히다.

▶ あいた口がふさがらない。 열린 입이 다물어지지 않는다.

09 おごる

1회 2회 3회

한턱내다, 사치스럽다

> 더치페이 문화가 발달한 일본에서는 おごる라는 표현을 자주 사용하진 않겠지만 남에게 '초밥 얻어먹었다'라고 하면 すしをおごられた라고 표현할 수 있습니다. 비슷한 단어로는 '사치'의 뜻인 贅沢(ぜいたく)와 '화려함'의 뜻인 派手(はで)가 있습니다.

▶ 知人に夕食をおごる。 지인에게 저녁을 한턱내다.

▶ おごった生活をする。 사치스런 생활을 하다.

사이드:
▶ 衰弱　すいじゃく
　老衰　ろうすい
　盛衰　せいすい
▶ 雨脚が衰える　あまあしがおとろえる
▶ 記憶力が衰える　きおくりょくがおとろえる
▶ 下水管がごみでふさがる　げすいかんがごみでふさがる
▶ あいた口がふさがらない　あいたくちがふさがらない
▶ 知人に夕食をおごる　ちじんにゆうしょくをおごる
▶ おごった生活をする　おごったせいかつをする

다시 한번 확인하세요!

퀴즈 危険を察して現場を去る

182

10 にらむ
1회 2회 3회

째려보다, 응시하다

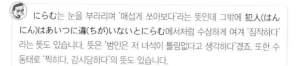 にらむ는 눈을 부라리며 '매섭게 쏘아보다'라는 뜻인데 그밖에 犯人(はんにん)はあいつに違(ちが)いないとにらむ에서처럼 수상하게 여겨 '짐작하다'라는 뜻도 있습니다. 뜻은 '범인은 저 녀석이 틀림없다고 생각하다'겠죠. 또한 수동태로 '찍히다, 감시당하다'의 뜻도 있습니다.

▸ 対戦相手をにらむ。대전 상대를 째려보다.

▸ 情勢をにらんで断を下す。정세를 응시하여 판단을 내리다.

11 ののしる
1회 2회 3회

마구 욕하다, 매도하다

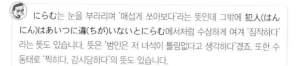 ののしる에는 그 외에도 '큰 소리로 떠들다'는 뜻의 わめきたてる의 뜻도 있습니다. 예를 들면 廊下(ろうか)に人が押(お)し合(あ)ってがやがやとののしる라고 하면 '복도에 사람들이 서로 밀치며 왁자지껄 떠들고 있다'는 뜻입니다.

▸ 人前でののしられる。남들 앞에서 마구 욕먹다.

▸ 口きたなくののしる。입정 사납게 욕을 퍼붓다.

12 眺める
1회 2회 3회

바라보다, 주시하다   ながめる

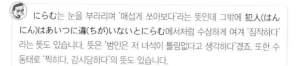 ながめる는 '눈여겨보다, 응시하다', '멀리 건너다보다, 조망하다'는 뜻입니다. 명사로는 '조망'의 뜻인 眺望(ちょうぼう)라고 한자 그대로 사용하면 됩니다. 그밖에 ながめる에는 '방관하다, 관망하다'는 뜻도 있습니다.

▸ 山の下の風景を眺める。산 아래 풍경을 바라보다.

▸ 状況を眺める。상황을 주시하다.

▸ しばらく様子を眺めていよう。
잠시 상황을 관망하자.

▸ 山の下の風景を眺める
やまのしたのふうけいを
ながめる

▸ 状況を眺める
じょうきょうをながめる

▸ しばらく様子を眺めて
いよう
しばらくようすをながめ
ていよう

퀴즈   相手の腕から逃れようともがく

13 耐える 견디다, 참다 たえる

1회 2회 3회

> たえる와 비슷한 표현으로는 我慢(がまん)する, 辛抱(しんぼう)する, こらえる가 있습니다. 모두 '참다, 견디다'의 뜻이 들어 있습니다. 명사로는 '인내'의 忍耐(にんたい)가 됩니다. 동음이의어인 絶える는 '끊어지다'라는 뜻입니다. 命(いのち)が絶える는 '목숨이 끊어지다'입니다.

▶ 厳しい訓練に耐える。 엄격한 훈련에 견디다.

▶ 高温に耐える構造。 고온에 견디는 구조.

14 生やす 기르다 はやす

1회 2회 3회

> はやす는 수염이나 초목 등을 '자라게 하다' 또는 '(자랄 대로) 자라게 하다'라는 뜻입니다. 자동사는 '자라다'라는 뜻의 生える(はえる)입니다.

▶ 生地 원단・生立 성장과정・生半可 어중간함, 어설픔

▶ 髭を生やす。 수염을 기르다.

▶ 雑草を生やす。 잡초를 그대로 자라게 하다.

15 投げる 던지다 なげる

1회 2회 3회

> なげる에는 '던지다'라는 뜻 외에도 '제시하다, 제공하다', '상대방을 쓰러뜨리다', '투신하다', '포기하다, 단념하다', '건성으로 하다' 등의 다양한 뜻이 있으니 문맥에 맞게 해석하세요. 試合(しあい)を投げる는 '시합을 포기하다'라는 뜻이 됩니다.

投 ▶ 意気投合 의기투합・投手 투수・投資 투자・投了 투료

▶ 池に小石を投げる。 연못에 자갈을 던지다.

▶ 視線を投げる。 시선을 던지다.

▶ 厳しい訓練に耐える
きびしいくんれんにたえる

▶ 高温に耐える構造
こうおんにたえるこうぞう

▶ 生地 きじ
生立 おいたち
生半可 なまはんか

▶ 髭を生やす
ひげをはやす

▶ 雑草を生やす
ざっそうをはやす

▶ 意気投合 いきとうごう
投手 とうしゅ
投資 とうし
投了 とうりょう

▶ 池に小石を投げる
いけにこいしをなげる

▶ 視線を投げる
しせんをなげる

퀴즈 知人に夕食をおごる

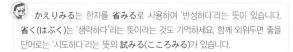

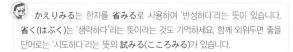

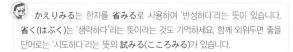

기출 0314

16 顧みる

1회 2회 3회

회고하다, 돌보다, 뒤돌아보다　　　　　　　　**かえりみる**

> かえりみる는 한자를 省みる로 사용하여 '반성하다'라는 뜻이 있습니다. 省く(はぶく)는 '생략하다'라는 뜻이라는 것도 기억하세요. 함께 외워두면 좋을 단어로는 '시도하다'라는 뜻의 試みる(こころみる)가 있습니다.

▸ **過去を顧みる**。과거를 회고하다.

▸ **危険も顧みないで旅立つ**。위험도 돌보지 않고 여행을 떠나다.

기출 0314

17 蘇る

1회 2회 3회

소생하다　　　　　　　　**よみがえる**

> よみがえる에는 '되살아나다' 즉 '소생'이란 뜻의 蘇生(そせい 소생)의 의미가 있네요. 〜がえる를 사용하는 복합동사로는 '뒤집다'는 뜻의 裏返る(うらがえる)와 '회춘하다'는 뜻의 若返る(わかがえる)가 있습니다.

▸ **記憶が蘇る**。기억이 되살아나다.

▸ **伝統工芸が現代に蘇る**。전통공예가 현대에 되살아나다.

기출 0314

18 遡る

1회 2회 3회

거슬러 올라가다　　　　　　　　**さかのぼる**

> さかのぼる에는 그밖에 과거나 근본으로 '되돌아가다' 또는 '소급하다'의 뜻도 있습니다. 〜のぼる를 사용하는 복합동사로는 '피어오르다'의 뜻인 たちのぼる와 '기어오르다'는 뜻의 はいのぼる 등이 있습니다.

▸ **歴史を遡る**。역사를 거슬러 올라가다.

▸ **川を遡る**。강을 거슬러 올라가다.

다시 한번 확인하세요!

▸ **過去を顧みる**
　かこをかえりみる

▸ **危険も顧みないで旅立つ**
　きけんもかえりみないで
　たびだつ

▸ **記憶が蘇る**
　きおくがよみがえる

▸ **伝統工芸が現代に蘇る**
　でんとうこうげいが
　げんだいによみがえる

▸ **歴史を遡る**
　れきしをさかのぼる

▸ **川を遡る**
　かわをさかのぼる

절대군 14일 동사 2

퀴즈　対戦相手をにらむ

185

19 襲う

덮치다, 습격하다　　　　　　　　　　　　　　おそう

□ □ □
1회 2회 3회

그밖에 おそう에는 예고 없이 남의 집을 '방문하다'라는 뜻과 '계승하다, 이 어받다'의 뜻도 있습니다. 명사로는 '습격'의 뜻인 **襲撃(しゅうげき)**라고 쓰면 되겠네요.

▸ 奇襲 기습 · 逆襲 역습 · 急襲 급습

▸ 新婚家庭を襲う。 신혼가정을 덮치다.

▸ 死の恐怖に襲われる。 죽음의 공포에 휩싸이다.

20 挑む

도전하다　　　　　　　　　　　　　　　　　いどむ

□ □ □
1회 2회 3회

いどむ에는 싸움, 경쟁 등을 '걸다, 도전하다'는 뜻과 정복하기 위해 '덤벼들 다, 맞서다'라는 뜻이 있습니다. 女にいどむ라는 표현은 '여자에게 도전하다'가 아니라 '여자에게 집적거리다'라는 뜻입니다. 명사로는 '도전'의 뜻인 **挑戦(ち ょうせん)**이 있습니다.

▸ 新記録に挑む。 신기록에 도전하다.

▸ 決闘を挑む。 결투를 도전하다.

21 犯す

범하다, 저지르다　　　　　　　　　　　　　おかす

□ □ □
1회 2회 3회

おかす에는 법률이나 도덕 등을 '어기다, 범하다'라는 뜻 외에도 '거역하다, 모독하다', '욕보이다'라는 뜻도 있습니다. 동음이의어인 '침범하다'는 뜻의 **侵す** 와 '무릅쓰다'는 뜻의 **冒す**도 기억해두세요.

▸ 共犯 공범 · 侵犯 침범 · 犯罪 범죄

▸ 罪を犯す。 죄를 저지르다.

▸ 誤りを犯す。 실수를 범하다.

다시 한번 확인하세요!

▸ 奇襲　　　ぎしゅう
　逆襲　　　ぎゃくしゅう
　急襲　　　きゅうしゅう
▸ 新婚家庭を襲う
　しんこんかていをおそう
▸ 死の恐怖に襲われる
　しのきょうふにおそわれる

▸ 新記録に挑む
　しんきろくにいどむ
▸ 決闘を挑む
　けっとうをいどむ

▸ 共犯　　　きょうはん
　侵犯　　　しんぱん
　犯罪　　　はんざい
▸ 罪を犯す
　つみをおかす
▸ 誤りを犯す
　あやまりをおかす

퀴즈　厳しい訓練に耐える

기출 이년

22 取り締まる
단속하다

□ □ □
1회 2회 3회

とりしまる

> 取り~ 형태의 동사로는 '취급하다'는 뜻의 とり扱う(とりあつかう), '끌어모으다'는 뜻의 とり集める(とりあつめる), '다시 찾다'는 뜻의 とり返す(とりかえす), '착수하다'는 뜻인 とり掛かる(とりかかる) 등이 있습니다. 비슷한 단어로 '금지'의 禁止(きんし)가 있습니다.

▸ 不法行為を取り締まる。 불법행위를 단속한다.

▸ 交通違反を取り締まる。 교통위반을 단속하다.

▸ 不法行為を取り締まる
ふほうこういをとりしまる

▸ 交通違反を取り締まる
こうつういはんをとりしまる

기출 이년

23 見積もる
견적을 내다, 대충 세다

□ □ □
1회 2회 3회

みつもる

> みつもる는 사전에 비용이나 인원, 시간 등을 계산하여 대충의 목표를 세우는 것을 뜻하는 단어입니다. 予算(よさん)をみつもる는 '예산을 어림잡다'라는 뜻입니다. 그밖에 '눈어림하다'라는 뜻도 있습니다.

▸ 積載 적재・積善 적선・積極的 적극적・蓄積 축적

▸ 工事を見積もる。 공사 견적을 내다.

▸ 入場者数を見積もる。 입장자 수를 대략 세다.

▸ 積載　　せきさい
　積善　　せきぜん
　積極的　せっきょくてき
　蓄積　　ちくせき

▸ 工事を見積もる
こうじをみつもる

▸ 入場者数見積もる
にゅうじょうしゃすうを
みつもる

기출 이년

24 見通す
간파하다, 예측하다

□ □ □
1회 2회 3회

みとおす

> みとおす에는 그밖에 '한눈에 내다보다, 조망하다'와 見続(みつづ)ける의 의미인 '처음부터 끝까지 보다'라는 뜻도 있습니다. 예를 들면 日記(にっき)を全部(ぜんぶ)みとおす라고 하면 '일기를 전부 보다'라는 뜻이 됩니다.

▸ 融通 융통・通訳 통역・通夜 초상집 밤샘・通常 통상

▸ 彼の意図を見通す。 그의 의도를 간파하다.

▸ 景気の動向を見通す。 경기의 동향을 예측하다.

▸ 融通　　ゆうずう
　通訳　　つうやく
　通夜　　つや
　通常　　つうじょう

▸ 彼の意図を見通す
かれのいとをみとおす

▸ 景気の動向を見通す
けいきのどうこうを
みとおす

---

25 滅ぶ

멸망하다 ほろぶ

1회 2회 3회

> ほろぶ는 '망하다, 절멸하다'는 뜻의 滅びる(ほろびる)의 문어체적인 표현이니 주의해서 사용하세요.

▶ 幻滅 환멸 · 自滅 자멸 · 絶滅 절멸

▶ 国が滅ぶ。 나라가 망하다.

· 雌鳥歌えば家滅ぶ。 암탉이 울면 집안이 망한다.

26 暴れる

난폭하게 굴다, 떨치다 あばれる

1회 2회 3회

> あばれる에는 '날뛰다'는 뜻 외에 '자유롭게 마음껏 행동하다'라는 뜻도 있습니다. 예를 들면 議会活動(ぎかいかつどう)で大いにあばれる는 '의회활동에서 마음껏 활동하다'라는 뜻입니다.

暴 ▶ 暴動 폭동 · 暴露 폭로 · 暴力 폭력 · 暴風 폭풍

▶ 興奮して暴れる。 흥분해서 난폭하게 굴다.

▶ 財界で大いに暴れる。 재계에서 크게 떨치다.

27 誇る

자랑하다, 긍지로 삼다 ほこる

1회 2회 3회

> ほこる는 自慢(じまん)する와 같은 뜻으로 '자랑하다, 자만하다'는 뜻입니다. のど自慢은 '노래자랑'이 되겠네요.

▶ 誇張 과장 · 誇示 과시 · 誇大 과대

▶ 自分の技を誇る。 자신의 솜씨를 자랑하다.

▶ 輝かしい実績を誇る。 눈부신 실적을 자랑하다.

다시 한번 확인하세요!

▶ 幻滅　　げんめつ
　　自滅　　じめつ
　　絶滅　　ぜつめつ
▶ 国が滅ぶ
　　くにがほろぶ
▶ 雌鳥歌えば家滅ぶ
　　めんどりうたえばいえ
　　ほろぶ

▶ 暴動　　ぼうどう
　　暴露　　ばくろ
　　暴力　　ぼうりょく
　　暴風　　ぼうふう
▶ 興奮して暴れる
　　こうふんしてあばれる
▶ 財界で大に暴れる
　　ざいかいでおおいに
　　あばれる

▶ 誇張　　こちょう
　　誇示　　こじ
　　誇大　　こだい
▶ 自分の技を誇る
　　じぶんのわざをほこる
▶ 輝かしい実績を誇る
　　かがやかしいじっせきを
　　ほこる

퀴즈 新記録に挑む

기출 00년

28 築く

쌓아올리다

きずく

1회 2회 3회

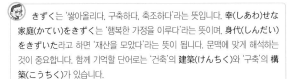 きずく는 '쌓아올리다, 구축하다, 축조하다'라는 뜻입니다. 幸(しあわ)せな 家庭(かてい)をきずく는 '행복한 가정을 이루다'라는 뜻이며, 身代(しんだい) をきずいた라고 하면 '재산을 모았다'라는 뜻이 됩니다. 문맥에 맞게 해석하는 것이 중요합니다. 함께 기억할 단어로는 '건축'의 建築(けんちく)와 '구축'의 構 築(こうちく)가 있습니다.

▶ 堤防を築く。 제방을 쌓다.

▶ 地位を築く。 지위를 쌓아올리다.

▶ 堤防を築く
  ていぼうをきずく

▶ 地位を築く
  ちいをきずく

기출 00년

29 研ぐ

갈다, 연마하다

とぐ

1회 2회 3회

とぐ는 한자를 磨ぐ로 써도 무방합니다. '(칼을) 갈다'라는 뜻 외에 '윤을 내 다', 곡식 등을 '씻다'라는 뜻도 있습니다. 비슷한 단어로는 '갈다, 닦다'라는 뜻의 磨く(みがく)가 있습니다. '이를 닦다'는 歯(は)をみがく입니다. 명사로는 '연 마'라는 뜻의 研磨(けんま)라고 하면 되겠죠.

▶ 刀を研ぐ。 칼을 갈다.

▶ 鏡を研ぐ。 거울을 닦다.

▶ 刀を研ぐ
  かたなをとぐ

▶ 鏡を研ぐ
  かがみをとぐ

기출 00년

30 乱れる

흐트러지다, 문란해지다

みだれる

1회 2회 3회

みだれる는 '어지러워지다, 혼란해지다'라는 뜻이 있습니다. 타동사는 乱す (みだす)로 '흐트러트리다'입니다.

▶ 混乱 혼란・乱暴 난폭・騒乱 소란

▶ 髪が乱れる。 머리카락이 흐트러지다.

▶ 生活が乱れる。 생활이 문란해지다.

▶ 風に花が乱れて散る。 바람에 꽃이 흩날려 떨어지다.

▶ 混乱   こんらん
  乱暴   らんぼう
  騒乱   そうらん

▶ 髪が乱れる
  かみがみだれる

▶ 生活か乱れる
  せいかつがみだれる

▶ 風に花が乱れて散る
  かぜにはながみだれて
  ちる

퀴즈 入場者数を見積もる

※ 次の説明に合う単語は？

01 刃物などをよく切れるようにする。
　　① かぐ　　　　　② えがく　　　　③ とぐ　　　　　④ もがく

02 ぶつぶつと不平を言う。ぐずぐず言う。
　　① とぼける　　　② ののしる　　　③ ぼやく　　　　④ とぐ

03 物事がうまく行われるように、また、不正や違反のないように管理・監督する。
　　① とりしまる　　② とりまとめる　③ とりのぞく　　④ とりなおす

04 目で見て大体をはかる。
　　① 察する　　　　② 見積もる　　　③ にらむ　　　　④ 顧みる

05 悶え苦しんで手足を動かす。
　　① もがく　　　　② 暴れる　　　　③ ののしる　　　④ 乱れる

※ 次の下線にあてはまるものは？

06 彼の無礼な行動を見ていると、開いた口が＿＿＿＿＿＿。
　　① 埋まらない　　② 閉じない　　　③ 塞がらない　　④ 閉めない

07 これは日本が＿＿＿＿＿伝統技術である。
　　① おごる　　　　② ほこる　　　　③ おこる　　　　④ いかる

08 このビルは高温に＿＿＿＿＿素材を使って建てられた。
　　① 耐える　　　　② 応える　　　　③ 据える　　　　④ 植える

09 あの映画を見ると、昔の思い出が＿＿＿＿＿。
　　① 遡る　　　　　② 憤る　　　　　③ 畏まる　　　　④ 蘇る

※ 次の単語の読み方は？

10 鮭は川を遡って子供を産む。

　①かしこまって　　②いきどおって　　③さかのぼって　　④とおりかかって

11 彼は勇敢な兵士だけに死を顧みないで敵陣に向って挑む。

　1 顧みないで
　　①こころみないで　②もといみないで　③とおりみないで　④かえりみないで
　2 挑む
　　①いどむ　　　　　②のぞむ　　　　　③ぬすむ　　　　　④たのむ

12 首脳会談のため、水も漏らさぬ警戒態勢がしかれている。

　①ぬらさぬ　　　　②ばらさぬ　　　　③もらさぬ　　　　④ながさぬ

13 真夜中に家へ帰る女の人を襲う事件が相次いでいる。

　①きそう　　　　　②さそう　　　　　③よそう　　　　　④おそう

14 酒に酔うと暴れる人が一人か二人はいる。

　①あふれる　　　　②あばれる　　　　③くずれる　　　　④こわれる

15 いくら酒に酔っぱらったって、乱れた姿は見せたくない。

　①みだれた　　　　②あばれた　　　　③ぐれた　　　　　④くずれた

※ 次の単語の漢字は？

16 ここからながめる景色はとてもすばらしい。

　①眺める　　　　　②望める　　　　　③長める　　　　　④傾める

17 国民を大事にしない国はほろぶにきまっている。

　①減ぶ　　　　　　②滅ぶ　　　　　　③感ぶ　　　　　　④咸ぶ

18 人間は誰でも誤りをおかす。

　①侵す　　　　　　②冒す　　　　　　③犯す　　　　　　④置かす

기출 05년

01 ふさわしい 어울리다

1회 2회 3회

ふさわしい는 한자로 표현하면 相応しい가 됩니다. 많이 쓰이진 않지만 기억해두세요. 비슷한 표현으로는 '적당'의 適当(てきとう), '어울리다'라는 뜻의 似(に)つかわしい, '서로 잘 맞다'는 뜻의 似合う(にあう), '균형이 잡히다'라는 뜻의 釣り合う(つりあう) 등이 있습니다.

▶ 収入にふさわしい生活。 수입에 걸맞는 생활.

▶ あの男性なら彼女にふさわしい。
저 남성이라면 그녀에게 어울린다.

기출 06년

02 すがすがしい 개운하다, 시원하다

1회 2회 3회

すがすがしい는 '상쾌하다, 시원하고 개운하다'라는 뜻입니다. 비슷한 표현으로는 '상쾌하다'는 뜻의 爽やかだ(さわやかだ)와 명사 '상쾌'의 뜻인 爽快(そうかい)가 있습니다.

▶ すがすがしい笑顔。 시원하게 웃는 얼굴.

▶ すがすがしい朝の大気。 시원한 아침의 대기.

기출 07년

03 健やか 건강함, 튼튼함   すこやか

1회 2회 3회

すこやか는 다른 단어로 표현하면 '건강하다'는 뜻의 元気だ(げんきだ), 명사 '건강'을 써서 健康(けんこう), '튼튼하다, 건강하다'는 뜻의 丈夫だ(じょうぶだ) 등입니다.

▶ 穏健 온건・健勝 건승・健全 건전・健忘症 건망증

▶ 健やかに育つ。 튼튼하게 자라다.

다시 한번 확인하세요!

▶ 収入にふさわしい生活
しゅうにゅうにふさわしい
せいかつ

▶ あの男性なら彼女にふさわ
しい
あのだんせいならかのじょ
にふさわしい

▶ すがすがしい笑顔
すがすがしいえがお

▶ すがすがしい朝の大気
すがすがしいあさのたいき

▶ 穏健　　おんけん
健勝　　けんしょう
健全　　けんぜん
健忘症　けんぼうしょう

▶ 健やかに育つ
すこやかにそだつ

04 華やか　　화려함　　　　　　　　　　　　　はなやか

1회 2회 3회

花やかとも 사용합니다. '화사함, 뛰어남, 눈부심' 등의 뜻이 있습니다. 비슷한 단어는 '화려'의 華麗(かれい)가 있습니다.

▶ 豪華 호화 · 栄華 영화

▶ 華やかな都会での生活。화려한 도시에서의 생활.

▶ 華やかに着飾る。화려하게 차려 입다.

▶ 豪華　　ごうか
　 栄華　　えいが

▶ 華やかな都会での生活
　 はなやかなとかいでの
　 せいかつ

▶ 華やかに着飾る
　 はなやかにきかざる

---

05 鮮やか　　선명함　　　　　　　　　　　　　あざやか

1회 2회 3회

あざやか에는 '선명함'의 뜻 외에 솜씨나 동작 등이 '뛰어남, 훌륭함'의 뜻도 있습니다.

▶ 新鮮 신선 · 鮮血 선혈 · 鮮明 선명

▶ 記憶が鮮やかによみがえる。기억이 선명하게 되살아나다.

▶ 鮮やかな手並みを見せる。훌륭한 솜씨를 보이다.

▶ 新鮮　　しんせん
　 鮮血　　せんけつ
　 鮮明　　せんめい

▶ 記憶が鮮やかによみがえる
　 きおくがあざやかに
　 よみがえる

▶ 鮮やかな手並みを見せる
　 あざやかなてなみを
　 みせる

---

06 紛らわしい　　헷갈리다　　　　　　　　　まぎらわしい

1회 2회 3회

まぎらわしい는 아주 비슷하여 헷갈리기 쉽거나 혼동하기 쉬울 때 사용할 수 있는 단어입니다. 동사는 紛れる(まぎれる)입니다.

▶ 紛糾 분규 · 紛失 분실 · 紛争 분쟁

▶ 本物と紛らわしい品物。진짜와 헷갈리는 물품.

▶ 制服と紛らわしい服装。제복으로 혼동하기 쉬운 복장.

▶ 紛糾　　ふんきゅう
　 紛失　　ふんしつ
　 紛争　　ふんそう

▶ 本物と紛らわしい品物
　 ほんものとまぎらわしい
　 しなもの

▶ 制服と紛らわしい服装
　 せいふくとまぎらわしい
　 ふくそう

퀴즈　柔らかい毛布

07 煩わしい

번거롭다, 귀찮다　　　　　　　　　　　　わずらわしい

> わずらわしい 대용으로 사용할 수 있는 단어로는 '귀찮다'는 뜻의 めんどうだ, '귀찮다, 짜증난다'는 뜻의 うるさい, '복잡하다'는 뜻의 複雑だ(ふくざつ) 등이 있습니다.

▸ 煩雑 번잡・煩悩 번뇌

▸ 煩わしい事務手続き。번거로운 사무수속.

08 爽やか

상쾌함　　　　　　　　　　　　　　　さわやか

> さわやか는 기분이 '개운함, 산뜻함'과 막힘없이 '뚜렷함, 명쾌함'의 뜻입니다. 비슷한 단어로는 '쾌적하다'는 뜻의 快適だ(かいてきだ), '상쾌하다, 개운하다'는 뜻의 すがすがしい 등이 있습니다.

▸ 爽快 상쾌・総会 총회

▸ 朝の爽やかな空気。아침의 상쾌한 공기.

▸ 爽やかな人柄。시원한 인품.

09 和やか

온화함　　　　　　　　　　　　　　　なごやか

> なごやか는 '온화해지다, 누그러지다'의 和む(なごむ), '누그러지다, 온화해지다)'의 和らぐ(やわらぐ), '온화하다, 평온하다'의 穏やかだ(おだやかだ)와 비슷한 표현의 단어입니다.

▸ 違和感 위화감・親和力 친화력・調和 조화・柔和 유화
　日和 좋은 날씨・飽和 포화・融和 융화

▸ 和やかな笑顔。온화한 미소.

다시 한번 확인하세요!

▶ 煩雑　　　はんざつ
　煩悩　　　ぼんのう

▶ 煩わしい事務手続き
　わずらわしいじむてつづき

▶ 爽快　　　そうかい
　総会　　　そうかい

▶ 朝の爽やかな空気
　あさのさわやかなくうき

▶ 爽やかな人柄
　さわやかなひとがら

▶ 違和感　　いわかん
　親和力　　しんわりょく
　調和　　　ちょうわ
　柔和　　　にゅうわ
　日和　　　ひより
　飽和　　　ほうわ
　融和　　　ゆうわ

▶ 和やかな笑顔
　なごやかなえがお

퀴즈　健やかに育つ

10 緩やか   느슨함, 완만함   ゆるやか

1회 2회 3회

> ゆるやか에는 '느슨함, 완만함'의 뜻 외에도 '느릿함, 느긋함'의 뜻이 있습니다. 예를 들면 '느긋한 기분'이라는 표현은 **ゆるやか気分(きぶん)**이라고 하면 됩니다.

- ▶ 緩やかな規制。느슨한 규제.

- ▶ 緩やかな流れ。완만한 흐름.

다시 한번 확인하세요!

- ▶ 緩やかな規制
  ゆるやかなきせい
- ▶ 緩やかな流れ
  ゆるやかなながれ

기출 05년

11 厚かましい   뻔뻔하다   あつかましい

1회 2회 3회

> '뻔뻔하다'는 표현을 다시 한번 확인해보세요. **ずぶとい, のぶとい, 恥知らず(はじしらず), ずうずうしい, 面(つら)の皮(かわ)が厚い**, '철면피'의 뜻인 **鉄面皮(てつめんぴ)**, '뻔뻔함'이라는 뜻의 **厚顔(こうがん)** 등이 있습니다.

- ▶ 温厚 온후 · 厚生 후생 · 重厚 중후

- ▶ 厚かましい人ですね。뻔뻔한 사람이네요.

- ▶ 厚かましいお願いで恐縮です。
  뻔뻔한 부탁으로 죄송합니다.

- ▶ 温厚   おんこう
  厚生   こうせい
  重厚   じゅうこう
- ▶ 厚かましい人ですね
  あつかましいひとですね
- ▶ 厚かましいお願いで
  恐縮です
  あつかましいおねがいで
  きょうしゅくです

기출 05년

12 たくましい   늠름하다, 왕성하다

1회 2회 3회

> たくましい는 한자로 표현하면 **逞しい**가 됩니다. '늠름하다, 왕성하다'라는 뜻 외에 '힘차다, 다부지다'라는 뜻도 있습니다. 비슷한 표현으로는 '튼튼하다, 건강하다'라는 뜻의 **丈夫だ(じょうぶだ)**와 '훌륭하다'는 뜻의 **立派だ(りっぱだ), '좌절하지 않다'는 뜻의 挫けない(くじけない)** 등이 있습니다.

- ▶ たくましい食欲。왕성한 식욕.

- ▶ たくましい腕の持ち主。늠름한 팔의 소유자.

- ▶ たくましい食欲
  たくましいしょくよく
- ▶ たくましい腕の持ち主
  たくましいうでのもちぬし

퀴즈   華やかな都会での生活 ....

13 愚か
어리석음   おろか

□ □ □
1회 2회 3회

> 미련하고 어리석은 사람을 가리키거나 바보 같은 행동을 하는 사람을 가리킬 때 사용합니다. 동음이의어인 疎かも ～はおろか, ～もおろか의 형태로 '～는 커녕, ～는 물론'이라는 뜻입니다. 掃除(そうじ)はおろか布団(ふとん)을 上げたこともない는 '청소는커녕 이불을 갠 적도 없다'라는 뜻입니다.

> **愚痴** 불평, 불만 · **愚直** 우직 · **愚鈍** 우둔

> 彼の言葉を愚かにも信じてしまう。
> 그의 말을 어리석게도 믿어버린다.

> 戦争など愚かなことだ。전쟁 따위 어리석은 일이다.

14 恐ろしい
두렵다   おそろしい

□ □ □
1회 2회 3회

> おそろしい 대용 단어로는 '심하다'는 뜻의 ひどい, '굉장하다'인 すごい, '엄청나다'는 뜻인 夥しい(おびただしい)가 있습니다. '무섭다'는 뜻의 恐い(こわい)와 '두려워하다'는 뜻의 恐れる(おそれる)도 기억하고 계시겠죠?

> 戦争になるのが恐ろしい。전쟁이 날까봐 두렵다.

> 恐ろしく頭の回転が速い。무섭게 머리회전이 빠르다.

15 わびしい
허전하다, 쓸쓸하다

□ □ □
1회 2회 3회

> わびしい와 비슷한 표현으로는 '쓸쓸하다'는 뜻의 寂しい(さびしい), '슬프다'의 悲しい(かなしい), '쓸쓸히 여기다'의 侘びる(わびる) 등입니다. 侘住まい(わびずまい)라고 하면 '누추한 주거지' 정도가 되겠네요.

> 一人でわびしく酒を飲む。혼자서 쓸쓸히 술을 마시다.

> わびしい格好。초라한 모습.

다시 한번 확인하세요!

> 愚痴   ぐち
> 愚直   ぐちょく
> 愚鈍   ぐどん

> 彼の言葉を愚かにも信じてしまう
> かれのことばをおろかにもしんじてしまう

> 戦争など愚かなことだ
> せんそうなどおろかなことだ

> 戦争になるのが恐ろしい
> せんそうになるのがおそろしい

> 恐ろしく頭の回転が速い
> おそろしくあたまのかいてんがはやい

> 一人でわびしく酒を飲む
> ひとりでわびしくさけをのむ

> わびしい格好
> わびしいかっこう

퀴즈 朝の爽やかな空気

16 情けない　한심하다, 처참하다, 냉정하다　　　なさけない

 なさけない는 '쌀쌀맞다'의 すげない, '처참하다'의 惨めだ(みじめだ), '한심하다'의 嘆かわしい(なげかわしい), '무정'의 無情(むじょう), '무정하다, 냉담하다'는 뜻의 つれない 등의 뜻이 있습니다.

▶ 感情 감정・事情 사정

▶ 情けない成績で終わる。한심한 성적으로 끝나다.

▶ ずぶぬれの情けない姿。흠뻑 젖은 처참한 모습.

17 朗らか　명랑함, 쾌청함　　　ほがらか

ほがらか는 성격 등이 명랑할 때, 혹은 날씨 등이 쾌청할 때 사용하는 단어입니다. 비슷한 표현으로 명사 明朗(めいろう)가 있습니다. 한자 그대로 '명랑'이라는 뜻입니다. 그밖에 朗이 들어간 단어로 '낭독'이라는 뜻의 朗読(ろうどく)가 있습니다.

▶ あの方はいつも朗らかに笑う。
저분은 항상 명랑하게 웃는다.

▶ 朗らかに晴れた空。맑게 갠 하늘.

18 空しい　허무하다, 공허하다　　　むなしい

むなしい는 虚しい로도 쓸 수 있습니다. '내용이 없다. 덧없다. 보람 없다. 헛되다'라는 뜻이 있습니다. 비슷한 단어로는 はかない가 있습니다.

▶ 空しく時が過ぎる。허무하게 시간이 지나가다.

▶ 空しい世の中。공허한 세상.

▶ 感情　かんじょう
　事情　じじょう

▶ 情けない成績で終わる
　なさけないせいせきで
　おわる

▶ ずぶぬれの情けない姿
　ずぶぬれのなさけない
　すがた

▶ あの方はいつも
　朗らかに笑う
　あのかたはいつもほが
　らかにわらう

▶ 朗らかに晴れた空
　ほがらかにはれたそら

▶ 空しく時が過ぎる
　むなしくときがすぎる

▶ 空しい世の中
　むなしいよのなか

절대로 15일 형용사

퀴즈　緩やかな規制

19 あくどい

□ □ □
1회 2회 3회

악착같다, 끈덕지다, 진하다

> あくどい에는 색깔이나 맛 따위가 '야하다', 불쾌할 만큼 '강렬하다'의 뜻도 있습니다. あくどい化粧(げしょう)는 '야한 화장'이란 뜻입니다. 비슷한 단어로 '너무 심하다'는 뜻의 どぎつい와 '끈질기다'는 뜻의 しつこい가 있습니다.

> ▶ あくどい商売。끈덕진 장사.

> ▶ 化粧があくどい。화장이 진하다.

20 いやしい

□ □ □
1회 2회 3회

비천하다, 초라하다

> いやしい는 卑しい와 賎しい로 쓸 수 있습니다. 뜻은 신분이나 지위가 '낮다, 천하다' 또는 '저속하다, 상스럽다'입니다. 비슷한 표현으로는 '비천하다, 저질이다'라는 뜻의 下品だ(げひんだ)와 '누추하다, 초라하다'라는 뜻의 みすぼらしい 등입니다.

> ▶ 根性がいやしい。성격이 상스럽다.

> ▶ 服装がいやしい。복장이 초라하다.

21 厳か

□ □ □
1회 2회 3회

엄숙함   おごそか

> おごそかな雰囲気(ふんいき)는 '엄숙한 분위기'죠. 威厳(いげん 위엄) 있고, 厳格(げんかく 엄격)한 분위기를 뜻합니다. おごそか와 관련된 단어는 모두 딱딱한 표현들이네요.

> ▶ 厳禁 엄금・厳守 엄수

> ▶ 厳かに式が進む。엄숙하게 식이 진행되다.

다시 한번 확인하세요!

▶ あくどい商売
　あくどいしょうばい
▶ 化粧があくどい
　けしょうがあくどい

▶ 根性がいやしい
　こんじょうがいやしい
▶ 服装がいやしい
　ふくそうがいやしい

▶ 厳禁　　　げんきん
　厳守　　　げんしゅ
▶ おごそかに式が進む
　おごそかにしきがすすむ

퀴즈 戦争になるのが恐ろしい

22 なだらか　완만함, 매끄러움

1회　2회　3회

なだらかは '완만함, 가파르지 않음', '온화함, 평온함', '순조로움, 원활함'의 뜻입니다. 비슷한 표현으로는 '완만함'의 뜻인 緩やか(ゆるやか)와 '매끄러움'의 뜻인 滑らか(なめらか) 등입니다.

▶ なだらかな坂。완만한 언덕.

▶ なだらかな口調。매끄러운 어조.

▶ なだらかな坂
　　なだらかなさか

▶ なだらかな口調
　　なだらかなくちょう

23 滑らか　매끄러움, 순조로움　　　　　なめらか

1회　2회　3회

なめらかは '매끄러움' 외에도 '거침없음, 순조로움'의 뜻이 있습니다. なめらかな口調(くちょう)는 '거침없는 어조'입니다. '미끄러지다'는 뜻의 滑る(すべる)도 함께 외워두세요.

▶ 円滑 원활 · 潤滑油 윤활유 · 滑走路 활주로

▶ 滑らかな肌ざわり。매끄러운 피부 감촉.

▶ 滑らかな話ぶり。매끄러운 이야기 진행.

▶ 円滑　　　えんかつ
　 潤滑油　　じゅんかつゆ
　 滑走路　　かっそうろ

▶ 滑らかな肌ざわり
　　なめらかなはだざわり

▶ 滑らかな話ぶり
　　なめらかなはなしぶり

24 みすぼらしい　초라하다, 누추하다

1회　2회　3회

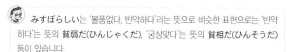

みすぼらしい는 '볼품없다, 빈약하다'라는 뜻으로 비슷한 표현으로는 '빈약하다'는 뜻의 貧弱だ(ひんじゃくだ), '궁상맞다'는 뜻의 貧相だ(ひんそうだ) 등이 있습니다.

▶ みすぼらしい姿。초라한 모습.

▶ みすぼらしい体格。빈약한 체격.

▶ みすぼらしい姿
　　みすぼらしいすがた

▶ みすぼらしい体格
　　みすぼらしいたいかく

퀴즈　空しく時が過ぎる

25 著しい

뚜렷하다, 현저하다

いちじるしい

> いちじるしい는 '놀랄 만큼 훌륭하다'는 뜻의 めざましい나 '명백하다'는 뜻의 明(あき)らかだ와 비슷한 표현입니다. 명사로는 顕著(けんちょ)이며, 한자 그대로 '현저'라는 뜻입니다.

著 ▸ 著作 저작 · 著名 저명

▸ 著しい発展を見せる。현저한 발전을 보이다.

▸ 著しく身長が伸びる。뚜렷하게 신장이 자라다.

26 はるか

아득함(멀리 떨어져 있음)

> はるか는 '멀리 떨어져 있음, 아득함'의 뜻이지만 はるかに의 형태로 부사적으로 자주 사용됩니다. 뜻은 차이가 많이 나는 모양을 가리키는 '훨씬'이라는 뜻입니다. はるか北の国는 '아득한 북쪽 지방', はるか以前(いぜん)은 '훨씬 이전'입니다.

▸ はるかな昔。아득한 옛날.

▸ こちらのほうがはるかによい。이쪽이 훨씬 좋다.

▸ 予想よりはるかに高い。예상보다 훨씬 비싸다.

27 しぶとい

끈질기다

> しぶとい는 '강인하다, 고집이 세다'는 뜻이 있습니다. 비슷한 표현으로는 '끈질기다, 끈덕지다'는 뜻의 粘り強い(ねばりづよい)가 있습니다.

▸ 強豪チームにしぶどく食い下がる。
강호 팀에 끈질기게 달라붙다.

▸ しぶとい男。고집이 센 사나이.

다시 한번 확인하세요!

▸ 著作　　ちょさく
　著名　　ちょめい

▸ 著しい発展を見せる
　いちじるしいはってんを
　みせる

▸ 著しく身長が伸びる
　いちじるしくしんちょうが
　のびる

▸ はるかな昔
　はるかなむかし

▸ 予想よりはるかに高い
　よそうよりはるかに
　たかい

▸ 強豪チームにしぶどく食い
　下がる
　きょうごうチームに
　しぶどくくいさがる

▸ しぶとい男
　しぶといおとこ

퀴즈 厳かに式が進む

기출 04년

28 そっけない 쌀쌀맞다

□ □ □
1회 2회 3회

そっけない는 '무뚝뚝하다, 쌀쌀하다'는 뜻으로 すげない와 같습니다. 한자로 표현하면 素っ気ない입니다. 비슷한 단어로 '냉담'의 뜻인 冷淡(れいたん), '애교가 없다'는 뜻의 愛想(あいそ)がない 등이 있습니다.

▸ そっけなく答える。쌀쌀맞게 대답하다.

▸ そっけない態度。쌀쌀맞은 태도.

기출 03년

29 柔らかい 부드럽다, 유연하다   やわらかい

□ □ □
1회 2회 3회

やわらかい에는 여러 가지 뜻이 있고 '부드럽다'는 뜻 외에도 '말랑하다, 온화하다, 유연하다, 완만하다, 격식을 차리지 않다' 등입니다. 비슷한 단어로는 '부드럽다, 매끄럽다'는 뜻의 しなやかだ와 명사 '유연'의 뜻인 柔軟(じゅうなん) 등이 있습니다.

▸ 柔らかい毛布。부드러운 담요.

▸ 頭が柔らかい。머리가 유연하다.

기출 03년

30 しなやか 부드러움, 유연함, 나긋나긋함

□ □ □
1회 2회 3회

しなやか는 탄력 있고 잘 휘어지는 모양을 나타냅니다. 비슷한 단어로 앞서 배운 なめらか, 柔らか(やわらか)와 '나긋나긋'의 뜻인 なよなよ, '연약하다'는 뜻의 弱々しい(よわよわしい) 등이 있습니다.

▸ しなやかな感性。부드러운 감성.

▸ しなやかな枝。유연한 가지.

퀴즈 滑らかな肌ざわり

다시 한번 확인하세요!

▸ そっけなく答える
  そっけなくこたえる

▸ そっけない態度
  そっけないたいど

▸ 柔らかい毛布
  やわらかいもうふ

▸ 頭が柔らかい
  あたまがやわらかい

▸ しなやかな感性
  しなやかなかんせい

▸ しなやかな枝
  しなやかなえだ

절대로 15일 형용사

※ 次の説明に合う単語は？

01 がまん強くてへこたれない。
    ① かしましい   ② しぶとい   ③ うらやましい   ④ やかましい

02 粗末で、いかにも見劣りがするさま。
    ① ふさわしい   ② 質素だ   ③ みすぼらしい   ③ 派手だ

03 内容がなく空虚であるさま。
    ① かしこい   ② ほがらか   ③ さびしい   ④ むなしい

04 あまりのふがいなさにがっかりする気持ちである。
    ① あつかましい   ② なさけない   ③ につかわしい   ④ いやしい

※ 次の単語の読み方は？

05 怪しい   ① ふさわしい   ② あやしい   ③ たのもしい   ④ いましい

06 鮮やか   ① あざやか   ② かろやか   ③ なごやか   ④ そびやか

07 健やか   ① まろやか   ② すこやか   ③ さわやか   ④ すみやか

※ 次の単語の漢字は？

08 あつかましい   ① 厚かましい   ② 暑かましい
                  ③ 熱かましい   ④ 篤かましい

09 おろか   ① 愚か   ② 隅か   ③ 偶か   ④ 遇か

10 くわしい   ① 細しい   ② 詳しい   ③ 鮮しい   ④ 鋭い

※ 次の単語の読み方は？

11 お葬式はいつも厳かな雰囲気で行われる。
　① ゆるやかな　　　② おごそかな　　　③ なめらかな　　　④ おだやかな

12 私は煩わしい人間関係が苦手である。
　① うるわしい　　　② うれわしい　　　③ わずらわしい　　④ まぎらわしい

13 この道をまっすぐ行くと、緩やかな坂道が出る
　① あまやか　　　　② ささやか　　　　③ なごやか　　　　④ ゆるやか

14 私は大学に二度も落ちて情けないと思った。
　① まけない　　　　② いけない　　　　③ なさけない　　　④ じょうけない

15 彼は子供のような滑らかな肌を持っている。
　① なめらかな　　　② すべらかな　　　③ あきらかな　　　④ ほがらかな

※ 次の下線にあてはまるものは？

16 他人に対する思いやりが感じられない＿＿＿＿＿＿態度はよくない。
　① さわやかな　　　② そっけない　　　③ ほがらかな　　　④ なれなれしい

17 柳の枝は＿＿＿＿＿＿です。
　① しなやか　　　　② はるか　　　　　③ なめらか　　　　④ のどか

18 彼とは考え方が＿＿＿＿＿＿異なる。
　① なめらかに　　　② いちじるしく　　③ たいくつに　　　④ したしく

19 声があまり＿＿＿＿＿＿よく聞こえない。
　① ねばりづよくて　② たのもしくて　　③ たくましくて　　④ よわよわしくて

기출 07년

01 ～そばから

～하자마자(～하는 족족)

1회 2회 3회

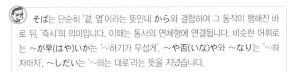 そば는 단순히 '곁, 옆'이라는 뜻인데 から와 결합하여 그 동작이 행해진 바로 뒤, '즉시'의 의미입니다. 이때는 동사의 연체형에 연결됩니다. 비슷한 어휘로는 ～が早(はや)いか는 '～하기가 무섭게', ～や否(いな)や와 ～なり는 '～하자마자', ～しだい는 '～하는 대로'라는 뜻을 지녔습니다.

▶ 習うそばから忘れる始末。 배우자마자 잊어버리는 꼴.

▶ 作るそばから食べる。 만들자마자 먹는다.

기출 07년

02 ～が最後

일단 ～하면 끝장   ～がさいご

1회 2회 3회

'최후, 마지막'이란 뜻의 **最後**에 し, たが～의 꼴로 '～하면 끝장' 또는 '일단 ～하기만 하면 그만'의 뜻이 됩니다. 行ったら最後二度(にど)と戻(もど)ってこない는 '일단 가버리면 끝장, 두 번 다시 돌아오지 않는다'는 뜻이죠. 반대말은 '최초'의 뜻인 **最初**(さいしょ)입니다.

▶ 食いついたが最後離れない。
일단 달라붙으면 끝장, 떨어지지 않는다.

▶ 列の最後に並ぶ。 열의 최후에 서다.

▶ 最後の最後まであきらめない。
최후의 최후까지 포기하지 않는다.

기출 04년

03 ～ならでは

～만, ～가 아니면 ～못하는

1회 2회 3회

ならでは는 '～가 아니고는, 이외에는, 다만 ～뿐'이라는 뜻으로 '～가 아니고는'으로 해석될 경우에는 보통 부정의 표현이 뒤따릅니다. 예를 들면 東京ならでは見ることのできない光景(こうけい)를 해석하면 '동경이 아니면 볼 수 없는 광경'이 됩니다.

▶ 日本ならではの習慣。 일본만의 습관.

▶ 韓国ならではの焼肉の味。
한국이 아니면 맛볼 수 없는 갈비의 맛.

다시 한번 확인하세요!

▶ 習うそばから忘れる始末
ならうそばからわすれる
しまつ

▶ 作るそばから食べる
つくるそばからたべる

▶ 食いついたが最後離れない
くいついたがさいごはな
れない

▶ 列の最後に並ぶ
れつのさいごにならぶ

▶ 最後の最後まであきらめ
ない
さいごのさいごまで
あきらめない

▶ 日本ならではの習慣
にほんならではの
しゅうかん

▶ 韓国ならではの焼肉の味
かんこくならではのやき
にくのあじ

퀴즈 余儀ない事情で参加を見合わせる

04 ～にも増して ～보다 먼저, ～보다 더 　　　　　　　～にもまして

□ □ □
1회 2회 3회

> ましては '하물며'라는 뜻입니다. 何にも増しての 형태로 많이 쓰이는데 '다른 어떤 것보다도'라는 뜻이 됩니다. まして는 '늘다'는 뜻의 増す에서 나온 말입니다. 増える는 '늘어나다'는 뜻인 것도 기억하시죠.

▶ 다시 한번 확인하세요!

▶ 増加　ぞうか
　増設　ぞうせつ
　割増　わりまし

▶ 何にも増して資金がほしい
　なににもましてしきんが
　ほしい

▶ 以前にも増して不安感がつ
　のる
　いぜんにもましてふあん
　かんがつのる

▶ 増加 증가・増設 증설・割増 할증

▶ 何にも増して資金がほしい。
　무엇보다도 먼저 자금이 필요하다.

▶ 以前にも増して不安感がつのる。
　이전보다 더 불안감이 늘다.

05 ～さることながら 물론이지만, 그렇다고 해도

□ □ □
1회 2회 3회

> さること는 '그러한 일'이라는 뜻입니다. 여기에 ながら가 결합하여 한 단어처럼 쓰이는데 이를 연어(連語 れんご)라고 합니다. さること는 さておき는 '그런 일은 제쳐놓고'라는 뜻입니다.

▶ 日ごろの心がけもさること
　ながら
　ひごろのこころがけも
　さることながら

▶ その心根はさることながら
　そのこころねはさることな
　がら

▶ 日ごろの心がけもさることながら。
　평소의 마음가짐은 물론이지만.

▶ その心根はさることながら。
　그 속마음은 그럴 만하지만.

06 とかく 툭 하면, 걸핏 하면, 자칫하며, 여하튼

□ □ □
1회 2회 3회

> とかく에는 여러 가지 뜻이 있는데 とにかく의 뜻인 '아무튼, 하여튼'이라는 뜻과 부사 と와 かく가 합쳐진 단어로 '이럭저럭, 이러쿵저러쿵'의 뜻도 됩니다.

▶ 老人はとかく忘れっぽく
　なって困る
　ろうじんはとかくわす
　れっぽくなってこまる

▶ 人のことをとかく批判する
　前に自分のことを考えなさ
　い
　ひとのことをとかくひはん
　するまえにじぶんのことを
　かんがえなさい

▶ とかくこの世は住みにくい
　とかくこのよはすみにくい

▶ 老人はとかく忘れっぽくなって困る。
　노인은 툭하면 잘 잊어버려서 곤란하다.

▶ 人のことをとかく批判する前に自分のことを考えなさい。 남의 일을 이러쿵저러쿵 비판하기 전에 자신의 일을 생각하세요.

▶ とかくこの世は住みにくい。 하여튼 이 세상은 살기 힘들다.

퀴즈 達者といえども時には失敗する

07 つくづく

곰곰이

1회 2회 3회

つくづく는 つくづくと의 형태로 '곰곰이, 골똘이'라는 뜻으로 사용됩니다. 그밖에 '주의 깊게' '절실히, 정말, 아주' 등의 뜻으로도 해석할 수 있습니다. 人生(じんせい)ははかないとつくづく思う는 '인생은 허무하다고 절실히 생각한다'는 뜻입니다.

▶ 自分の将来をつくづく考えた。
자신의 장래를 곰곰이 생각했다.

▶ つくづくと眺める。찬찬히 바라보다.

08 ようやく

간신히, 겨우

1회 2회 3회

ようやく에는 '차츰, 점차'의 뜻도 있습니다. ようやく와 비슷한 표현으로는 '겨우'의 뜻인 やっと와 '간신히'의 뜻인 かろうじて가 있습니다. やっと安心(あんしん)して眠(ねむ)る는 '겨우 안심하고 잠들다'는 뜻이 됩니다.

▶ ようやく山頂にたどり着いた。
간신히 산 정상에 도착했다.

▶ ようやく春らしくなった。차차 봄다워졌다.

09 ことごとく

전부, 모조리

1회 2회 3회

ことごとく와 비슷한 표현들을 기억해두세요. 残らず(のこらず)는 '남김 없이'라는 뜻이며 あらゆる, すべて, みんな, 全部(ぜんぶ)는 '모두, 모든, 전부'라는 뜻입니다.

▶ 住民のことごとくが反対した。주민 모두가 반대했다.

▶ ことごとく失敗に終る。모조리 실패로 끝나다.

다시 한번 확인하세요!

▶ 自分の将来をつくづく
考えた
じぶんのしょうらいを
つくづくかんがえた

▶ つくづくと眺める
つくづくとながめる

▶ ようやく山頂にたどり
着いた
ようやくさんちょうに
たどりついた

▶ ようやく春らしくなった
ようやくはるらしく
なった

▶ 住民のことごとくが反対
した
じゅうみんのことごとく
がはんたいした

▶ ことごとく失敗に終る
ことごとくしっぱいに
おわる

퀴즈 食いついたが最後離れない

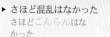

기출 09년

10 さほど
그다지, 그정도

1회 2회 3회

 さほどに의 형태로 쓰이며 보통 부정어가 따릅니다. '그토록, 그렇게까지, 그다지'의 뜻입니다. 비슷한 표현으로는 それほど, たいして, そんなに 등이 있습니다.

▶ さほど混乱はなかった。 그다지 혼란은 없었다.

▶ さほど寒くはない。 그 정도로 춥지는 않다.

다시 한번 확인하세요!

▶ さほど混乱はなかった
　さほどこんらんはな
　かった

▶ さほど寒くはない
　さほどさむくはない

기출 08년

11 もろに
제대로

1회 2회 3회

もろに에는 まともに와 直接(ちょくせつ)に와 같은 '직접, 정면으로, 제대로'의 뜻이 있고, '함께, 한결같이'의 뜻도 있습니다.

▶ もろに影響を受ける。 제대로 영향을 받다.

▶ もろにぶつかる。 제대로 부딪히다.

▶ もろに影響を受ける
　もろにえいきょうを
　うける

기출 08년

12 まるまる
완전히, 둥글둥글

1회 2회 3회

まるまる는 통통하게 살이 찐 모양을 나타내기도 하지만 밝히기를 피할 때 쓰는 부호로서 'ㅇㅇ'으로 표시하는 말이기도 합니다. 또한 '완전히, 전부'의 뜻이 있습니다. まるまるとした顔(かお)는 '동글동글한 얼굴'이 되겠죠.

▶ まるまる損をする。 완전히 손해 보다.

▶ まるまるという人。 〇〇이라는 사람.

▶ まるまる二日かかる。 꼬박 이틀 걸린다.

▶ まるまる損をする
　まるまるそんをする

▶ まるまるという人
　まるまるというひと

▶ まるまる二日かかる
　まるまるふつかかかる

퀴즈　何にも増して資金がほしい

13 ～さえ

조차, ~라도

□ □ □
1회 2회 3회

> さえ는 '조차'의 すら, '까지도'의 までも, '〜도'의 だって의 뜻을 지닌 부조사입니다. 〜さえ〜ば의 형태로도 쓰이는데 '〜만 ～하면'의 뜻입니다. 時間さえあれば(시간만 있으면), これさえあれば鬼(おに)に鉄棒(かなぼう)だ는 이것만 있으면 범에 날개다'라는 뜻입니다.

▸ 子供でさえできる事。애들도 할 수 있는 일.

▸ 先生の忠告さえをもむしする。
선생님의 충고조차도 무시한다.

▸ 子供でさえできる事
　こどもでさえできること

▸ 先生の忠告さえをもむしする
　せんせいのちゅうこくさえをもむしする

14 ～にたる

～할 만하다

□ □ □
1회 2회 3회

> '족하다'라는 뜻의 동사 足る(たる)에서 나온 말입니다. たる는 '족하다, 충분하다'는 뜻의 足りる(たりる)와 같은 뜻이죠. 信頼(しんらい)するに足りる人物(じんぶつ)는 '신뢰하기에 충분한 인물'이죠.

▸ 一見するにたる。한 번 볼 만하다.

▸ 賞するにたる。칭찬할 만하다.

▸ 一見するにたる
　いっけんするにたる

▸ 賞するにたる
　しょうするにたる

15 ～がかかせない

～를 빼놓을 수 없다

□ □ □
1회 2회 3회

> '빠뜨리다'라는 뜻의 欠かす(かかす)의 가능형 かかせる에서 나온 말입니다. 부정형 かかせない로 '빠뜨릴 수 없다'는 뜻이죠. 一日(いちにち)も欠かさずに日記(にっき)をつける는 '하루도 빠지지 않고 일기를 쓰다'입니다.

▸ 学生にとって勉強がかかせないのに。
학생에게 있어서 공부를 빼놓을 수 없는데.

▸ 学生にとって勉強がかかせないのに
　がくせいにとってべんきょうがかかせないのに

퀴즈 自分の将来をつくづく考えた ......

208

16 ～を踏まえて　～을 근거로　　　　　　　　　～をふまえて

1회　2회　3회

'힘주어 밟다, 판단의 근거로 삼다'라는 뜻의 踏まえる(ふまえる)에서 파생된 어휘입니다. 両足(りょうあし)で大地(だいち)を踏まえる는 '양발로 대지를 밟다'라는 뜻입니다.

▶ 調査結果を踏まえて報告書をまとめる。
　조사결과를 근거로 보고서를 정리하다.

▶ 事実を踏まえて対策を立てる。
　사실을 근거로 대책을 세우다.

▶ 調査結果を踏まえて報告書をまとめる
　ちょうさけっかをふまえてほうこくしょをまとめる

▶ 事実を踏まえて対策を立てる
　じじつをふまえてたいさくをたてる

17 ～(と)ひきかえに　～와 바꿔서

1회　2회　3회

'바꾸다, 교환하다'는 뜻의 引き換える(ひきかえる)에서 나온 말입니다. 보통 にひきかえ의 형태로 '～에 반해서, ～과는 달리(반대로)'라는 뜻으로 사용됩니다. 姉(あね)にひきかえ妹(いもうと)はお転婆(てんば)だ는 '언니와는 반대로 여동생은 말괄량이다'라는 뜻입니다.

▶ 代金とひきかえに品物を渡す。
　대금과 바꿔서 물건을 건네다.

▶ 昨日にひきかえ今日は寒い。
　어제와는 반대로 오늘은 춥다.

▶ 代金とひきかえに品物を渡す
　だいきんとひきかえにしなものをわたす

▶ 昨日にひきかえ今日は寒い
　きのうにひきかえきょうはさむい

18 ～べからず　하지 말 것, 금지

1회　2회　3회

べからずは '～해야 함'이라는 뜻인 べし의 부정형으로 주로 べき의 형태로 사용합니다. '있을 수 없다, ～해서는 안 된다'는 뜻인데 이중부정의 ざるべからず의 형태로 사용되어 지시나 명령, 강조를 나타내는 말입니다. 人権を重んぜざるべからず는 '인권을 존중해야 한다'는 뜻입니다.

▶ 部外者は入るべからず。관계자 이외 들어오지 말 것.

▶ ついに来るべき時が来た。드디어 와야 할 때가 왔다.

▶ 部外者は入るべからず
　ぶがいしゃははいるべからず

▶ ついに来るべき時が来た
　ついにくるべきときがきた

퀴즈　もろに影響を受ける

19 あいまって　어울려서

> あいまって는 부사적으로 사용되는 말로 그냥 한 단어처럼 외워두세요. あいまって처럼 あい(相)가 붙는 어휘로는 '연달아서'의 뜻인 あいついで, '변함없이'의 あいかわらず, '상대방'이라는 뜻의 あいて, '짝궁'의 뜻인 あいぼう 등이 있습니다.

▶ 相次いで 연달아서, 잇달아서 · 相変わらず 변함없이
　　相棒 짝궁 · 相席 합석 · 相手 상대방

▶ 実力と運とがあいまって合格した。
　　실력과 운이 한데 어울려서 합격했다.

20 ひいては　나아가서는

> ひいては는 引いて に は가 합쳐진 말로 한 단어처럼 외워두세요. 비슷한 표현으로는 '게다가 더욱'의 뜻을 지닌 さらに와 '그 결과'라는 뜻의 その結果(けっか)가 있습니다.

▶ 彼の理論は国内にひいては世界に影響を与えた。
　　그의 이론은 국내에 나아가서는 세계에 영향을 주었다.

21 案の定　아니나 다를까, 생각한 대로　　　　　あんのじょう

> あんのじょう는 '예상했던 대로, 과연'의 뜻이 담겨 있습니다. 비슷한 표현으로는 果たして(はたして)와 思ったとおり가 있고 반대적인 표현으로는 案外(あんがい 의외로), 思いの外(おもいのほか 뜻밖에)가 있습니다.

▶ 案の定失敗した。아니나 다를까 실패했다.

▶ 案の定あいつのしわざだ。
　　예상한 대로 그 녀석의 짓이다.

▶ 相次いで　あいついで
　　相変わらず
　　あいかわらず
　　相棒　　　あいぼう
　　相席　　　あいせき
　　相手　　　あいて

▶ 実力と運とがあいまって
　　合格した
　　じつりょくとうんとが
　　あいまってごうかくした

▶ 彼の理論は国内にひいては
　　世界に影響を与えた
　　かれのりろんはこくない
　　にひいてはせかいにえい
　　きょうをあたえた

▶ 案の定失敗した
　　あんのじょうしっぱい
　　した
▶ 案の定あいつのしわざだ
　　あんのじょうあいつの
　　しわざだ

子供でさえできる事

22 ～がてら　～하는 김에

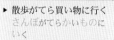

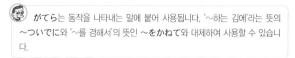
がてら는 동작을 나타내는 말에 붙어 사용됩니다. '～하는 김에'라는 뜻의 ～ついでに와 '～를 겸해서'의 뜻인 ～をかねて와 대체하여 사용할 수 있습니다.

▶ 散歩がてら買い物に行く。산책 겸 쇼핑하러 간다.

▶ 会社に行きがてら銀行に立ち寄る。
회사 가는 길에 은행에 들르다.

▶ 散歩がてら買い物に行く
さんぽがてらかいものに
いく

▶ 会社に行きがてら銀行に
立ち寄る
かいしゃにいきがてら
ぎんこうにたちよる

---

23 あやふや　애매모호함

あやふや는 흐릿하고 불확실한 것을 표현하는 말입니다. '불확실함'의 뜻인 不確か(ふたしか), '애매함'의 뜻인 曖昧(あいまい)와 비슷한 표현이죠. 그밖에 '흐리멍청함'의 뜻인 うすぼんやり와 '의지할 수 없는 모양'이라는 뜻의 たよりないさま도 기억해두세요.

▶ あやふやな知識で答える。애매모호한 지식으로 답하다.

▶ あやふやな返事。애매한 대답.

▶ あやふやな知識で答える
あやふやなちしきで
こたえる

▶ あやふやな返事
あやふやなへんじ

---

24 皮切りに　시작으로　　　　　　　かわきりに

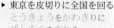

かわきり는 맨 처음 뜨는 뜸이란 뜻에서 '시작, 시초, 개시'라는 뜻입니다. 비슷한 단어로는 '시작'을 뜻하는 手始め(てはじめ)와 '～를 선두로'라는 뜻의 ～をかしらに가 있습니다.

▶ 東京を皮切りに全国を回る。동경을 시작으로 전국을 돈다.

▶ 話の皮切り。이야기의 시초

▶ 東京を皮切りに全国を回る
とうきょうをかわきりに
ぜんこくをまわる

▶ 話の皮切り
はなしのかわきり

퀴즈　代金とひきかえに品物を渡す

25 余儀なく

1회 2회 3회

여지없이, 부득이

よぎなく

'어쩔 수 없다, 하는 수 없다'라는 뜻의 **よぎない**에서 나온 말입니다. 비슷한 표현으로는 '어쩔 수 없다'는 뜻의 **やむを得(え)ない**와 **仕方(しかた)ない**가 있습니다.

▸ 辞任を余儀なくされる。 여지없이 사임당하다.

▸ 余儀ない事情で参加を見合わせる。
부득이한 사정으로 참가를 보류하다.

▸ 辞任を余儀なくされる
じにんをよぎなくされる

▸ 余儀ない事情で参加を見合わせる
よぎないじじょうで
さんかをみあわせる

---

26 ～ときたら

1회 2회 3회

(～로) 말하자면, 대해서는

と와 **来る**가 합쳐진 파생어입니다. 주로 **とくると**나 **ときては**의 형태로 사용됩니다. 예를 들면 音楽(おんがく)**とくると**やはりモーツァルトだね는 '음악으로 말하자면 역시 모차르트야'라고 해석하면 됩니다.

▸ 甘い物ときたら目がない。 단 것에는 사족을 못 쓴다.

▸ それにひきかえうちの亭主ときたら。
그와 반대로 우리집 영감이라는 사람은.

▸ 甘い物ときたら目がない
あまいものときたら
めがない

▸ それにひきかえうちの
亭主ときたら
それにひきかえうちの
ていしゅときたら

---

27 ～からある

1회 2회 3회

이상 있다, 이상 되다

조사 **から**와 '있다'는 뜻의 **ある**가 합쳐진 말로 '～이상 있다(되다)'는 뜻입니다. 여기서 조사 **から**는 보통 '～에서부터'라는 뜻으로 쓰이지만 문맥상 '～이상'으로 해석하는 것이 맞겠습니다.

▸ 10キロからあるかぼちゃが実った。
10킬로그램 이상 되는 호박이 열렸다.

▸ ダイヤモンドは最低100万円からする。
다이아몬드는 최저 100만 엔 이상 한다.

▸ 10キロからあるかぼちゃが
実った
10キロからあるかぼ
ちゃがみのった

▸ ダイヤモンドは最低100
万円からする
ダイヤモンドはさいてい
ひゃくまんえんからする

퀴즈 案の定失敗した

28 〜ったらない 〜하기 짝이 없다

1회 2회 3회

다시 한번 확인하세요!

▶ 心細さといったらない
   こころぼそさといったら
   ない

▶ 痛いったらない
   いたいったらない

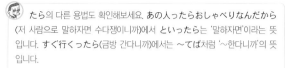

たらの 다른 용법도 확인해보세요. あの人ったらおしゃべりなんだから (저 사람으로 말하자면 수다쟁이니까)에서 といったら는 '말하자면'이라는 뜻입니다. すぐ行くったら (금방 간다니까)에서는 〜てば처럼 '〜한다니까'의 뜻입니다.

▶ 心細さといったらない。불안하기 짝이 없다.

▶ 痛いったらない。아프기 짝이 없다.

29 それゆえ 그런 이유로

1회 2회 3회

▶ 盗難が多い。それゆえ注意
   されたい
   とうなんがおおい。それ
   ゆえちゅういされたい

▶ 我思うゆえに我あり
   われおもうゆえにわれ
   あり

それゆえ는 '이유, 원인'을 뜻하는 ゆえ와 それ가 합쳐져 '그런 까닭으로, 그런 고로'의 뜻을 지녔습니다. ゆえ에는 그밖에 '유서'나 '내력'을 뜻하는 말이기도 합니다. ゆえある家の出(で)는 '유서 있는 집안 출신'이라는 뜻입니다.

▶ 盗難が多い。それゆえ注意されたい。
   도난이 많다. 그런 이유로 주의했으면 한다.

▶ 我思うゆえに我あり。나는 생각한다, 고로 나는 존재한다.

30 〜といえども 〜라 해도

1회 2회 3회

▶ 達者といえども時には
   失敗する
   たっしゃといえども
   ときにはしっぱいする

'〜이기는 하지만, 비록 〜이라 할지라도'의 뜻인 いえども와 と가 합쳐진 말입니다. 비슷한 표현으로는 '〜라고는 해도'의 뜻인 〜とはいうものの와 '〜라고는 하나'의 뜻인 〜とはいえ가 있습니다.

▶ 達者といえども時には失敗する。
   숙련된 사람이라도, 때론 실패한다.

정답과 해설은 349쪽에

※ 次の下線にあてはまるものは？

01 日本＿＿＿＿＿＿＿の寿司の味。
　① において　　　② かけては　　　③ のみならず　　　④ ならでは

02 走りだしたら＿＿＿＿＿＿＿、止まらない。
　① 終り　　　　　② しまい　　　　③ 最後　　　　　　④ 結局

03 作る＿＿＿＿＿＿＿食べる。
　① かたわら　　　② そばから　　　③ がわから　　　　④ ものなら

04 ここから東京までは、100キロ＿＿＿＿＿＿＿。
　① からある　　　② できる　　　　③ できない　　　　④ からない

05 彼の慌てぶりっ＿＿＿＿＿＿＿よ。
　① ざまみろ　　　② こない　　　　③ たらなかった　　④ たらある

06 国王＿＿＿＿＿＿＿法は犯せない。
　① に越した　　　② といえども　　③ に達する　　　　④ たりとも

07 先生に＿＿＿＿＿＿＿振る舞い。
　① あるまじき　　② 見掛け倒し　　③ なまかじり　　　③ やぶ蛇

08 音楽家と＿＿＿＿＿＿＿ベートーベンですね。
　① いわなくても　② きたら　　　　③ いうものの　　　④ いきなり

09 パリを＿＿＿＿＿＿＿にヨーロッパ各地で演説会を開く。
　① 皮切り　　　　② 始めて　　　　③ 試し　　　　　　④ 初めて

10 外に行き＿＿＿＿＿＿＿、手紙を出してきてくれないか。
　① がてら　　　　② しまいに　　　③ ばかり　　　　　④ そばから

11 記憶が＿＿＿＿＿で確答できない。

①しっかり　②はっきり　③あやふや　④たしか

12 本心とは＿＿＿＿＿なことを言う。

①ほんとう　②おなか　③おもわず　④うらはら

13 普段とは＿＿＿＿＿な意見を言う。

①同じ　②あべこべ　③でこぼこ　④あばたもえくぼ

14 個人の権利のため＿＿＿＿＿人間の尊厳のために闘う。

①ひいては　②あえて　③かえって　④まったく

15 しくじるぞと思っていたら＿＿＿＿＿失敗した。

①意外にも　②案外にも　③案の定　④案外

16 努力と才能が＿＿＿＿＿今日の成功を見た。

①あおにさい　②なくても　③ほしくて　④あいまって

17 事実を＿＿＿＿＿論じる。

①ふまえて　②ふんで　③かたわらに　④ついでに

18 住民の＿＿＿＿＿が反対した。

①あらゆる　②みんなの　③ことごとく　④わりあい

19 今度の事件で辞任を＿＿＿＿＿くされる。

①潔く　②快く　③せつな　④よぎな

※ 次の単語の読み方は？

01 削減
　　① さくがん　　　② しょうがん　　　③ さくげん　　　④ しょうげん

02 侮辱
　　① ぶじょく　　　② もじょく　　　③ ふじょく　　　④ もしょく

03 訴訟
　　① そそう　　　② そしょう　　　③ しょうそ　　　④ しょうしょう

04 巧妙
　　① きょうめい　　② こうめい　　　③ きょうみょう　　④ こうみょう

05 模倣
　　① もほう　　　② もうほう　　　③ もぼう　　　④ もうぼう

06 償う
　　① おぎなう　　　② つぐなう　　　③ おこなう　　　④ つちかう

07 漂う
　　① うかがう　　　② いこう　　　③ さまよう　　　④ ただよう

08 断る
　　① うけたまわる　② あやまる　　　③ ことわる　　　④ かたむける

09 厳か
　　① おごそか　　　② すこやか　　　③ すみやか　　　④ さわやか

10 鮮やか
　　① あおやか　　　② あざやか　　　③ ひややか　　　④ にぎやか

※ 次の説明に合う単語は?

11 自分がすぐれていると思って、ひとりで得意になる。
　　① うばう　　　　② うぬぼれる　　③ おそう　　　　④ へりくだる

12 言葉や態度に、相手に対する好意や思いやりがない。
　　① はかない　　　② みすぼらしい　　③ ややこしい　　④ そっけない

13 思いつくままに勝手なことを言ったり行ったりすること。
　　① でたらめ　　　② こぢんまり　　③ なさけない　　④ せせこましい

14 思い通りに事が運ばないので、急いでしようとして落ち着かなくなる。
　　① わめく　　　　② もがく　　　　③ むせぶ　　　　④ あせる

15 よい点は無視し、わざわざ悪い点ばかりとりあげて非難する。
　　① けなす　　　　② いどむ　　　　③ にがす　　　　④ おそう

16 地面に生じる細かな氷の結晶。
　　① 霜　　　　　　② 霞　　　　　　③ 雷　　　　　　④ 雲

※ 次の下線にあてはまるのは?

17 以前にも＿＿＿＿＿＿＿＿不安感がつのる。
　　① ところか　　　② かつて　　　　③ まして　　　　④ がてら

18 我が国の将来を＿＿＿＿＿＿＿＿と考えた。
　　① ふわふわ　　　② つくづく　　　③ ぎりぎり　　　④ わくわく

19 勉強する＿＿＿＿＿＿＿＿忘れる始末。
　　① そばから　　　② ばかり　　　　③ にたる　　　　④ のみならず

20 人のことを＿＿＿＿＿＿＿＿批判する前に、自分のことを考えなさい。
　　① うらはらに　　② ことごとく　　③ とかく　　　　④ いっぽんやりに

고득점
어 휘

JPT
800점
돌파 단어!

다시 한번 확인하세요!

기출 08년

01 侮辱　　모욕　　　　　　　　　　　ぶじょく

□ □ □
1회 2회 3회

> ぶじょく와 비슷한 단어로는 '깔보다, 업신여기다'라는 뜻의 **侮る**(あなど
る)가 있습니다. 그밖에 함께 기억해야 할 단어로는 '굴욕'의 뜻인 **屈辱**(くつじ
ょく), '설욕'의 뜻인 **雪辱**(せつじょく), '치욕'의 뜻인 **恥辱**(ちじょく) 등입
니다.

▶ 他民族を侮辱する。 타민족을 모욕하다.

▶ 侮辱を受ける。 모욕을 받다.

▶ 他民族を侮辱する
　たみんぞくをぶじょく
　する

▶ 侮辱を受ける
　ぶじょくをうける

기출 08년

02 邸宅　　저택　　　　　　　　　　　ていたく

□ □ □
1회 2회 3회

> 비슷한 단어로 '집의 부지, 대지' 또는 '큰 주택, 고급주택'의 뜻을 지닌 **やし
き**(屋敷)가 있습니다.

▶ 邸 저택 · 宅配便 택배편 · 家宅 가택
　アニメーお宅 애니메이션 광

▶ 向こう側の丘に邸宅が見える。
　건너편 쪽 언덕에 저택이 보인다.

▶ 邸　　　　やしき
　宅配便　　たくはいびん
　家宅　　　かたく
　アニメーお宅
　アニメーおたく

▶ 向こう側の丘に邸宅が
　見える
　むこうがわのおかに
　ていたくがみえる

기출 08년

03 枠内　　범위 내　　　　　　　　　わくない

□ □ □
1회 2회 3회

> わくない는 '테두리 안'이라는 뜻으로 **制限内**(せいげんない)와 같은 뜻
입니다. 반대말은 당연히 '범위 밖'이라는 뜻의 **枠外**(わくがい)가 되겠죠.

▶ 窓枠 창틀 · 型枠 형틀 · 砕く 부수다 · 砕ける 부서지다

▶ 予算の枠内で賄う。 예산 범위 내에서 충당하다.

▶ 窓枠　　　まどわく
　型枠　　　かたわく
　砕く　　　くだく
　砕ける　　くだける

▶ 予算の枠内で賄う
　よさんのわくないで
　まかなう

퀴즈 不機嫌を露骨に顔に出す

04 色彩

색채

しきさい

□ □ □
1회 2회 3회

しきさい '색채' 외에도 '특징, 경향, 성질'을 뜻합니다. **色彩のある文章**는 '개성 있는 문장'이 됩니다. 비슷한 단어로 '색칠하다'는 뜻의 **彩る**에서 나온 **彩り(いろどり)**가 있습니다. 참고로 '색종이'는 **色紙(いろがみ)**, 읽는 법에 주의하세요.

▶ 保守的色彩が強い。 보수적 색채가 강하다.

▶ 色彩感覚。 색채 감각.

▶ 保守的色彩が強い
　ほしゅてきしきさいが
　つよい
▶ 色彩感覚
　しきさいかんかく

05 訴訟

소송

そしょう

□ □ □
1회 2회 3회

동사로는 '소송하다, 고소하다'는 뜻의 **訴える(うったえる)**가 있습니다. 관련 단어도 함께 알아두세요. '고소'의 뜻인 **告訴(こくそ)**, '승소'의 뜻인 **勝訴(しょうそ)**, '소장'의 뜻인 **訴状(そじょう)** 등입니다.

▶ 裁判 재판・弁護 변호・原告 원고
　被告 피고・判決 판결・陪審員 배심원

▶ 訴訟を起こす。 소송을 일으키다.

▶ 刑事訴訟。 형사소송.

▶ 裁判　　さいばん
　弁護　　べんご
　原告　　げんこく
　被告　　ひこく
　判決　　はんけつ
　陪審員　ばいしんいん
▶ 訴訟を起こす
　そしょうをおこす
▶ 刑事訴訟
　けいじそしょう

06 模様

모양, 모습

もよう

□ □ □
1회 2회 3회

もよう는 '모양, 도안'의 뜻과 **様子(ようす)**나 **有り様(ありさま)**처럼 '상황, 형편'의 뜻이 있으며, 어미에 사용할 때는 '낌새'나 '기미'를 나타냅니다. **雪(ゆき)もよう**라고 하면 '눈이 올 것 같은 낌새'입니다.

▶ 列車は遅れる模様だ。 열차는 늦어질 모양이다.

▶ 模倣 모방・模索 모색・模範 모범・様式 양식

▶ 模倣　もほう
　模索　もさく
　模範　もはん
　様式　ようしき
▶ 列車は遅れる模様だ
　れっしゃはおくれる
　もようだ

07 待遇

☐ ☐ ☐
1회 2회 3회

대우   たいぐう

> たいぐう와 비슷한 표현으로는 '대접, 대우'의 뜻인 持て成し(もてなし)와 '대접, 접대'의 뜻인 あしらい가 있습니다.

▶ 応対 응대 · 歓待 환대 · 虐待 학대 · 冷遇 냉대 · 処遇 처우

▶ 大切な客として待遇する。 소중한 손님으로 대우하다.

08 素質

☐ ☐ ☐
1회 2회 3회

소질   そしつ

> そしつ의 한자가 들어간 단어들을 살펴보세요. 素人(しろうと 초보자, 아마추어)들은 そしつ를 잘 살려 素的(すてき 멋진, 훌륭한) 사람이 됩시다.

素 ▶ 素人 초보자, 아마추어 · 素敵 멋짐, 훌륭함

質 ▶ 質屋 전당포 · 言質 언질

▶ 芸能人の素質がある。 연예인의 소질이 있다.

09 手順

☐ ☐ ☐
1회 2회 3회

순서, 수순   てじゅん

> てじゅん은 '차례, 순서, 절차'를 뜻하는 말로 順(じゅん)이 순서나 순번을 가리키는 단어입니다. 관련 단어로는 '역순'의 뜻인 逆順(ぎゃくじゅん), '이순'의 뜻인 耳順(じじゅん), '필순'의 뜻인 筆順(ひつじゅん) 등이 있습니다.

▶ 手順を踏む。 수순을 밟다.

▶ 仕事の手順を決める。 일의 순서를 정하다.

다시 한번 확인하세요!

▶ 応対   おうたい
   歓待   かんたい
   虐待   ぎゃくたい
   冷遇   れいぐう
   処遇   しょぐう

▶ 大切な客として待遇する
   たいせつなきゃくとして
   たいぐうする

▶ 素人   しろうと
   素敵   すてき

▶ 質屋   しちや
   言質   げんち

▶ 芸能人の素質がある
   げいのうじんのそしつが
   ある

▶ 手順を踏む
   てじゅんをふむ

▶ 仕事の手順を決める
   しごとのてじゅんをき
   める

퀴즈   予算の枠内で賄う

10 意図

의도　　　　　　　　　　　　　　　　　いと

□ □ □
1회 2회 3회

> いと는 우리말 '의도'와 비슷해서 외우기 쉽겠네요. '의미'나 '의지' 역시 い
み(意味)나 いし(意志)로 기억하기 쉽습니다. 하나만 더 '의기소침'은 いきし
ょうちん(意気消沈). 정말 닮았네요.

▶ 地図 지도・図案 도안

▶ 企画の意図が不明だ。 기획의 의도가 불분명하다.

▶ 意図した通りになる。 의도한 대로 되다.

▶ 地図　　ちず
　図案　　ずあん
▶ 企画の意図が不明だ
　きかくのいとがふめいだ
▶ 意図した通りになる
　いとしたとおりになる

---

11 心得

이해, 마음가짐, 주의사항　　　　　　　こころえ

□ □ □
1회 2회 3회

> こころえ는 '마음가짐'이란 뜻의 心掛(こころが)け와 心構(こころがま)
え와 같은 표현입니다. 그밖에 たしなみ와 같은 '소양, 이해'의 뜻이 있고 알아
야 할 사항이나 수칙을 뜻하기도 합니다.

心 ▶ 肝心 핵심・疑心 의심

得 ▶ 既得権 기득권・自業自得 자업자득

▶ 日ごろの心得がよくない。 평소의 마음가짐이 좋지 않다.

▶ 接客の心得。 손님접대의 주의사항.

▶ 肝心　　かんじん
　疑心　　ぎしん
▶ 既得権　　きとくけん
　自業自得　じごうじとく
▶ 日ごろの心得がよくない
　ひごろのこころえがよく
　ない
▶ 接客の心得
　せっきゃくのこころえ

---

12 契約

계약　　　　　　　　　　　　　　　　けいやく

□ □ □
1회 2회 3회

> '계약을 맺다'는 けいやくを結(むす)ぶ, '계약을 깨다'는 けいやくを破(や
ぶ)る입니다. 관련단어 '해약'의 解約(かいやく), '밀약'의 密約(みつやく) 등
도 기억해두세요.

▶ 球団が選手と契約をする。 구단이 선수와 계약을 하다.

▶ 賃貸契約。 임대계약.

▶ 球団が選手と契約をする
　きゅうだんがせんしゅと
　けいやくをする
▶ 賃貸契約
　ちんたいけいやく

---

13 誤差　오차　ごさ

□ □ □
1회 2회 3회

> ごさ에는 '오차'라는 뜻 이외에도 '차질, 착오'의 뜻이 있습니다. 예를 들면 ごさを生(しょう)じる는 '차질이 생기다'라는 뜻입니다. '실수하다'라는 뜻의 誤る(あやまる)도 기억하고 계시죠.

▶ 計画と実際との間に誤差が生じる。
계획과 실제 사이에 오차가 생기다.

▶ 誤差を最小限におさえる。 오차를 최소한으로 줄이다.

▶ 計画と実際との間に誤差が
生じる
けいかくとじっさいとの
あいだにごさがしょうじる

▶ 誤差を最小限におさえる
ごさをさいしょうげんに
おさえる

---

14 活躍　활약　かつやく

□ □ □
1회 2회 3회

> かつやく와 비슷한 단어로는 '활동'의 活動(かつどう), '약동'의 躍動(やくどう) 등이 있습니다. 기타 '사활'의 死活(しかつ), '도약'의 跳躍(ちょうやく) 등도 기억해두세요. '뛰다'라는 뜻의 동사는 躍る(おどる)입니다.

▶ 社会の第一線で活躍する。 사회의 제일선에서 활약하다.

▶ 大活躍 대활약

▶ 社会の第一線で活躍する
しゃかいのだいいっせん
でかつやくする

▶ 大活躍　だいかつやく

---

15 上旬　상순　じょうじゅん

□ □ □
1회 2회 3회

> 관련 단어 초순, 중순, 하순 등의 단어도 함께 외우세요. 初旬(しょじゅん), 中旬(ちゅうじゅん), 下旬(げじゅん).

▶ 上下 상하・上戸 술고래

▶ 六月上旬から梅雨がはじまる。
유월 상순부터 장마가 시작된다.

▶ 上下　　じょうげ
　上戸　　じょうご

▶ 六月上旬から梅雨がは
じまる
ろくがつじょうじゅん
からつゆがはじまる

퀴즈　芸能人の素質がある

224

기출 09년

16 発掘

발굴

はっくつ

1회 2회 3회

> 掘り出し物(ほりだしもの)는 석탄을 캐다 금덩이가 나왔다는 데서 유래하여 '횡재, 노다지'라는 뜻입니다. '횡재'와 비슷한 표현으로는 '선반에서 굴러 떨어진 떡'이라는 뜻의 棚(たな)からぼた餅(もち)와 뜻밖의 행운을 뜻하는 目っけ物(めっけもの)가 있습니다.

発 ▸ 一触即発 일촉즉발 · 発作 발작 · 発足 발족

掘 ▸ 掘る 파다 · 盗掘 도굴 · 掘削 굴삭 · 採掘 채굴

▸ 隠れた人材を発掘する。 숨은 인재를 발굴하다.

▸ 埋蔵金が発掘される。 매장된 금이 발굴되다.

다시 한번 확인하세요!

▸ 一触即発
いっしょくそくはつ
発作　　　ほっさ
発足　　　ほっそく

▸ 掘る　　　ほる
盗掘　　　とうくつ
掘削　　　くっさく
採掘　　　さいくつ

▸ 隠れた人材を発掘する
かくれたじんざいを
はっくつする

▸ 埋蔵金が発掘される
まいぞうきんがはっくつ
される

기출 08년

17 勘定

계산

かんじょう

1회 2회 3회

> かんじょう에는 '대금 지불', '예상, 고려', '계정'의 뜻도 있습니다. かんじょう로 발음되는 동음이의어는 感情(감정), 環状(환상, 둥근 상태), 艦上(함상) 등이 있습니다.

▸ 売上金の勘定が合わない。 매상금의 계산이 맞지 않다.

▸ 勘定を済まして店を出る。 계산을 마치고 가게를 나오다.

▸ 売上金の勘定が合わない
うりあげきんのかん
じょうがあわない

▸ 勘定を済まして店を出る
かんじょうをすまして
みせをでる

기출 08년

18 購入

구입

こうにゅう

1회 2회 3회

> 일본어의 명사는 특히 한자 읽기가 중요합니다. こうにゅう와 함께 기억할 단어로는 반대말인 '판매'의 뜻인 販売(はんばい)와 '구매'의 뜻인 購買(こうばい), '구독'의 뜻인 購読(こうどく) 등입니다. 그리고 '강의'의 뜻인 講義(こうぎ)의 講, '도랑'이라는 뜻인 溝(みぞ), '구축'의 뜻인 構築(こうちく)의 構와 잘 구별해서 사용하세요.

▸ 日用品を購入する。 일용품을 구입하다.

▸ 共同購入。 공동구입.

▸ 日用品を購入する
にちようひんを
こうにゅうする

▸ 共同購入
きょうどうこうにゅう

퀴즈 企画の意図が不明だ

19 奇妙

기묘

きみょう

> きみょう와 함께 '교묘'의 뜻인 巧妙(こうみょう), '절묘'의 絶妙(ぜつみょう), '미묘'의 微妙(びみょう), '묘미'의 妙味(みょうみ) 등의 단어도 기억해두세요.

奇 ▸ 奇襲 기습 · 奇数 홀수 · 奇跡 기적

▸ 功名 공명 · 光明 광명

▸ 科学では説明できない奇妙な現象。
과학으로는 설명할 수 없는 기묘한 현상.

▸ 奇妙な格好。기묘한 모양.

▸ 奇襲	きしゅう
奇数	きすう
奇跡	きせき
▸ 功名	こうみょう
光明	こうみょう
▸ 科学では説明できない 奇妙な現象 かがくではせつめいでき ないきみょうなげんしょう	
▸ 奇妙な格好 きみょうなかっこう	

20 頻繁

빈번

ひんぱん

> '횟수가 잦다'는 뜻의 '빈번'은 '빈출'의 뜻인 頻出(ひんしゅつ), '빈도'의 頻度(ひんど), '빈발'의 頻発(ひんぱつ) 등과 함께 외우세요.

頻 ▸ 頻出 빈출 · 頻度 빈도 · 頻発 빈발

繁 ▸ 繁栄 번영 · 繁華街 번화가 · 繁盛 번성

▸ 車の往来が頻繁な通り。자동차의 왕래가 빈번한 거리.

▸ 頻出	ひんしゅつ
頻度	ひんど
頻発	ひんぱつ
▸ 繁栄	はんえい
繁華街	はんかがい
繁盛	はんじょう
▸ 車の往来が頻繁な通り くるまのおうらいがひん ぱんなとおり	

21 補充

보충

ほじゅう

> 동사로 표현하면 '보충하다, 부족한 것을 채우다'라는 뜻의 補う(おぎなう)를 사용합니다. 그밖에 모양이 닮은 한자 補, 浦, 捕, 舗, 哺 등도 함께 기억하세요.

▸ 補修 보수 · 補給 보급 · 補導 보도 · 補完 보완

▸ 欠員を補充する。결원을 보충하다.

▸ 補充選挙。보충선거(보결선거).

▸ 補修	ほしゅう
補給	ほきゅう
補導	ほどう
補完	ほかん
▸ 欠員を補充する けついんをほじゅうする	
▸ 補充選挙 ほじゅうせんきょ	

퀴즈 六月上旬から梅雨がはじまる

기출 04년

22 主導　　주도　　　　　　　　しゅどう

1회　2회　3회

しゅどう의 主는 '주인'의 主人(しゅじん), '호주'의 戸主(こしゅ) 등일 때는 しゅ로 읽고 '집주인'의 家主(やぬし), '주주'의 株主(かぶぬし), '소유주'의 持ち主(もちぬし) 등일 때는 ぬし로 읽는다는 것 꼭 기억해두세요.

▸ 若手が大会の運営を主導する。
　젊은 사람이 대회의 운영을 주도하다.

▸ 主導権。주도권.

▸ 若手が大会の運営を主導する
　わかてがたいかいのうんえいをしゅどうする

▸ 主導権　　しゅどうけん

기출 04년

23 還元　　환원　　　　　　　　かんげん

1회　2회　3회

かんげん과 동음이의어로는 甘言(감언), 管弦(관현), 換言(환언), 諫言(간언) 등이 있습니다. 새해 첫 1월 1일을 뜻하는 元旦(がんたん)이라는 단어도 기억해두세요. '환경'의 뜻인 環境(かんきょう)의 環과 혼동하지 마세요.

還 ▸ 還暦 환갑・生還 생환・返還 반환

元 ▸ 元老 원로・復元 복원・元旦 1월 1일

▸ 利益の一部を社会に還元する。
　이익의 일부를 사회에 환원하다.

▸ 利益の一部を社会に還元する
　りえきのいちぶをしゃかいにかんげんする

▸ 還暦　　かんれき
　生還　　せいかん
　返還　　へんかん
▸ 元老　　げんろう
　復元　　ふくげん
　元旦　　がんたん

기출 03년

24 感染　　감염　　　　　　　　かんせん

1회　2회　3회

かんせん은 어떤 사물에 감화되거나 영향을 받을 때도 사용할 수 있습니다. 즉 '물들다'는 뜻의 染める(そめる)와 비슷합니다. かんせん과 동음이의어로는 幹線(간선)과 観戦(관전) 등이 있습니다.

▸ 感じる 느끼다・汚染 오염・染みる 스며들다

▸ 過激な思想に感染する。과격한 사상에 감염되다.

▸ 過激な思想に感染する
　かげきなしそうにかんせんする

▸ 感じる　　かんじる
　汚染　　　おせん
　染みる　　しみる

퀴즈　隠れた人材を発掘する

227

기출 05년

25 露骨　노골　　　　　　　　　　　　　　　　　　　ろこつ

□ □ □
1회 2회 3회

ろこつ와 비슷한 단어로는 '드러냄, 노출함'의 뜻인 むきだし, '노출함'의 뜻인 あらわ, '노골적, 분명함'의 뜻인 あからさま 등이 있습니다. '노출'의 露出(ろしゅつ)도 함께 외우세요.

露 ▸ 露 이슬・暴露 폭로・披露宴 피로연

骨 ▸ 骨折 골절・骨 뼈・遺骨 유골・骨格 골격

▸ 不機嫌を露骨に顔に出す。
　불쾌함을 노골적으로 얼굴에 드러내다.

▸ 露　　　つゆ
　暴露　　ばくろ
　披露宴　ひろうえん
▸ 骨折　　こっせつ
　骨　　　ほね
　遺骨　　いこつ
　骨格　　こっかく
▸ 不機嫌を露骨に顔に出す
　ふきげんをろこつに
　かおにだす

기출 03년

26 統率　통솔　　　　　　　　　　　　　　　　　　　とうそつ

□ □ □
1회 2회 3회

'통솔'과 비슷한 뜻의 동사로는 '인솔하다, 통솔하다'는 뜻의 率いる(ひきいる)가 있습니다.

統 ▸ 系統 계통・統計 통계

率 ▸ 確率 확률・軽率 경솔

▸ 部員を統率する。 부원을 통솔하다.

▸ 統率力。통솔력.

▸ 部員を統率する
　ぶいんをとうそつする
▸ 統率力
　とうそつりょく
▸ 系統　　けいとう
　統計　　とうけい
　確率　　かくりつ
　軽率　　けいそつ

기출 02년

27 収穫　수확　　　　　　　　　　　　　　　　　　　しゅうかく

□ □ □
1회 2회 3회

'추수'의 의미나 '어떤 일을 한 결과로 얻는 것'의 의미인 しゅうかく와 비슷한 표현으로 '거두다'라는 뜻의 동사 収める(おさめる)가 있습니다.

▸ 収納 수납・収拾 수습・没収 몰수・買収 매수・撤収 철수

▸ たいした収穫もなく取材から帰る。
　큰 수확 없이 취재에서 돌아오다.

▸ 収納　　しゅうのう
　収拾　　しゅうしゅう
　没収　　ぼっしゅう
　買収　　ばいしゅう
　撤収　　てっしゅう
▸ たいした収穫もなく取材
　から帰る
　たいしたしゅうかくも
　なくしゅざいからかえる

퀴즈　欠員を補充する

228

28 正規　　정규　　せいき

1회 2회 3회

> せいき는 '바르다'라는 뜻의 正しい(ただしい)와 비슷한 단어입니다. 동음이의어인 世紀(세기), 生気(생기)도 기억해두세요.

正 ▶ 改正 개정・公正 공정・修正 수정

規 ▶ 規則 규칙・規格 규격

▶ 正規の資格をとる。정규 자격을 따다.

▶ 正規分布。정규분포.

29 砂漠　　사막　　さばく

1회 2회 3회

> '사막'이나 '자갈'이라는 뜻의 砂利(じゃり)에서 砂를 さ와 じゃ로 읽지만 '모래'라는 뜻일 때는 すな(砂)로 읽습니다. 예를 들면 '백사장'은 すなば(砂場), '똥집'은 すなぎも(砂肝)라고 합니다.

▶ 暑さが砂漠のようだ。더위가 사막 같다.

▶ 砂漠気候。사막기후.

30 審議　　심의　　しんぎ

1회 2회 3회

> 동음이의어인 真偽(참과 거짓), 信義(신의)와 구별해서 사용하세요. 관련 단어로는 '불심'의 不審(ふしん), '심사'의 審査(しんさ), '예심'의 予審(よしん) 등이 있습니다.

▶ 審議会 심의회・議会 의회・協議 협의・議論 의론

▶ 原案を審議する。원안을 심의하다.

다시 한번 확인하세요!

▶ 改正　　かいせい
　公正　　こうせい
　修正　　しゅうせい
　規則　　きそく
　規格　　きかく
▶ 正規の資格をとる
　せいきのしかくをとる
▶ 正規分布　せいきぶんぷ

▶ 暑さが砂漠のようだ
　あつさがさばくのようだ
▶ 砂漠気候　さばくきこう

▶ 審議会　　しんぎかい
　議会　　ぎかい
　協議　　きょうぎ
　議論　　ぎろん
▶ 原案を審議する
　げんあんをしんぎする

고득점 17일 명사

퀴즈 過激な思想に感染する

※ 次の説明に合う単語は？

01 相手を軽んじ、はずかしめること。
　① 雪辱　　　　② 侮辱　　　　③ 恥辱　　　　④ 地震

02 多くの人をまとめてひきいること。
　① 主導　　　　② 奇妙　　　　③ 頻繁　　　　④ 統率

03 個人が生まれつき持っていて、性格や能力などのもととなる心的傾向。
　① 素質　　　　② 邪魔　　　　③ 得意　　　　④ 横柄

04 承知しておくこと。また、わきまえておくべき事柄。
　① 意図　　　　② 手順　　　　③ 心得　　　　④ 勘定

05 感情などを隠さずに、ありのまま外に表すこと。
　① 披露　　　　② 露骨　　　　③ 白状　　　　④ 告白

※ 次の下線にあてはまるものは？

06 日用品を共同＿＿＿＿＿＿することにした。
　① 売場　　　　② 買場　　　　③ 購入　　　　④ 構入

07 あの店は年末にお客さんに消費税を＿＿＿＿＿＿してくれるそうです。
　① 贈与　　　　② 贈呈　　　　③ 環元　　　　④ 還元

08 この世には＿＿＿＿＿＿物語が少なくない。
　① 頻繁な　　　② 奇妙な　　　③ 露骨な　　　④ 質素な

09 今回の支出は予算の＿＿＿＿＿＿で賄わなければならない。
　① 手順　　　　② 枠内　　　　③ 勘定　　　　④ 発掘

※ 次の単語の読み方は？

10 向うの邸宅は頻繁な訴訟にかけられている。

		①	②	③	④
1	邸宅	① ていたく	② たいたく	③ ていとく	④ たいとく
2	頻繁	① びんばん	② ひんぱん	③ ほはん	④ ほばん
3	訴訟	① しょうそ	② そしょう	③ しょうそう	④ そしょ

11 どうしても勘定に誤差があるようだ。

		①	②	③	④
1	勘定	① かんじょう	② かんてい	③ がんてい	④ がんじょう
2	誤差	① ごさし	② こさし	③ こさ	④ ごさ

12 面接の心得として、まず自信感を持つことである。
① しんとく　　② しんどく　　③ こころえ　　④ こころとく

13 希望者に限って放課後補充学習を行うことにした。
① ほかん　　② ほじゅう　　③ ほうかん　　④ ほうじゅう

※ 次の単語の漢字は？

14 今年の秋はしゅうかくが多い。
① 収穫　　② 収獲　　③ 臭覚　　④ 臭格

15 隠れた人材をはっくつするのは大変だ。
① 発堀　　② 発掘　　③ 発屈　　④ 醗掘

16 私だけが特別たいぐうを受けるのはよくないと思います。
① 待遇　　② 待偶　　③ 対偶　　④ 待隅

17 商品を共同にこうにゅうするのは安くつく。
① 構入　　② 溝入　　③ 講入　　④ 購入

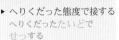

기출 08년

01 へりくだる　겸손하다

1회 2회 3회

へりくだる는 상대를 높이고 자신을 낮출 때 쓰는 단어입니다. 비슷한 표현으로는 '겸손하다'는 뜻의 謙遜(けんそん)する가 있습니다.

▸ へりくだった態度で接する。겸손한 태도로 대하다.

▸ へりくだったものの言い方。겸손한 어투.

▸ へりくだった態度で接する
へりくだったたいどで
せっする

▸ へりくだったものの言い方
へりくだったものの
いいかた

기출 97년

02 慎む　신중하다, 삼가다　　　　　　　　つつしむ

1회 2회 3회

비슷한 단어로는 '조심하다, 삼가다'는 뜻의 控える(ひかえる)가 있습니다. 보통 つつしんで ~する 꼴로 사용되는데 뜻은 '정중하게 ~(삼가)하다'입니다. つつしんで申(もう)し上げます는 '삼가 말씀드립니다'라는 뜻이 됩니다.

▸ 行動を慎む。행동을 신중히 하다.

▸ 酒を慎む。술을 삼가다.

▸ 行動を慎む
こうどうをつつしむ

▸ 酒を慎む
さけをつつしむ

기출 0?년

03 憤る　분개하다　　　　　　　　　　いきどおる

1회 2회 3회

'화나다'는 怒る(おこる)인데 이와 비슷한 표현으로는 '화가 나다'는 뜻의 はらが立つ, はら立たしい, しゃくにさわる와 '화를 내다'는 뜻의 はらを立てる, 立腹(りっぷく)する와 '열 받다'는 뜻의 頭に来る와 '울화통이 터지다'는 뜻의 堪忍袋(かんにんぶくろ)の緒(お)が切れる 등이 있습니다.

▸ 憤怒 분노・激憤 격분・憤慨 분개

▸ 無策な行政を憤る。무책임한 행정을 분개하다.

▸ 憤怒　　　ふんど
激憤　　　げきふん
憤慨　　　ふんがい

▸ 無策な行政を憤る
むさくなぎょうせいを
いきどおる

04 緩める

느슨하게 하다   ゆるめる

 그밖에 ゆるめる에는 '완화하다, 늦추다, 느긋하게 하다'의 뜻이 있습니다. 자동사는 緩む(ゆるむ)로 '느슨해지다'라는 뜻입니다. 気をゆるめる는 '긴장을 풀다'라는 뜻입니다.

▸ 緩和 완화 · 緩衝 완충

▸ ネクタイを緩める。 넥타이를 느슨하게 하다.

▸ 最後まで気を緩めるな。 마지막까지 방심하지 마라.

05 練る

짜내다, 고안하다   ねる

그밖에 ねる에는 '누이다, 개다, 불리다, 단련하다, 연마하다' 등의 뜻이 있습니다. 体をねる는 '몸을 단련하다', 皮(かわ)をねる는 '가죽을 무두질하다'라는 뜻입니다. 생각 등은 '짜내다'는 뜻의 しぼる와 비슷합니다.

▸ 訓練 훈련 · 試練 시련 · 洗練 세련 · 未練 미련 · 熟練 숙련

▸ 計画を練る。 계획을 짜다.

06 悩む

고민하다   なやむ

なやむ에는 '병에 시달리다, 고생하다, 고통 받다'의 뜻도 있습니다. '고뇌'의 苦悩(くのう), '번뇌'의 煩悩(ぼんのう), '뇌쇄'의 悩殺(のうさつ), '세뇌'의 洗脳(せんのう) 같은 단어도 함께 기억하세요.

▸ 恋に悩む若者。 사랑에 고민하는 젊은이.

▸ 人材不足に悩む企業。 인재부족으로 고민하는 기업.

다시 한번 확인하세요!

▸ 緩和   かんわ
   緩衝   かんしょう

▸ ネクタイを緩める
   ネクタイをゆるめる

▸ 最後まで気を緩めるな
   さいごまできを
   ゆるめるな

▸ 訓練   くんれん
   試練   しれん
   洗練   せんれん
   未練   みれん
   熟練   じゅくれん

▸ 計画を練る
   けいかくをねる

▸ 恋に悩む若者
   こいになやむわかもの

▸ 人材不足に悩む企業
   じんざいふそくになやむ
   きぎょう

퀴즈   殴る蹴るの暴行

07 試みる

시도하다 こころみる

1회 2회 3회

こころみる는 '시도해보다, 시험해보다'는 뜻의 試す(ためす)와 비슷한 단어입니다. 物は試し(ものはためし)는 '시작이 반'이라는 뜻입니다. '반성하다'는 뜻의 省みる(かえりみる)와 '돌아보다, 회고하다'는 뜻의 顧みる(かえりみる)도 함께 외우세요.

▶ 応試 응시・試行錯誤 시행착오

▶ 抵抗を試みる。 저항을 시도하다.

▶ 実験を試みる。 실험을 시도하다.

08 唱える

주장하다, 부르짖다, 제창하다 となえる

1회 2회 3회

となえる에는 '읊다, 외치다'의 뜻이 있습니다. 万歳(ばんざい)をとなえる는 '만세를 외치다'입니다. 함께 기억할 단어는 '애창'의 愛唱(あいしょう), '제창'의 提唱(ていしょう), '독창'의 独唱(どくしょう) 등이 있습니다.

▶ 異議を唱える。 이의를 주장하다.

▶ 万歳を唱える。 만세를 부르다.

09 ねばる

끈질기게 버티다, 끈기가 있다

1회 2회 3회

명사로 표현하면 '끈기'의 뜻인 根気(こんき)이며, '끈덕지다'는 粘り強い(ねばりづよい)입니다. '끈질기게 설득하다'는 粘り強く説得(せっとく)する가 됩니다.

▶ 執拗に最後までねばる。
집요하게 마지막까지 끈질기게 버티다.

▶ 唾液で口がねばる。 타액으로 입이 끈적거리다.

다시 한번 확인하세요!

▶ 応試 おうし
試行錯誤 しこうさくご

▶ 抵抗を試みる
ていこうをこころみる

▶ 実験を試みる
じっけんをこころみる

▶ 異議を唱える
いぎをとなえる

▶ 万歳を唱える
ばんざいをとなえる

▶ 執拗に最後までねばる
しつようにさいごまで
ねばる

▶ 唾液で口がねばる
だえきでくちがねばる

퀴즈 無策な行政を憤る

10 省みる 　반성하다 　　　　　　　　　　かえりみる

☐ ☐ ☐
1회 2회 3회

다시 한번 확인하세요!

> かえりみる는 '돌이켜보다, 반성하다'의 省みる와 '뒤돌아보다, 회고하다'의 顧みる가 있습니다. 명사로 표현하면 '반성'의 뜻인 反省(はんせい)가 되겠죠.

省 ▸ 人事不省 인사불성・省察 성찰

▸ 胸に手を当て己れを省みる。
　가슴에 손을 대고 자신을 반성하다.

▸ **人事不省** じんじふせい
　省察 せいさつ
▸ **胸に手を当て己れを省みる**
　むねにてをあてておのれ
　をかえりみる

---

11 尽きる 　소진하다 　　　　　　　　　　つきる

☐ ☐ ☐
1회 2회 3회

> つきる는 '다하다, 끝나다'라는 뜻 외에도 '…につきる~'의 형태로 '…밖에 없다, 제일이다, 그만이다'라는 뜻도 있습니다. うれしい一言(ひとこと)につきる는 '기쁘다는 한마디밖에 없다'라는 뜻입니다.

▸ 消尽 소진・尽力 진력

▸ 寿命が尽きる。수명이 다하다.

▸ 感服の一言に尽きる。감탄했다는 한마디밖에는 없다.

▸ **消尽** しょうじん
　尽力 じんりょく
▸ **寿命が尽きる**
　じゅみょうがつきる
▸ **感服の一言に尽きる**
　かんぷくのひとごとにつ
　きる

---

12 朽ちる 　썩다 　　　　　　　　　　　くちる

☐ ☐ ☐
1회 2회 3회

> くちる는 나무 등이 '썩다' 명성 등이 '쇠하다, 스러지다'는 뜻과 세상에 알려지지 못하고 허망하게 '죽다'는 뜻도 있습니다.

▸ 不朽 불후・老朽 노후

▸ 朽ちて今にも壊れそうな廃屋。
　썩어서 금방이라도 무너질 것 같은 폐옥.

▸ その名は朽ちることがない。그 이름은 스러지지 않는다.

▸ **不朽** ふきゅう
　老朽 ろうきゅう
▸ **朽ちて今にも壊れそうな廃屋**
　くちていまにもこわれ
　そうなはいおく
▸ **その名は朽ちることがない**
　そのなはくちることがない

---

13 こだわる 구애받다

こだわる에는 '구애되다' 외에도 '신경을 써서 가치를 추구하다'라는 뜻도 있습니다. 예를 들면 徹底的(てっていてき)に鮮度(せんど)にこだわって吟味(ぎんみ)する는 '철저하게 신선도에 신경을 쓰면서 음미한다'는 뜻이 됩니다.

▶ 形式にこだわる。 형식에 구애받다.

▶ 些細なミスにこだわる。 사소한 실수에 구애받다.

14 譲る 양보하다 　　　　　　　　　　　 ゆずる

ゆずる에는 '양보하다' 외에도 '물려주다, 팔다, 내주다, 미루다' 등의 뜻이 있습니다. 安くゆずってもらう는 '싸게 넘겨받다', 首席(しゅせき)をゆずる는 '수석을 내주다' 즉 '빼앗기다'라는 의미가 됩니다.

▶ 謙譲 겸양 · 譲歩 양보

▶ 老人に電車の席を譲る。 노인에게 전철의 자리를 양보하다.

▶ 結論は他日にゆずる。 결론은 후일로 미루다.

15 従う 따르다 　　　　　　　　　　　 したがう

したがう는 '따르다, 복종하다, 따라서 가다, 휩쓸리다' 등의 뜻입니다. 〜に従って의 형태로 '〜에 따라, 〜와 함께'라는 뜻이 됩니다. 예를 들면 年(とし)をとるに従って円満(えんまん)さが増(ま)してきた는 '나이를 먹음에 따라 원만해졌다'라는 뜻입니다.

▶ 従業員 종업원 · 従来 종래 · 従事 종사

▶ 前を行く人に従って歩く。 앞에 가는 사람을 따라서 걷다.

▶ 条件に従って賃金が異なる。 조건에 따라서 임금이 다르다.

다시 한번 확인하세요!

▶ 形式にこだわる
　 けいしきにこだわる

▶ 些細なミスにこだわる
　 ささいなミスにこだわる

▶ 謙譲　　　 けんじょう
　 譲歩　　　 じょうほ

▶ 老人に電車の席を譲る
　 ろうじんにでんしゃの
　 せきをゆずる

▶ 結論は他日にゆずる
　 けつろんはたじつにゆ
　 ずる

▶ 従業員
　 じゅうぎょういん

　 従来　　　 じゅうらい

　 従事　　　 じゅうじ

▶ 前を行く人に従って歩く
　 まえをいくひとに
　 したがってあるく

▶ 条件に従って賃金が異なる
　 じょうけんにしたがって
　 ちんぎんがことなる

퀴즈　抵抗を試みる

16 損なう

파손하다, 해치다　　　　　　　　　　　　　そこなう

□ □ □
1회 2회 3회

そこなうは 보통 다른 동사와 결합하여 '~하는 데 실패하다, 잘못 ~하다, ~할 기회를 놓치다, ~할 뻔하다' 등의 뜻으로 사용됩니다. 書きそこなうは '잘못 쓰다', 乗りそこなうは '못 타다'입니다.

損 ▸ 損害 손해 · 欠損 결손 · 損益 손익

▸ 感情を損なう。감정을 해치다.

▸ 健康を損なう。건강을 해치다.

▸ 損害　そんがい
　欠損　けっそん
　損益　そんえき

▸ 感情を損なう
　かんじょうをそこなう

▸ 健康を損なう
　けんこうをそこなう

17 絡む

얽히다　　　　　　　　　　　　　　　　　からむ

□ □ □
1회 2회 3회

からむには '밀접한 관계를 가지다'와 からまる와 같은 뜻인 '트집 잡다, 시비 걸다'의 뜻도 있습니다. 酒(さけ)酔(よ)ってからむは '술에 취해서 시비를 걸다'라는 뜻입니다.

▸ 脈絡 맥락 · 短絡 단락 · 連絡 연락

▸ 朝顔が垣根に絡む。나팔꽃이 울타리에 감기다.

▸ 金が絡んだ事件。돈이 얽힌 사건.

▸ 脈絡　みゃくらく
　短絡　たんらく
　連絡　れんらく

▸ 朝顔が垣根に絡む
　あさがおがかきねに
　からむ

▸ 金が絡んだ事件
　かねがからんだじけん

18 注ぐ

솟다, 기울이다, 따르다　　　　　　　　　　そそぐ

□ □ □
1회 2회 3회

そそぐは 자동사일 때는 '흘러들다, 내리다'라는 뜻이며 타동사일 때는 '대다, 흘리다, 따르다, 주다, 뿌리다'라는 뜻이 됩니다. 문장을 잘 보고 의미를 파악하세요.

注 ▸ 注視 주시 · 注射 주사 · 転注 전주

▸ 酒を注ぐ。술을 따르다.

▸ 心血を注ぐ。심혈을 기울이다.

▸ 注視　ちゅうし
　注射　ちゅうしゃ
　転注　てんちゅう

▸ 酒を注ぐ
　さけをそそぐ

▸ 心血を注ぐ
　しんけつをそそぐ

퀴즈　朽ちて今にも壊れそうな廃屋

237

19 触れる

닿다, 건드리다 ふれる

ふれる는 자동사와 타동사 모두 사용할 수 있는 단어입니다. 보통 '닿다, 접촉하다, 만나다, 언급하다, 부딪히다' 등의 뜻으로 사용됩니다. 肩(かた)に触れる는 '어깨를 건드리다'인데 여기서처럼 にふれる의 형태로 많이 쓰입니다.

▶ 恐る恐る傷口に触れる。 조심조심 상처를 건드리다.

▶ 高圧線に触れて感電する。 고압선을 건드려 감전되다.

다시 한번 확인하세요!

▶ 恐る恐る傷口に触れる
おそるおそるきずぐちにふれる

▶ 高圧線に触れて感電する
こうあつせんにふれてかんでんする

20 破る

깨다, 찢다, 부수다 やぶる

그밖에 やぶる에는 '갱신하다, 뚫다, 무찌르다' 등의 뜻이 있습니다. 함께 기억해둘 단어로는 '파괴'의 破壊(はかい), '간파'의 看破(かんぱ), '독파'의 読破(どくは), '난파'의 難破(なんぱ), '파격'의 破格(はかく) 등이 있습니다.

▶ 書類を破る。 서류를 찢다.

▶ 世界記録を破る。 세계기록을 갱신하다.

▶ ガラスを破る。 유리를 깨다.

▶ 書類を破る
しょるいをやぶる

▶ 世界記録を破る
せかいきろくをやぶる

▶ ガラスを破る
ガラスをやぶる

21 訴える

호소하다, 고발하다 うったえる

うったえる는 '소송하다, 고소하다, 과격한 수단을 쓰다, 작용하게 하다' 등의 뜻이 있습니다. 명사로 표현하면 '소송'의 뜻인 訴訟(そしょう)가 되겠네요.

▶ 警察に訴える。 경찰에 고발하다.

▶ 良識に訴える。 양식에 호소하다.

▶ 警察に訴える
けいさつにうったえる

▶ 良識に訴える
りょうしきにうったえる

퀴즈 老人に電車の席を譲る

기출 92년

22 装う
1회 2회 3회

꾸미다, 장식하다, 가장하다   よそおう

よそおう에는 '꾸미다, 장식하다'라는 뜻 외에 가능동사 よそおえる의 형태로 '준비하다'라는 뜻도 있습니다. 비슷한 표현의 명사로는 '위장'의 뜻인 偽装(ぎそう)이 있습니다.

▸ 平静を装う。 평정을 가장하다.

▸ 礼服で身を装う。 예복으로 몸을 꾸미다.

▸ 平静を装う
へいせいをよそおう

▸ 礼服で身を装う
れいふくでみをよそおう

기출 00년

23 劣る
1회 2회 3회

열등하다   おとる

おとる는 におとらず의 형태로 '~처럼, ~와 같이, ~에 뒤지지 않게'라는 뜻이 있습니다. 兄(あに)に勝るとも劣らない弟(おとうと)는 '형보다 나으면 나았지 뒤지지 않는 동생'이라는 뜻입니다. 반대말은 '낫다, 뛰어나다'는 뜻의 勝る(まさる)입니다.

劣 ▸ 拙劣 졸렬 · 卑劣 비열 · 劣等 열등 · 劣悪 열악

▸ 天然物に劣らない味。 천연물에 뒤지지 않는 맛.

▸ 能力が人に劣る。 능력이 남만 못하다.

▸ 拙劣　　せつれつ
　卑劣　　ひれつ
　劣等　　れっとう
　劣悪　　れつあく
▸ 天然物に劣らない味
てんねんものにおとらないあじ
▸ 能力が人に劣る
のうりょくがひとにおとる

기출 91년

24 こなす
1회 2회 3회

소화시키다, 잘 다루다

~こなす는 복합동사의 형태로 자주 사용됩니다. 예를 들면 使いこなす는 '잘 사용하다', 言いこなす는 '말을 잘 하다'이며, ノルマ(목표)をこなす처럼 '달성하다'라는 뜻과 상품 등을 '팔아치우다'라는 뜻도 있습니다.

▸ 新型の機器をこなす。 신형 기기를 잘 다루다.

▸ 胃腸で食物をこなす。 위장에서 음식을 소화시키다.

▸ 新型の機器をこなす
しんがたのききをこなす
▸ 胃腸で食物をこなす
いちょうでしょくもつをこなす

퀴즈　朝顔が垣根に絡む

기출 08년

25 相次ぐ

연달아 벌어지다

あいつぐ

□ □ □
1회 2회 3회

> あいつぐ는 '잇달다, 연달다'의 뜻으로 한자를 相継ぐ로도 사용합니다. あ
い가 들어간 단어를 살펴보면, 相乗り(あいのり)는 '합승', 相子(あいこ)는 '비
김', 相性(あいしょう)는 '궁합'이라는 뜻입니다.

▶ 相次ぐ惨事。 연달아 벌어지는 참사.

▶ 事故が相次いで起る。 사고가 연달아 벌어지다.

기출 07년

26 腐る

썩다

くさる

□ □ □
1회 2회 3회

> くさる는 '썩다, 기가 죽다, 타락하다' 등의 뜻이 있으며, 동사 ます형에 붙
어 남의 동작을 비웃거나 경멸할 때 쓰이는 말로 '~해대다'라는 뜻이 됩니다. 예
를 들면 何を言いくさるか는 '무슨 헛소리 하는 거야' 정도가 됩니다. 명사로
는 '부패'의 뜻인 腐敗(ふはい)죠.

▶ 凍傷で指先が腐る。 동상으로 손끝이 썩다.

▶ さびて腐ったナイフ。 녹슬어서 썩은 나이프.

기출 07년

27 壊れる

파괴되다, 망가지다

こわれる

□ □ □
1회 2회 3회

> こわれる는 직접적으로 '깨지다, 파손되다, 고장나다' 외에도 약속이나 어
떤 상태 등이 깨질 때도 사용할 수 있습니다. 비슷한 표현으로는 やぶれる, 割
れる(われる), 砕ける(くだける), 潰れる(つぶれる), 破壊(はかい 파괴) 등
이 있습니다.

▶ 台風で家が壊れる。 태풍으로 집이 파괴되다.

▶ 水道の蛇口が壊れる。 수도꼭지가 망가지다.

퀴즈 恐る恐る傷口に触れる

28 殴る

구타하다　　　　　　　　　　　　　　　　　　なぐる

□ □ □
1회 2회 3회

なぐる는 '(세게) 때리다, 치다'라는 뜻 이외에 동사 ます형에 붙어 '아무렇게나 ~하다'라는 뜻으로도 사용됩니다. 예를 들면 書きなぐる는 '마구 갈겨쓰다'라는 뜻이 됩니다. 명사로는 '구타'라는 뜻의 殴打(おうだ)가 됩니다.

▷ 殴る蹴るの暴行。구타에 차는 폭행.

▷ げんこつで殴る。주먹으로 때리다.

▸ 殴る蹴るの暴行
　なぐるけるのぼうこう

▸ げんこつで殴る
　げんこつでなぐる

29 怒鳴る

고함치다, 야단치다　　　　　　　　　　　　　　どなる

□ □ □
1회 2회 3회

どなる와 비슷한 단어로는 '화를 내다'라는 뜻의 怒る(おこる)가 있습니다. 함께 기억할 단어로 '격노'의 激怒(げきど), '분노'의 憤怒(ふんど), '노기'의 뜻인 怒気(どき) 등입니다.

▷ 声をかぎりに怒鳴る。목소리 한껏 고함치다.

▷ 顔を真っ赤にして怒鳴る。
　얼굴을 새빨갛게 붉히고 야단치다.

▸ 声をかぎりに怒鳴る
　こえをかぎりにどなる

▸ 顔を真っ赤にして怒鳴る
　かおをまっかにして
　どなる

30 伴う

동반하다　　　　　　　　　　　　　　　　　　ともなう

□ □ □
1회 2회 3회

ともなう는 '따라가다, 데리고 가다, 걸맞다, 어울리다, 따르다, 수반하다' 등의 뜻이 있습니다. 명사로는 '동반'의 同伴(どうはん)이며, '반려'의 伴侶(はんりょ)나 '수반'의 随伴(ずいはん) 등의 단어도 기억해두세요.

▷ 危険が伴う冒険。위험이 동반되는 모험.

▷ 友達を伴って外出する。친구를 데리고 외출하다.

▸ 危険が伴う冒険
　きけんがともなう
　ぼうけん

▸ 友達を伴って外出する
　ともだちをともなって
　がいしゅつする

퀴즈　新型の機器をこなす

※ 次の説明に合う単語は？

01 相手を敬って自分を控え目にする。
　①まさる　　　　②いましめる　　　③へりくだる　　　④ほめる

02 激しく腹を立てる。
　①いきどおる　　②こころざす　　　③うらやむ　　　　④うごめく

03 物事があとからあとから続いて起こる。
　①あふれる　　　②あいしる　　　　③うなずく　　　　④あいつぐ

04 食物を消化する。思うままに扱う。
　①よそおう　　　②こなす　　　　　③ねる　　　　　　④こころみる

※ 次の下線にあてはまるものは？

05 明日からの計画を＿＿＿＿＿なけらばなりません。
　①のら　　　　　②ねら　　　　　　③うら　　　　　　④いら

06 彼は平静を＿＿＿＿＿いるようです。
　①かって　　　　②よそおって　　　③おって　　　　　④のって

07 最近体が弱くなって酒を＿＿＿＿＿。
　①つつしむ　　　②うつむく　　　　③つぶやく　　　　④でしゃばる

08 いろいろな方法で実験を＿＿＿＿＿。
　①かえりみる　　②こころみる　　　③そそのかす　　　④あおる

09 風を＿＿＿＿＿激しい雨が一日中降り続けた。
　①したがう　　　②からむ　　　　　③どなる　　　　　④ともなう

10 いまさら異議を＿＿＿＿＿も無駄ですよ。
　　① あつらえて　　② うたえて　　③ となえて　　④ あまえて

11 これぐらいのことで警察に＿＿＿＿＿ても相手にしてくれないだろう。
　　① うったえ　　② おさえ　　③ おとろえ　　④ かかえ

※ 次の単語の読み方は？

12 歯科で腐った虫歯を抜いてすっきりした。
　　① さびった　　② ふるった　　③ ねばった　　④ くさった

13 彼女は誰にも劣らない才色を兼ねている。
　　① なぐらない　　② おどらない　　③ おとらない　　④ くだらない

14 彼はテロの現場を目の前にして犯人の残酷さに憤った。
　　① よみがえった　　② いきどおった　　③ かしこまった　　④ うけたまった

※ 次の単語の漢字は？

15 彼はこの分野で名実相ともなう第一人者である。
　　① 商う　　② 失う　　③ 伴う　　④ 補う

16 今回の地震で多くの家屋がこわれてしまった。
　　① 壊れて　　② 崩れて　　③ 倒れて　　④ 乱れて

17 お年寄りに席をゆずるのは当たり前です。
　　① 壌る　　② 譲る　　③ 嬢る　　④ 醸る

18 彼は心血をそそいできた長年の研究を完成させた。
　　① 仰いで　　② 担いで　　③ 騒いで　　④ 注いで

day 19.mp3

01 無邪気

순수함, 천진난만함

むじゃき

□ □ □
1회 2회 3회

無邪気의 한자를 풀이하면 사악한 마음이 없다는 뜻입니다. 특히 청해 시험에 자주 등장하므로 꼭 기억해 두세요. 다음은 비슷한 표현입니다.

素直(すなお 순진, 솔직) | 正直(しょうじき, 정직, 솔직) | 率直(そっちょく 솔직) | 打ち明ける (うちあける 털어놓다) | ざっくばらんに 숨김없이

▶ 赤ん坊の無邪気な笑顔。아기의 천진난만한 미소.

▶ 質問に無邪気に答える。질문에 순순히 대답하다.

▶ 赤ん坊の無邪気な笑顔
あかんぼうのむじゃきな
えがお

▶ 質問に無邪気に答える
しつもんにむじゃきに
こたえる

02 快い

기분 좋다

こころよい

□ □ □
1회 2회 3회

快い처럼 한 글자에 4개 이상의 후리가나가 있는 단어는 무조건 중요합니다. 시험에 단골손님입니다. 快(쾌)가 붙는 단어로는 '상쾌'의 爽快(そうかい), '쾌청'의 快晴(かいせい), '쾌적'의 快適(かいてき), '호쾌'의 豪快(ごうかい) 등이 있습니다.

▶ 仕事を快く引き受ける。일을 기분 좋게 받아들이다.

▶ 快いそよ風。기분 좋은 산들바람.

▶ 仕事を快く引き受ける
しごとをこころよく
ひきうける

▶ 快いそよ風
こころよいそよかぜ

03 大げさ

과장됨, 허풍스러움

おおげさ

□ □ □
1회 2회 3회

원래 けさ(袈裟 가사)란 스님들이 입는 겉옷인데 펼치면 굉장히 넓습니다. 그래서 과장의 의미가 있습니다. 다른 유사어로는 '과장'의 誇張(こちょう), '과대'의 誇大(こだい)가 있습니다. 大仰(おおぎょう)な言い方(いいかた)는 '과장된 말투' 라는 뜻입니다.

▶ 大げさに驚いて見せる。과장되게 놀라다.

▶ 大げさに痛がる。엄살을 부리다.

▶ 大げさに驚いて見せる
おおげさにおどろいて
みせる

▶ 大げさに痛がる
おおげさにいたがる

퀴즈 辛辣な皮肉を言う

04 大まか

대략적임, 대범함

おおまか

□ □ □
1회 2회 3회

 おおまかは 작은 일에 구애받지 않는 모양을 나타냅니다. 유사어로는 '대체로'의 뜻인 おおよう, '대략, 대체'의 뜻인 だいたい, '대충'의 おおよそ, '대략'의 おおかた, '대략, 대충'의 おおざっぱ 등이 있습니다.

▶ 万事に大まかな仕事ぶり。 만사 대략적인 일처리.

▶ 大まかな見積もりを立てる。 대략의 견적을 뽑다.

다시 한번 확인하세요!

▶ 万事に大まかな仕事ぶり
ばんじにおおまかな
しごとぶり

▶ 大まかな見積もりを立てる
おおまかなみつもりを
たてる

고득점 19일 형용사

---

05 むさくるしい

누추하다, 지저분하다

□ □ □
1회 2회 3회

 어지럽게 흩어져 있는 모양으로 유사어로는 '더러워지다'의 汚れる(よごれる), '더럽다'의 汚い(きたない), 汚しい(きたならしい), '너저분하다, 칠칠맞다'는 뜻의 だらしない 등이며, ~くるしい가 오는 단어는 '비좁다'의 뜻는 狭苦しい(せまくるしい), '딱딱하다'의 堅苦しい(かたくるしい) 등이 있습니다.

▶ むさくるしい服装。 지저분한 복장.

▶ むさくるしい風体をしている。 누추한 차림을 하고 있다.

▶ むさくるしい服装
むさくるしいふくそう

▶ むさくるしい風体をして
いる
むさくるしいふうていを
している

---

06 望ましい

바람직하다

のぞましい

□ □ □
1회 2회 3회

 望む(のぞむ)라는 동사에서 파생한 형용사로 청해시험에 자주 나옵니다. 望(망)이 붙는 단어로는 희망의 希望(きぼう), '원망'(바라고 희망함) 願望(がんぼう), '소망'의 所望(しょもう)(발음에 주의), '망원경'의 望遠鏡(ぼうえんきょう), '전망대'의 展望台(てんぼうだい), '실망'의 失望(しつぼう) 등이 있습니다.

▶ 全員参加が望ましい。 전원참가가 바람직하다.

▶ 早熟は望ましいことではない。
조숙함은 바람직한 일은 아니다.

▶ 全員参加が望ましい
ぜんいんさんかが
のぞましい

▶ 早熟は望ましい
ことではない
そうじゅくはのぞましい
ことではない

퀴즈 不気味に静まり返った屋敷

07 待ち遠しい

애타게 기다리다 — まちどおしい

1회 2회 3회

'기다리다'는 뜻의 待つ 동사와 '멀다'는 뜻의 遠い 형용사의 복합어라 할 수 있습니다. 待가 붙는 관용어로는 '오랫동안 기다렸습니다'라는 뜻의 お待ち遠様(おまちどおさま)가 있습니다. お待たせしました 로도 씁니다.

待 ▸ 待合室 대합실・歓待 환대・虐待 학대

遠 ▸ 遠足 소풍・遠隔 원격・遠征 원정

▸ お正月の来るのが待ち遠しい。
설날이 오는 것이 애타게 기다려진다.

▸ 卒業式が待ち遠しい。졸업식을 애타게 기다리다.

08 目覚ましい

눈부시다 — めざましい

1회 2회 3회

'잠에서 깨다'는 뜻인 目が覚める의 관용 표현의 파생으로 봐도 무방합니다. 覚이 붙는 단어로는 '각서'의 覚書(おぼえがき), '각오'의 覚悟(かくご), '환각'의 幻覚(げんかく) 등이 있습니다. 目覚まし時計(どけい)는 '알람시계'입니다. 비슷한 표현으로 '깨우다, 불러일으키다'는 뜻의 目覚ます(めざます)가 있습니다.

▸ 目覚ましい活躍。눈부신 활약.

▸ 目覚ましい発展。눈부신 발전.

09 渋い

떫다 — しぶい

1회 2회 3회

渋い는 원래 맛을 의미합니다만, 동작이나 행동이 못마땅할 경우에도 사용합니다. 渋(삽)이 붙는 단어로는 '교통 체증, 정체'의 渋滞(じゅうたい), '마지못해, 떫지만'의 渋々(しぶしぶ), '싫지만, 마지못해'의 동의어로 嫌々ながら(いやいやながら) 등이 있습니다.

▸ 渋い柿。떫은 감.

▸ 渋い顔をする。떫은 표정을 짓다.

퀴즈　赤ん坊の無邪気な笑顔

다시 한번 확인하세요!

10 いやらしい　징그럽다, 불쾌하다, 야하다

1회　2회　3회

嫌らしい로 쓰기도 합니다. 그밖에 いやらしい에는 '의젓하지 못하다, 추잡하다, 기분 나쁘다, 메스껍다' 등의 뜻이 있습니다. 嫌(싫을 혐)이 붙는 단어로는 '혐오감'의 嫌悪感(けんおかん), '비위'의 機嫌(きげん), '혐의'의 嫌疑(けんぎ) 등이 있습니다.

▸ いやらしい言い方。불쾌한 말투.

▸ いやらしい目付きでみる。야한 눈초리로 보다.

▸ いやらしい言い方
　いやらしいいいかた
▸ いやらしい目付きでみる
　いやらしいめつきでみる

---

11 好ましい　바람직하다, 좋아하다　　このましい

1회　2회　3회

'좋아하다, 즐기다'는 뜻의 好む(このむ) 동사에서 파생한 단어입니다. 好가 붙는 단어로는 '호감'의 好感(こうかん), '호적수'의 好敵手(こうてきしゅ) 등이 있으며, 유사어로는 '바람직하다'는 뜻의 望ましい가 있습니다.

▸ 柔軟な対応が好ましい。유연한 대응이 바람직하다.

▸ 好ましい女性。좋아하는 여성.

▸ 柔軟な対応が好ましい
　じゅうなんなたいおうが
　このましい
▸ 好ましい女性
　このましいじょせい

---

12 なれなれしい　친숙하다

1회　2회　3회

'익숙해지다'는 뜻의 慣れる(なれる) 동사에서 나온 단어입니다. 유사어로는 '친하다'는 뜻의 親しい(したしい)가 있습니다. なれなれしい는 특별히 친한 관계가 아닌데도 친한 척 행동하며 거리낌이 없는 경우에 사용합니다.

▸ 初対面であるのになれなれしい口をきく。
　첫 대면인데 친숙한 말을 하다.

▸ なれなれしい口をきく。매우 친한 듯이 말하다.

▸ 初対面であるのになれなれしい口をきく
　しょたいめんであるのに
　なれなれしいくちをきく
▸ なれなれしい口をきく
　なれなれしいくちをきく

퀴즈　全員参加が望ましい

13 あっけない 어이없다, 싱겁다, 허망하다

기출 99년

1회 2회 3회

> 呆気(あっけ)는 어리석을 매와 마음 기가 합해진 단어로 가끔 한자를 사용하기도 합니다. 유사어로는 '허전하다, 성에 차지 않다'는 뜻의 物足りない(ものたりない)가 있으며 あっけ가 붙는 표현으로는 '어안이 벙벙하다'는 뜻의 呆気に取られる(あっけにとられる)가 있습니다.

▶ あっけなく敗れる。 어이없이 패하다.

▶ あっけない結末。 싱거운 결말.

14 うっとうしい 우울하다, 거추장스럽다

기출 98년

1회 2회 3회

> うっとうしい는 마음이 꽉 막혀 답답할 경우나 마음이 무거울 때도 사용합니다. 유사어로는, '눈에 거슬린다'는 뜻의 目障りだ(めざわりだ), '귀찮다'는 뜻의 うるさい 등이 있습니다.

▶ 難題をかかえてうっとうしい気分だ。
어려운 문제를 안아서 우울한 기분이다.

▶ 眼鏡がうっとうしい。 안경이 거추장스럽다.

▶ 難題をかかえてうっとうしい
気分だ
なんだいをかかえて
うっとうしいきぶんだ

▶ 眼鏡がうっとうしい
めがねがうっとうしい

15 心細い 불안하다   こころぼそい

기출 98년

1회 2회 3회

> 한자를 살펴보면 '마음이 가늘다'는 의미로 얼마나 불안하면 마음이 가늘어지겠습니까? 心이 붙는 단어로는, '짐작'의 心当たり, '마음가짐, 이해'의 心得(こころえ), '마음 아프다'는 뜻의 心苦しい, '마음 내키는 대로'의 뜻인 心任せ(こころまかせ) 등이 있으며, 유사어는, '불안'의 不安(ふあん)이 있습니다. 반대말은 '마음 든든하다, 안심하다'는 뜻의 心強い입니다.

▶ 一人で出かけるのは心細い。 혼자서 외출하는 것은 불안하다.

▶ 懐が心細い。 주머니가 허전하다.

퀴즈 目覚ましい活躍

248

16 速やか　　신속함　　　　　　　　　　　　すみやか

1회 2회 3회

 그냥 빠르다의 경우는 포괄적으로 速い(はやい)를 쓰지만 동작이나 행동이 민첩하고 신속할 경우는 速やか를 씁니다. 速이 붙는 단어로는, '조속'의 早速(さっそく), '졸속'의 拙速(せっそく), '속달'의 速達(そくたつ) 등이 있으며, 유사어로는 '신속'의 迅速(じんそく) 등이 있습니다.

▷ 速やかな対策をを望む。 신속한 대책을 바란다.

▷ 速やかに退去せよ。 썩 물러가거라.

▶ 速やかな対策を望む
すみやかなたいさくを
のぞむ

▶ 速やかに退去せよ
すみやかにたいきょせよ

---

17 おびただしい 엄청나게 많다

1회 2회 3회

 おびただしい는 주로 양을 나타낼 때 사용합니다. 유사어로는, '굉장하다'는 뜻의 物凄い(ものすごい), '엄청나다'는 뜻의 はなはだしい, '심하다'는 뜻의 ひどい, '격렬하다'는 뜻의 激しい(はげしい) 등이 있습니다.

▷ おびただしい人出。 엄청난 인파.

▷ 腹の立つことおびただしい。 몹시 화가 나다.

▶ おびただしい人出
おびただしいひとでで

▶ 腹の立つことおびただしい
はらのたつことおび
ただしい

---

18 乏しい 가난하다, 모자라다, 결핍되다　　とぼしい

1회 2회 3회

 '빈핍, 가난'의 뜻인 貧乏(びんぼう)에서 나온 단어입니다. 乏しい(とぼしい)의 乏이 들어간 단어로는, '결핍'의 欠乏(けつぼう), '궁핍'의 窮乏(きゅうぼう) 등이 있으며, 유사어는, '가난하다'는 뜻의 貧しい(まずしい)가 있습니다.

▷ 人材が乏しい。 인재가 모자라다.

▷ 乏しい生活。 가난한 생활.

▶ 人材が乏しい
じんざいがとぼしい

▶ 乏しい生活
とぼしいせいかつ

퀴즈　柔軟な対応が好ましい

19 浅ましい

야비하다, 비열하다, 비참하다   あさましい

'얕다'는 뜻의 浅い(あさい)에서 파생한 단어입니다. 浅이 들어간 단어로는, '천박'의 浅薄(せんぱく), '얕다'의 浅い(あさい) 등이 있습니다. 유사어로는, '비천하다'는 뜻의 卑しい(いやしい), '초라하다, 누추하다'는 뜻의 みすぼらしい 등이 있습니다.

▸ 浅ましい根性。 비열한 근성.

▸ 浅ましい姿。 비참한 모습.

20 淡い

담백하다, 담담하다   あわい

'진하다'는 뜻의 濃い(こい)의 반대어 개념이나, 다른 의미도 있습니다. 주로 색이나 맛 등이 튀지 않으며 수수한 느낌일 때 사용하는 말입니다. 淡이 들어간 단어는, '담수'의 淡水(たんすい), '담백'의 淡白(たんぱく), '냉담'의 冷淡(れいたん) 등이 있습니다.

▸ 淡い味付け。 담백한 맛내기.

▸ 淡い期待。 담담한 기대.

21 悩ましい

고민스럽다   なやましい

'고민하다'는 뜻의 悩む(なやむ) 동사에서 파생한 단어로 '고통스럽다.' 또는 마음이 '흐트러지다'는 뜻이 있습니다. 悩가 들어간 단어로는, '고뇌'의 苦悩(くのう), '뇌쇄'의 悩殺(のうさつ), '번뇌'의 煩悩(ぼんのう) 등이 있습니다.

▸ 苛立ちの悩ましい日を送る。 초조한 고민의 날을 보내다.

▸ 悩ましい香水のかおり。 관능을 자극하는 향수 냄새.

다시 한번 확인하세요!

▸ 浅ましい根性
あさましいこんじょう

▸ 浅ましい姿
あさましいすがた

▸ 淡い味付け
あわいあじつけ

▸ 淡い期待　あわいきたい

▸ 苛立ちの悩ましい日を送る
いらだちのなやましい
ひをおくる

▸ 悩ましい香水のかおり
なやましいこうすいの
かおり

퀴즈 あっけなく敗れる

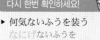

기출 93회

22 何気ない

1회 2회 3회

아무렇지 않다, 무심하다 　　　　　　　　　　なにげない

> 何気ない(なにげない)는 확실한 사고나 깊은 의도도 없이 행동하는 모양을 나타냅니다. 유사어로는, '아무렇지도 않다'는 뜻의 さりげない가 있습니다.

　▶ 何気ないふうを装う。 아무렇지 않는 척 가장하다.

　▶ 何気なく見詰める。 무심히 바라보다.

기출 04회

23 まずい

1회 2회 3회

맛없다, 서툴다, 재미없다

▶ こんなまずいものが
食えるか
こんなまずいものが
くえるか

▶ まずい腕前
まずいうでまえ

> まずい는 여러 의미로 사용하는 단어입니다. 반대말은 '맛있다'는 뜻의 美味しい(おいしい)와 旨い(うまい)입니다. まずい의 다른 예문으로는, まずい顔 '보기 흉한 얼굴', これ以上太ってはまずい는 이 이상 살찌면 상황이 안 좋다는 뜻입니다.

　▶ こんなまずいものが食えるか。
　　이런 맛없는 걸 먹을 수 있나?

　▶ まずい腕前。 서투른 솜씨.

기출 05회

24 あり得ない

1회 2회 3회

있을 수 없다 　　　　　　　　　　ありえない

> '있을 수 있다'는 뜻의 あり得る(ありえる)의 부정 용법이며, 得이 들어간 단어로는, '일거양득'의 一挙両得(いっきょりょうとく), '자업자득'의 自業自得(じごうじとく) 등이 있습니다.

　▶ あり得ない話だ。 있을 수 없는 이야기다.

　▶ 失敗はあり得ない。 실패는 있을 수 없다.

퀴즈 速やかな対策をを望む

25 皮肉

비꼼, 비아냥거림

ひにく

1회 2회 3회

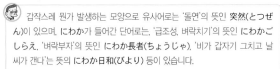 한자만 보면, 가죽과 살갗을 나타냅니다. 뜻은 '빈정거림, 비꼼', 빈정거리는 투의 '얄궂음, 짓궂음' 정도입니다. 皮가 들어간 단어로는, '탈피'의 脱皮(だっぴ), '철면피'의 鉄面皮(てつめんぴ), '피혁'의 皮革(ひかく), '모피'의 毛皮(けがわ) 등이 있습니다. 肉이 들어간 단어로는, '혈육'의 血肉(けつにく), '약육강식'의 弱肉強食(じゃくにくきょうしょく), '육안'의 肉眼(にくがん), '육식'의 肉食(にくしょく), '육탄'의 肉弾(にくだん) 등이 있습니다.

▶ 辛辣な皮肉を言う。 신랄한 비난을 하다.

▶ 皮肉屋。 빈정대는 사람.

▶ 辛辣な皮肉を言う
しんらつなひにくをいう

▶ 皮肉屋　　 ひにくや

26 にわか

별안간(갑작스러움)

1회 2회 3회

갑작스레 뭔가 발생하는 모양으로 유사어로는 '돌연'의 뜻인 突然(とつぜん)이 있으며, にわか가 들어간 단어로는, '급조성, 벼락치기'의 뜻인 にわかごしらえ, '벼락부자'의 뜻인 にわか長者(ちょうじゃ), '비가 갑자기 그치고 날씨가 갠다'는 뜻의 にわか日和(びより) 등이 있습니다.

▶ 天候がにわかに変化する。 날씨가 별안간 변하다.

▶ にわか雨。 소나기.

▶ 天候がにわかに変化する
てんこうがにわかに
へんかする

▶ にわか雨
にわかあめ

27 大切

소중함, 중요함

たいせつ

1회 2회 3회

大切는 지극히 중요한 사항을 나타내며, 유사어로는, '소중, 중요'의 뜻인 大事(だいじ), '중요'의 뜻인 重要(じゅうよう) 등이 있습니다. 切이 들어간 단어로는, '친절'의 親切(しんせつ), '절실'의 切実(せつじつ), '절망'의 切望(せつぼう) 등이 있습니다.

▶ 大切な書類。 중요한 서류.

▶ 命を大切にする。 목숨을 소중히 여기다.

▶ 大切な書類
たいせつなしょるい

▶ 命を大切にする
いのちをたいせつにする

퀴즈 淡い味付け

28 真剣

진지함, 진짜

しんけん

▶ 将来を真剣に考える
しょうらいをしんけんに
かんがえる

▶ 真剣勝負
しんけんしょうぶ

真剣의 한자만을 풀면 진짜 칼이라는 의미입니다. 검도 연습 죽도가 아닌 진짜라는 뜻이 담겨 있습니다. 真이 붙는 단어로는, '흉내'의 真似(まね), '진실'의 真実(しんじつ), '진주'의 真珠(しんじゅ) 등이 있습니다. 剣이 들어간 단어는, '검'의 뜻인 剣(つるぎ), '검도'의 剣道(けんどう), '검객'의 剣客(けんかく) 등이 있습니다. 유사어로는, '진짜, 본심'의 뜻인 本気(ほんき)가 있습니다.

▶ 将来を真剣に考える。장래를 신중하게 생각하다.

▶ 真剣勝負。진검승부, 진짜승부.

29 不気味

기분 나쁨, 불쾌함

ぶきみ

▶ 不気味に静まり返った屋敷
ぶきみにしずまり
かえったやしき

▶ 不気味な沈黙
ぶきみなちんもく

気味(きみ)는 어떤 사물로부터 받는 느낌, 기분을 나타냅니다. 유사어로는, '기분 나쁘다'는 뜻의 気味が悪い가 있으며, 気味의 다른 용례로는, '샘통이다'는 뜻의 いい気味だ, 彼(かれ)は筆無精(ふでぶしょう)의 気味がある '그는 글쓰기를 싫어하는 경향이 있다'라는 뜻입니다. 風邪気味(かぜぎみ)는 '감기기'운이 됩니다.

▶ 不気味に静まり返った屋敷。기분 나쁘게 적막한 저택.

▶ 不気味な沈黙。기분 나쁜 침묵.

30 身近

가까움

みぢか

▶ 危険が身近に迫る
きけんがみぢかにせまる

▶ 愛読書を身近に置く
あいどくしょをみぢかに
おく

자신의 신변 주위라는 의미로, ~近(ちか)가 붙는 단어로는, '가까운 시일에'라는 뜻의 近々(ちかぢか), '바로 옆'의 手近(てぢか), '바로 앞, 가까운 곳'의 間近(まぢか), '시선에서 가깝다'는 뜻의 目近(めぢか・めぢか) 등이 있으며, 유사어로는, '주변'의 周辺(しゅうへん), '신변, 주위'의 身の回り(みのまわり) 등이 있습니다.

▶ 危険が身近に迫る。위험이 신변에 다가오다.

▶ 愛読書を身近に置く。애독서를 가까이에 두다.

퀴즈 あり得ない話だ

※ 次の説明に合う単語は？

01 びっくりするほどすばらしいさま。
　　① せせこましい　　② ややこしい　　③ めざましい　　④ もっともらしい

02 数や量がひじょうに多い。
　　① おびただしい　　② うっとうしい　　③ みっともない　　④ まずい

03 したしそうに振る舞ってはばからない。
　　① はなはだしい　　② ばかばかしい　　③ よわよわしい　　④ なれなれしい

04 気性などに、ねじけたところがなくすなおだ。
　　① むじゃき　　　② むてっぽう　　③ さわやか　　　④ でたらめ

05 物事の結果が意外に簡単で物足りないさま。
　　① あっけない　　② やりきれない　　③ やぼったい　　④ いなかっぽい

06 好感がもてるさま感じがよいさま。
　　① なやましい　　② うらめしい　　③ このましい　　④ くやしい

※ 次の下線にあてはまるものは？

07 お正月の来るのが＿＿＿＿＿＿＿＿。
　　① やくにたたない　② むなぐるしい　③ ありえない　　④ まちどおしい

08 彼はいつも事実より誇張して＿＿＿＿＿＿＿に言う癖がある。
　　① まね　　　　　② ほんき　　　③ ほんね　　　④ おおげさに

09 ＿＿＿＿＿＿＿所ですが一度お越し下さい。
　　① むさくるしい　　② はでな　　　③ すばらしい　　④ ぜいたくな

※ 次の単語の読み方は？

10 非常時には速やかな判断力が求められる。
　① しなやか　　　② すみやか　　　③ うらやか　　　④ かろやか

11 人の不幸を喜ぶ、そんな浅ましい考えはやめてください。
　① あさましい　　② あつかましい　　③ いさましい　　④ うらやましい

12 女が真夜中に一人で出かけるのは心細い。
　① こころこまかい　② こころせまい　　③ こころぼそい　　④ こころよい

13 私の周りには現実感に乏しい人が多い。
　① まずしい　　　② とぼしい　　　③ さびしい　　　④ むなしい

14 彼女にはどことなく悩ましい魅力がある。
　① のぞましい　　② このましい　　③ なやましい　　④ やかましい

※ 次の単語の漢字は？

15 彼はいつもしぶい顔をしている。
　① 甘い　　　　② 苦い　　　　③ 辛い　　　　④ 渋い

16 自分の将来の配偶者は意外にみぢかにある。
　① 味土　　　　② 旨土　　　　③ 身近　　　　④ 味近

17 この小説は彼の数奇な生涯とひにくな運命を描いたものである。
　① 非肉　　　　② 脾肉　　　　③ 皮肉　　　　④ 肥肉

18 幽霊の話はぶきみなのでやめてください。
　① 非気味　　　② 不気未　　　③ 無気未　　　④ 不気味

20일 문형·어휘

기출 07년

01 ~をよそに

□ □ □
1회 2회 3회

~아랑곳 하지 않고, 무시하고

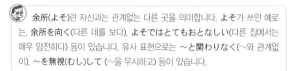

余所(よそ)란 자신과는 관계없는 다른 곳을 의미합니다. よそ가 쓰인 예로는, 余所を向く(다른 데를 보다), よそではとてもおとなしい(다른 집에서는 매우 얌전하다) 등이 있습니다. 유사 표현으로는 ~と関わりなく(~와 관계없이), ~を無視(むし)して (~을 무시하고) 등이 있습니다.

▶ 人々の心配をよそに強行する。
사람들의 걱정을 무시하고 강행하다.

▶ 歓呼の声をよそに聞いて。환호의 소리를 아랑곳하지 않고.

다시 한번 확인하세요!

▶ 人々の心配をよそに強行する
ひとびとのしんぱいをよそにきょうこうする

▶ 歓呼の声をよそに聞いて
かんこのこえをよそにきいて

기출 07년

02 ~なり

□ □ □
1회 2회 3회

~나름

~なり는 앞에 오는 품사에 따라 여러 가지 의미를 지닙니다.
①명사에 접속할 때는 '~모양' '~든 ~든' ②동사에 접속할 때는 '~하는 대로
③형용사에 접속할 때는 '거기에 상응하여'

▶ 私なりに努力しています。제 나름대로 노력하고 있습니다.

▶ 弓なりに反る。활 모양으로 휘다.

▶ 親の言いなりになる。부모가 말하는 대로 되다.

▶ 私なりに努力しています
わたしなりにどりょくしています

▶ 弓なりに反る
ゆみなりにそる

▶ 親の言いなりになる
おやのいいなりになる

기출 07년

03 ~んばかり

□ □ □
1회 2회 3회

~할 듯한

~ばかり는 다른 의미로도 쓰입니다. ばかり의 다른 용례는 다음과 같습니다. ①수량의 정도 (ほど, くらい), ②범위의 한정 (だけ), ③~たばかり의 형태로 막 ~했다, ④이유와 원인, ⑤~ばかりか~まで(も, さえ)=~どころか~まで(も, さえ) ~뿐만 아니라, ⑥~とばかりに ~라는 듯이 .

▶ 泣き出さんばかりの顔。금방이라도 울 것 같은 얼굴.

▶ 今にも降り出さんばかりの天気だ。
금방이라도 쏟아질 것 같은 날씨다.

▶ 泣き出さんばかりの顔
なきだすんばかりのかお

▶ 今にも降り出さんばかりの天気だ
いまにもふりだすんばかりのてんきだ

퀴즈 驚くなかれ死亡者は千人を越した

256

기출 06년

04 もってのほか　말도 안 됨

□ □ □
1회 2회 3회

もってのほか는 지극히 비상식적인 행동과 생각지도 못할 정도의 엄청난 상태를 표현하는 말입니다. 유사어는 けしからん이 있는데, けしからぬ와 같은 표현으로 '괘씸하다, 발칙하다, 무엄하다' 등의 뜻이 있습니다. 그밖에 '괘씸함, 패륜'의 뜻인 不届き(ふとどき)가 있습니다.

▶ もってのほかの振る舞い。말도 안 되는 행동.

▶ もってのほかの意見。당치도 않은 의견.

다시 한번 확인하세요!

▶ もってのほかの振る舞い
　もってのほかのふるまい

▶ もってのほかの意見
　もってのほかのいけん

고득점 20일 문형·어휘

기출 00년

05 ～きわまりない　지극히 ～하다

□ □ □
1회 2회 3회

동사 '지극하다'는 뜻의 極まる(きわまる)에서 파생된 단어입니다. 유사어로는 다음과 같은 표현이 있습니다.
このうえない 더할 나위 없다 ｜ このうえない 喜(よろこ)び 더할 나위 없는 기쁨 ｜ 甚(はなは)だしい 엄청나다 ｜ 甚だしい 被害(ひがい) 엄청난 피해

▶ 巧妙きわまりない手口。지극히 교묘한 수법.

▶ 無礼きわまりない。무례하기 짝이 없다.

▶ 巧妙きわまりない手口
　こうみょうきわまりない
　てぐち

▶ 無礼きわまりない
　ぶれいきわまりない

기출 04년

06 あべこべ　거꾸로, 반대, 역순

□ □ □
1회 2회 3회

あべこべ는 '거꾸로, 반대'라는 뜻과 '뒤바뀜'이라는 뜻이 들어 있습니다. 비슷한 표현으로는 '거꾸로 됨'이라는 뜻의 逆さま(さかさま)와 '정반대'라는 뜻의 裏腹(うらはら)와 '역'이라는 뜻의 逆(ぎゃく) 등이 있습니다.

▶ あべこべな意見。반대 의견.

▶ あべこべな意見
　あべこべないけん

퀴즈　規則を杓子定規に解釈する

07 〜と思いきや ~라고 생각했는데 ~とおもいきや

1회 2회 3회

연어(連語) 형식으로 역접의 표현입니다. 유사 표현으로는 ~と思っていたところが나, '의외로'의 뜻인 意外にも 등이 있습니다. 意外にも背が高い는 '의외로 키가 크다'는 뜻입니다.

▶ 直ったと思いきやまたすぐに壊れてしまった。
고쳤다고 생각했는데 또 바로 망가졌다.

▶ 当選すると思いきや次点にとどまった。
당선될 줄 알았더니 뜻밖에도 차점에 머물렀다.

08 〜をものともせず ~를 아랑곳하지 않고, ~을 문제 삼지 않고

1회 2회 3회

일종의 관용적 표현으로 유사 표현으로는, 問題(もんだい)にもしない, '문제 삼지도 않는다'는 뜻이며, なんとも思(おも)わない는 '대수롭게 여기지 않다'는 뜻입니다.

▶ 周囲の反対をものともせずひたすら意地を通した。
주위의 반대를 아랑곳하지 않고 오로지 고집을 피웠다.

▶ 彼は嵐をものともせず出かけた。
그는 폭풍우를 아랑곳하지 않고 나갔다.

09 〜てやまない ~해 마지 않다

1회 2회 3회

'그만두다'는 뜻의 止める(やめる)의 자동사 止む(やむ)의 파생어입니다. ~してやまない는 '어디까지나 ~하다', '~해 마지 않다'라는 뜻입니다. やむ의 예문을 살펴보면, 夕立(ゆうだち)がやむ 소나기가 그치다 | 騒動が止む(そうどうがやむ 소동이 그치다) | やむを得(え)ない '부득이 하다, 어쩔 수 없다' 등이 있습니다.

▶ 期待してやまない。기대해마지 않다.

▶ ご活躍を願ってやまない。활약을 바라마지 않는다.

다시 한번 확인하세요!

▶ 直ったと思いきやまた
すぐに壊れてしまった
なおったとおもいきや
またすぐにこわれて
しまった

▶ 当選すると思いきや次点に
とどまった
とうせんするとおもいきや
じてんにとどまった

▶ 周囲の反対をものともせず
ひたすら意地を通した
しゅういのはんたいを
ものともせずひたすらいじ
をとおした

▶ 彼は嵐をものともせず
出かけた
かれはあらしをものと
もせずでかけた

▶ 期待してやまない
きたいしてやまない

▶ ご活躍を願ってやまない
ごかつやくをねがって
やまない

퀴즈 人々の心配をよそに強行する

10 言わずもがな　말하지 않는 게 좋다, 말할 필요 없다　　　いわずもがな

□ □ □
1회 2회 3회

言わず(말하지 않음)에 희망을 나타내는 もがな(종조사)가 붙은 형태입니다. 言わずもがな의 다른 쓰임은 아래와 같습니다. 英語は言わずもがな日本語も話す는 '영어는 물론 일본어도 말한다'는 뜻이며 유사어로는, 言うまでもなく(말할 필요도 없이), 勿論(もちろん 물론) 등이 있습니다.

▸ 言わずもがなのことを言う。당연한 말을 한다.

▸ そんな事は言わずもがな。그런 것은 말하지 않는 편이 좋다.

11 禁じ得ない　금할 수 없다　　　　　　　　　きんじえない

□ □ □
1회 2회 3회

得る(える) 동사에서 파생한 형태입니다. 禁じる(금하다) =禁ずる의 파생어 禁じ得ない입니다. 예문을 살펴보면, 痛惜(つうせき)の念(ねん)を禁じ得ない, '통석의 염(애석함)을 금할 수 없다'는 뜻입니다.

▸ 失笑を禁じ得ない。실소를 금할 수 없다.

▸ 哀惜の念を禁じ得ない。애석한 마음을 금할 수 없다.

12 相違ない　틀림없다　　　　　　　　　　　そういない

□ □ □
1회 2회 3회

~に違いない(~임에 틀림없다)의 격식차린 말투입니다. 유사어로는, まちがいない(틀림없다), 確実(かくじつ)である(확실하다) 등이 있습니다.

相 ▸ 観相 관상 · 険相 험상 · 首相 수상 · 相当 상당

違 ▸ 違憲 위헌 · 違反 위반 · 違約 위약

▸ 盗まれたのに相違ない。도둑 맞은 것이 틀림없다.

▸ 代金を相違なく受け取る。대금을 틀림없이 받다.

다시 한번 확인하세요!

▸ 言わずもがなのことを言う
　いわずもがなのことをいう

▸ そんな事は言わずもがな
　そんなことはいわず
　もがな

▸ 失笑を禁じ得ない
　しっしょうをきんじえ
　ない

▸ 哀惜の念を禁じ得ない
　あいせきのねんをきんじ
　えない

▸ 観相　　かんそう
　険相　　けんそう
　首相　　しゅしょう
　相当　　そうとう

▸ 違憲　　いけん
　違反　　いはん
　違約　　いやく

▸ 盗まれたのに相違ない
　ぬすまれたのにそうい
　ない

▸ 代金を相違なく受け取る
　だいきんをそういなくうけ
　とる

13 ～とは限らない ～라고 할 수 없다　　　　～とはかぎらない

□ □ □
1회 2회 3회

> 동사 限る(かぎる)에서 나온 문형입니다. 다른 표현으로는, ～ないとも限らない가 있으며 그 쓰임은, 奇跡(きせき)가 일어나지 않는다고도 할 수 없다', 또 다른 형태로 会員を成人に限って募集(ぼしゅう)する는 '회원을 성인으로 제한하여 모집하다'라는 뜻입니다.

▸ 必ず勝つとは限らない。반드시 이긴다고 할 수 없다.

▸ 金持が幸福だとは限らない。
부자가 행복하다고 할 수는 없다.

14 ～かたわら　～하면서, 하는 한편

□ □ □
1회 2회 3회

> 한자로 표기하면 傍ら(かたわら)이며, かたわら의 다른 쓰임 새로는, ① '옆, 바로 가까이'의 뜻으로 そば, ②'～가에'의 뜻이 있고, ③'～하면서'인 ～しながら의 뜻도 있습니다.

▸ 会社に勤めるかたわら小説を書く。
회사에 근무하면서 소설을 쓰다.

▸ 大学に通うかたわら塾の講師を勤める。
대학에 다니면서 학원 강사를 역임하다.

15 ～にほかならない　～다름 아니다, 틀림없다, 바로 그거다

□ □ □
1회 2회 3회

> 명사 ほか(～외, ～밖)의 응용 표현입니다. ほかならない(=ほかならぬ)의 예로는, ほかならぬ君の頼みでは断(ことわ)れない는 '다름 아닌 너의 부탁이라면 거절할 수 없다'는 뜻입니다. 유사표현으로는, それ以外(いがい)のことではない는 '그 이외의 일은 아니다', 確かにそのことだ는 '분명히 그 일이다' 라는 뜻입니다.

▸ あいつの仕業にほかならない。저 녀석의 짓임에 틀림없다.

▸ 努力のたまものにほかならない。
노력의 결과(보람)나 마찬가지다.

다시 한번 확인하세요!

▸ 必ず勝つとは限らない
かならずかつとはかぎらない

▸ 金持が幸福だとは限らない
かねもちがこうふくだとはかぎらない

▸ 会社に勤める
かたわら小説を書く
かいしゃにつとめる
かたわらしょうせつをかく

▸ 大学に通うかたわら塾の
講師を勤める
だいがくにかようかたわらじゅくのこうしをつとめる

▸ あいつの仕業にほかならない
あいつのしわざにほかならない

▸ 努力のたまものにほかならない
どりょくのたまものにほかならない

퀴즈　期待してやまない

16 知らず知らず　나도 모르는 사이에　　　　　しらずしらず

□ □ □
1회 2회 3회

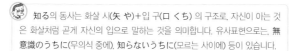

知る의 동사는 화살 시(矢 や)+입 구(口 くち) 의 구조로, 자신이 아는 것은 화살처럼 곧게 자신의 입으로 말하는 것을 의미합니다. 유사표현으로는, 無意識のうちに(무의식 중에), 知らないうちに(모르는 사이에) 등이 있습니다.

▸ 知らず知らず涙が出てくる。 나도 모르게 눈물이 나온다.

▸ 知らず知らず話に引き込まれていた。
나도 모르는 사이에 이야기에 빨려들고 있었다.

▸ 知らず知らず涙が出てくる
しらずしらずなみだが
でてくる

▸ 知らず知らず話に引き込まれていた
しらずしらずはなしに
ひきこまれていた

---

17 ～んがため　～하기 위해

□ □ □
1회 2회 3회

명사 ため의 응용 형태라 할 수 있습니다. ため의 다른 예로는 아래와 같습니다. ①도움, 이익 : 耳に痛いがためになる話だ 귀에 거슬리지만 도움이 되는 이야기다. ②위해서 : チームのために頑張(がんば)る 팀을 위해서 힘낸다. ③위한 : 新聞小説のための挿絵(さしえ) 신문소설을 위한 삽화 ④때문에 : 無理をしたために病気になった 무리하는 바람에 병에 걸렸다.

▸ 子の命を救わんがために危険を犯す。
어린이의 목숨을 구하기 위해 위험을 무릅쓰다.

▸ 夢をかなわんがため努力した。
꿈을 이루기 위해 노력했다.

▸ 子の命を救わんがために
危険を犯す
このいのちをすくわんが
ためにきけんをおかす

▸ 夢をかなわんがため努力
した
ゆめをかなわんがため
どりょくした

---

18 ひょっとしたら　어쩌면

□ □ □
1회 2회 3회

부사 ひょっと(뜻밖에) + したら의 형태입니다. 유사어로는, もしかしたら(어쩌면) ひょっとすると(어쩌면) 등이 있습니다. ひょっと의 다른 용례는 다음과 같습니다. ①뜻밖에, 깜박 : ひょっと口に出す 깜박 입밖에 내다. ②어쩌면, 만일 ; 彼はひょっと僕をしっているかも 그는 어쩌면 나를 알고 있을지도.

▸ ひょっとしたらそこで会えるかもしれない。
어쩌면 그곳에서 만날지도 모른다.

▸ ひょっとしたらうまくいく。 어쩌면 잘 될 것이다.

▸ ひょっとしたらそこで
会えるかもしれない
ひょっとしたらそこで
あえるかもしれない

퀴즈　失笑を禁じ得ない

19 間柄

관계

あいだがら

~柄(がら)의 복합어는 각종 시험에 자주 등장하므로 반드시 익혀야 합니다. 유사어로는 관계 関係(かんけい)가 있습니다.

柄 ▶ 小柄 작은 몸집・大柄 큰 몸집・人柄 인품
家柄 가풍・国柄 국풍・訳柄 사정, 이유

▶ 親子の間柄。 부모와 자식의 관계.

▶ 親密な間柄。 친밀한 관계.

20 そっぽを向く

외면하다, 모른 체하다

そっぽをむく

そっぽ는 '다른 방향, 옆 쪽'이라는 의미이며, そっぽう(外方 다른 방향)에서 나온 말입니다. 예문으로는 厭(いや)な顔をしてそっぽを向いてしまう '싫은 표정을 지으며 외면하다'는 뜻입니다.

▶ 部下にそっぽを向かれる。 부하에게 외면당하다.

▶ そっぽを向いて口も利かない。 외면하고 말도 안한다.

21 目印

표시, 목표(물)

めじるし

~印(じるし ~표)의 한 형태입니다. 자주 등장하는 단어로는, '화살표'의 뜻인 矢印(やじるし), '별표'의 뜻인 星印(ほしじるし), '쌀표'의 뜻인 米印(こめじるし) 등입니다.

▶ 持ち物に目印をつける。 소지품에 표시를 하다.

▶ 角の郵便局を目印においで下さい。
모퉁이의 우체국을 목표로 오세요.

다시 한번 확인하세요!

▶ 小柄　　こがら
　　大柄　　おおがら
　　人柄　　ひとがら
　　家柄　　いえがら
　　国柄　　くにがら
　　訳柄　　わけがら

▶ 親子の間柄
　　おやこのあいだから

▶ 親密な間柄
　　しんみつなあいだから

▶ 部下にそっぽを向かれる
　　ぶかにそっぽをむかれる

▶ そっぽを向いて口も利かない
　　そっぽをむいてくちもきかない

▶ 持ち物に目印をつける
　　もちものにめじるしをつける

▶ 角の郵便局を目印においで下さい
　　かどのゆうびんきょくをめじるしにおいでください

퀴즈 必ず勝つとは限らない

22 むしろ

어느 쪽이냐 하면, 오히려

1회 2회 3회

むしろ의 의미는 둘 중에서 어느 한 쪽을 고르는 기분을 나타내는 말입니다. 유사어로는, かえって(오히려), どちらかといえば(어느 쪽이냐 하면), いっそ (차라리, 오히려) 등이 있습니다.

▶ 休日は遊びに行くよりむしろ家で寝ていたい。
휴일은 놀러 가기보다 오히려 집에서 자고 싶다.

▶ 彼は天才というよりむしろ努力家だ。
그는 천재라기보다 오히려 노력가다.

23 かかりつけ

단골, 늘 가는

1회 2회 3회

かかりつけ 주로 늘 정해 놓고 진료나 치료를 받으러 다니는 병원이나 의사를 가르키는 경우가 많습니다. 유사어로는, '단골 손님'의 뜻인 得意先(とくいさき), '고객'의 뜻인 顧客(こかく) 등이 있습니다.

▶ かかりつけの医者。 늘 가는 단골 의사.

▶ 個人納税者のためのかかりつけの税理士。
개인 납세자를 위한 단골 세무사.

24 むやみ

터무니없음, 매우

1회 2회 3회

한자로 無暗(むやみ)라고 표기하기도 하며, 시비나 결과를 생각하지 않고 행동하는 모양을 나타냅니다. 유사어로는, やたら(매우), ひどい(심하다), 甚だしい(はなはだしい 굉장하다) 등이 있습니다.

▶ むやみな約束はしない方がよい。
터무니없는 약속은 하지 않는 편이 좋다.

▶ むやみに金がかかる。 턱없이 돈이 든다.

다시 한번 확인하세요!

▶ 休日は遊びに行くよりむしろ家で寝ていたい
きゅうじつはあそびにいくよりむしろいえでねていたい

▶ 彼は天才というよりむしろ努力家だ
かれはてんさいというよりむしろどりょくかだ

▶ かかりつけの医者
かかりつけのいしゃ

▶ 個人納税者のためのかかりつけの税理士
こじんのうぜいしゃのためのかかりつけのぜいりし

▶ むやみな約束はしない方がよい
むやみなやくそくはしないほうがよい

▶ むやみに金がかかる
むやみにかねがかかる

퀴즈 知らず知らず涙が出てくる

25 あたりさわり　탈, 지장, 영향

1회 2회 3회

주로 부정의 표현을 동반하여 사용합니다. 当たり障り(あたりさわり)처럼 한자를 쓰기도 하며, 유사어로는 差し障り(さしさわり 지장)가 있습니다. 예문으로는 あたりさわりのない意見でお茶を濁(にご)す는 '지장이 없는 의견으로 얼버무리다.'라는 뜻입니다.

▶ あたりさわりのない話題を選ぶ。
　지장이 없는 화제를 고르다.

▶ あたりさわりのないタイトル。지장이 없는 타이틀.

26 湯水のごとく　물 쓰듯　　　　　　ゆみずのごとく

1회 2회 3회

湯水(ゆみず)는 湯と水(뜨거운 물, 찬물)의 의미로 특히 돈을 마구잡이로 사용할 때 인용하는 말입니다. 일반적으로는 湯水のように의 형태로 사용됩니다.

▶ お金を湯水のごとく使う。돈을 물 쓰듯 사용한다.

▶ 会社の資金を湯水のごとく使う。
　회사 자금을 물 쓰듯이 사용한다.

27 驚くなかれ　놀라지 말라　　　　　　おどろくなかれ

1회 2회 3회

なかれ는 なくあれ의 준 말로 형용사 なし의 명령형입니다. 동작을 금지시킬 때 쓰는 말로 '~말라, ~말지어다'의 뜻입니다. 쓰임으로는, 嘆(なげ)くなかれ는 '한탄하지 마라'는 뜻이며 事なかれ主義는 '무사안일주의' 라는 뜻입니다.

驚 ▶ 驚異 경이・驚愕 경악

▶ 驚くなかれ死亡者は千人を越した。
　놀라지 마라, 사망자는 천 명을 넘었다.

▶ 騒ぐことなかれ。떠들지 마라.

다시 한번 확인하세요!

▶ あたりさわりのない話題を選ぶ
　あたりさわりのない
　わだいをえらぶ

▶ お金を湯水のごとく使う
　おかねをゆみずのごとく
　つかう

▶ 会社の資金を湯水の
　ごとく使う
　かいしゃのしきんを
　ゆみずのごとくつかう

▶ 驚異　　　きょうい
　驚愕　　　きょうがく

▶ 驚くなかれ死亡者は千人
　を越した
　おどろくなかれしぼう
　しゃはせんにんをこした

▶ 騒ぐことなかれ
　さわぐことなかれ

퀴즈　持ち物に目印をつける ....

28 杓子定規

획일적, 융통성이 없음　　　　　　しゃくしじょうぎ

1회　2회　3회

 '자가 없어서 국자로 길이를 잰다'는 말의 비유입니다. 杓子(しゃくし 국자)가 붙는 단어로는, お玉杓子(あたまじゃくし) '올챙이'(악보에서 우리말의 콩나물 대가리의 뜻도 있음)라는 뜻입니다.
お玉杓子も読めない '악보도 볼 줄 모른다'는 뜻입니다.

▸ 規則を杓子定規に解釈する。규칙을 획일적으로 해석하다.

▸ 杓子定規なやり方。획일적인 방법.

▸ 規則を杓子定規に解釈する
きそくをしゃくしじょうぎにかいしゃくする

▸ 杓子定規なやり方
しゃくしじょうぎなやりかた

기출 03년

29 親がかり

부모 신세를 짐　　　　　　おやがかり

1회　2회　3회

 親는 '부모'라는 뜻 외에도 여러 의미가 있습니다. 親가 붙는 단어로는, 親会社(おやがいしゃ 모회사), 子会社(こがいしゃ 자회사), 親子(おやこ 부모와 자식), 親孝行(おやこうこう 효도), 親知らず(おやしらず 사랑니) 등이 있습니다. 유사어로는 親のすねをかじる가 있는데 '부모 신세를 지다'라는 뜻입니다.

▸ 親がかりのくせに文句を言う。
부모 신세를 지는 주제에 불평한다.

▸ まだ親がかりの身。아직 부모 신세를 지는 몸.

▸ 親がかりのくせに文句を言う
おやがかりのくせにもんくをいう

▸ まだ親がかりの身
まだおやがかりのみ

기출 04년

30 ゴマすり

아부, 아첨

1회　2회　3회

 胡麻(ごま)는 '참깨'라는 뜻입니다. すり는 '비비다'의 의미로, 결국 깨를 손바닥으로 비빈다는 표현이며 우리말의 '손바닥을 비비다'와 같습니다. 다른 유사어로는, へつらう(아부하다), おもねる(아첨떨다), お世辞を言う(おせじをいう 입에 발린 말하다), 追従する(ついしょうする 추종하다) 등이 있습니다.

▸ あの人はゴマすり一本槍だ。
저 사람은 줄기차게 아부 하나로 민다.

▸ ゴマすり男。아첨하는 사나이.

▸ あの人はゴマすり一本槍だ
あのひとはゴマすりいっぽんやりだ

▸ ゴマすり男
ゴマすりおとこ

퀴즈　むやみな約束はしない方がよい

※ 次の説明に合う単語は？

01 すべてのことを一つの基準や規則に当てはめて処置しようとするさま。
　　① 隠れん坊　　　　② 鬼ごっこ　　　　③ 杓子定規　　　　④ お玉杓子

02 自分の利益になることをはかって、人に取り入りへつらうこと。
　　① ごますり　　　　② 口コミ　　　　　③ 小耳　　　　　　④ ほめそやす

03 いざこざがなく、平穏無事に済みさえすればよいとする消極的な態度や考え方。
　　① 日和見主義　　　② 小田原評定　　　③ 洞ヶ峠　　　　　④ 事なかれ主義

04 自立すべき子が、まだおやに養われていること。
　　① 親こうこう　　　② 親がかり　　　　③ なまかじり　　　④ 親知らず

05 前後を考えないさま。
　　① むやみ　　　　　② きちょうめんに　③ おおざっぱに　　④ こまやかに

06 いつも診察してもらっていること。
　　① あじつけ　　　　② はりつけ　　　　③ かかりつけ　　　④ いいつけ

07 ほかのものに悪い影響を及ぼすこと。
　　① あたりさわり　　② もとのもくあみ　③ くたびれもうけ　④ おせじ

※ 次の下線にあてはまるものは？

08 友達の心配を＿＿＿＿＿＿強行する。
　　① いっしょに　　　② よそに　　　　　③ けはいに　　　　④ もとに

09 泣き出さん＿＿＿＿＿＿の顔つき。
　　① ばかり　　　　　② ところ　　　　　③ ほど　　　　　　④ くらい

10 雨天と＿＿＿＿＿＿＿＿決行する。
① いうと   ② いわないと   ③ きかず   ④ いえども

11 彼の優勝を期待して＿＿＿＿＿＿＿＿。
① やむをえず   ② やむをえない   ③ やまない   ④ やみます

12 あの人は日本語は＿＿＿＿＿＿＿＿、英語も話す。
① へたで   ② 言うまでもあり   ③ じょうずで   ④ 言わずもがな

13 お酒が体に毒だとは＿＿＿＿＿＿＿＿。
① 言いやすい   ② 尽きます   ③ 限らない   ④ 限ります

14 今回の地震による被災者の境遇を聞いて、私は同情を＿＿＿＿＿＿＿＿。
① よそにした   ② ものともしなかった。
③ やむをえない   ④ 禁じ得ない

15 若い時は危険＿＿＿＿＿＿＿＿行動を平気でする傾向がある。
① を禁じ得ない   ② やまない   ③ きわまりない   ④ ならではの

16 子供の命を救わんが＿＿＿＿＿＿＿＿に危険を冒す。
① だけ   ② わけ   ③ ため   ④ なり

17 彼は天才というより＿＿＿＿＿＿＿＿努力家だ。
① さいわい   ② むしろ   ③ しあわせ   ④ まし

18 姉はいつも＿＿＿＿＿＿＿＿医者に診てもらいます。
① やぶ   ② 竹の子   ③ 太鼓   ④ かかりつけの

19 勝手に休むとは＿＿＿＿＿＿＿＿ですね。
① めっけもの   ② もってのほか   ③ ほりだしもの   ④ おふだ

정답과 해설은 367쪽에

※ 次の単語の読み方は？

01 邸宅
　① たいたく　　　② だいてい　　　③ ていたく　　　④ たいてい

02 跳躍
　① ちょうやく　　② とうよう　　　③ とうやく　　　④ ちょうよう

03 貢献
　① こうげん　　　② こうけん　　　③ きょうげん　　④ きょうけん

04 収穫
　① しゅうこ　　　② しゅうご　　　③ しゅうがく　　④ しゅうかく

05 拒否
　① きょひ　　　　② きょび　　　　③ きょふ　　　　④ きょぶ

06 養う
　① あざわらう　　② やしなう　　　③ うかがう　　　④ うやまう

07 慎む
　① なやむ　　　　② うらむ　　　　③ くやむ　　　　④ つつしむ

08 試みる
　① こころみる　　② かえりみる　　③ まわりみる　　④ はやりみる

09 朽ちる
　① おちる　　　　② みちる　　　　③ くちる　　　　④ もちる

10 尊い
　① あぶない　　　② とうとい　　　③ そこない　　　④ みすぼらしい

※ 次の説明に合う単語は？

11 まじめに物事に対するさま。
① ぐち   ② もんく   ③ しんけん   ④ ふへい

12 遠回しに意地悪く相手を非難すること。
① ひにく   ② むぞうさ   ③ むじゃき   ④ しっそ

13 期待外れでもの足りない。
① むなしい   ② はかない   ③ むさくるしい   ④ あっけない

14 非常に親しいようすである。
① なまなましい   ② なれなれしい   ③ よわよわしい   ④ わかわかしい

15 誇張されたさま。
① おおげさ   ② おおまか   ③ おおさわぎ   ④ おおおとこ

16 水の滴が凍って、軒先に棒状に垂れ下がったもの。
① こさめ   ② ひさめ   ③ つらら   ④ つつうらうら

※ 次の下線にあてはまるのは？

17 巧妙＿＿＿＿＿＿手口だ。
① きれいな   ② きわまりない   ③ みすぼらしい   ④ あどけない

18 直ったと＿＿＿＿＿＿またすぐに壊れてしまった。
① 思いきや   ② 思うつぼ   ③ 思いながら   ④ 思い勝ち

19 会社に勤める＿＿＿＿＿＿小説を書く。
① かつて   ② あるいは   ③ かたわら   ④ しいて

20 休日は＿＿＿＿＿＿子供の相手をする。
① あいついで   ② あいまって   ③ ごむりごもっとも   ④ もっぱら

축!만점
어 휘

JPT
900점
돌파 단어!

day 21.mp3

예상

01 迅速　　신속　　　　　　　　　　じんそく

1회 2회 3회

> 迅速의 迅은 거의 じん으로 읽습니다. 우리말로 '신'이라 하여 しん으로 읽어서는 안 됩니다. 물론 다른 '신'은 しん으로 읽는 경우가 많습니다. 예를 들면 '신뢰'의 信頼(しんらい), '신체'의 身体(しんたい) 등입니다.

▶ 迅速に処理する。 신속하게 처리하다.

▶ 迅速な報道。 신속한 보도.

예상

02 辟易　　질림　　　　　　　　　　へきえき

1회 2회 3회

> '질리다'의 표현은 여러 가지 있으나 다른 유사표현으로는, 閉口(へいこう)する와 '싫증나다'는 뜻의 嫌気(いやけ)가 さす 등이 있습니다. 易(역, 이)가 붙는 단어로는, 貿易(ぼうえき 무역), 易学(えきがく 역학), 難易(なんい 난이), 安易(あんい 안이) 등이 있습니다.

▶ 毎日同じ料理ばかりで辟易する。
　매일 같은 요리뿐이어서 질리다.

▶ 彼のわがままには辟易する。
　그의 제 멋대로의 행동에 질리다.

▶ 毎日同じ料理ばかりで
　辟易する
　まいにちおなじりょうり
　ばかりでへきえきする
▶ 彼のわがままには辟易する
　かれのわがままにはへき
　えきする

예상

03 気障　　아니꼬움　　　　　　　　　きざ

1회 2회 3회

> 気가 붙는 단어는 무수히 많지만, 많이 쓰이는 몇 가지만 살펴보면, 気候(きこう 기후), 気象(きしょう 기상), 気転(きてん 재치, 기지), 狂気(きょうき 광기) 등이 있습니다. 기상의 きしょう와 동음이의어로는 起床(기상), 希少(희소) 등이 있습니다.

▶ 気障な話し方。 아니꼬운 말투.

▶ 気障なふりなどを見て反吐が出る。
　아니꼬운 행동 등을 보고 구역질이 나다.

▶ 気障な話し方
　きざなはなしかた
▶ 気障なふりなどを見て反吐
　が出る
　きざなふりなどをみて
　へどがでる

퀴즈　茫然と考え込んでいる ....

예상

04 疑惑　　의혹　　　　　　　　　ぎわく

1회　2회　3회

> ぎわく와 비슷한 표현으로는 '의심하다'라는 동사 疑う(うたがう)에서 나온 '의심'이라는 뜻의 疑い(うたがい)가 있습니다. 疑惑の念(ねん)を抱く(いだく)는 '의혹을 품다'라는 뜻입니다. 疑惑がつきまとう라고 하면 '의혹이 항상 떠나지 않다'라는 뜻이 됩니다.

惑 ▸ 迷惑 민폐・眩惑 현혹・当惑 당혹・不惑 불혹
　　誘惑 유혹・惑星 혹성

▸ 疑惑を招く言動。의혹을 부르는 언동.

다시 한번 확인하세요!
▸ 迷惑　　めいわく
　眩惑　　げんわく
　当惑　　とうわく
　不惑　　ふわく
　誘惑　　ゆうわく
　惑星　　わくせい
▸ 疑惑を招く言動
　ぎわくをまねくげんどう

예상

05 華奢　　날씬함, 화사함　　　　　きゃしゃ

1회　2회　3회

> 華가 붙는 단어로는 栄華(えいが 영화), 華氏(かし 화씨), 中華(ちゅうか 중화) 등이 있으며 栄華의 동음이의어는 映画(えいが 영화), 華氏와 동음이의어인 歌詞(かし 가사)도 알아두세요. 華를 훈독하면 華やか(はなやか 화려함)가 됩니다.

▸ 華奢な体つき。날씬한 몸매.

▸ 華奢なつくりの机。빈약한 구조의 책상.

▸ 華奢な体つき
　きゃしゃなからだつき
▸ 華奢なつくりの机
　きゃしゃなつくりのつくえ

예상

06 体裁　　외관, 체면　　　　　　　ていさい

1회　2회　3회

> ていさい는 '외관'이나 '겉모양', '체면'이나 '세상 이목', 또는 '빈말'을 뜻하는 단어입니다. 그밖에 '뽐내다, 거드름 피우다'라는 뜻도 있습니다. あんな体裁やつはきらいだ는 '저토록 거드름 피우는 놈은 싫다'라는 뜻입니다.

▸ 体裁を気にする。체면을 신경쓰다.

▸ 料理を体裁よく盛り付ける。요리를 보기 좋게 담다.

▸ 体裁を気にする
　ていさいをきにする
▸ 料理を体裁よく盛り付ける
　りょうりをていさいよく
　もりつける

퀴즈　酸素の欠乏を補う

예상

07 手遅れ

시기를 놓침   ておくれ

1회 2회 3회

> ておくれ는 병의 치료나 사건의 조치 등의 '때를 놓침', '때늦음'을 뜻하는 말입니다. 手遅れになる라고 하면 '회복할 가망이 없어지다', '때를 놓치다'라는 뜻이 됩니다.

▶ 早く医者にかからないと手遅れになる。
빨리 의사에게 가지 않으면 때를 놓친다.

▶ いまさら何を言っても手遅れだ。
이제와 무슨 말을 해도 늦었다.

▶ 早く医者にかからないと
手遅れになる
はやくいしゃにかから
ないとておくれになる

▶ いまさら何を言っても
手遅れだ
いまさらなにをいっても
ておくれだ

예상

08 根回し

사전교섭   ねまわし

1회 2회 3회

> 뿌리 주변을 잘 다듬듯 사전에 정리함을 의미합니다. 根이 붙는 단어로는, 根気(こんき 끈기), 根絶(こんぜつ 근절), 根拠(こんきょ 근거) 등이며, 根気와 동음이의어는, 今期(금기), 今季(금계) 등이 있습니다. 回가 들어가 단어로는, 回顧(かいこ 회고), 回収(かいしゅう 회수), 旋回(せんかい 선회) 등이 있습니다.

▶ 企画の件を関係団体に根回しておく。
기획 건을 관계 단체에 사전 교섭을 해두다.

▶ 日本のビジネスは根回しと人間関係を重視する。
일본의 비즈니스는 사전 공작과 인간관계를 중시한다.

▶ 企画の件を関係団体に根回
ししておく
きかくのけんをかんけい
だんたいにねまわしして
おく

▶ 日本のビジネスは根回
しと人間関係を重視する
にほんのビジネスは
ねまわしとにんげん
かんけいをじゅうしする

예상

09 気兼ね

눈치, 꺼림   きがね

1회 2회 3회

> 気가 들어간 단어로는 意気消沈(いきしょうちん 의기소침), 気概(きがい 기개), 気質(きしつ 기질) 등입니다. 兼이 오는 단어는, 兼備(けんび 겸비), 兼ね兼ね(かねがね)=兼ねて 예전부터, 兼任(けんにん 겸임) 등이 있습니다.

▶ 隣室に気兼ねして声をひそめる。
옆방 눈치를 보며 목소리를 낮추다.

▶ 気兼ねのいらない相手。 스스럼없는 상대.

▶ 隣室に気兼ねして声をひそ
める
りんしつにきがねして
こえをひそめる

▶ 気兼ねのいらない相手
きがねのいらないあいて

퀴즈   気障な話し方

예상

10 提携　　제휴　　ていけい

1회　2회　3회

> 提가 붙는 단어는, 前提(ぜんてい 전제), 提供(ていきょう 제공), 提訴(ていそ 제소) 등이 있습니다. 携가 들어가는 단어는, 携帯(けいたい 휴대폰) 등이며, 携를 훈독한 단어로는 '관계하다, 종사하다'는 뜻의 携わる(たずさわる)가 있습니다.

▸ 外国の企業と提携する。 외국기업과 제휴하다.

▸ 四者が提携して仕事をする。 네 사람이 제휴해서 일을 하다.

다시 한번 확인하세요!

▸ 外国の企業と提携する
　がいこくのきぎょう
　とていけいする

▸ 四者が提携して仕事をする
　よんしゃがていけいして
　しごとをする

예상

11 月並み　　평범　　つきなみ

1회　2회　3회

> 매월 의례적으로 하는 일이라는 의미에서 평범하다는 뜻이 들어 있습니다. 月이 오는 단어로는, 隔月(かくげつ 격월), 正月(しょうがつ 정월), 満月(まんげつ 보름달) 등이 있으며, ~並み(なみ)가 들어가는 표현으로는, 昨年並みの売り上げ(작년과 비슷한 매상), 人並みの生活(남과 비슷한 생활) 등이 있습니다.

▸ 月並みな表現。 평범한 표현.

▸ 発想が月並みだ。 발상이 평범하다.

▸ 月並みな表現
　つきなみなひょうげん

▸ 発想が月並みだ
　はっそうがつきなみだ

예상

12 目論見　　계획, 의도　　もくろみ

1회　2회　3회

> '계획을 세우다'라는 뜻의 동사 目論む(もくろむ)의 명사형입니다. 目이 들어간 단어는, 一目散(いちもくさん 쏜살 같이 빠름), 眼目(がんもく 안목), 耳目(じもく 이목) 등이며, 論이 들어간 단어로는, 概論(がいろん), 言論(げんろん), 序論(じょろん) 등이 있습니다.

▸ 目論見が外れる。 의도가 어긋나다.

▸ 事業の目論見を立てる。 사업계획을 세우다.

▸ 目論見が外れる
　もくろみがはずれる

▸ 事業の目論見を立てる
　じぎょうのもくろみを
　たてる

퀴즈　華奢な体つき

13 見通し

전망, 시야

みとおし

□ □ □
1회 2회 3회

> 바로 눈앞의 시야라는 의미 외에도 미래에 대한 전망이라는 뜻도 있습니다. 見이 오는 단어로는, 予見(よけん), 発見(はっけん), 接見(せっけん) 등이 있으며, 동음이의어 よけん(与件 여건)과 せっけん(席巻 석권)도 함께 기억해두세요..

▶ 復旧の見通しが立たない。복구의 전망이 서지 않는다.

▶ 見通しの悪い道路。시야가 나쁜 도로.

14 下取り

보상회수

したどり

□ □ □
1회 2회 3회

> したどり는 신상품을 팔 때 손님이 가진 같은 종류의 중고품을 인수하고 중고품 값만큼 빼주는 것을 말합니다. 즉 신품 판매 촉진의 한 방법으로 사용합니다.

▶ 車を下取りに出す。보상 판매로 차를 내놓다.

15 白状

자백

はくじょう

□ □ □
1회 2회 3회

> 이 단어처럼 우리말과 한자가 전혀 다른 단어는 각별히 주의해야 합니다. 白이 오는 단어로는, 空白(くうはく 공백), 潔白(けっぱく 결백), 白書(はくしょ 백서) 등이며, 状이 오는 단어는, 状態(じょうたい 상태), 情状(じょうじょう 정상), 令状(れいじょう 영장) 등이 있습니다.

▶ 隠していた事実を白状する。감추고 있던 사실을 자백하다.

▶ 男らしく白状しなさい。남자답게 자백하시오.

다시 한번 확인하세요!

▶ 復旧の見通しが立たない
ふっきゅうのみとおしが
たたない

▶ 見通しの悪い道路
みとおしのわるいどうろ

▶ 車を下取りに出す
くるまをしたどりにだす

▶ 隠していた事実を白状する
かくしていたじじつを
はくじょうする

▶ 男らしく白状しなさい
おとこらしくはくじょう
しなさい

퀴즈 隣室に気兼ねして声をひそめる

16 窮屈

1회 2회 3회

꽉 낌, 갑갑함

きゅうくつ

> きゅうくつ에는 '거북함, 어려움', 옷 등이 꽉 껴서 '답답함', '옹색하고 비좁음, 궁핍함, 구차함', '딱딱함, 융통성이 없음' 등 여러 가지 뜻이 있습니다. 窮이 오는 단어는, 窮極(きゅうきょく 궁극), 窮地(きゅうち 궁지), 窮乏(きゅうぼう 궁핍) 등이며, 屈이 오는 단어는, 屈辱(くつじょく 굴욕), 屈指(くっし 굴지), 退屈(たいくつ 지루함, 심심함) 등이 있습니다.

▶ 服が窮屈になる。 옷이 꽉 끼게 되다.

▶ あまり窮屈に考えることはない。
너무 갑갑하게 생각할 필요는 없다.

---

17 痣

1회 2회 3회

멍, 반점

あざ

> 痣(あざ 멍, 반점)의 한자는 상용한자는 아니나 가끔 쓰이는 경우가 있습니다. '疒'이 부수로 들어간 단어로는, 嫉妬(しっと 질투), 癌(がん 암), 痘痕(あばた 곰보) 등이 있습니다.

▶ 転んで腕に痣を作る。 넘어져서 팔에 멍이 들다.

▶ 背中に赤い痣がある。 등에 붉은 반점이 있다.

· 痘痕もえくぼ。
곰보도 보조개(사랑하는 사람의 곰보는 보조개로 보인다 = 제눈에 안경).

▶ 転んで腕に痣を作る
ころんでうでにあざをつくる

▶ 背中に赤い痣がある
せなかにあかいあざがある

▶ 痘痕もえくぼ
あばたもえくぼ

---

18 指図

1회 2회 3회

지시

さしず

> 指가 오는 단어로는, 指摘(してき 지적), 指揮(しき 지휘), 指向(しこう 지향) 등이며, してき의 동음이의어로는 してき(私的 사적), してき(詩的 시적), しき(四季 사계), しき(士気 사기) 등이 있습니다. 図는 ず나 と 두 가지로 발음되기 때문에 단어 하나하나 주의해서 외워야 합니다.

図 ▶ 地図 지도 · 意図 의도 · 図案 도안

▶ 人の指図は受けない。 남의 지시는 받지 않는다.

▶ 先生の指図で作業する。 선생님의 지시로 작업하다.

▶ 地図　　ちず
　意図　　いと
　図案　　ずあん

▶ 人の指図は受けない
ひとのさしずはうけない

▶ 先生の指図で作業する
せんせいのさしずでさぎょうする

퀴즈 外国の企業と提携する

예상

19 手筈

순서, 계획, 절차　　　　　　　　　　　　　　　　てはず

□ □ □
1회 2회 3회

> 手가 오는 단어는, 手相(てそう 손금), 手首(てくび 손목), 手数(てかず 수고) 등이 있습니다. 손금 읽기는 手相(てそう)이며, 일본의 행정부 수반의 우두머리는 首相(しゅしょう)로 음독한 것입니다.

▸ 留学の手筈を整える。 유학 준비를 갖추다.

▸ 当日の手筈をきめる。 당일의 계획을 짜다.

다시 한번 확인하세요!

▸ 留学の手筈を整える
　りゅうがくのてはずを
　ととのえる

▸ 当日の手筈をきめる
　とうじつのてはずを
　きめる

예상

20 建前

원칙, 방침　　　　　　　　　　　　　　　　たてまえ

□ □ □
1회 2회 3회

> 建의 훈독은 たて이고 음독하면 けん으로 읽습니다. '재건'은 再建(さいけん)입니다. 前은 훈독하면 まえ가 됩니다. 前売り券(まえうりけん 예매권)처럼 우리말과 다른 단어는 반드시 기억하세요. 매번 시험에 나올 예상문제입니다. 반대말은 '본심, 속내'의 뜻인 本音(ほんね)입니다.

建 ▸ 建築 건축・建物 건물・再建 재건

前 ▸ 前売り券 예매권・前置き 서론・前借り 미리 빌림

▸ 建前を崩す。 원칙을 무너뜨리다.

▸ 建前と本音とは違う。 표면상의 방침과 본심과는 다르다.

▸ 建築　　けんちく
　建物　　たてもの
　再建　　さいけん

▸ 前売り券　まえうりけん
　前置き　まえおき
　前借り　まえがり

▸ 建前を崩す
　たてまえをくずす

▸ 建前と本音とは違う
　たてまえとほんねとは
　ちがう

예상

21 器

그릇　　　　　　　　　　　　　　　　うつわ

□ □ □
1회 2회 3회

> JLPT나 JPT 등 각종 시험에 한자 하나하나의 읽기는 거의 필수입니다. 예를 들면 2008년 JLPT문제는 紫(むらさき 보라색)가 나왔습니다. 器가 들어간 단어는, 食器(しょっき 식기), 什器(じゅうき 집기), 大器晩成(たいきばんせい 대기만성) 등이 있습니다.

▸ 社長の器ではない。 사장 그릇은 아니다.

▸ 器に盛る。 그릇에 담다.

▸ 社長の器ではない
　しゃちょうのうつわでは
　ない

▸ 器に盛る　うつわにもる

퀴즈　車を下取りに出す

22 是正

시정　　　　　　　　　　　　ぜせい

□ □ □
1회 2회 3회

> 是가 오는 단어로는, 是非(ぜひ 꼭, 반드시), 国是(こくぜ 국시), 是々非々
> (ぜぜひひ 시시비비) 등이며, 正은 せい와 しょう 두 가지로 읽습니다.

正 ▶ 改正 개정・公正 공정・正月 정월

▶ 貿易不均衡の是正。무역 불균형의 시정.

▶ 誤りを是正する。잘못을 시정하다.

23 滑稽

해학, 익살, 우스꽝스러움　　　　　こっけい

□ □ □
1회 2회 3회

> 骨은 뼈 골 자에 삼수변(물)을 붙여서 매끄러울 滑(활) 이 됩니다. 滑이 들어
> 간 단어로는, 滑走路(かっそうろ 활주로), 滑降(かっこう 활강), 潤滑油(じゅ
> んかつゆ 윤활유) 등이 있으며, かっこう의 동음이의어로 格好(외모, 모습)가
> 있습니다.

▶ 滑稽なしぐさ。익살스런 동작.

▶ 今更強がっても滑稽なだけだ。
　이제와서 강한 척해도 우스꽝스러울 뿐이다.

24 生き甲斐

삶의 보람　　　　　　　　　　いきがい

□ □ □
1회 2회 3회

> 甲斐(かい)는 단독으로 쓰이는 경우보다는 다른 말에 붙어서 활용되는 경
> 우가 많습니다. ～甲斐가 붙는 단어로는, 年甲斐(としがい 나이 값), やり甲
> 斐(やりがい 하는 보람) 등이 있습니다.

▶ 仕事に生き甲斐を感じる。일에 삶의 보람을 느끼다.

▶ 我慢した甲斐があった。참은 보람이 있었다.

▶ 生きている甲斐がない。살아 있는 보람이 없다.

축민정 21일 명사

다시 한번 확인하세요!

▶ 改正　かいせい
　公正　こうせい
　正月　しょうがつ

▶ 貿易不均衡の是正
　ぼうえきふきんこうの
　ぜせい

▶ 誤りを是正する
　おやまりをぜせいする

▶ 滑稽なしぐさ
　こっけいなしぐさ

▶ 今更強がっても滑稽な
　だけだ
　いまさらつよがっても
　こっけいなだけだ

▶ 仕事に生き甲斐を感じる
　しごとにいきがいを
　かんじる

▶ 我慢した甲斐があった
　がまんしたかいがあった

▶ 生きている甲斐がない
　いきているかいがない

예상

25 辛抱

□ □ □
1회 2회 3회

참음, 인내

しんぼう

대한민국 5천 만이 아는 한자? 바로 무슨 라면의 이름이죠? 매울 신, '괴롭다'는 뜻도 있습니다. 辛이 들어간 단어는, 辛苦(しんく 고생) 이며, 훈독으로는, 辛い(からい 맵다), 辛い(つらい 괴롭다) 등이 있습니다. 抱가 들어간 단어는, 介抱(かいほう 간병), 抱負(ほうふ 포부), 懐抱(かいほう 회포) 등이 있습니다.

▶ もう少しの辛抱だ。 조금만 참으면 된다.

▶ この店で十年間辛抱してきた。
이 가게에서 10년간 참아왔다.

▶ もう少しの辛抱だ
もうすこしのしんぼうだ

▶ この店で十年間辛抱
してきた
このみせでじゅうねん
かんしんぼうしてきた

예상

26 茫然

□ □ □
1회 2회 3회

망연

ぼうぜん

然이 오는 단어로는, 自然(しぜん 자연), 天然(てんねん 천연), 偶然(ぐうぜん 우연) 등이며, 유사표현으로는 '망연자실 하다'는 뜻의 呆気(あっけ)に取(と)られる와 '어찌할 바를 모르다'는 뜻의 途方(とほう)に暮(く)れる가 있습니다.

▶ 茫然と考え込んでいる。 망연히 생각에 잠겨 있다.

▶ 彼のずうずうしさには皆茫然とした。
그의 뻔뻔함에는 모두 어안이 벙벙했다.

▶ 茫然と考え込んでいる
ぼうぜんとかんがえこん
でいる

▶ 彼のずうずうしさには
皆茫然とした
かれのずうずうしさには
みんなぼうぜんとした

예상

27 宝籤

□ □ □
1회 2회 3회

복권

たからくじ

'복권'은 세계 각국에서 사랑 받는 단어일 것입니다. 사는 즉시 다까바라, 다까라 빨리 다카라 그래서 다카라쿠지가 복권입니다. 籤(첨)은 상용한자는 아니나, 복권을 가리킬 경우 가끔 나옵니다. '추첨'은 抽選(ちゅうせん)으로 씁니다.

宝 ▶ 宝物 보물・宝石 보석・重宝 애지중지
宝船 보물선・宝島 보물섬

▶ 宝籤に当たる。 복권에 당첨되다.

▶ 宝籤に外れる。 복권에 낙첨되다.

▶ 宝物　　　たからもの
宝石　　　ほうせき
重宝　　　ちょうほう
宝船　　　たからぶね
宝島　　　たからじま

▶ 宝籤に当たる
たからくじにあたる

▶ 宝籤に外れる
たからくじにはずれる

퀴즈 留学の手筈を整える

예상

28 欠乏

1회 2회 3회

결핍 けつぼう

欠(결)은 하품 흠자로도 쓰며 '하품'은 あくび라고 합니다. 欠이 들어간 단어는 完全無欠(かんぜんむけつ 완전무결), 欠陥(けっかん 결함), 補欠(ほけつ 보결) 등이 있으며, 乏이 들어간 단어는, 貧乏(びんぼう 가난), 窮乏(きゅうぼう 궁핍) 등이며, 훈독으로 쓰면 '결핍되다, 가난하다'는 뜻의 乏しい(とぼしい)가 됩니다.

▸ 酸素の欠乏を補う。 산소의 결핍을 보충하다.

▸ 食糧が欠乏する。 식량이 결핍되다.

예상

29 痛切

1회 2회 3회

통절 つうせつ

つうせつ에는 '통절'의 뜻 외에도 '매우 적절함'이라는 뜻도 있습니다. 痛이 들어간 단어는 頭痛(ずつう 두통), 沈痛(ちんつう 침통), 痛感(つうかん 통감) 등이 있습니다. 切이 오는 단어는, 哀切(あいせつ 애절), 切実(せつじつ 절실), 등이 있습니다.

▸ 資金不足を痛切に感じる。 자금부족을 통절히 느끼다.

▸ 痛切な批評。 매우 적절한 비평.

예상

30 麻痺

1회 2회 3회

마비 まひ

麻가 오는 단어로는, 麻酔(ますい 마취), 麻雀(マージャン 마작), 麻薬(まやく 마약) 등이 있습니다. まひ를 훈독하면 '마비되다, 걸리다'는 뜻의 痺れる(しびれる)가 됩니다.

▸ 交通が麻痺する。 교통이 마비되다.

▸ 麻痺した良心。 마비된 양심.

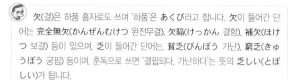

다시 한번 확인하세요!

▸ 酸素の欠乏を補う
さんそのけつぼうを
おぎなう

▸ 食糧が欠乏する
しょくりょうが
けつぼうする

▸ 資金不足を痛切に感じる
しきんぶそくをつうせつ
にかんじる

▸ 痛切な批評
つうせつなひひょう

▸ 交通が麻痺する
こうつうがまひする

▸ 麻痺した良心
まひしたりょうしん

초만점 21일 명사

퀴즈 滑稽なしぐさ

정답과 해설은 356쪽에

※ 次の説明に合う単語は？

01 嫌気がさすこと。
　　① 迅速　　　　　② 辟易　　　　　③ 上機嫌　　　　④ 我慢

02 服装・言動などがきどっていて、嫌みに思われること。
　　① 面目　　　　　② 器量　　　　　③ 得意　　　　　④ 気障

03 繊細で弱々しいさま。
　　① 華奢　　　　　② 丈夫　　　　　③ 几帳面　　　　④ 弱虫

04 体を強く打ったあとにできる赤・青・紫などの斑紋。
　　① 痣　　　　　　② 癌　　　　　　③ 痒　　　　　　④ 痕

05 新鮮味がなく、ありふれていて平凡なこと。
　　① 殊更　　　　　② 月替え　　　　③ 今更　　　　　④ 月並み

06 商品の代金の一部として、購入した客から古くなった同種の品物を引き取ること。
　　① 横取り　　　　② 下取り　　　　③ 後戻り　　　　④ 尻取り

※ 次の下線にあてはまるものは？

07 彼はいつも＿＿＿＿＿＿を気にしている。
　　① 横柄　　　　　② 横車　　　　　③ 強情　　　　　④ 体裁

08 今度あの会社は外国企業と＿＿＿＿＿＿した。
　　① 題獲　　　　　② 提獲　　　　　③ 題携　　　　　④ 提携

09 彼の病名は癌で、今手術しないと＿＿＿＿＿＿になるそうです。
　　① 気後れ　　　　② 手遅れ　　　　③ 時代遅れ　　　④ 身遅れ

※ 次の単語の読み方は？

10 お正月の交通麻痺は辛抱するしかないと痛切に感じている。

| 1 麻痺 | ① はび | ② はひ | ③ まひ | ④ まび |
| 2 辛抱 | ① しんぼう | ② しんぽう | ③ じんぼう | ④ じんぽう |

11 彼の指図を見ているとどうも社長の器じゃないようです。

| 1 指図 | ① しと | ② さしず | ③ しず | ④ さしと |
| 2 器 | ① はた | ② はだ | ③ うつわ | ④ うつお |

12 見慣れない鼻が滑稽に見えると言えば、それまでだ。
① かっけい　　② こっけい　　③ かっこう　　④ こっこう

13 彼は頑固者で融通がきかない。
① ゆうずう　　② ゆうつう　　③ ゆずう　　④ ゆつう

14 彼は建前では立派なことを言うが、実際の行動は正反対である。
① けんぜん　　② たてまえ　　③ けんまえ　　④ たてぜん

※ 次の単語の漢字は？

15 彼は型にはまることをきゅうくつに思う。
① 窮屈　　　② 窮掘　　　③ 究屈　　　④ 究掘

16 しかるべき部署にねまわししておいたからみとおしはいいと思う。

| 1 ねまわし | ① 寝回し | ② 根回し | ③ 値回し | ④ 音回し |
| 2 みとおし | ① 見通し | ② 実通し | ③ 見遠し | ④ 実遠し |

283

예상

01 歪む　일그러지다, 삐딱하다, 왜곡되다　　　　　　　ゆがむ

1회 2회 3회

不와 正 두 글자의 조합으로 바르지 않다는 뜻입니다. 이렇게 한자의 단어는 두 글자를 좌우나, 상하로 조합시켜 만드는 예가 아주 많습니다. 歪가 들어간 단어는, 歪曲(わいきょく 왜곡)가 있습니다. 유사어는 '일그러지다, 비뚤어지다' ひずむ(歪む)가 있습니다.

▶ 爆風で窓枠が歪む。 폭풍으로 창틀이 일그러지다.

▶ あの人は根性が歪んでいる。 저 사람은 근성이 삐딱하다.

다시 한번 확인하세요!

▶ 爆風で窓枠が歪む
ばくふうでまどわくが
ゆがむ

▶ あの人は根性が歪んでいる
あのひとはこんじょうが
ゆがんでいる

예상

02 嵩張る　부풀다, 부피가 늘다　　　　　　　かさばる

1회 2회 3회

張る(ばる)와 결합된 단어입니다. ～張る 형태의 단어로는 意地張る(いじばる 고집부리다), 威張る(いばる 뽐내다), 踏ん張る(ふんばる 버티고 서다) 등이 있습니다.

▶ 入れ物が大きいので嵩張る。 내용물이 커서 부피가 늘다.

▶ 荷物が嵩張る。 짐의 부피가 커지다.

▶ 入れ物が大きいので嵩張る
いれものがおおきいので
かさばる

▶ 荷物が嵩張る
にもつがかさばる

예상

03 商う　장사하다, 매매하다　　　　　　　あきなう

1회 2회 3회

최근에는 각종 시험의 난이도가 높아지고 있는데 이 단어 역시 출제 가능성이 높은 단어입니다. 어미가 ～なう로 끝나는 동사로는, '보충하다'는 뜻의 補(おぎな)う, '보상하다'의 償(つぐな)う, '조달하다'의 賄(まかな)う, '점치다'의 占(うらな)う, '양육하다'의 養(やしな)う, '분실하다'의 失(うしな)う 등이 있습니다. 관련 단어로는 商売(しょうばい, 장사), 商人(あきんど 상인) 등이 있습니다.

▶ 早朝から商う店。 이른 아침부터 장사하는 가게.

▶ 金物を商う。 철물을 매매하다.

▶ 早朝から商う店
そうちょうからあきなう
みせ

▶ 金物を商う
かなものをあきなう

퀴즈 旅客機を乗っ取る

예상

04 弾く

팅기다   はじく

1회 2회 3회

弓(활 궁)이 붙는 단어는 일단 활과 관계가 있습니다. 引く는 활에 화살을 꽂고 당긴다는 의미입니다. 張る(はる)는 활을 한껏 당겼을 때의 팽팽한 느낌을 나타냅니다. 弾이 들어간 단어로는 爆弾(ばくだん 폭탄), 弾劾(だんがい 탄핵), 糾弾(きゅうだん 규탄) 등이 있습니다.

▹ 指を弾いて音を出す。 손가락을 팅겨서 소리를 내다.

▹ 油は水を弾く。 기름은 물을 팅겨낸다.

▸ 指を弾いて音を出す
　ゆびをはじいておとをだす

▸ 油は水を弾く
　あぶらはみずをはじく

예상

05 急かす

재촉하다   せかす

1회 2회 3회

비슷한 표현으로 '서둘다'의 뜻인 急ぐ(いそぐ) 동사가 있습니다. 急이 들어간 단어로는 緩急(かんきゅう 완급), 救急車(きゅうきゅうしゃ 구급차), 至急(しきゅう 지급) 등이 있습니다. 유사어는 '재촉하다'는 뜻의 促す(うながす), '독촉(재촉) 하다'의 뜻인 催促(さいそく)する 등이 있습니다.

▹ 仕事を急かす。 일을 재촉하다.

▹ 出発を急かす。 출발을 재촉하다.

▸ 仕事を急かす
　しごとをせかす

▸ 出発を急かす
　しゅっぱつをせかす

예상

06 かき回す

휘젓다, 파란을 일으키다   かきまわす

1회 2회 3회

回(회)가 들어간 단어로는 回転(かいてん 회전), 回収(かいしゅう 회수), 回覧(かいらん 회람) かいてん과 동음이의어로는 開店(개점), かいしゅう의 동음이의어는 改宗(개종) 등이 있습니다.

▹ スプーンでコーヒーをかき回す。 스푼으로 커피를 휘젓다.

▹ 暴露的な発言をして会議をかき回す。
　폭로적인 발언을 해서 회의에 파란을 일으키다.

▸ スプーンでコーヒーをかき
　回す
　スプーンでコーヒーを
　かきまわす

▸ 暴露的な発言をして会議を
　かき回す
　ばくろてきなはつげんを
　してかいぎをかきまわす

퀴즈 善良な市民を欺く行為 ....

07 突っ張る

버티다, 건방떨다　　　　　　　　　　　　つっぱる

1회　2회　3회

突이 들어간 단어로는, 煙突(えんとつ 굴뚝), 衝突(しょうとつ 충돌), 突進(とっしん 돌진) 등이 있으며, 張이 들어간 단어는 出張(しゅっちょう 출장), 緊張(きんちょう 긴장), 主張(しゅちょう 주장) 등이 있습니다.

▶ 自説にこだわって突っ張る。
자신의 의견에 구애되어 버티다.

▶ 突っ張っている学生。건방 떠는 학생.

08 努る

애쓰다, 노력하다　　　　　　　　　　　　つとめる

1회　2회　3회

'노력하다'는 뜻은 つとめる는 한자를 勉る로 쓰기도 합니다. つとめる와 동음이의어로는 '역할, 임무를 다하다'는 뜻의 務める와 '근무하다'라는 뜻의 勤める가 있습니다. 病院(びょういん)に勤める는 '병원에 근무하다'라는 뜻이 됩니다.

▶ 看護に努る。간호에 애쓰다.

▶ 泣くまいと努る。울지 않으려고 애쓰다.

09 舐める

얕보다, 핥다, 맛보다　　　　　　　　　　なめる

1회　2회　3회

なめる는 嘗める로 한자를 '맛볼 상'을 쓰기도 합니다. 嘗める의 예문을 살펴보면 苦い経験を嘗める는 '쓴 경험을 맛보다'는 뜻이며 相手を嘗めてかかる는 '상대를 깔보고 덤비다'라는 뜻입니다. 유사어로는, 侮る(あなどる 깔보다, 업신여기다), 馬鹿にする(ばかにする 바보 취급하다) 등이 있습니다.

▶ 犬が傷口を舐める。개가 상처 부위를 핥다.

▶ 素人に舐められる。초보자에게 멸시당하다.

퀴즈　爆風で窓枠が歪む

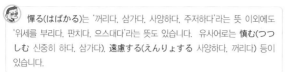
예상

10 憚る

꺼리다, 삼가다　　　　　　　　　　　　　はばかる

1회　2회　3회

憚る(はばかる)는 '꺼리다, 삼가다, 사양하다, 주저하다'라는 뜻 이외에도 '위세를 부리다, 판치다, 으스대다'라는 뜻도 있습니다. 유사어로는 慎む(つつしむ 신중히 하다, 삼가다), 遠慮する(えんりょする 사양하다, 꺼리다) 등이 있습니다.

▷ 人目を憚らずに泣く。 이목을 꺼리지 않고 울다.

▷ 憎まれっ子世に憚る。
　미움 받는 아이가 오히려 세상에서 판친다.

▸ 人目を憚らずに泣く
　ひとめをはばからずに
　なく

▸ 憎まれっ子世に憚る
　にくまれっこよに
　はばかる

예상

11 食い違う

어긋나다, 오해가 생기다　　　　　　　　　くいちがう

1회　2회　3회

食이 들어간 단어로는 衣食住(いしょくじゅう 의식주), 断食(だんじき 단식), 乞食(こじき 거지) 등이 있습니다. 違가 들어간 단어는 違反(いはん 위반), 違法(いほう 위법), 違憲(いけん 위헌), 違約(いやく 위약) 등이 있습니다.

▷ 歯車が食い違う。 톱니바퀴가 어긋나다.

▷ 両者の証言が食い違っている。
　양자의 증언이 일치하지 않는다.

▸ 歯車が食い違う
　はぐるまがくいちがう

▸ 両者の証言が食い違っている
　りょうしゃのしょうげんがくいちがっている

예상

12 腫れる

붓다　　　　　　　　　　　　　　　　　　はれる

1회　2회　3회

두 글자로 조합된 한자 단어 중 月은 肉(고기 육)이 변한 것으로 신체 이름이나 신체와 관계된 것을 나타내는 경우가 대부분입니다. はれる와 동음이의어로는, '날씨 등이 개다, 맑다'는 뜻의 晴れる가 있습니다.

▷ 殴られて顔が腫れる。 얻어맞아 얼굴이 붓다.

▷ 捻挫して足が腫れる。 삐끗해서 발이 붓다.

▸ 殴られて顔が腫れる
　なぐられてかおがはれる

▸ 捻挫して足が腫れる
　ねんざしてあしがはれる

퀴즈　指を弾いて音を出す

13 懲りる

질리다   こりる

1회 2회 3회

> 懲이 들어간 단어로는, 懲役(ちょうえき 징역), 懲戒(ちょうかい 징계), 勧善懲悪 (かんぜんちょうあく 권선징악) 등이며, 유사어로는 懲り懲りだ (こりごりだ 지긋지긋하다), 飽きる(あきる 질리다), うんざりする(질리다), いやになる(싫증나다, 물리다) 등이 있습니다.

> 彼の運転には懲りた。그의 운전에는 질렸다.

> 二度の失敗ですっかり懲りた。
> 두 번의 실패로 완전히 질렸다.

14 ばてる

녹초가 되다, 뻗다

1회 2회 3회

> '너무 지치다'는 뜻의 疲れはてる 동사의 はてる에서 발생했다는 설도 있습니다. 유사어로는, 疲れ果てる(つかれはてる 완전히 지치다), 草臥れる(く たびれる 녹초가 되다), へたばる(힘이 빠지다. 뻗다) 등이 있습니다.

> 暑さつづきでばてる。계속 되는 더위로 녹초가 되다.

> 残業つづきでばてる。잔업이 계속 되어 뻗어버리다.

15 隔たる

떨어트리다, 벌어지게 하다   へだたる

1회 2회 3회

> へだたる의 타동사는 '간격이 생기다'는 뜻의 隔てる(へだてる)가 있으며, 隔이 들어간 단어로는, 間隔(かんかく 간격), 隔週(かくしゅう 격주), 隔離(か くり 격리) 등이 있습니다.

> ここから一里隔たった所。여기서 십 리 떨어진 곳.

> 川で隔たった村。강을 사이에 둔 마을.

다시 한번 확인하세요!

▶ 彼の運転には懲りた
  かれのうんてんには
  こりた

▶ 二度の失敗ですっかり
  懲りた
  にどのしっぱいですっか
  りこりた

▶ 暑さつづきでばてる
  あつさつづきでばてる

▶ 残業つづきでばてる
  ざんぎょうつづきでば
  てる

▶ ここから一里隔たった所
  ここからいちり
  へだたったところ

▶ 川で隔たった村
  かわでへだたったむら

퀴즈 犬が傷口を舐める

16 持て成す

1회 2회 3회

대접하다

もてなす

다시 한번 확인하세요!

▶ 賓客として丁重に持て成す
  ひんかくとしててていちょう
  にもてなす

▶ 手料理で持て成す
  てりょうりでもてなす

> もてなす는 '대우하다'는 뜻과 (음식을) '대접하다, 환대하다, 향응하다'라는
> 뜻이 있습니다. 持가 들어간 단어는 維持(いじ 유지), 支持(しじ 지지), 持論(じ
> ろん 지론) 등이며, 成이 들어간 단어는, 既成(きせい 기성), 構成(こうせい
> 구성), 成績(せいせき 성적, 成積으로 쓰면 안 됨) 등이 있습니다.

▶ 賓客として丁重に持て成す。 귀빈으로 정중히 대우하다.

▶ 手料理で持て成す。 손수 만든 요리로 대접하다.

17 浸す

1회 2회 3회

담그다, 적시다

ひたす

▶ 湯船の中に体を浸す
  ゆぶねのなかにからだを
  ひたす

▶ 幸福感が私の胸を浸す
  こうふくかんがわたしの
  むねをひたす

> ひたす는 물이나 액체에 '담그다, 잠그다' '흠뻑 적시다' 또는 '그림자를 물
> 에 비추다' 등의 뜻입니다. 浸이 들어간 단어는, 浸食(しんしょく 침식), 浸水
> (しんすい 침수), 浸透(しんとう 침투) 등이며, しんすい의 동음이의어로는
> 心酔(심취) 進水(진수)가 있으며, しんとう의 동음이의어로는 神道(신도), 新
> 党(신당) 등이 있습니다.

▶ 湯船の中に体を浸す。 욕조 속에 몸을 담그다.

▶ 幸福感が私の胸を浸す。 행복감이 나의 가슴을 적신다.

18 貫く

1회 2회 3회

관통하다

つらぬく

▶ 弾丸が壁を貫く
  だんがんがかべを
  つらぬく

▶ 初志を貫く
  しょしをつらぬく

> つらぬく는 '꿰뚫다, 관통하다'는 뜻으로 명사로 표현하면 貫通(かんつう)
> 하다가 됩니다. 물론 한자 그대로 '관통하다'라는 뜻이 되겠죠. 그밖에 '관철하다,
> 일관하다'라는 뜻도 있는데 이 경우에는 果たす(はたす)와 같은 표현이 됩니다.
> 意思(いし)를 貫く라고 하면 '의지를 관철하다'라는 뜻이 됩니다.

▶ 弾丸が壁を貫く。 탄환이 벽을 관통하다.

▶ 初志を貫く。 초지일관하다.

---

19 綻びる

풀리다, 벌어지다   ほころびる

1회 2회 3회

> ほころびる는 (솔기 등이) '풀리다' (실밥이) '터지다' (꽃 봉오리 등이) '조금 벌어지다, 방긋이 피다' (얼굴빛이 부드러워지며) '웃다, 방긋거리다'라는 뜻입니다. 유사어로는 解ける(ほどける 풀리다), 結び目が解ける(매듭이 풀리다), 緊張が解ける (긴장이 풀리다) 등이 있습니다.

▸ 着物の袖が綻びる。 기모노의 소매가 풀리다.

▸ 顔が綻びる。 얼굴이 부드러워지다.

▸ 着物の袖が綻びる
きもののそでがほころびる

▸ 顔が綻びる
かおがほころびる

20 さえずる

지저귀다, 재잘거리다

1회 2회 3회

> 주로 작은 새들이 지저귀거나 아이들이 재잘거리는 표현입니다. 유사어로는 しゃべる(수다 떨다), やかましい(시끄럽다), 姦しい(かしましい 시끌벅적하다) 등이 있습니다.

▸ ヒバリがさえずる。 종달새가 지저귀다.

▸ 団体客がさえずりながら食事を始める。
단체손님이 재잘거리며 식사를 시작한다.

· 女三人寄れば姦しい。 여자 셋이 모이면 접시가 깨진다.

▸ 団体客がさえずりながら食事を始める
だんたいきゃくがさえずりながらしょくじをはじめる

▸ 女三人寄れば姦しい
おんなさんにんよればかしましい

21 しくじる

실수하다, 실패하다

1회 2회 3회

> しくじる에는 '실수하다, 실패하다'는 뜻 외에도 과실 등으로 '해고되다, 쫓겨나다, 출입을 금지당하다'라는 뜻도 있습니다. 유사어로는 やりそこなう(실수하다), 失敗する(しっぱいする 실패하다) 등이 있습니다. .

▸ 改革にしくじる。 개혁에 실패하다.

▸ 人生をしくじる。 인생을 실패하다.

▸ 酒で会社をしくじる。 술 때문에 회사를 잃다.

▸ 改革にしくじる
かいかくにしくじる

▸ 人生をしくじる
じんせいをしくじる

▸ 酒で会社をしくじる
さけでかいしゃをしくじる

퀴즈 彼の運転には懲りた

다시 한번 확인하세요!

▶ 流行が廃れる
りゅうこうがすたれる

▶ 独自の文化が廃れる
どくじのぶんかがすたれる

▶ 文化事業に携わる
ぶんかじぎょうにたずさわる

▶ 政治活動に携わる
せいじかつどうにたずさわる

▶ 執筆のため家に篭る
しっぴつのためいえにこもる

▶ 会場には若者たちの熱気が篭る
かいじょうにはわかものたちのねっきがこもる

후반부 22일 동사

예상

22 廃れる

1회 2회 3회

쓸모없게 되다, 한물가다　　　　　　すたれる

> 그밖에 **すたれる**에는 '쇠퇴하다'라는 뜻도 있습니다. 発은 튀어나온다는 의미입니다. 그것을 덮는 모양이 廃(덮을 폐)입니다. 廃가 들어간 단어는 廃棄(はいき 폐기), 撤廃(てっぱい 철폐), 荒廃(こうはい 황폐) 등이 있습니다.

▶ 流行が廃れる。 유행이 한물가다.

▶ 独自の文化が廃れる。 독자의 문화가 황폐해지다.

예상

23 携わる

1회 2회 3회

관계하다, 종사하다　　　　　　たずさわる

> 携가 들어간 단어로는 携帯(けいたい 휴대폰), 提携(ていけい 제휴), 必携(ひっけい 필휴) 등이 있습니다. けいたい의 동음이의어 形態(형태), ていけい의 동음이의어 定形도 기억하세요. 유사어로는 関係する(관계하다), 従事する(종사하다), かかわる(관계하다) 등이 있습니다.

▶ 文化事業に携わる。 문화사업에 관계하다.

▶ 政治活動に携わる。 정치활동에 종사하다.

예상

24 篭る

1회 2회 3회

틀어박히다, 자욱하다　　　　　　こもる

> こもる에는 '틀어박히다', 절 등에 묵으면서 '기도하다', 목소리 등이 안 나와서 '분명하지 않다', '자욱하다', 감정이나 정성이 '담기다', '굳게 지키다' 등의 여러 가지 뜻이 있으니 문장에 맞게 해석하세요. 유사어로는 引き籠もる(ひきこもる 틀어박히다), 立ち込める(자욱하다) 등입니다.

▶ 執筆のため家に篭る。 집필을 위해 집에 처박히다.

▶ 会場には若者たちの熱気が篭る。
회장에는 젊은이들의 열기가 자욱하다.

퀴즈 　湯船の中に体を浸す

예상

25 乗っ取る

탈취하다, 빼앗다   のっとる

1회 2회 3회

> のっとる는 のりとる가 변한 말입니다. 쳐들어가서 빼앗거나 빼앗아 자기 지배하에 둔다는 뉘앙스입니다. 그밖에 '납치하다'의 뜻도 있습니다. 乗이 들어간 단어는 搭乗(とうじょう 탑승), 乗車(じょうしゃ 승차), 乗客(じょうきゃく 승객) 등이 있으며, 取가 들어간 단어는 詐取(さしゅ 사취), 取得(しゅとく 취득), 取捨選択(しゅしゃせんたく 취사선택) 등이 있습니다.

▶ 旅客機を乗っ取る。여객기를 납치하다.

▶ 会社を乗っ取る。회사를 탈취하다.

▶ 旅客機を乗っ取る
りょかくきをのっとる

▶ 会社を乗っ取る
かいしゃをのっとる

예상

26 さぼる

게으름피우다, 빼먹다

1회 2회 3회

> 프랑스어인 Sabotage(태업)에서 나온 **サボタージュ**의 준말 **サボ**를 동사화시킨 단어입니다. 유사어로는 怠ける(なまける 게으르다), 怠る(おこたる 게을리 하다) 등이 있습니다.

▶ 学校をさぼる。학교를 빼먹다.

▶ 仕事をさぼる。직무를 게을리하다.

⋅ 道草を食う。땡땡이치다, 중간에 시간을 때우다.

▶ 学校をさぼる
がっこうをさぼる

▶ 仕事をさぼる
しごとをさぼる

▶ 道草を食う
みちくさをくう

예상

27 煽てる

부추기다, 치켜세우다   おだてる

1회 2회 3회

> 煽 또는 扇, 둘 다 같은 의미로 쓰입니다. 관련 단어로는 扇動(せんどう 선동), 扇情(せんじょう 선정), 扇風機(せんぷうき 선풍기) 등이며, 동음이의어는 せんどう(船頭 선두, 선장, 사공), せんどう(先導 선도), せんじょう(戦場 전장) 등이 있습니다.

▶ 客を煽てて買う気を起こさせる。
손님을 부추겨 살 마음을 불러일으키다.

▶ 客を煽てて買う気を起こさせる
きゃくをおだててかうきをおこさせる

퀴즈 改革にしくじる

예상

28 免れる
면하다, 피하다
まぬがれる

1회 2회 3회

 まぬがれる는 まぬかれる로도 사용합니다. 免이 들어간 단어로는 免税(めんぜい 면세), 罷免(ひめん 파면), 免役(めんえき 면역) 등이 있습니다.

▸ 責任を免れる。 책임을 면하다.

▸ 戦火を免れる。 전화를 피하다.

예상

29 つぶやく
중얼거리다

1회 2회 3회

つぶやく는 한자로 쓰면 呟く인데 독해 문제의 경우 한자가 많이 나오기 때문에 주의하세요.

▸ ぼそぼそと意味不明のことばをつぶやく。
주절주절 의미불명의 말을 중얼거리다.

▸ 小声でつぶやく。 작은 목소리로 투덜거리다.

예상

30 欺く
사기치다, 속이다
あざむく

1회 2회 3회

欺가 들어간 단어로 詐欺(さぎ 사기)가 있으며, 유사어로는 騙す(だます 속이다), 偽る(いつわる 속이다, 배반하다) 등이 있습니다. ～をも欺く의 형태로, '~못지 않은, ~에도 뒤지지 않는, ~보다 나은'의 의미로도 쓰입니다.
花をも欺く美しさ 꽃보다 나은 아름다움
悪魔をも欺く狡猾さ 악마 못지 않은 교활함

▸ 善良な市民を欺く行為。 선량한 시민을 속이는 행위.

▸ 予想を欺かない出来映え。 예상을 속이지 않는 솜씨.

다시 한번 확인하세요!

▸ 責任を免れる
せきにんをまぬがれる

▸ 戦火を免れる
せんかをまぬがれる

▸ ぼそぼそと意味不明のことばをつぶやく
ぼそぼそといみふめいのことばをつぶやく

▸ 小声でつぶやく
こごえでつぶやく

▸ 善良な市民を欺く行為
ぜんりょうなしみんをあざむくこうい

▸ 予想を欺かない出来映え
よそうをあざむかないできばえ

퀴즈 文化事業に携わる

※ 次の説明に合う単語は？

01 何かをさせようと、ことさらに褒める。
　　① おだてる　　　② けなす　　　　③ はじく　　　　④ なめる

02 体積が大きくて場所をとる。
　　① さぼる　　　　② もてなす　　　③ かさばる　　　④ くいちがう

03 注文して望み通りのものを作る。
　　① あつらえる　　② ありふれる　　③ あきなう　　　④ あふれる

04 身に受けては好ましくないことから逃れる。
　　① したたる　　　② くたびれる　　③ うけたまわる　④ まぬがれる

05 言葉巧みにうそを言って、相手に本当だと思わせる。
　　① うつむく　　　② よびかける　　③ あざむく　　　④ しにかかる

06 間に距離があって離れる。
　　① わかれる　　　② へだたる　　　③ うなる　　　　④ みちびく

※ 次の下線にあてはまるものは？

07 彼女はいつも美人だと＿＿＿＿＿＿ています。
　　① さえぎっ　　　② うぬぼれ　　　③ うつむい　　　④ わめい

08 毎日の残業続きで＿＿＿＿＿＿。
　　① 名残惜しい　　② 有頂天になる　③ はやる　　　　④ ばてる

09 流行語は＿＿＿＿＿＿のも早い。
　　① いさぎよい　　② すたれる　　　③ あなどる　　　④ くちる

10 そろそろ＿＿＿＿＿＿ないと遅れる。

　① せかさ　　　　　② きそわ　　　　　③ のんびりし　　　④ いこわ

11 彼の発言が会議を＿＿＿＿＿＿た。

　① おえ　　　　　　② はじまっ　　　　③ かきまわし　　　④ まぜ

※ 次の単語の読み方は？

12 彼は二度の失敗でも懲りることなく、また挑戦した。

　① おりる　　　　　② こりる　　　　　③ かりる　　　　　④ そりる

13 彼女は人目を憚ることなく、涙を流した。

　① はばかる　　　　② いぶかる　　　　③ おしはかる　　　④ いかる

14 彼はちょっとしたことでもぶつぶつ呟く癖がある。

　① うなずく　　　　② かがやく　　　　③ うつむく　　　　④ つぶやく

15 同じ職業に携わる者同士に親睦会を作りましょう。

　① いつわる　　　　② うけたまわる　　③ たずさわる　　　④ いすわる

※ 次の単語の漢字は？

16 彼は家にこもって一歩も外に出ようとしない。

　① 籠もって　　　　② 隠って　　　　　③ 襲って　　　　　④ 急って

17 円満な結婚生活から来る幸福感が彼女の胸をひたす。

　① 冒す　　　　　　② 満す　　　　　　③ 侵す　　　　　　④ 浸す

18 捻挫して足がはれたので、お医者さんに診てもらった。

　① 重れる　　　　　② 腫れる　　　　　③ 膨れる　　　　　④ 漏れる

다시 한번 확인하세요!

01 疎か　　소홀함　　　　　　　　おろそか

□ □ □
1회 2회 3회

> 疎가 들어간 단어로는 疎開(そかい 소개), 疎遠(そえん 소원), 疎外(そがい 소외) 등이 있으며 유사어로는 なおざり(어중간, 적당히, 소홀), ないがしろ(업신여김) 등이 있습니다. なおざりな練習態度(れんしゅうたいど)는 '어중간한 연습태도'라는 뜻이며 親をないがしろにする '부모를 업신여기다'라는 뜻입니다.

▶ 学業を疎かにする。 학업을 소홀히 하다.

▶ 仕事が疎かになる。 일이 소홀해지다.

▶ 学業を疎かにする
　がくぎょうをおろそかにする

▶ 仕事が疎かになる
　しごとがおろそかになる

02 淑やか　　정숙함　　　　　　　　しとやか

□ □ □
1회 2회 3회

> 흔히 말하는 요조숙녀라는 의미이며, 淑이 들어간 단어로는 淑女(しゅくじょ 숙녀), 静淑(せいしゅく 정숙), 貞淑(ていしゅく 정숙) 등이 있습니다. 유사어로는 上品(じょうひん 우아함, 품위가 있음)이 있네요.

▶ 物言いの淑やかなお嬢さん。 말투가 조용하고 우아한 숙녀.

▶ 淑やかに振る舞う。 얌전히 행동하다.

▶ 物言いの淑やかなお嬢さん
　ものいいのしとやかなおじょうさん

▶ 淑やかに振る舞う
　しとやかにふるまう

03 汚らわしい　　추접스럽다, 불쾌하다　　けがらわしい

□ □ □
1회 2회 3회

> 汚가 들어간 단어로는 汚染(おせん 오염), 汚職(おしょく 오직), 汚点(おてん 오점) 등이 있습니다. 비슷한 말로는, 汚い(きたない 더럽다), 不正だ(ふせいだ 부정하다), 不道徳だ(ふどうとくだ 부도덕하다) 등이 있습니다.

▶ 口にするのも汚らわしい話だ。
　입에 담는 것도 추잡한 이야기다.

▶ 汚らわしい行為。 부정한 행위.

▶ 口にするのも汚らわしい話だ
　くちにするのもけがらわしいはなしだ

▶ 汚らわしい行為
　けがらわしいこうい

퀴즈 若さにまかせて我武者羅に働く

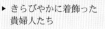

예상

04 きらびやか　휘황찬란함

1회 2회 3회

 きらびやか는 상당히 고급스런 단어입니다. 비슷한 단어로는, 輝く(かがやく 반짝거리다, 빛나다), 華やかだ(はなやかだ 화려하다), きらめく(번쩍거리다, 찬란하다) 등이 있습니다.

▶ きらびやかに着飾った貴婦人たち。
휘황찬란하게 차려입은 귀부인들.

▶ きらびやかな舞台。눈부시게 아름다운 무대.

▶ きらびやかに着飾った貴婦人たち
きらびやかにきかざったきふじんたち

▶ きらびやかな舞台
きらびやかなぶたい

예상

05 華々しい　훌륭하다, 화려하다　はなばなしい

1회 2회 3회

華々しい의 華는 흔히 말하는 결혼식에서의 '화촉을 밝히다'라는 뜻으로 일상 생활에서 자주 쓰입니다. 華가 들어간 단어로는 栄華(えいが 영화), 華氏(かし 화씨), 豪華(ごうか 호화) 등이 있습니다.

▶ 華々しくデビューする。화려하게 데뷔하다.

▶ 華々しい活躍。화려한 활약.

▶ 華々しくデビューする
はなばなしくデビューする

▶ 華々しい活躍
はなばなしいかつやく

예상

06 決まり悪い　쑥스럽다, 겸연쩍다　きまりわるい

1회 2회 3회

~悪(わる)い가 붙는 단어로, 意地悪い(いじわるい 심술궂다), 気味悪い(きみわるい 기분 나쁘다) 등이 있습니다. 비슷한 말로는 照(て)れる(쑥스럽다), 照れ臭い(계면쩍다), はにかむ(수줍어하다), 面目((めんぼく)が立たない(면목이 서지 않다)라는 표현이 있습니다.

▶ 上司から褒められて決まりが悪い。
상사에게 칭찬받아서 쑥스럽다.

▶ 彼女と同席するのは決り悪い。
그녀와 동석하는 것은 쑥쓰럽다.

▶ 上司から褒められて決まりが悪い
じょうしからほめられてきまりがわるい

▶ 彼女と同席するのは決り悪い
かのじょとどうせきするのはきまりわるい

퀴즈　厄介な問題が起きた

07 閉口　　질림　　へいこう

1회 2회 3회

얼마나 질리면 입을 다물고 말을 하지 않을까요? 閉가 들어간 단어로는 閉鎖(へいさ 폐쇄), 閉門(へいもん 폐문), 閉幕(へいまく 폐막) 등이 있습니다.

▶ 彼のしつこさには閉口する。 그의 집요함에는 질렸다.

▶ この暑さには閉口だ。 이 더위에는 어찌할 도리가 없다.

08 清らか　　청순함, 맑음　　きよらか

1회 2회 3회

'맑다, 청순하다'는 뜻의 清(きよ)い와 거의 같이 쓰입니다. 清이 들어간 단어로 清潔(せいけつ 청결), 清算(せいさん 청산), 清純(せいじゅん 청순) 등이 있습니다. 清水(きよみず)の舞台から飛び降りる思いで '이판사판 죽을 각오로'라는 뜻입니다.

▶ 清らかな愛。 청순한 사랑.

▶ 谷川の清らかな流れ。 계곡 강의 맑은 흐름.

09 あどけない　　천진난만하다

1회 2회 3회

あどけない는 주로 어린이의 모습이나 행동이 천진난만하거나 귀여울 때 사용하는 표현입니다. 비슷한 표현으로는 '순진, 천진'의 뜻인 無邪気(むじゃき), '순진, 솔직'의 뜻인 素直(すなお)가 있습니다.

▶ 子供のあどけない寝顔。 어린이의 천진난만한 잠자는 얼굴.

▶ あどけなく微笑む。 천진스럽게 미소짓다.

다시 한번 확인하세요!

▶ 彼のしつこさには閉口する
かれのしつこさには
へいこうする

▶ この暑さには閉口だ
このあつさにはへいこう
だ

▶ 清らかな愛
きよらかなあい

▶ 谷川の清らかな流れ
たにがわのきよらかな
ながれ

▶ 子供のあどけない寝顔
こどものあどけない
ねがお

▶ あどけなく微笑む
あどけなくほほえむ

퀴즈　学業を疎かにする

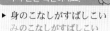

예상

10 すばしこい　민첩하다

□ □ □
1회 2회 3회

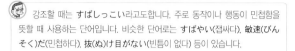

강조할 때는 **すばしっこい**라고도합니다. 주로 동작이나 행동이 민첩함을 뜻할 때 사용하는 단어입니다. 비슷한 단어로는 **すばやい**(잽싸다), **敏速**(びんそく)だ(민첩하다), **抜**(ぬ)**け目がない**(빈틈이 없다) 등이 있습니다.

▶ **身のこなしがすばしこい**。 몸의 움직임이 민첩하다.

▶ **すばしこく逃げ回る**。 잽싸게 도망가다.

▶ **身のこなしがすばしこい**
　みのこなしがすばしこい

▶ **すばしこく逃げ回る**
　すばしこくにげまわる

예상

11 荒っぽい　거칠다　　あらっぽい

□ □ □
1회 2회 3회

あらっぽい는 한자를 **粗っぽい**로 쓰는 경우도 있으니 주의하세요. **荒廃**는 こうはい라고 읽는데, 특히 JLPT시험 단골인 동음이의어로는 **後輩**(こうはい 후배), **高配**(こうはい 고배) 등이 있습니다.

荒 ▶ 荒廃 황폐・荒亡 황망・荒野 황야

▶ **荒物を荒っぽくほうり投げる**。 짐을 거칠게 내던지다.

▶ **荒っぽい仕上げ**。 거친 마무리 작업.

▶ 荒廃　　こうはい
　荒亡　　こうぼう
　荒野　　こうや

▶ **荷物を荒っぽくほうり投げる**
　にもつをあらっぽく
　ほうりなげる

▶ **荒っぽい仕上げ**
　あらっぽいしあげ

예상

12 重宝　편리함, 소중히 다룸　　ちょうほう

□ □ □
1회 2회 3회

비슷한 말로는 **ちやほや**(애지중지)라는 말이 있어요. **重宝**(ちょうほう)처럼 重이 じゅう가 아니라 ちょう로 읽히는 단어는 앞에서도 다룬 바 있습니다. 그만큼 중요한 단어이므로 꼭 외우세요. **宝**(たから)는 보물이라는 뜻입니다.

▶ **普段から重宝している電子辞書**。
　평소 편리하게 쓰는 전자사전.

▶ **重宝な台所用具**。 편리한 부엌 용구.

▶ **普段から重宝している電子辞書**
　ふだんからちょうほう
　しているでんしじしょ

▶ **重宝な台所用具**
　ちょうほうなだいどころ
　ようぐ

퀴즈　上司から褒められて決まりが悪い

13 **ろく**

1회 2회 3회

정상(임), 제대로(임)

> 주로 뒤에 부정의 표현이 오는 경우가 많습니다. 유사어로는 正常(せいじょう 정상), まとも(제대로) 등이 있습니다.

▶ **ろくな品物がない**。 제대로 된 물건이 없다.

▶ **ろくに休みもとれない**。 제대로 휴식도 취할 수 없다.

14 **几帳面**

1회 2회 3회

꼼꼼함   **きちょうめん**

> 几帳面은 원래 가구 등에서 귀퉁이를 잘 맞추기 위한 세공이었으나 차츰 사람의 성격을 나타낼 때도 사용하게 되었습니다. 유사어로는 '예의 바르다'는 뜻의 折り目正しい(おりめただしい)와 '엄격하다'는 뜻의 厳格(げんかく)だ 등이 있습니다.

帳 ▶ **通帳** 통장・**帳場** 계산대・**蚊帳** 모기장

面 ▶ **臆面** 기가 죽음・**額面** 액면・**赤面** 얼굴이 빨개짐

▶ **几帳面な性格**。 꼼꼼한 성격.

▶ **時間を几帳面に守る**。 시간을 정확히 지키다.

15 **長閑**

1회 2회 3회

한가함, 화창함   **のどか**

> 静かで穏やかなさま(조용하고 온화한 모양)을 표현할 때 사용하는 단어입니다. 비슷한 말로는 '침착하다'는 뜻의 落ち着く와, のんびり(여유롭게), ゆったり(넉넉한) 등이 있습니다.

長 ▶ **延長** 연장・**長所** 장점・**万里の長城** 만리장성

▶ **長閑に日々を暮らす**。 한가롭게 나날을 보내다.

▶ **長閑な田園風景**。 한가로운 전원풍경.

다시 한번 확인하세요!

▶ ろくな品物がない
　ろくなしなものがない

▶ ろくに休みもとれない
　ろくにやすみもとれない

▶ 通帳　　つうちょう
　帳場　　ちょうば
　蚊帳　　かや

▶ 臆面　　おくめん
　額面　　がくめん
　赤面　　せきめん

▶ 几帳面な性格
　きちょうめんなせいかく

▶ 時間を几帳面に守る
　じかんをきちょうめんにまもる

▶ 延長　　えんちょう
　長所　　ちょうしょ
　万里の長城
　ばんりのちょうじょう

▶ 長閑に日々を暮らす
　のどかにひびをくらす

▶ 長閑な田園風景
　のどかなでんえんふうけい

퀴즈 子供のあどけない寝顔

16 生臭い

비린내 나다   なまぐさい

1회 2회 3회

> なまぐさい는 '비린내가 나다'는 뜻 외에 '중이 품행이 나쁘다', '건방지다' 등의 뜻도 있습니다. 生는 주로 접두어식으로 많이 쓰이며, 이때는 いいかげんな(적당한), 中途半端(ちゅうとはんぱ 어중간) 등의 뜻으로 사용됩니다.

生 ▸ 生返事 건성 대답 · 生欠伸 선 하품

▸ 魚をつかんだ手が生臭い。생선을 잡은 손이 비린내가 나다.

▸ 派閥をめぐる生臭い話。파벌을 둘러싼 피비린내 나는 이야기.

▸ 生返事　なまへんじ
　生欠伸　なまあくび

▸ 魚をつかんだ手が生臭い
　さかなをつかんだてが
　なまぐさい

▸ 派閥をめぐる生臭い話
　はばつをめぐるなまぐ
　さいはなし

17 厳めしい

근엄하다   いかめしい

1회 2회 3회

> いかめしい는 厳(おごそ)かで重々(おもおも)しい(엄숙하고, 엄중한)의 의미를 나타내는 단어로, 유사어로는 厳(おごそ)か(엄숙함), 重々しい(엄중하다, 엄숙하다), 威厳(いげん)がある(위엄이 있다) 등이 있습니다.

厳 ▸ 威厳 위엄 · 厳格 엄격 · 厳罰 엄벌

▸ 見るからに厳めしい門構えの家。
　문의 구조가 보기에도 위압적인 집.

▸ 厳めしく警護を固める。엄중하게 경호를 굳히다.

▸ 威厳　　　いげん
　厳格　　　げんかく
　厳罰　　　げんばつ

▸ 見るからに厳めしい門構え
　の家
　みるからにいかめしい
　もんがまえのいえ

▸ 厳めしく警護を固める
　いかめしくけいごを
　かためる

18 忌々しい

부아가 나다, 분하다   いまいましい

1회 2회 3회

> 몹시 분하고 화가 날 때의 기분을 표현하는 단어입니다. 비슷한 말로는 '불유쾌하다'는 뜻의 不愉快(ふゆかい)다와, '괘씸하다, 배알이 꼴리다'는 뜻의 しゃくにさわる 등이 있습니다.

忌 ▸ 禁忌 금기 · 忌避 기피 · 忌日 기일

▸ 人を見下ろす忌々しい態度だ。
　사람을 깔보는 괘씸한 태도다.

▸ 忌々しいことに今日だけ来ないらしい。
　분하게도 오늘만 안 오는 것 같다.

▸ 禁忌　　　きんき
　忌避　　　きひ
　忌日　　　きじつ

▸ 人を見下ろす忌々しい
　態度だ
　ひとをみおろすいまい
　ましいたいどだ

▸ 忌々しいことに今日だけ
　来ないらしい
　いまいましいことに
　きょうだけこないらしい

퀴즈 普段から重宝している電子辞書 ....

19 野暮ったい　　촌스럽다, 멋없다　　　　　　　やぼったい

> 野暮는 세련되지 못한 모양이나, 촌스러움을 나타내는 단어입니다. 野가 들어간 단어는 下野(げや 하야), 野営(やえい 야영), 野獣(やじゅう 야수) 등이 있습니다. 특히 下野의 발음에 주의하세요.

暮 ▶ 歳暮 세모 · 日暮 해질녘 · 暮色 저녁 풍경

▶ 野暮ったい服装。촌스러운 복장.

▶ 野暮ったい女が来た。촌스러운 여자가 왔다.

20 押し付けがましい　강요하는 듯하다　　　　おしつけがましい

> ～がましい는 접미어로, '～의 경향이 강하다'는 뜻을 나타냅니다. ～かましい가 들어간 단어로는 晴れがましい(화사하다), 催促(さいそく)がましい(매우 재촉하다), 恩着(おんき)せがましい(생색 내다) 등이 있습니다.

▶ 押し付けがましい言い方をする。
강요하는 듯한 어투로 말하다.

▶ 押し付けがましい親切。억지스러운 친절.

21 ふがいない　　기개가 없다, 한심하다, 힘없다

> 情(なさ)けない(한심하다)고 느낄 정도로 기개가 없다는 의미입니다. 비슷한 말로는 意気地(いくじ)がない(힘이 없다), まったくだらしがない(완전히 칠칠맞다) 등이 있습니다.

▶ 零敗とはふがいない。영패라니 정말 한심하다.

▶ 最下位に終わるとはふがいない。
최하위로 끝나다니 한심하기 짝이 없다.

퀴즈　几帳面な性格

▶ 歳暮　　さいぼ
日暮　　ひぐれ
暮色　　ぼしょく

▶ 野暮ったい服装
やぼったいふくそう

▶ 野暮ったい女が来た
やぼったいおんながきた

▶ 押し付けがましい言い方をする
おしつけがましい
いいかたをする

▶ 押し付けがましい親切
おしつけがましい
しんせつ

▶ 零敗とはふがいない
れいはいとはふがいない

▶ 最下位に終わるとはふがいない
さいかいにおわるとは
ふがいない

22 にべもない　쌀쌀맞다, 정떨어지다

1회 2회 3회

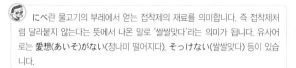

にべ란 물고기의 부레에서 얻는 접착제의 재료를 의미합니다. 즉 접착제처럼 달라붙지 않는다는 뜻에서 나온 말로 '쌀쌀맞다'라는 의미가 됩니다. 유사어로는 愛想(あいそ)がない(정나미 떨어지다), そっけない(쌀쌀맞다) 등이 있습니다.

▸ **にべも無く断れる。** 쌀쌀맞게 거절당하다.

▸ **にべも無い態度。** 냉정한 태도.

다시 한번 확인하세요!

▸ **にべも無く断れる**
にべもなくことわれる

▸ **にべも無い態度**
にべもないたいど

23 しんどい　골치 아프다, 벅차다

1회 2회 3회

しんどい는 원래 大阪(오사카)를 중심으로 하는 관서지방에서 사용했던 말인데, 차츰 널리 사용하게 된 단어입니다. 비슷한 말로는 つらい(괴롭다)와 骨が折れる(고생하다, 힘들다) 등이 있습니다.

▸ **この仕事はしんどい。** 이 일은 골치 아프다.

▸ **年を取ると階段の昇り降りがしんどい。**
나이 들면 계단 오르내리기가 힘들다.

▸ **この仕事はしんどい**
このしごとはしんどい

▸ **年を取ると階段の昇り降りがしんどい**
としをとるとかいだんののぼりおりがしんどい

24 まめまめしい　부지런하다

1회 2회 3회

'충실, 부지런함'의 뜻인 忠実(まめ)의 강조 표현이라 할 수 있습니다. 유사어로는 かいがいしい(부지런하다), 真面目(まじめ 성실함) 등이 있습니다.

▸ **まめまめしく働く人だ。** 부지런히 일하는 사람이다.

▸ **まめまめしく手伝いをする。**
몸을 아끼지 않고 바지런히 (일을) 거들다.

▸ **まめまめしく働く人だ**
まめまめしくはたらくひとだ

▸ **まめまめしく手伝いをする**
まめまめしくてつだいをする

퀴즈　魚をつかんだ手が生臭い

예상

25 途方もない
얼토당토 않다
とほうもない

☐ ☐ ☐
1회 2회 3회

> 途方(とほう)는 수단이나 방법을 뜻하는 단어입니다. 유사어로는 '어찌할 바를 모르다'는 뜻의 途方に暮れる와 '망연자실하다'는 뜻의 呆気に取られる 가 있습니다.

▶ 途方もない要求。 말도 안되는 요구.

▶ 途方もない夢を抱く。 얼토당토 않는 꿈을 꾸다.

▶ 途方もない要求
とほうもないようきゅう

▶ 途方もない夢を抱く
とほうもないゆめを
いだく

예상

26 健気
기특함
けなげ

☐ ☐ ☐
1회 2회 3회

> 健気는 원래 보통과는 다른 모양이라는 뜻으로, 주로 어린이나 노약자 등이 매우 성의껏 노력하는 모습을 표현할 때 사용합니다. 비슷한 말로는 '기특함, 탄복함'의 뜻인 殊勝(しゅしょう)가 있습니다.

▶ 一家を支えて働く健気な少年。
일가를 지탱하며 일하는 기특한 소년.

▶ 健気に振る舞う。 기특하게 행동하다.

▶ 一家を支えて働く健気な少年
いっかをささえてはたら
くけなげなしょうねん

▶ 健気に振る舞う
けなげにふるまう

예상

27 がむしゃら
무턱대고 함

☐ ☐ ☐
1회 2회 3회

> がむしゃら는 한자로 我武者羅로 표기합니다. 앞뒤 생각없이 무턱대고 밀고 나간다는 의미입니다. 유사어로는 向こう見ず(むこうみず 막무가내), 無鉄砲(むてっぽう 아무렇게나), 無暗に(むやみに 함부로, 무턱대고), 猪突(ちょとつ 저돌) 등이 있습니다.

▶ 若さにまかせて我武者羅に働く。
젊음을 믿고 무턱대고 일한다.

▶ 我武者羅な攻めだけでは勝てない。
무턱대고 공격만 해서는 이길 수 없다.

▶ 若さにまかせて我武者羅に
働く
わかさにまかせてがむ
しゃらにはたらく

▶ 我武者羅な攻めだけでは
勝てない
がむしゃらなせめだけで
はかてない

퀴즈 野暮ったい服装

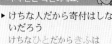

다시 한번 확인하세요!

예상

28 けち

인색함, 쫀쫀함

1회 2회 3회

 けち는 '인색하다, 쫀쫀하다'는 뜻 이외에도 '조잡하다, 불길하다'의 의미도 있으니 주의해서 사용하세요. 비슷한 말로는 '인색'이라는 뜻의 吝嗇(りんしょく)가 있습니다.

▶ けちな人だから寄付はしないだろう。
인색한 사람이니까 기부는 안 할 것이다.

▶ けちな考えは持っていない。 속 좁은 생각은 갖고 있지 않다.

▶ けちな人だから寄付はしないだろう
けちなひとだからきふは
しないだろう

▶ けちな考えは持っていない
けちなかんがえは もって
いない

예상

29 やっかい

귀찮음, 성가심

1회 2회 3회

 やっかい의 한자는 厄介라고 표기합니다. '귀찮음, 성가심'의 뜻 외에 '신세'라는 뜻도 있습니다. 一晩厄介になります는 '하룻밤 신세지겠습니다'라는 뜻입니다. 유사어로는 '귀찮다'는 뜻의 面倒(めんどう)가 있습니다.

▶ 厄介な問題が起きた。 귀찮은 문제가 일어났다.

▶ 厄介な事に巻き込まれる。 성가신 일에 휘말리다.

▶ 厄介な問題が起きた
やっかいなもんだいが
おきた

▶ 厄介な事に巻き込まれる
やっかいなことにまき
こまれる

예상

30 うつろ

허탈함, 허무함

1회 2회 3회

 うつろ는 한자로 표현하면 空ろ, 虚ろ가 됩니다. 한자에서 보듯 '공허, 텅빔', '멍청함, 얼빠짐' 등의 뜻이 됩니다. 비슷한 표현으로는 '속이 텅 비어 있음'이라는 뜻의 がらんどう와 '텅 빔'이라는 뜻의 空っぽ(からっぽ), '허무하다'는 뜻의 空しい(むなしい) 등이 있습니다.

▶ うつろな目つき。 허탈한 눈초리.

▶ 慰めの言葉もうつろに響く。 위로의 말도 허무하게 들린다.

▶ うつろな目つき
うつろなめつき

▶ 慰めの言葉もうつろに響く
なぐさめのことばも
うつろにひびく

퀴즈 まめまめしく働く人だ

※ 次の説明に合う単語は？

01 便利なものとしてよく使うこと。
　① 慎重　　　　② 貴重　　　　③ 尊重　　　　④ 重宝

02 疲れて苦しい気持ちである。
　① こころよい　② いさぎよい　③ わびしい　　④ しんどい

03 あかぬけていないさま。
　① やぼったい　② あわい　　　③ かわいい　　④ だるい

04 手に負えなくて困ること。
　① 閉幕　　　　② 剣幕　　　　③ 閉口　　　　④ 険相

05 後先を考えないで強引に事をなすこと。
　① がむしゃら　② てきぱき　　③ すこやか　　④ なめらか

06 むやみに金品を惜しむこと。
　① きざ　　　　② そまつ　　　③ けち　　　　④ たいら

07 相手の気持ちを無視して自分の考えに従わせようとするさま。
　① おんきせがましい　　　　② みれんがましい
　③ はれがましい　　　　　　④ おしつけがましい

08 心がけがよく、しっかりしているさま。
　① けなげ　　　② かぼそい　　③ なれなれしい　④ まめまめしい

09 はなやかでかがやくばかりにうつくしいさま。
　① すこやか　　② ほがらか　　③ きらびやか　　④ のどか

10 愛想がない。あるいは、取り付く島もない。
　① とほうもない　② にべもない　③ なまぐさい　　④ きまりわるい

※ 次の下線にあてはまるものは？

11 学業を＿＿＿＿＿＿にしてはいけません。
　　① けんめい　　　② おろそか　　　③ まめ　　　　　④ せっせと

12 あの女の人はいつも静かで＿＿＿＿＿＿に話します。
　　① しとやか　　　② へいこう　　　③ おおげさ　　　④ なまいき

13 子供の＿＿＿＿＿＿寝顔を見るとほっとする。
　　① おうへいな　　② たくましい　　③ あどけない　　④ もろい

14 成績がクラスで最下位とは＿＿＿＿＿＿ですね。
　　① ふさわしい　　② ふがいない　　③ につかわしい　　④ たのもしい

※ 次の単語の読み方は？

15 厳めしい顔つきの憲兵が私に近づいてきた。
　　① おごめしい　　② いさめしい　　③ いまめしい　　④ いかめしい

16 最近テレビの番組で汚らわしい言葉がよく使われる傾向がある。
　　① にぎらわしい　② めずらわしい　③ げがらわしい　④ きたらわしい

17 私は彼女の心の奥底に潜んでいる清らかな魂を発見して喜びを感じた。
　　① きよらか　　　② なめらか　　　③ ほがらか　　　④ きららか

18 原稿の締め切りに間に合わなかったら、もっと厄介なことになっただろう。
　　① えきかい　　　② やっかい　　　③ えっかい　　　④ やくかい

예상

01 猫も杓子も　어중이떠중이, 개나 소나　ねこもしゃくしも

1회 2회 3회

> 猫(고양이)는 일본에서 가장 많이 기르는 애완동물 중 하나입니다. 그래서 유달리 고양이에 관한 어휘가 많습니다. 예를 들면 '손바닥 만한 땅'을 猫の額(ひたい)ほどの土地(とち), 즉 '고양이 이마 정도의 땅'으로 표현합니다. 猫被(ねこかぶ)り(내숭)도 있으며, 猫いらず(쥐약) 등 이루 말할 수 없습니다.

▶ 最近は猫も杓子もホームページ開設だ。
최근은 개나 소나 홈페이지를 개설한다.

▶ 猫も杓子も海外旅行をする。
어중이떠중이 아무나 해외여행을 한다.

예상

02 あぶ蜂取らず　이것저것 다 놓침　あぶはちとらず

1회 2회 3회

> 虻(あぶ)는 등에(쇠파리 종류)라는 곤충이에요. 등에도 蜂(벌)도 못 잡는다는 의미로 비슷한 표현으로는 二兎(にと)を追う者は一兎(いっと)をも得ず (두 마리 토끼를 쫓다간 한 마리도 못 잡는다)가 있어요. 너무 욕심 부리면 실패한다는 뜻이겠죠.

▶ あまり欲張ると虻蜂取らずになる。
너무 욕심 부리면 이것저것 다 놓친다.

예상

03 内股ごうやく　간에 붙었다 쓸개에 붙었다　うちまたごうやく

1회 2회 3회

> 内股(허벅지 안쪽)에 고약을 붙이면 걸을 때 좌우로 왔다갔다 한다고 해서 줏대가 없음을 표현할 때 사용합니다. 유사표현으로는 日和見主義(ひよりみしゅぎ 기회주의:날씨를 살피는데서 유래)와 洞ヶ峠(ほらがとうげ 기회주의:고개 이름으로, 이 고개에서 어느 쪽에 붙으면 좋을지 살폈다는 데서 유래)가 있습니다.

▶ しっかりした意見や主張がなく内股ごうやくの態度はだめです。
확실한 의견이나 주장이 없이 이리저리 붙으면 안 됩니다.

다시 한번 확인하세요!

▶ 最近は猫も杓子もホームページ開設だ
さいきんはねこもしゃくしもホームページかいせつだ

▶ 猫も杓子も海外旅行をする
ねこもしゃくしもかいがいりょこうをする

▶ あまり欲張ると虻蜂取らずになる
あまりよくばるとあぶはちとらずになる

▶ しっかりした意見や主張がなく内股ごうやくの態度はだめです
しっかりしたいけんやしゅちょうがなくうちまたごうやくのたいどはだめです

퀴즈　今度の会議は総務部と経理部との水掛け論だ

예상

04 甲斐性

생활능력

かいしょう

1회 2회 3회

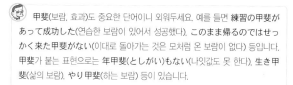

甲斐(보람, 효과)도 중요한 단어이니 외워두세요. 예를 들면 練習の甲斐가 있어서 成功した(연습한 보람이 있어서 성공했다), このまま帰るのではせっかく来た甲斐がない(이대로 돌아가는 것은 모처럼 온 보람이 없다) 등입니다. 甲斐가 붙는 표현으로는 年甲斐(としがい)もない(나잇값도 못 한다), 生き甲斐(삶의 보람), やり甲斐(하는 보람) 등이 있습니다.

▶ 甲斐性のある人。 생활 능력이 있는 사람.

▶ いつまでも親のすねをかじる甲斐性無し。
언제까지나 부모의 신세를 지는 한심한 사람.

예상

05 事なかれ主義

무사안일주의

ことなかれしゅぎ

1회 2회 3회

なかれ(~하지마, ~하면 안 돼)가 붙은 어휘입니다. 다른 예로는 驚くなかれ(놀라지 말지어다), 嘆(なげ)くなかれ(한탄하지 마라) 등입니다. ~主義가 붙는 어휘로는 三猿主義(さんえんしゅぎ)라는 말이 있습니다. 이는 見猿聞か猿言わ猿는 보지 않는 원숭이, 듣지 않는 원숭이, 말하지 않는 원숭이를 뜻하는 말로 처세의 신중함을 일컫는 말입니다.

▶ 事なかれ主義のように消極的な態度や考え方では成功できない。
무사안일주의처럼 소극적인 태도나 사고방식은 성공할 수 없다.

▶ 官僚の事なかれ主義。
관료의 무사 안일주의.

예상

06 塞翁が馬

새옹지마

さいおうがうま

1회 2회 3회

塞翁(새옹)은 변방의 할아버지라는 의미이며 ~が는 ~の의 의미입니다. 그러므로 塞翁が馬의 직역은 '변방 할아버지의 말'을 뜻합니다. 중국 고사의 유래로 인간의 길흉화복은 변화무쌍하여 예측할 수 없다는 뜻입니다.

▶ 人間万事塞翁が馬だ。 인간만사 새옹지마다.

퀴즈 　今日の会食は無礼講で行こう

07 しこを踏む

준비 운동하다   しこをふむ

> 四股(しこ)로도 쓰며, 일본 스모에서 선수가 양발을 좌우로 높이 들고 손을 무릎에 놓고 힘차게 내리는 기본동작을 말합니다. 踏む가 들어가는 어휘로는 '망설이다'라는 뜻의 二の足を踏む가 있습니다. 이와 같은 뜻의 ためらう도 있습니다.

▶ 力士のしこを踏むように前もって準備します。
씨름꾼이 힘차게 땅을 구르듯 미리 준비합니다.

08 汝自を知れ

너 자신을 알라   なんじみずからをしれ

> 자신의 무지를 자각하고, 자신의 심신을 수양하도록 한 격려문입니다. 소크라테스의 행동상의 표어로, 아폴로 신전에 바쳤다고 합니다. 汝(なんじ 그대, 너)가 들어간 문형으로 汝の敵(てき)を愛せよ(원수를 사랑하라)도 있습니다.

▶ ソクラテス曰く「汝自らを知れ」と言ったでしょう。
소크라테스 왈, '너 자신을 알라'고 했지요.

09 二枚舌

일구이언, 거짓말을 함   にまいじた

> 二枚舌란 글자 그대로 혀가 두 개라는 뜻입니다. 이처럼 숫자나 신체의 부분을 활용한 문형이 상당히 많습니다. 舌가 들어간 어휘로는 猫舌(ねこじた 뜨거운 것을 잘 못 먹는 사람, 고양이 혀)가 있으며, 二가 들어간 어휘로는 二枚目(にまいめ 멋진 남자, 호색남), 二つ返事(흔쾌히 승낙) 등이 있습니다.

▶ あの人はいつも二枚舌を使う。 저 사람은 늘 딴소리를 한다.

▶ 力士のしこを踏むように
前もって準備します
りきしのしこをふむよう
にまえもってじゅんび
します

▶ ソクラテス曰く「汝自らを
知れ」と言ったでしょう
ソクラテスいわく「なん
じみずからをしれ」と
いったでしょう

▶ あの人はいつも二枚舌を
使う
あのひとはいつもにまい
じたをつかう

퀴즈 あまり欲張ると虻蜂取らずになる ....

310

10 油を売る

노닥거리다, 게으름 피우다　　　　　　　　　あぶらをうる

□ □ □
1회 2회 3회

油を売る를 직역하면 '기름을 팔다'라는 뜻입니다. 일본 에도시대(江戸時代 : 1603~1868)의 머릿기름 장수들이 여자들을 모아놓고 수다를 떨었다는 데서 이런 어휘가 생겼습니다. 유사표현으로는 '땡땡이 치다, 시간을 낭비하다'는 뜻의 道草(みちくさ)を食う가 있습니다.

▸ 帰りがけに友人の家で油を売っている。
　돌아가는 길에 친구 집에서 노닥거리고 있다.

11 対岸の火事

강 건너 불구경　　　　　　　　　たいがんのかじ

□ □ □
1회 2회 3회

対岸은 건너편 강가를 뜻하는 말로 다른 사람에게는 중요해도 나와는 관계없는, 고통을 느끼지 않는다는 것의 비유입니다. 対岸の火災(かさい)로도 표현합니다.

▸ いくら対岸の火事と言ってもかわいそうだ。
　아무리 강 건너 불이라 해도 불쌍하다.

12 寝耳に水

아닌 밤중에 홍두깨　　　　　　　　　ねみみにみず

□ □ □
1회 2회 3회

寝耳に水를 직역하면 잠자는 귀에 물붓기니 얼마나 놀랄까요. 유사표현으로는 薮から棒 やぶからぼう 숲속에서 몽둥이)가 있는데, 이쪽이 오히려 우리말과 비슷한 느낌입니다.

耳 ▸ 地獄耳 지옥 귀, 한번 듣고 잘 잊지 않는 사람
　　小耳 귀 동냥・初耳 금시초문
　　笊耳 금방 잊어버리는 사람 = 籠耳・空耳 건성으로 들음

▸ それは寝耳に水の話だ。
　그건 아닌 밤중에 홍두깨 같은 이야기다.

▶ 다시 한번 확인하세요!

▶ 帰りがけに友人の家で油を売っている
かえりがけにゆうじんのいえであぶらをうっている

▶ いくら対岸の火事と言ってもかわいそうだ
いくらたいがんのかじといってもかわいそうだ

▶ 地獄耳　　じごくみみ
　小耳　　　こみみ
　初耳　　　はつみみ
　笊耳　　　ざるみみ
　籠耳　　　かごみみ
　空耳　　　そらみみ

▶ それは寝耳に水の話だ
それはねみみにみずのはなしだ

퀴즈　人間万事塞翁が馬だ

13 ひのき舞台　노송나무 무대

ひのきぶたい

 檜(ひのき)는 노송나무를 말하며, ひのき舞台란 노송나무로 만든 화려한 무대로 자신의 솜씨를 사람들에게 보여줄 수 있는 영광스런 무대를 의미합니다.

▸ 国際政治のひのき舞台を踏む。
국제정치의 화려한 무대를 밟다.

14 怪我の功名　뜻밖의 결과

けがのこうみょう

 怪我는 '부상'이라는 뜻입니다. 자신의 과실이라 여겼는데, 혹은 아무 생각 없이 했는데 의외로 좋은 결과가 나왔을 때 사용합니다. 유사표현으로 めっけ もの(횡재), 掘り出し物(노다지), 棚からぼた餅(호박이 넝쿨 채) 등의 표현도 있습니다.

▸ 何気なしにやったことが怪我の功名のようだ。
무심코 한 일이 뜻밖의 좋은 결과가 된 것 같다.

15 その場しのぎ 임기응변

そのばしのぎ

 しのぎ는 '극복하다, 견디다'라는 뜻의 しのぐ 동사에서 나온 단어입니다. 유사어로는 その場限(ばかぎ)り(그때 뿐임), その場逃(ばのが)れ(임시 모면) 등이 있습니다.

▸ その場しのぎの答弁。임기응변식 답변.

▸ 国際政治のひのき舞台を踏む
こくさいせいじのひのき ぶたいをふむ

▸ 何気なしにやったことが 怪我の功名のようだ
なにげなしにやったことが けがのこうみょう のようだ

▸ その場しのぎの答弁
そのばしのぎのとうべん

16 突拍子もない 엉뚱하다, 당치도 않다   とっぴょうしもない

1회 2회 3회

 突拍子는 도를 지나치거나 리듬을 벗어난다는 의미입니다. 유사표현으로 とんでもない(말도 안 된다), 突飛(とっぴ)だ(기발하다, 뜻밖이다), もっての ほか(말도 안 된다, 얼토당토않다) 등이 있습니다.

▸ 突拍子もないことを言い出す。 당치도 않는 말을 꺼내다.

17 七転び八起き 칠전팔기   ななころびやおき

1회 2회 3회

七転び八起き처럼 숫자가 들어간 문형이나 사자숙어도 가끔 시험에 등장 합니다. 예를 들면 다음과 같습니다.
十人十色・じゅうにんといろ 십인십색 二束三文・にそくさんもん 두 다 발에 서푼(싸고 양이 많음) 異口同音・いくどうおん 이구동성 老若男女・ ろうにゃくなんにょ 남녀노소 東男に京女・あずまおとこにきょうおん な 남남북녀 (일본은 도쿄 남자에 교토 여자입니다)

▸ 多くの失敗にもめげず七転び八起きの精神で行こう。
많은 실패에도 주눅들지 말고 칠전팔기의 정신으로 가자.

18 年がら年中 일 년 내내   ねんがらねんじゅう

1회 2회 3회

一年中(いちねんじゅう)과 의미가 같습니다. 비슷한 표현으로는 日がな 一日(하루종일)가 있으며, 이 역시 一日中(いちにちじゅう)와 같은 의미이고, 다른 표현으로는 朝から晩まで(아침부터 밤까지)가 있습니다.

▸ 年がら年中海外に出ている。 일 년 내내 외국에 나가 있다.

▸ 突拍子もないことを言い 出す
とっぴょうしもないこと をいいだす

▸ 多くの失敗にもめげず七転 び八起きの精神で行こう
おおくのしっぱいにもめ げずななころびやおきの せいしんでいこう

▸ 年がら年中海外に出ている
ねんがらねんじゅうかい がいにでている

퀴즈 それは寝耳に水の話だ

19 伸るか反るか 성공이냐 실패냐　　　　　　　　のるかそるか

伸る는 '뻗어나가다'라는 뜻이며 反る는 '꺾이다'라는 뜻입니다. 다른 유사 표현으로는 一(いち)か八(ばち)か(되든 안 되든)이 있습니다. 같은 유형으로 為(な)せば成(な)る(하면 된다), 倦(う)まず弛(たゆ)まず(싫증 내지 말고 긴장 풀지 말고) 등이 있습니다.

▶ 試合は伸るか反るかの大博打のようだ。
시합은 성공이냐 실패냐의 큰 도박과도 같다.

20 畑水練 밭에서의 수영 연습, 전혀 도움이 안 됨　　　はたけすいれん

畑는 밭이란 뜻입니다. 이론만 내세우고 실질적으로 전혀 도움이 안되는 훈련을 뜻하는 말입니다. 같은 표현으로 畳水練(たたみすいれん 다타미 위에서 수영 연습)도 있습니다.

▶ 陸上練習を部屋のなかでやるとは畑水練みたいだ。
육상연습을 방에서 하다니, 전혀 도움이 안 된다.

21 人っ子一人 개미새끼 한 마리　　　　　　　　ひとっこひとり

人っ子一人를 직역하면 '사람 새끼 한 사람'이 됩니다. 이렇게 우리말과 다른 표현은 특히 작문이나 독해에 자주 등장합니다. 유사표현으로는 猫の子一匹(いっぴき)いない(고양이 새끼 한 마리 없다 = 개미 새끼 한 마리 없다)가 있습니다.

▶ 人っ子一人いない夜の都心。
개미 새끼 한 마리 없는 밤의 도심.

▶ 다시 한번 확인하세요!

▶ 試合は伸るか反るかの大博打のようだ
しあいはのるかそるかの おおばくちのようだ

▶ 陸上練習を部屋のなかでやるとは畑水練みたいだ
りくじょうれんしゅうを へやのなかでやるとは はたけすいれんみたいだ

▶ 人っ子一人いない夜の都心
ひとっこひとりいない よるのとしん

퀴즈 その場しのぎの答弁

예상

22 二言目には　　입만 벌리면　　　　　ふたことめには

1회 2회 3회

二言目にはは 뭔가 말을 꺼내기만 하면, 그 다음에 반드시 나오는 입버릇 같은 어구를 말합니다. ～こと(言)의 어휘로는 一言(ひとこと 한 마디), 寝言(ね ごと 잠꼬대), 小言(こごと 잔소리), うわ言(うわごと 헛소리) 등이 있습니다.

▸ 二言目には昔はよかったと言う。
말만 꺼내면 옛날에는 좋았다고 말한다.

▸ 彼は二言目には酒という。그는 입만 벌리면 술타령이다.

▸ 二言目には昔はよかったと
言う
ふたことめにはむかしは
よかったという

▸ 彼は二言目には酒という
かれはふたことめには
さけという

예상

23 洞ヶ峠　　기회주의　　　　　　ほらがとうげ

1회 2회 3회

洞ヶ峠는 지명에서 유래된 말입니다. 1582년 전투시 교토와 오사카 경계에 있는 이 고개에서 어떤 사람이 유리한 쪽으로 붙으려고 기회를 엿봤다는 설에서 나왔습니다. 이처럼 지명이 들어간 어휘로는 小田原評定(おだわらひょうじ ょう 의견이 나누어져서 결론이 안 나는 회의나 상담), 関ヶ原(せきがはら 운 명의 갈림길) 등이 있습니다.

▸ 洞ヶ峠式の態度をとるな。기회주의식의 태도를 취하지 마라.

▸ 洞ヶ峠をきめ込む。형세를 관망하기로 마음 먹다.

▸ 洞ヶ峠式の態度をとるな
ほらがとうげしきのたい
どをとるな

▸ 洞ヶ峠をきめ込む
ほらがとうげをきめこむ

예상

24 踏んだり蹴ったり　설상가상　　　ふんだりけったり

1회 2회 3회

踏んだり蹴ったり를 직역을 하면 밟고 찬다는 뜻입니다만 수동의 의미로 '밟히고 차이고'의 뜻으로 '엎친 데 덮친 격'을 뜻합니다. 유사표현으로는 泣き 面に蜂(なきつらにはち 우는 애 얼굴에 벌침), かててくわえて(설상가상), 弱り目に祟り目(よわりめにたたりめ 엎친 데 덮친 격) 등이 있습니다.

▸ 道は混むし雨には降られるし踏んだり蹴ったりだ。
길은 붐비지 비는 오지 설상가상이다.

▸ 踏んだり蹴ったりの目に会う。연달아 호되게 당하다.

▸ 道は混むし雨には降られる
し踏んだり蹴ったりだ
みちはこむしあめには
ふられるしふんだりけった
りだ

▸ 踏んだり蹴ったりの目に
会う
ふんだりけったりの
めにあう

퀴즈　突拍子もないことを言い出す

예상

25 水掛け論

아전인수 　　　　　　　　　　みずかけろん

1회 2회 3회

水掛け論은 서로 자기 논에 물을 끌어들이려고 싸운다는 데서 유래한 어휘입니다. 쌍방이 자기 입장과 주장을 고집하여 끝없이 이어지는 논의나 의론을 비유한 말입니다.

▶ 今度の会議は総務部と経理部との水掛け論だ。
　이번 회의는 총무부와 경리부의 아전인수격이다.

▶ お互いに水掛け論ばかり言っている。
　서로 결말이 나지 않는 논쟁만 하고 있다.

예상

26 鴨葱

안성맞춤 　　　　　　　　　　かもねぎ

1회 2회 3회

鴨葱(오리, 파)는 원래 鴨(かも)가 葱(ねぎ)를 背負(せお)って来る, 즉 오리가 (마침 오리찜을 하려는 데) 파를 등에 지고 온다는 말을 줄여 쓴 것입니다. 유사표현으로는 持って来い(안성맞춤, 가지고 와!), 打って付け(안성맞춤, 때려 붙혀), お誂え向き(おあつらえむき 안성맞춤, 주문해서 맞춤) 등이 있습니다.

▶ 今日来たのはまったく鴨葱みたいなものね。
　오늘 온 건 정말 안성맞춤 같아.

예상

27 やぶ蛇

긁어 부스럼 　　　　　　　　　　やぶへび

1회 2회 3회

薮蛇(やぶへび)는 원래 '숲에서 뱀'이라는 뜻입니다. 薮をつついて蛇を出す(숲을 쑤셔서 뱀을 나오게 하다)의 준말입니다. 비슷한 사례로, 泥縄式(どろなわしき 소 잃고 외양간 고치기 식, 도둑을 보고서야 포승줄을 준비함) 등이 있습니다.

▶ うっかり口を出して薮蛇になる。
　깜박 말을 꺼내서 긁어 부스럼이 되어버렸다.

▶ 今度の会議は総務部と経理部との水掛け論だ
　こんどのかいぎはそうむぶとけいりぶとのみずかけろんだ

▶ お互いに水掛け論ばかり言っている
　おたがいにみずかけろんばかりいっている

▶ 今日来たのはまったく鴨葱みたいなものね
　きょうきたのはまったくかもねぎみたいなものね

▶ うっかり口を出して薮蛇になる
　うっかりくちをだしてやぶへびになる

퀴즈 試合は伸るか反るかの大博打のようだ

28 善かれ悪しかれ 좋든 나쁘든, 어차피　　　　よかれあしかれ

원래는 형용사 어간의 ～かれ ～かれ(～든 ～든)의 용법입니다. 다른 표현으로는 多かれ少なかれ(많든 적든), 早かれ遅かれ(빠르든 느리든, 조만간에) 등이 있습니다. 비슷한 어휘로는 よくても悪くても(좋든 나쁘든), いずれにしても(어느 쪽이든) 등이 있습니다.

▸ 善かれ悪しかれ決行するしかない。
좋든 나쁘든 결행할 수밖에 없다.

▸ 善かれ悪しかれもんくはでる。
어차피 불평은 나오게 마련이다.

29 無礼講 야자타임　　　　ぶれいこう

無礼講는 신분의 상하를 막론하고 예의를 버리고 즐기는 술자리 또는 모임 등을 일컫는 말입니다. 우리말의 적절한 비유가 없어 '야자타임'으로 했습니다.

▸ 今日の会食は無礼講で行こう。
오늘 회식은 야자타임으로 가자.

30 濡れ衣 누명　　　　ぬれぎぬ

濡れ衣는 말 그대로 '젖은 옷'입니다. 그래서 아무 근거도 없이 덮어씌우는 '누명'을 뜻하는 말입니다. 濡れ衣を着せる는 '누명을 씌우다'라는 표현으로 자주 사용합니다. '누명을 쓰다'는 濡れ衣を着せられる라고 하면 됩니다.

▸ その疑いは濡れ衣だ。그 의심은 누명이다.

다시 한번 확인하세요!

▸ 善かれ悪しかれ決行するしかない
よかれあしかれけっこうするしかない

▸ 善かれ悪しかれもんくはでる
よかれあしかれもんくはでる

▸ 今日の会食は無礼講で行こう
きょうのかいしょくはぶれいこうでいこう

▸ その疑いは濡れ衣だ
そのうたがいはぬれぎぬだ

퀴즈　洞ヶ峠式の態度をとるな

※ 次の説明に合う単語は？

01 いざこざがなく平穏無事に済みさえすればよいとする消極的な態度や考え方。
   ① 八つ当たり   ② 清水の舞台   ③ 日和見主義   ④ 事なかれ主義

02 有利なほうにつこうと形勢をうかがうこと。
   ① 洞ヶ峠   ② 月とすっぽん   ③ 畳水練   ④ しこを踏む

03 自分には関係なく、なんの苦痛もないこと。
   ① 善かれ悪しかれ   ② 腹八分   ③ 対岸の火事   ④ 汝自らを知れ

04 成否は天にまかせ、思い切って物事を行うこと。
   ① 伸るか反るか   ② うまずたゆまず   ③ なせばなる   ④ 耳にタコができる

05 不意の出来事や知らせに驚くことのたとえ。
   ① 土足   ② 寝耳に水   ③ 持ってこい   ④ 打って付け

06 自分の手腕を人々に見せる晴れの場所。
   ① 見掛け倒し   ② おあつらえ向き   ③ ひのき舞台   ④ 清水の舞台

07 なにげなしにやった事が意外によい結果になること。
   ① 怪我の功名   ② 善かれ悪しかれ   ③ 二言目   ④ 一言で

08 理屈ばかりで実地の訓練が欠けていて実際には役に立たないこと。
   ① もっての外   ② 途方に暮れる   ③ 呆気に取られる   ④ 畑水練

09 欲を出しすぎると失敗する事のたとえ。
   ① かもねぎ   ② ご無理ごもっとも
   ③ あぶはち取らず   ④ 棚からぼた餅

10 人が全くいないたとえ。
   ① 人っ子一人いない   ② 猫もしゃくしも
   ③ 烏合の衆   ④ お茶の子さいさい

※ 次の下線にあてはまるものは？

11 最近は＿＿＿＿＿＿＿留学に行く。

　　① 馬は馬づれ　　　② 猫も杓子も　　　③ 牛はう牛づれ　　　④ 猫も犬も

12 しっかりした意見や主張がなく＿＿＿＿＿＿＿のようなひとだ。

　　① うちまたごうやく　　　　　　② 引っ張りだこ
　　③ ふたまたかけ　　　　　　　　④ もとのもくあみ

13 矛盾したことを言うことを＿＿＿＿＿＿＿と言います。

　　① 一目散　　　　② 二枚目　　　　③ 韋駄天　　　　④ 二枚舌

14 むだ話などをして仕事を怠けるのを＿＿＿＿＿＿＿を売ると言う。

　　① 礎　　　　　② 鯖　　　　　③ 油　　　　　④ 公

15 仲間をかばって＿＿＿＿＿＿＿を着る。

　　① 濡れ衣　　　　② 普段着　　　　③ 晴れ着　　　　④ 作業着

16 文句がとんだ＿＿＿＿＿＿＿になる。

　　① やぶ医者　　　② 太鼓医者　　　③ やぶ蛇　　　④ 蛇口

17 人間万事＿＿＿＿＿＿＿と言うんだ。

　　① 三日坊主　　　② てるてる坊主　　　③ やぶから棒　　　③ 塞翁が馬

18 両者がお互いに自説にこだわってまるで＿＿＿＿＿＿＿みたいね。

　　① 水掛け論　　　　　　　　② 論語読みの論語知らず
　　③ 井戸ばた会議　　　　　　④ 親知らず

19 お金はないし日は暮れるし＿＿＿＿＿＿＿だ。

　　① 鬼に金棒　　　　　　　　② 踏んだり蹴ったり
　　③ 掘り出し物　　　　　　　④ めっけもの

※ 次の単語の読み方は？

01 重宝
　① ちょうぼう　　② じゅうぼう　　③ ちょうほう　　④ ちょうぼう

02 融通
　① かくつう　　② ゆうずう　　③ かくずう　　④ ゆうつう

03 提携
　① とうけい　　② ていきゅう　　③ とうきゅう　　④ ていけい

04 是正
　① ぜせい　　② しせい　　③ ぜしょう　　④ ししょう

05 欠乏
　① けっぽう　　② けつぼう　　③ びんぱつ　　④ びんぼう

06 歪む
　① たのむ　　② へこむ　　③ ゆがむ　　④ はずむ

07 隔てる
　① へだてる　　② そだてる　　③ あわてる　　④ ばてる

08 携わる
　① うけたまわる　　② かかわる　　③ ことわる　　④ たずさわる

09 欺く
　① つぶやく　　② うつむく　　③ あざむく　　④ うなずく

10 白状
　① はくじょう　　② しろじょう　　③ はくしょう　　④ しろしょう

※ 次の説明に合う単語は？

11 何か言ったあと、口癖や決まり文句のように続く言葉。
　① 寝言　　　　　② 小言　　　　　③ 一言　　　　　④ 二言目

12 多くの失敗にもめげず、そのたびに勇をふるって立ち上がること。
　① 二束三文　　　② 七転び八起き　③ 八百屋　　　　④ 八百長

13 調子がはずれている。または並外れている。
　① 突拍子もない　② 煙突もない　　③ いさましい　　④ あつかましい

14 姿や振舞いが無邪気でかわいいさま。
　① ややこしい　　② しつこい　　　③ あどけない　　④ あくどい

15 あかぬけていないさま。
　① けちだ　　　　② きざだ　　　　③ もっともらしい　④ やぼったい

※ 次の下線にあてはまるのは？

16 彼のしつこさには＿＿＿＿＿＿する。
　① 閉講　　　　　② 閉口　　　　　③ 真剣　　　　　④ 偽物

17 一度くらいの失敗では＿＿＿＿＿。
　① 懲りない　　　② 刺激だ　　　　③ かもねぎだ　　④ 険相だ

18 小鳥がしきりに＿＿＿＿＿飛んでいく。
　① うつむきながら　② さえぎりながら　③ わめきながら　④ さえずりながら

19 流行語は＿＿＿＿＿のも早い。
　① うぬぼれる　　② さかえる　　　③ すたれる　　　④ たずさわる

20 個人の立場を離れて全体にかかわること。
　① おおやけ　　　② いしずえ　　　③ 大黒柱　　　　④ 三猿主義

금싸라기
부　록

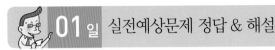

01 ②	02 ③	03 ③	04 ④	05 ④	06 ④	07 ②	08 ①	09 ④
10 ①	11 ④	12 ④	13 ③	14 ④	15 ①	16 ③	17 ④	18 ②

01 ② 差別(さべつ) 차별

偏見や先入観などをもとに、特定の人々に対して不利益・不平等な扱いをすること。편견이나 선입관 등을 근거로 특정한 사람들에 대해서 불이익·불평등한 취급을 하는 것.

> 偏見(へんけん) 편견 | 先入観(せんにゅうかん) 선입관 | 不利益(ふりえき) 불이익 | 不平等(ふびょうどう) 불평등 | 差異(さい) 차이 | 不当(ふとう) 부당 | 不満(ふまん) 불만

02 ③ 常識(じょうしき) 상식

ある社会で、人々の間に広く承認され、当然もっているはずの知識や判断力。어느 사회에서 사람들 사이에 널리 승인되어 당연히 가지고 있는 지식이나 판단력.

> 承認(しょうにん) 승인 | 判断力(はんだんりょく) 판단력 | 懸念(けねん) 걱정 | 観念(かんねん) 관념 | 認識(にんしき) 인식

03 ③ 信頼(しんらい) 신뢰

信じてたよること。믿고 의지하는 것.

> **포인트** 頼(たよ)만 알고 있으면 쉽게 찾을 수 있다. 信(しん)じる: 믿다, 頼(たよ)る: 의존하다, 의지하다를 합친 한자어는 信頼(しんらい 신뢰).

> 信心(しんじん) 믿음 | 信念(しんねん) 신념 | 信望(しんぼう) 신망

04 ④ 欠点(けってん) 결점

不十分で、補ったり改めたりしなければならないところ。불충분하여 보충하거나 고치지 않으면 안 되는 점.

> **포인트** 欠点은 弱点(じゃくてん), 短所(たんしょ)와 같은 뜻. 반대어는 美点(びてん), よい点, 長所(ちょうしょ)가 있다.

> 補(おぎな)う 보충하다 | 改(あらた)める 고치다 | 欠勤(けっきん) 결근 | 欠乏(けつぼう) 결핍 | 欠席(けっせき) 결석

05 ④ 標識(ひょうしき) 표지

めじるしとして設置したもの。표지로 설치한 것.

> 目印(めじるし) 표지 | 標榜(ひょうぼう) 표방 | 標記(ひょうき) 표기 | 標示(ひょうじ) 표시

06 ④ 正直(しょうじき) 정직

あなたは正真正銘の正直者ですね。당신은 진짜 정직한 사람이군요.

> **포인트** 正과 直은 음으로 正(せい, しょう), 直(ちょく, じき)로 읽는 한자로, 正直은 しょうじき로 읽는다. 특히 直은 대부분이 ちょく로 읽으므로 じき로 읽히는 正直을 잘 기억해 두자.

> 正은 단어를 통해 여러 가지 읽는 법을 알아놓자.
> せい : 正常(せいじょう) 정상 | 正式(せいしき) 정식 | 正確(せいかく) 정확
> しょう : 正月(しょうがつ) 정월 | 正体(しょうたい) 정체 | 正面(しょうめん) 정면

> 正真正銘(しょうしんしょうめい) 거짓 없음, 진짜 | 正直者(しょうじきもの) 정직한 사람

07 ② 首相(しゅしょう) 수상

首相と大統領の役割はどう違いますか。수상과 대통령의 역할은 어떻게 다르나요?

> **포인트** 相의 음독은 そう, しょう 두 가지가 있는데 首相은 しゅしょう로 읽는다. しょう로 읽는 다른 단어 外相(がいしょう 외무부장관), 宰相(さいしょう 재상)도 알아두자.

> 大統領(だいとうりょう) 대통령 | 役割(やくわり) 역할 | 違(ちが)います 다릅니다

08 ① 恐怖(きょうふ) 공포

私は最近理由もなく恐怖を感じている。저는 최근에 이유 없이 공포를 느끼고 있다.

> **포인트** 같은 뜻의 한자 '두려울 공(恐)'과 '두려워할 포(怖)'로 구성된 단어이다. 형용사로는 恐(おそ)ろしい, 恐(こわ)い, 怖(こわ)い로 쓰여 '두렵다, 무섭다'는 뜻으로 사용된다.

> 最近(さいきん) 최근 | 理由(りゆう) 이유

09 ④ 駐車(ちゅうしゃ) 주차

路上駐車は禁止です。노상 주차는 금합니다.

> 路上(ろじょう) 노상 | 禁止(きんし) 금지

10 ① 苦情(くじょう) 불평, 불만

お客さんの苦情に対しては、迅速に対処してください。손님의 불

평에 대해서는 신속하게 대처해 주십시오.

> 포인트 음독으로 苦는 く, 情는 じょう로 읽는다. 苦情(くじょう)와
> 비슷한 의미의 단어로 시험에 자주 나오는 단어 文句(もんく 불평, 불만)
> 도 함께 알아두자.

迅速(じんそく)に 신속하게 | 対処(たいしょ)する 대처하다

11 ④ 家賃(やちん) 집세

この辺は高級住宅地だから、家賃が高い。이 주변은 고급주택지라
서 집세가 비싸다.

> 포인트 家는 か, け(음독)/ いえ, や(훈독)로 읽는 한자이다. 家賃은 훈
> 독(家：や) + 음독(賃：ちん)으로 읽는 단어로 '집세'란 뜻. '집주인(家
> 主：やぬし/大家：おおや)도 や로 읽으니 함께 알아두자.

辺(へん) 근처, 부근 | 高級(こうきゅう) 고급 | 住宅地(じゅうた
ち) 주택지

12 ④ 味方(みかた) 자기 편, 편듦

母はいつも私のみかたをしてくれる。어머니는 늘 내 편을 들어 준다.

> 포인트 味는 み(음독), あじ(훈독)로 읽는다. 味方(みかた)처럼 み로
> 읽는 단어 味覚(みかく 미각), 味噌(みそ 된장)도 함께 알아두자.
> '편들다'란 표현에는 肩(かた)を持(も)つ란 표현이 있다.

見方(みかた) 관점

13 ③ 順調(じゅんちょう) 순조로움

仕事はじゅんちょうに進んでいる。일은 순조롭게 진행되고 있다.

仕事(しごと) 일 | 進(すす)む 진행되다

14 ④ 優勝(ゆうしょう)に 우승

このまま勝ち進むと、ゆうしょうは間違いない。이대로 계속 이기
면 우승은 틀림없다.

勝(か)ち進(すす)む 이겨 나가다 | 間違(まちが)いない 틀림없다

15 ① 訪問(ほうもん) 방문

最近ほうもん販売が流行っているようです。최근에 방문 판매가 유
행하고 있는 것 같아요.

販売(はんばい) 판매 | 流行(はや)る 유행하다

16 ③ 故郷(こきょう) 고향

私もぜひ成功して故郷へ錦を飾りたい。나도 꼭 성공해서 금의환향
하고 싶다.

> 포인트 錦(にしき)を飾(かざ)る/故郷(こきょう)に錦(にしき)を飾
> (かざ)る 금의환향하다

錦(にしき) 비단 | 飾(かざ)る 치장하다, 꾸미다, 鉄橋(てっきょう)
철교

17 ④ 気候(きこう) 기후

最近気候不順で風邪を引く人が多いですね。최근 고르지 않은 날씨
로 감기에 걸리는 사람이 많네요.

不順(ふじゅん) 불순 | 空気(くうき) 공기 | 気分(きぶん) 기분

18 ② 壁(かべ) 벽

ベルリンの壁は冷戦時代の産物である。베를린 장벽은 냉전 시대의
산물이다.

冷戦(れいせん) 냉전 | 時代(じだい) 시대 | 産物(さんぶつ) 산물

02일 실전예상문제 정답 & 해설

| 01 ① | 02 ④ | 03 ② | 04 ④ | 05 ① | 06 ③ | 07 ② | 08 ④ | 09 ① |
| 10 ③ | 11 ② | 12 ③ | 13 ④ | 14 ② | 15 ② | 16 ③ | 17 ① | 18 ④ |

01 ① 驚(おどろ)く 놀라다

意外なことに出くわして、心に衝撃を受ける。 뜻밖의 일을 만나서 마음에 충격을 받다.

意外(いがい) 의외 | 衝撃(しょうげき) 충격 | 喜(よろこ)ぶ 기뻐하다 | 悲(かな)しむ 슬퍼하다 | 怒(おこ)る 화내다

02 ④ 納(おさ)める 납부하다, 납품하다, 받다, 넣어 두다

受け取り手に渡す。 수취인에게 건네다.

포인트 おさめる는 収める, 治める, 修める, 納める로 표기하는 동사로, 渡す(건네다)의 뜻을 갖고 있는 것은 納める이다. 기본학습을 통해 각각의 의미와 쓰임을 잘 알아두세요.
収(おさ)める : 넣어 두다, 담다, 얻다, 거두다, 받다
治(おさ)める : 평정시키다, 다스리다
修(おさ)める : (학문 · 기예 등을) 수양하다, 닦다
納(おさ)める : 납부하다, 납품하다, 받다, 넣어 두다

受(う)け取(と)り手(て) 수취인 | 渡(わた)す 건네다

03 ② 試(ため)す 시험하다

物事の良否・真偽や能力の程度などを実際に調べ確かめる。 사물의 좋고 나쁨, 진위나 능력의 정도 등을 실제로 조사해 확인하다.

良否(りょうひ) 양부(좋고 나쁨) | 真偽(しんぎ) 진위 | 程度(ていど) 정도 | 求(もと)める 찾다, 구하다 | 認(みと)める 인정하다 | 占(し)める 차지하다

04 ④ 贈(おく)る 선물하다, 선사하다

感謝や祝福などの気持ちを込めて、人に金品などを与える。 감사나 축복 등의 기분을 담아 사람에게 금품 등을 주다.

포인트 おくる는 送る와 贈る로 쓰는데, 送る는 '(물건을) 보내다'의 뜻이고 贈る는 '선물하다'는 뜻이다.

感謝(かんしゃ) 감사 | 祝福(しゅくふく) 축복 | 金品(きんぴん) 금품 | 送(おく)る (물건을) 보내다, 바래다 주다, 지내다 | 授(さず)ける 하사하다, 주다 | 承(うけたまわ)る 삼가 받다, 떠맡다

05 ① 重(かさ)ねる 겹치다, 포개다, 쌓다, 중복하다

物の上に、さらにそれと同類の物を載せる。 물건 위에 다시 그것과 비슷한 종류의 물건을 놓다.

포인트 놓은 것 위에 다시 놓는 것이니 '포개다, 겹치다'의 뜻을 갖는 重ねる가 정답이다.

同類(どうるい) 동류 | 載(の)せる 얹다 | 畳(たた)む 접다, 개다 | 挟(はさ)む 끼우다 | 折(お)る 접다, 꺾다

06 ③ 祈(いの)る 기도하다, 기원하다, 빌다

明日手術を受ける田中さんの無事を祈るしかないですね。 내일 수술을 받는 다나카 씨의 무사를 빌 수밖에 없네요.

無事(ぶじ) 무사 | 拝(おが)む 공손히 절하다, 빌다 | 謝(あやま)る 사죄하다, 사과하다

07 ② 求(もと)めて 원해서, 요구해서, 사서

彼は求めて苦労をするからバカですよ。 그는 사서 고생하니까 바보야.

苦労(くろう) 고생 노고 | 重(かさ)ねて 거듭 | 決(き)まって 반드시, 으레

08 ④ 招(まね)く 초래하다

誤解を招く行動はよした方がいいです。 오해를 불러일으킬 행동은 그만 두는 편이 좋아요.

포인트 招(まね)く는 '손짓하여 부르다, 초대하다, 초빙하다' 등의 뜻이 있는데, 부정적 의미의 단어가 앞에 오면 '초래하다, 가져 오다'의 뜻으로 해석한다.

誤解(ごかい) 오해 | 止(よ)す 그만두다 | 増(ま)す 늘다, 많아지다 | 募(つの)る 모집하다, 널리 모으다, 심해지다, 더해지다 | 叫(さけ)ぶ 외치다

09 ① 誤(あやま)る 그르치다, 망치다, 잘못하다

君の考え方は人を誤るおそれがある。 당신의 사고 방식은 사람을 망칠 염려가 있다.

포인트 あやまる는 '그르치다, 망치다'의 誤(あやま)る, 謬(あやま)る와 '사죄하다'의 謝(あやま)る가 있으므로 한자 사용에 주의!!

考(かんが)え方(かた) 사고 방식, 생각 | おそれ 걱정, 염려, 위험 | 謝(あやま)る 사죄하다 | 打(う)ち消(け)す 부정하다 | 驚(おどろ)く 놀라다

10 ③ 占(し)める 차지하다

この頃は男の先生より女の先生のほうが占める割合がもっと高い。 요즘은 남자 선생님보다 여자 선생님이 차지하는 비율이 더 높다.

포인트 占(し)める는 차지하다, 占(うらな)う는 점치다.

割合(わりあい) 비율 | 求(もと)める 찾다, 추구하다 | 占(うらな)う 점치다 | 捜(さが)す 찾다

11 ② 磨(みが)いて 연마해서

私は腕を磨いて一人前のコックになりたい。 나는 솜씨를 연마해서 어엿한 요리사가 되고 싶다.

포인트 磨(みが)く는 ①(이빨, 구두 등을) 닦다 ②연마하다 ③아름답

게 꾸미다의 뜻을 갖고 있는 동사로 腕を磨く는 '솜씨를 연마하다'는 뜻
으로 쓰인다.

> 腕(うで)を磨(みが)く 솜씨를 연마하다 | 一人前(いちにんまえ) 제
> 몫(구실을 함) | コック 요리사

12 ③ 試(ため)して 시험하여
彼はアメリカで留学したから、英語の実力があるかどうかを試し
てみたい。 그는 미국에서 유학했으니까, 영어 실력이 있는지 어떤지 시
험해 보고 싶다.

> 実力(じつりょく) 실력 | 試(こころ)みて 시험하여, 시도하여 | 目
> 指(めざ)して 목표로 하여

13 ④ 異(こと)なる 다르다
彼女とは人生観が異なるので別れることにした。 그녀와는 인생관
이 다르기 때문에 헤어지기로 했다.

> 人生観(じんせいかん) 인생관 | 別(わか)れる 헤어지다 | かさ(重)
> なる 겹치다 | つら(連)なる 이어지다

14 ② 補(おぎな)う 보충하다
あの会社は人手不足を補うため、新入社員を採用することにし
た。 저 회사는 일손부족을 보충하기 위해서 신입사원을 채용하기로 했다.

> 人手不足(ひとでぶそく) 일손부족 | 採用(さいよう)する 채용하다
> | 賄(まかな)う 마련하다, 조달하다, 변통하다 | 失(うし)なう 잃다

15 ② 磨(みが)いて 닦고, 연마하고, 꾸미고
彼女はいつもファッション雑誌を見ておしゃれをみがいている。

그녀는 늘 패션 잡지를 보며 멋을 내고 있다.

> 표인트 おしゃれを磨く는 '멋을 내다, 멋을 꾸미다'의 뜻.

> 雑誌(ざっし) 잡지 | おしゃれ 멋 | 解(と)いて 풀고 | 描(えが)い
> て 그리고

16 ④ 踊(おど)る 춤추다
「おどる大捜査線」は私の大好きな日本ドラマです。「춤추는 대수사
선」은 내가 아주 좋아하는 일본드라마입니다.

> 大捜査線(だいそうさせん) 대수사선 | 跳(は)ねる 뛰어 오르다, 튀
> 다 | 唸(うな)る 신음하다, 으르렁거리다

17 ① 沸(わ)いて 열광하고
韓国はオリンピック野球に優勝して喜びにわいている。 한국은 올
림픽야구에 우승하여 기쁨에 열광하고 있다.

> 優勝(ゆうしょう) 우승 | 喜(よろこ)び 기쁨 | 噴(ふ)いて 분출하
> 고, 뿜고 | 撒(ま)いて (여기저기) 뿌리고, 살포하고 | 浮(う)いて (물
> 이나 공중에) 뜨고, (마음이) 들뜨고

18 ④ 謝(あやま)った 사죄했다
彼は平あやまりにあやまった。 그는 그저 용서를 빌었다.

> 표인트 '빌었다'는 뜻이므로 '그르치다, 망치다'의 誤(あやま)った, 謬
> (あやま)った가 아닌 謝(あやま)った를 써야 한다. 平謝(ひら)あやま
> りに謝(あやま)る는 '잘못을 싹싹 빌다'의 뜻임.

03일 실전예상문제 정답 & 해설

01 ①	02 ②	03 ③	04 ①	05 ④	06 ②	07 ④	08 ①	09 ④
10 ③	11 ②	12 ①	13 ④	14 ③	15 ②	16 ①	17 ③	18 ③

01 ① 記録(きろく) 기록
のちのちに伝える必要から事実を書き記すこと。また、その文
書。후일에 전할 필요에서 사실을 적는 것. 또는 그 문서.

> 事実(じじつ) 사실 | 書(か)き記(しる)す 적다 | 文書(ぶんしょ) 문
> 서 | 筆記(ひっき) 필기 | 筆写(ひっしゃ) 필사 | 日記(にっき) 일기

02 ② 悲劇(ひげき) 비극
人生の重大な不幸・悲惨を題材とし、死・破滅・敗北・苦悩など
に終わる劇。인생의 중대한 불행・비참을 제재로 하여, 죽음・파멸・패
배・고뇌 등으로 끝나는 극.

重大(じゅうだい)な 중대한 | 悲惨(ひさん) 비참함 | 題材(だいざい) 제재 | 死(し) 죽음 | 破滅(はめつ) 파괴 | 敗北(はいぼく) 패배 | 苦悩(くのう) 고뇌 | 喜劇(きげき) 희극 | 寸劇(すんげき) 촌극 | 演劇(えんげき) 연극

03 ③ 観察(かんさつ) 관찰

物事の真の姿を間違いなく理解しようとよく見ること。 사물의 진정한 모습을 틀림없이 이해하려고 잘 보는 일.

物事(ものごと) 사물 | 真(しん)の姿(すがた) 진정한 모습 | 間(ま)違(ちが)いなく 틀림없이 | 視察(しさつ) 시찰 | 洞察(どうさつ) 통찰 | 省察(せいさつ) 성찰

04 ① 改善(かいぜん) 개선

悪いところを改めてよくすること。 나쁜 점을 고쳐서 좋게 하는 일.

改(あらた)める 고치다 | 改革(かいかく) 개혁 | 革新(かくしん) 혁신 | 改新(かいしん) 개신, 혁신

05 ④ 検査(けんさ) 검사

適不適や異状・不正の有無などを調べること。 적부적이나 이상・부정의 유무 등을 조사하는 것

適不適(てきふてき) 적부적(적합과 부적합함) | 異状(いじょう) 이상 | 不正(ふせい) 부정 | 有無(うむ) 유무 | 調(しら)べる 조사하다 | 捜査(そうさ) 수사 | 審査(しんさ) 심사 | 監査(かんさ) 감사

06 ② 隅(すみ) 구석

彼は隅に置けない人です。 그는 보통내기가 아닌 사람이다.

포인트 隅(すみ)に置(お)けない는 '보통내기가 아니다. 무시할 수 없다'란 뜻.

隅(すみ) 구석 | 置(お)けない 둘 수 없다

07 ④ 寿命(じゅみょう) 수명

医術が発達するにつれて、人間の寿命が延びるようになった。 의술이 발달함과 더불어 인간의 수명이 늘어나게 되었다.

포인트 寿命(じゅみょう)が延(の)びる는 '수명이 늘다'. 命은 生命(せいめい 생명), 運命(うんめい 운명)처럼 めい로 발음하는데 寿命일 때는 みょう로 발음한다는 것 시험에 자주 나오니 꼭 기억해두자.

医術(いじゅつ) 의술 | 発達(はったつ)する 발달하다 | ～につれて ～에 따라 | 人間(にんげん) 인간 | 延(の)びる 늘어나다, 연장되다 | 知識(ちしき) 지식 | 知能(ちのう) 지능 | 生命(せいめい) 생명

08 ① 割合(わりあい) 비율

貧乏な人は収入に占める食費の割合が高い。 가난한 사람은 수입에

서 차지하는 식비의 비율이 높다.

貧乏(びんぼう)な 가난한 | 収入(しゅうにゅう) 수입 | 占(し)める 차지하다 | 食費(しょくひ) 식비 | 価値(かち) 가치 | 分量(ぶんりょう) 분량 | 欲求(よっきゅう) 욕구

09 ④ 影響(えいきょう) 영향

戦争の後遺症は国民の生活に大きな影響を及ぼした。 전쟁의 후유증은 국민의 생활에 커다란 영향을 끼쳤다.

포인트 명사와 어울리는 동사를 세트로 공부하자.
影響(えいきょう)を及(およ)ぼす : 영향을 끼치다
混乱(こんらん)に陥(おちい)る : 혼란에 빠지다
利益(りえき)をもたらす : 이익을 가져오다
迷惑(めいわく)をかける : 폐를 끼치다

後遺症(こういしょう) 후유증 | 混乱(こんらん) 혼란 | 利益(りえき) 이익 | 迷惑(めいわく) 폐

10 ③ 底(そこ) 바닥

アメリカの株価暴落によって、韓国の株価が底をついた。 미국의 주가폭락에 의해 한국의 주가가 바닥을 쳤다.

포인트 음독으로 てい로 읽는 비슷한 모양의 한자 低/邸/抵/底의 뜻과 쓰임을 알아두자.
低(낮을 저) : 低速(ていそく) 저속, 低温(ていおん) 저온
邸(집 저) : 邸宅(ていたく) 저택
底(밑 속 저) : 底辺(ていへん) 저변, 海底(かいてい) 해저
抵(막을 저) : 抵抗(ていこう) 저항
底(そこ)をつく 관용표현으로 '바닥이 나다, 바닥 시세가 되다'의 뜻.

株価(かぶか) 주가 | 暴落(ぼうらく) 폭락

11 ② 泥(どろ) 진흙

親の顔に泥を塗る行為はやってはいけない。 부모의 얼굴에 먹칠하는 행위는 해서는 안 된다.

포인트 泥(どろ)を塗(ぬ)る는 '욕을 보이다. 먹칠을 하다'는 뜻의 관용표현. 1일차 학습에서 배웠던 관용표현 雲泥(うんでい)の差(さ) : 천양지차와 함께 기억해두자.

行為(こうい) 행위 | 塗(ぬ)る 칠하다

12 ① 作業(さぎょう) 작업

作業中は立ち入り禁止です。 작업중에는 출입금지입니다.

포인트 作는 음으로 읽는 방법이 さ/さく 두 가지가 있다.
さ : 作業(さぎょう) 작업 | 作用(さよう) 작용 | 動作(どうさ) 동작 | 操作(そうさ) 조작
さく : 作品(さくひん) 작품 | 作文(さくぶん) 작문 | 作物(さくもつ) 작물

立(た)ち入(い)り禁止(きんし) 출입금지

13 ④ 募集(ぼしゅう) 모집

あのクラブは新しい会員を募集している。 저 클럽은 새로운 회원을 모집하고 있다.

포인트 비슷한 모양의 한자 募(모일 모), 暮(저물 모), 慕(사모할 모), 墓 (묘지 묘)는 음독으로 모두 'ぼ'로 읽는다.
募 : 募集(ぼしゅう) 모집
暮 : 歳暮(せいぼ) 연말
慕 : 思慕(しぼ) 사모
墓 : 墓地(ぼち) 묘지

会員(かいいん) 회원

14 ③ 育児(いくじ) 육아

育児問題で悩む女性のために相談所が設けられている。 육아문제 로 고민하는 여성을 위해서 상담소가 설치되어 있다.

포인트 育(기를 육)은 음독으로 いく로, 児(아이 아)는 じ로 읽는다. 育成(いくせい) 육성, 児童(じどう) 아동)

悩(なや)む 고민하다 | 相談所(そうだんじょ) 상담소 | 設(もう)け る 설치하다

15 ② 乾燥(かんそう) 건조

部屋の空気が乾燥して風邪をひいてしまった。 방의 공기가 건조해 서 감기에 걸려버렸다.

포인트 乾(마를 건)은 음독으로 かん으로, 燥(마를 조)는 そう로 읽는 다. 乾燥(かんそう 건조)는 感想(かんそう 감상)와 발음이 같아서 한자 어휘 문제로 자주 출제되므로 함께 기억해두자.

部屋(へや) 방 | 空気(くうき) 공기

16 ① 操作(そうさ) 조작

この機械はそうさしやすく作られている。 이 기계는 조작하기 쉽게 만들어져 있다.

포인트 操作(そうさ 조작)와 捜査(そうさ 수사)는 발음이 같아서 한 자 문제로 자주 출제된다.

機械(きかい) 기계 | 造作(ぞうさ) 수고, 번거로움

17 ③ 適切(てきせつ) 적절

国の経済を建て直すためにてきせつな対策を立てなければならな い。 나라의 경제를 재건하기 위해서 적절한 대책을 세워야 한다.

포인트 음독으로 てき 읽는 비슷한 모양의 한자 摘/滴/適/敵의 뜻 과 쓰임을 알아두자.
適(맞을, 마땅할 적) : 適応(てきおう) 적응 | 適当(てきとう) 적당
摘(딸, 들추어 낼 적) : 指摘(してき) 지적 | 摘発(てきはつ) 적발
敵(대적할 적) : 敵意(てきい) 적의 | 強敵(きょうてき) 강적
滴(물방울 적) : 点滴(てんてき) 링거 | 水滴(すいてき) 물방울

経済(けいざい) 경제 | 建(た)て直(なお)す 재정비하다, 재건하다 | 対策(たいさく)を立(た)てる 대책을 세우다

18 ③ 強引(ごういん)に 억지로

母は好きでもないピーマンをごういんに食べさせる。 어머니는 좋 아하지도 않는 피망을 억지로 먹게 한다.

포인트 強의 음독은 きょう/ごう 두 가지, 시험에 자주 출제되니 다시 한번 정리!!
きょう : 勉強(べんきょう) 공부, 強制(きょうせい) 강제
ごう : 強引(ごういん) 억지로, 強盗(ごうとう) 강도

強靭(きょうじん) 강인

04일 실전예상문제 정답 & 해설

01 ②	02 ①	03 ④	04 ③	05 ②	06 ①	07 ③	08 ①	09 ③
10 ④	11 ④	12 ②	13 ②	14 ②	15 ①	16 ③	17 ③	18 ③

01 ② あきらめる 포기하다

仕方がないと断念したり、悪い状態を受け入れたりする。하는 수 없이 단념하기도 하고 나쁜 상태를 받아들이기도 한다.

> 断念(だんねん)する 단념하다 | 状態(じょうたい) 상태 | 受(う)け入(い)れる 받아들이다 | ためらう 주저하다 | 紛(まぎ)れる 혼동되다 | 確(たし)かめる 확인하다

02 ① 落(お)ち着(つ)く 자리잡다

居所・職業が決まって居つく。거처・직업이 정해져 정착하다.

> 居所(きょしょ・いどころ) 거처 | 職業(しょくぎょう) 직업 | 落(お)ちぶれる 영락하다, 몰락하다 | 落(お)とし入(い)れる 빠뜨리다

03 ④ 外(はず)す 떼다, 풀다

はまっているものを外へ抜き出す。채워져 있는 것을 밖으로 빼내다.

> はまる 꼭 끼이다, 꼭 채워지다 | 離(はな)れる 떨어지다 | 残(のこ)る 남다 | 追(お)い出(だ)す 쫓아내다 | 抜(ぬ)き出(だ)す 빼내다

04 ③ 弾(はず)む 튀다

物に当たる勢いではね返る。물건에 닿는 힘으로 되돌아오다.

> 勢(いきお)い 힘, 기세 | はね返(かえ)る 튀어 돌아오다 | 反(そ)らす 피하다 | 踊(おど)る 춤추다 | 挑(いど)む 도전하다, 덤벼들다

05 ② 現(あらわ)れる 드러내다, 나타나다

今までなかったものが姿を見せる。지금까지 없었던 것이 모습을 보이다.

> 포인트 같은 뜻으로 한자만 다르게 사용하는 表(あらわ)れる는 감정이나 생각 등을 표현할 때 쓴다.

> 浮(う)かぶ 뜨다 | 際立(きわだ)つ 두드러지다 | 示(しめ)す 나타내다

06 ① 植(う)える 심다

今年の春は庭にれんぎょうを植えるつもりです。올 봄은 정원에 개나리를 심을 작정입니다.

> 포인트 うえる는 植(う)える를 쓸 때는 '심다, 주입하다, 이식하다'는 뜻이며 飢(う)える를 쓸 때는 '굶주리다'는 뜻임에 주의!!

> れんぎょう 개나리 | 生(は)やす 기르다

07 ③ ためらって 주저하여

こういう時に決定をためらってはいけません。이런 때에 결정을 주저해서는 안 됩니다.

08 ① 調(しら)べて 조사해서

事故の原因を調べて報告してください。사고의 원인을 조사해서 보고해 주세요.

> 포인트 조사하다는 調(しら)べる, 調査(ちょうさ)する로 표현함.

> 並(なら)べて 세워서 | 比(くら)べて 비교해서 | 捜(さが)す 찾다

09 ③ 被(かぶ)って (내숭을) 떨고

彼女は好きな男の人の前ではいつも猫を被っている。 그녀는 좋아하는 남자 앞에서는 언제나 내숭을 떨고 있다.

> 포인트 猫(ねこ)を被(かぶ)る는 관용표현으로 내숭을 떨다란 뜻임.

> 得(え)て 얻고 | 閉(と)じて 감고 | 飼(か)って 기르고

10 ④ 割(わ)り込(こ)む 끼어들다

人の話に割り込むのはよくないです。

> 포인트 割引(わりびき) 할인), 割増(わりまし) 할증), 割合(わりあい) 비율), 割り算(わりざん) 나눗셈)도 함께 기억하자.

> 目覚(めざ)める 잠에서 깨다 | 打(う)ち消(け)す 부정하다 | 横(よこ)になる 눕다

11 ④ 伝(つた)える 전하다

愛の感情を相手にうまく伝えるのは難しい。사랑의 감정을 상대에게 잘 전하는 것은 어렵다.

> 感情(かんじょう) 감정 | 相手(あいて) 상대 | 言(い)える 말할 수 있다 | 備(そな)える 준비하다, 대비하다 | 揃(そろ)える 갖추다

12 ② 離(はな)れて 떨어져서

親と子供が離れて生活するのはつらい。부모와 자식이 떨어져서 생활하는 것은 괴롭다.

> 포인트 離(はな)れる는 떨어지다. 別(わか)れる는 헤어지다의 뜻. 그리고 두 한자로 이루어진 離別(りべつ)는 '이별'. 이렇게 관련있는 단어끼리 모아서 외워두면 기억하기 쉽다.

> 外(はず)れて 벗어나서 | 慣(な)れて 익숙해서

13 ② 与(あた)えられた 주어진

私は自分に与えられた条件の下で最善を尽くしたいです。나는 자신에게 주어진 조건 아래에서 최선을 다하고 싶습니다.

> 条件(じょうけん) 조건 | 最善(さいぜん)を尽(つ)くす 최선을 다하다

14 ② 果(は)たす 다하다

自分に与えられた任務はちゃんと果たすべきである。자신에게 주어진 임무는 반드시 다해야 한다.

果(は)たす는 임무나 책임, 약속 등을 다하다는 의미.
任務(にんむ)を果(は)たす：임무를 다하다
責任(せきにん)を果たす：책임을 다하다
約束(やくそく)を果たす：약속을 지키다

任務(にんむ) 임무 | 致(いた)す 하다 | 来(き)たす 초래하다, 가져오다 | 浸(ひた)す 물에 담그다

15 ① 訊(たず)ねて (길을) 물어

もし道に迷ったら、交番に行ってお巡りさんに道を訊ねてください。 만약 길을 잃으면 파출소에 가서 순경아저씨에게 길을 물으세요.

道(みち)に迷(まよ)う 길을 잃다 | 交番(こうばん) 파출소 | お巡(まわ)りさん 순경아저씨 | こねる 반죽하다 | 兼(か)ねる 겸하다

16 ③ 晴(は)れる 개다

天気予報によると、明日ははれるそうです。 일기예보에 의하면 내일은 갠다고 합니다.

天気予報(てんきよほう) 일기예보

17 ③ 落(お)ち着(つ)いて 침착하게

非常時はおちついて行動してください。 비상시에는 침착하게 행동해 주세요.

非常時(ひじょうじ) 비상시 | 行動(こうどう) 행동

18 ③ 借(か)りたい 빌리고 싶다

この頃、私は猫の手もかりたいほど忙しいです。 요즘 나는 고양이 손이라도 빌리고 싶을 만큼 몹시 바쁩니다.

포인트 猫(ねこ)の手(て)も借(か)りたい：고양이 손이라도 빌리고 싶다는 관용표현으로 몹시 바빠서 일손이 부족하여 애먹다는 뜻.

この頃(ごろ) 요즘

05일 실전예상문제 정답 & 해설

01 ③	02 ①	03 ④	04 ③	05 ②	06 ④	07 ①	08 ②	09 ②
10 ③	11 ②	12 ④	13 ②	14 ①	15 ②	16 ①	17 ③	18 ④

01 ③ ずるい 교활하다

人をだましたりして自分だけが得をしようとするさま。 남을 속이거나 하여 자신만이 이득을 보려고 하는 모습.

포인트 교활함을 나타내는 형용사는 ずるい.

だます 속이다 | 得(とく)をする 이득을 보다 | 恐(こわ)い 무섭다 | 疎(うと)い 소원하다, 사정에 어둡다 | 鈍(にぶ)い 둔하다

02 ① 賢(かしこ)い 현명하다, 똑똑하다

知能、分別などが優れているさま。 지능, 분별 등이 뛰어난 모습.

포인트 현명함을 나타내는 형용사는 賢(かしこ)い. 명사로는 賢明(けんめい)라고 함.

知能(ちのう) 지능 | 分別(ふんべつ) 분별 | 優(すぐ)れる 뛰어나다 | 詳(くわ)しい 자세하다 | 細(こま)かい 잘다, 세세하다

03 ④ そそっかしい 덜렁거리다

態度が落ち着かず注意が足りないようす。 태도가 침착하지 않고 부주의한 모습.

포인트 태도가 침착하지 않고 덜렁거리는 모습을 나타내는 형용사는 そそっかしい 또는 そそかしい이다.

態度(たいど) 태도 | 落(お)ち着(つ)く 침착하다, 안정되다 | 厚(あつ)かましい 뻔뻔하다 | とんでもない 당치않다 | みっともない 꼴사납다

04 ③ 図々(ずうずう)しい 뻔뻔하다

人に迷惑をかけながら平気でいる。 남에게 폐를 끼치면서 태연하게 있다.

포인트 뻔뻔하다를 나타내는 말은 図々(ずうずう)しい, 厚(あつ)かましい, ふてぶてしい 등이 있다.

迷惑(めいわく)をかける 폐를 끼치다 | 平気(へいき) 태연함 | 慌(あわ)ただしい 분주하다, 허둥지둥 거리다 | 騒(さわ)がしい 소란스럽다, 시끄럽다 | 甚(はなは)だしい 매우 심하다

05 ② 慌(あわ)ただしい 분주하다, 허둥대다

気持ちがせかせかして落ち着かない。 마음이 조급하고 침착하지 못하다.

> **포인트** 허둥대는 모양을 나타내는 형용사는 慌(あわ)ただしい이다. 덜렁거리는 사람을 표현하는 慌(あわ)てん坊(ぼう) 또는 慌(あわ)て者(もの)도 함께 알아두자.

> せかせかする 허둥지둥하다, 헐레벌떡하다, 조급하다 | 怪(あや)しい 수상하다 | 悔(くや)しい 분하다

06 ④ 険(けわ)しい 험악한

犯人はあのけわしい顔つきの人に違いない。 범인은 저 험악한 표정을 한 사람임에 틀림없다.

> **포인트** 険(けわ)しい는 (길이나 상황이) 험하다, 험난하다를 나타내기도 하지만 얼굴 표정이 험상궂다는 표현으로도 쓰인다.

> 犯人(はんにん) 범인 | 顔(かお)つき 용모, 표정 | ～に違(ちが)いない ～임에 틀림없다 | 厚(あつ)い 두껍다 | 汚(きたな)い 더럽다

07 ① あさい (역사가) 짧다

アメリカは歴史があさい国である。 미국은 역사가 짧은 나라이다.

> **포인트** 일본어에서 '역사가 짧다'는 歴史が浅(あさ)い로 표현한다.

> 歴史(れきし) 역사 | 薄(うす)い 얇다, 연하다 | 深(ふか)い 깊다 | 長(なが)い 길다

08 ② するどい 예리한

審判はするどい判断力が必要である。 심판은 예리한 판단력이 필요하다.

> **포인트** 예리함을 나타내는 형용사는 するどい. 반대말인 鈍(にぶ)い : 둔하다도 함께 알아두자.

> 審判(しんぱん) 심판 | 判断力(はんだんりょく) 판단력 | 甘(あま)い 달다, (간이) 싱겁다

09 ② 悔(くや)しい 분하다

試合に負けてくやしいのは当たり前だ。 시합에 져서 분한 것은 당연하다.

> 負(ま)ける 지다 | 当(あ)たり前(まえ) 당연함 | 嬉(うれ)しい 기쁘다 | 等(ひと)しい 같다

10 ③ 怪(あや)しい 수상하다

彼の行動には怪しいふしがある。 그의 행동에는 수상한 점이 있다.

> ふし 마음에 걸리는 점 | 怪(あや)しい 수상하다 | 訝(いぶか)しい 수상하다 | たくましい 튼튼하다, 씩씩하다

11 ② 不思議(ふしぎ) 불가사의, 이상함

最近あの町では不思議な現象が相次いで起って住民が不安がっている。 최근에 저 마을에는 이상한 현상이 연달아 일어나서 주민이 불안해하고 있다.

> 現象(げんしょう) 현상 | 相次(あいつ)ぐ 잇달다 | 起(おこ)る 발생하다 | 不安(ふあん)がる 불안해하다

12 ④ 甚(はなは)だしい 매우 심하다

親の面前でたばこを吸うなんて非常識も甚だしい。 부모 면전에서 담배를 피우다니 몰상식하기 짝이 없다.

> **포인트** 甚(はなは)だしい는 주로 오해나 피해 등 좋지 않은 일의 정도가 심함을 표현하는 형용사로, 시험에 '夥(おびただ)しい : 엄청나다'와 함께 자주 출제된다. 夥(おびただ)しい는 주로 수량이 많음을 나타낼 때 사용한다.

> 面前(めんぜん) 면전 | 非常識(ひじょうしき)も甚(はなは)だしい 몰상식도 유분수다(이만저만이 아니다)

13 ② 騒(さわ)がしい 소란스럽다

この間起きた連続殺人事件をめぐって世間が騒がしい。 일전에 일어난 연속살인사건을 둘러싸고 세상이 소란스럽다.

> 連続(れんぞく) 연속 | 殺人(さつじん) 살인 | 事件(じけん) 사건 | 世間(せけん) 세상 | 騒(さわ)がしい 소란스럽다 | 忙(いそが)しい 바쁘다 | 清々(すがすが)しい 상쾌하다

14 ① 清(きよ)い 맑다

彼女は清い心の持ち主である。 그녀는 맑은 마음의 소유자이다.

> **포인트** 뒤에 오는 단어가 心(こころ 마음)이므로 어울리는 형용사는 '清(きよ)い : 깨끗한' 밖에 없다. 만약 ③번이 '清(きよ)らかな : 깨끗한' 였다면 ③번도 답이 될 수 있다.

> 持(も)ち主(ぬし) 소유자

15 ② 厚(あつ)い 두껍다

彼はそんなことを平気でしでかす。本当に面の皮があつい。 그는 그런 일을 태연하게 저지른다. 정말로 낯짝이 두꺼워.

> **포인트** 시험에 단골로 출제되니 あつい로 쓰는 4가지 형용사의 각각의 뜻을 꼭 확인해놓자.
> 暑(あつ)い : 날씨가 덥다

熱(あつ)い : (물이나 기름의 온도가) 뜨겁다. 열정적이다
厚(あつ)い : 두껍다. (인정 등이) 두텁다
篤(あつ)い : (병세 등이) 위독하다
또한 '面(つら)の皮(かわ)が厚(あつ)い는 관용표현으로 '낯가죽이 두
껍다, 뻔뻔하다'의 뜻이다. 厚(あつ)かましい, 図々しい와 같은 표현이다.

> しでかす 저지르다

16 ① 汚(きたな)い 더럽다

彼は外で遊んでから、きたない手のままご飯を食べる。 그는 밖에
서 놀고 나서 더러운 손 채로 밥을 먹는다.

> 포인트 동사 + て(で)からは '～하고 나서, ～한 후에'. ～のままは '～
> 인 채로'의 뜻. 뒤에 오는 단어가 手(て)이므로 汚(きたな)い手가 가장
> 적절하다.

> 嫌(きら)い 싫다 | 危(あぶな)い 위험하다

17 ③ 緩(ゆる)くなる 느슨해지다

取締りがゆるくなると、また飲酒運転者が増えるようです。 단속
이 느슨해지면 또 음주운전자가 늘어나는 것 같습니다.

> 포인트 い형용사 + なるは ～해 지다로 상태의 변화를 나타낸다.

> 取締(とりしま)り 단속 | 飲酒(いんしゅ) 음주 | 酷(ひど)い 심하다
> | 丸(まる)い 둥글다 | 緩(ゆる)い 느슨하다 | 薄(うす)い 얇다, 옅다

18 ④ 詳(くわ)しく 자세히

これまで行った研究の経過をくわしく説明してください。 지금까
지 행한 연구의 경과를 자세히 설명해 주세요.

> 포인트 い형용사가 동사 앞에 와서 부사적으로 쓰일 때는 어미 い가
> く로 바뀐다.

> 行(おこな)う 행하다 | 研究(けんきゅう) 연구 | 経過(けいか) 경과
> | 寂(さび)しい 쓸쓸하다 | 悲(かな)しい 슬프다 | 嬉(うれ)しい 기
> 쁘다 | 詳(くわ)しい 자세하다

06일 실전예상문제 정답 & 해설

01 ①	02 ②	03 ①	04 ③	05 ①	06 ③	07 ②	08 ②	09 ①	10 ②
11 ②	12 ④	13 ①	14 ④	15 ②	16 ③	17 ①	18 ①	19 ②	

01 ① ～を問(と)わず ～을(를) 불문하고

最近は男性女性を問わず、運転免許は持っている。 최근에는 남성
여성을 불문하고 운전면허는 소지하고 있다.

> 포인트 ～を問(と)わずは 주로 대립 관계에 있는 말에 연결되어 '～을
> (를) 불문하고'의 뜻. 비슷한 표현으로 ～にかかわらず도 함께 알아두자.

> 運転免許(うんてんめんきょ) 운전면허 | ～にとどまらず ～뿐만
> 아니라, 게다가 | ～にしろ ～이든 ～하든 | ～ばかりか ～뿐만 아
> 니라

02 ② べきではない ～해서는 안 된다

学校のいじめはどんな理由でも許すべきではない。 학교에서 집단
적 따돌림은 어떠한 이유라도 용서해서는 안 된다.

> 포인트 종종 시험에 함께 출제되는 ～べきではない와 ～はずでは

ない의 쓰임에 주의!! ～べきではないは '～해서는 안 된다'로 '의무, 당
위'를 나타내며 ～はずではない는 '～하지는 않을 것이다' 추량의 의
미를 나타낸다.

> 理由(りゆう) 이유 | 許(ゆる)す 용서하다

03 ① 貧(まず)しくても 가난해도

たとえ貧しくても、親子一緒に暮すのがいい。 설사 가난해도 부모
와 자식이 함께 사는 것이 좋다.

> 포인트 たとえ와 호응하는 표현을 알고 있다면 답은 쉽게 찾을 수 있
> 다. たとえ～ても 형태로 '설령 ～라 하더라도 그렇게 할 것이다. 또는
> 그렇게 될 것이다'를 나타낸다는 것도 기억해두자.

> 親子(おやこ) 부모와 자식 | 一緒(いっしょ) 함께

04 ③ ついでに ~한 김에

京都に行ったついでに親類の家に寄ってみた。교토에 간 김에 친척 집에 들러 보았다.

포인트 ついでに는 '~을 하는 기회를 이용하여 다른 일도 같이 함'을 나타내는 표현, 비슷한 표현인 ~かたがた, ~がてらも 함께 확인해두자.

> 親類(しんるい) 친척 ┃ 寄(よ)る 들리다

05 ① あがる 상승하다

わが国の経済成長率はあがる 一方だ。우리나라의 경제 성장률은 상승 일로이다.

포인트 '사전형 + 一方(いっぽう)だ'는 '오로지 그 경향뿐임, ~만 함'을 나타냄.

> わが国(くに) 우리나라 ┃ 経済成長率(けいざいせいちょうりつ) 경제성장률

06 ③ さえ ~만

時間さえあれば旅に出る。시간만 있으면 여행을 떠난다.

포인트 조건에 쓰는 さえ의 의미는 '~조차'가 아니라 '~만'임에 주의하자.

07 ② わりに ~에 비해서

この仕事は忙しくて大変なわりに、給料がよくない。이 일은 바쁘고 힘든 거에 비해서 급료가 좋지 않다.

> 給料(きゅうりょう) 급료

08 ② かねます ~하기 어렵습니다

私には納得しかねます。나로서 납득하기 어렵습니다.

> 納得(なっとく) 납득

09 ① 知り 알며

飲み過ぎは悪いと知りつつも、つい飲んでしまう。과음은 나쁘다는 것을 알면서도 그만 마셔버린다.

포인트 '동사의 ます형+つつ(も)'는 '~하면서도'의 의미!!

> 飲(の)み過(す)ぎ 과음

10 ② どころか ~하기는커녕

いそがしくて、休みをとるどころか食事をする時間もない。바빠서 휴가를 얻기는커녕 식사를 할 시간도 없다.

> 休(やす)みを取(と)る 휴가를 얻다

11 ② からには ~한 이상에는

みんなで決めたからには成功するようにがんばろう。함께 결정한 이상에는 성공하도록 노력하자.

12 ④ 次第 ~나름, ~에 달려있음

明日遠足に行けるかどうかは天気次第です。내일 소풍을 갈 수 있을지 어떨지는 날씨에 달려 있습니다.

> 始末(しまつ) ~꼴, ~모양 ┃ 所以(ゆえん) 까닭, 근거

13 ① くせに ~주제에

彼は何も知らないくせに何でも知っているようなことを言う。그는 아무것도 모르면서도 뭐든지 알고 있는 듯한 말을 한다.

14 ④ からといって ~라고 해서

先生だからといってこの問題を全部解けるとは限らない。선생님이라고 해서 이 문제를 전부 풀 수 있는 것은 아니다.

> 問題(もんだい)を解(と)く 문제를 풀다

15 ② ~わけにはいかない ~할 수는 없다

いくら体の具合が悪くても会社を休むわけにはいかない。아무리 몸이 안 좋아도 회사를 쉴 수는 없다.

> 体(からだ)の具合(ぐあい)が悪(わる)い 몸 상태가 안 좋다 ┃ 具合(ぐあい) 상태, 형편

16 ③ せざるをえない ~하지 않을 수 없다

今日は仕事が多くて残業せざるをえない。오늘은 일이 많아서 야근하지 않을 수 없다.

> 残業(ざんぎょう) 야근, 잔업

17 ① はさておき ~은 그만 하고

冗談はさておき本論に入りましょうか。농담은 그만하고 본론으로 들어갈까요?

> 冗談(じょうだん) 농담 ┃ 本論(ほんろん) 본론

18 ① おそれがある 우려가 있다

このまま日照りが続くと、農作物に大きな被害を与えるおそれがある。이대로 가뭄이 계속되면 농작물에 커다란 피해를 줄 우려가 있다.

> 日照(ひで)り 가뭄 ┃ 農作物(のうさくぶつ) 농작물 ┃ 被害(ひがい)を与(あた)える 피해를 주다

19 ② しかない ~할 수 밖에 없다

生活するお金もないので、学校をやめるしかない。생활할 돈도 없어서 학교를 그만 둘 수 밖에 없다.

01 ③	02 ④	03 ①	04 ①	05 ①	06 ②	07 ④	08 ③	09 ①
10 ③	11 ④	12 ②	13 ④	14 ②	15 ②	16 ②	17 ①	18 ④

01 ③ 共感(きょうかん) 공감

他人の意見などにそのとおりだと感じること。 타인의 의견 등에 그렇다고 느끼는 것.

> **포인트** '함께'라는 뜻을 갖는 한자는 共(함께 공)이다. 비슷하게 생긴 한자 供(이바지할, 바칠 공)과 혼동하지 않도록 주의해야 한다.

> 意見(いけん) 의견 │ 共通(きょうつう) 공통

02 ④ 苦労(くろう) 고생

精神的、肉体的に力を尽くし、苦しい思いをすること。 정신적, 육체적으로 힘을 다하여 괴로워 하는 것.

> 精神的(せいしんてき) 정신적 │ 肉体的(にくたいてき) 육체적

03 ① 夢中(むちゅう) 몰두함

物事に熱中して我を忘れること。 사물에 열중하여 자신을 잊는 것.

> **포인트** 夢中(むちゅう)になる는 관용어구로 '몰두하다'의 뜻. 中와 仲 모두 음독으로 'ちゅう'로 읽으나 仲가 음독 'ちゅう로 읽는 단어는 '仲介(ちゅうかい 중개)' 정도이다. 仲와 관련해서 훈독으로 읽는 仲間(なかま 동지, 동료) 仲人(なこうど 중매쟁이)가 시험에 자주 나오니 기억해두자.

> 熱中(ねっちゅう) 열중 │ 我(われ)を忘(わす)れる 자신을 잊다

04 ① 想像(そうぞう) 상상

河童は想像上の動物です。 갓파는 상상의 동물이다.

> **포인트** 想像(そうぞう 상상)과 創造(そうぞう 창조)는 발음이 같은 한자로 시험에 자주 출제되니 주의!!

> 河童(かっぱ) 물속에 산다는 어린애 모양을 한 상상의 동물.

05 ① 掃除(そうじ) 청소

部屋の掃除をしてから出かけなさい。 방 청소를 하고 나서 외출하세요.

06 ② 偶然(ぐうぜん) 우연

昨日道ばたで偶然に、中学校の友だちに会った。 어제 길가에서 우연히 중학교 친구를 만났다.

> 道(みち)ばた 길가

07 ④ 平等(びょうどう) 평등

人間は何の差別なく平等に扱われるべきである。 인간은 아무런 차별 없이 평등하게 취급받아야 한다.

> 差別(さべつ) 차별 │ 扱(あつか)う 다루다, 취급하다 │ ～べきである 마땅히 ～해야 한다 │ 均等(きんとう) 균등

08 ③ 煙(けむり) 연기

火のないところに煙は立たぬ。 아니 땐 굴뚝에 연기나랴.

> 小火(ぼや) 작은 불, 화재 │ 炎(ほのお) 불길, 화염 │ 災(わざわ)い 화, 재앙

09 ① 雲(くも) 구름

彼はいつも雲をつかむような話ばかりする。 그는 늘 뜬구름 잡는 이야기만 한다.

> **포인트** 雲(くも)をつかむ는 관용표현으로 '뜬 구름 잡다, 막연하고 종잡을 수 없다'란 뜻이다.

> 氷(こおり) 얼음 │ 霧(きり) 안개

10 ③ 構造(こうぞう) 구조

文章を理解するためには、まずその文章の構造を知らねばならない。 문장을 이해하기 위해서는 우선 그 문장의 구조를 알아야 한다.

> **포인트** 비슷한 모양의 한자 構(구), 講(강), 購(구)는 일본어로는 모두 'こう'로 읽는다는 점에 주의.
> 構 : 構造(こうぞう) 구조
> 講 : 講義(こうぎ) 강의
> 購 : 購買(こうばい) 구매

> 文章(ぶんしょう) 문장 │ 知らねばならない(=知らなくてなならない) 알지 않으면 안 된다. 즉, 알아야 한다

11 ④ 涙(なみだ) 눈물

彼は血も涙もない冷血漢である。 그는 피도 눈물도 없는 냉혈한이다.

> **포인트** 血(ち)も涙(なみだ)もない는 관용표현으로 '피도 눈물도 없다'는 뜻.

> 冷血漢(れいけつかん) 냉혈한

12 ② 金額(きんがく) 금액

銀行員が莫大な金額の貯金を盗んで逃げ出した。은행원이 막대한 금액의 저금을 훔쳐서 달아났다.

> 莫大(ばくだい)な 막대한 | 貯金(ちょきん) 저금 | 盗(ぬす)む 훔치다 | 逃(に)げ出(だ)した 달아났다

13 ④ 缶詰(かんづめ) 통조림

独り暮らしの人にとって、かんづめは大事なものである。혼자서 사는 사람에게 있어서 통조림은 소중한 것이다.

> 独(ひと)り暮(く)らし 독신 생활 | 大事(だいじ)な 소중한

14 ② 法律(ほうりつ) 법률

社会の構成員として、ほうりつは必ず守らなければならない。사회의 구성원으로서 법률은 반드시 지켜야 한다.

> 構成員(こうせいいん) 구성원

15 ② 冷凍(れいとう) 냉동

れいとう食品は長持ちするから便利です。냉동식품은 오래가기 때문에 편리합니다.

> 食品(しょくひん) 식품 | 長持(ながも)ち 오래감

16 ② 警察(けいさつ) 경찰

けいさつは社会の秩序を守る番人である。경찰은 사회의 질서를 지키는 파수꾼이다.

> 秩序(ちつじょ) 질서 | 番人(ばんにん) 파수꾼

17 ① 優勝(ゆうしょう) 우승

今度の大会でゆうしょうした。이번 대회에서 우승했다.

> 포인트 憂와 優는 모양도 비슷하고 둘 다 ゆう로 읽는 한자라서 혼동하기 쉽다. 憂는 憂鬱(ゆううつ 우울)로 優는 優勝(ゆうしょう 우승), 優秀(ゆうしゅう 우수), 優越(ゆうえつ 우월), 優位(ゆうい 우위) 등으로 기억해놓자.

18 ④ 微妙(びみょう) 미묘

これとあれはびみょうな差がある。이것과 저것은 미묘한 차이가 있다.

> 포인트 微(미)와 徴(징)는 비슷한 모양의 글자로 혼동하기 쉬운 한자이므로 주의! 微妙(びみょう 미묘), 特徴(とくちょう 특징)으로 기억하자.

> 差(さ)がある 차이가 있다

08일 실전예상문제 정답 & 해설

| 01 ① | 02 ④ | 03 ② | 04 ③ | 05 ① | 06 ③ | 07 ③ | 08 ② | 09 ③ |
| 10 ① | 11 ② | 12 ③ | 13 ④ | 14 ① | 15 ② | 16 ③ | 17 ① | 18 ④ |

01 ① 備(そな)える 대비하다

これから先に起る事態に対応できるようにじゅんびする。앞으로 먼저 일어날 사태에 대응할 수 있도록 준비한다.

> 포인트 準備(じゅんび)すると 같은 뜻의 동사는 備(そな)える이다.

> 事態(じたい) 사태 | 対応(たいおう) 대응 | 準備(じゅんび)する 준비하다 | 凍(こご)える 얼다 | 逃(に)げる 도망치다

02 ④ 疑(うたが)う 의심하다

本当かどうか怪しいと思う。정말인지 어떤지 의심하다.

> 포인트 '怪(あや)しい : 수상하다, 의심스럽다'라고 생각하는 것이니까 '의심하다'라는 동사 疑(うたが)う가 적절하다.

> 信(しん)じる 믿다 | 育(そだ)てる 키우다 | 重(おも)んじる 중시하다, 소중히 여기다

03 ② しびれる 저리다

体の一部または全体の感覚を失って、運動の自由を失う。몸의 일부 또는 전체 감각을 잃고 운동의 자유를 잃다.

> 포인트 감각을 잃는 '麻痺(まひ)마비'의 痺와 '痺(しび)れる 저리다'의 痺가 같은 한자를 쓴다는 것을 기억하자.

感覚(かんかく) 감각 | 自由(じゆう) 자유 | 失(うしな)う 잃다 | くたびれる 녹초가 되다 | 崩(くず)れる 무너지다, 붕괴되다 | 倒(たお)れる 쓰러지다, 넘어지다, 무너지다, 도산하다

04 ③ 蒸(む)す 찌다

湯気をとおして熱する。 수증기를 통해서 가열하다.

포인트 焼(や)く는 굽다, 蒸(む)す는 찌다, 煮(に)る는 '조리다, 끓이다, 炒(いた)める는 볶다. 모두 불 화(火)가 들어간 요리 방법을 나타낸 동사들이다.

湯気(ゆげ) 김, 수증기 | 熱(ねっ)する 가열하다

05 ① 求(もと)める 구하다, 요구하다, 추구하다

仕事をもとめる人は多いが、就職口はなかなか見つからない。 일을 구하는 사람은 많지만, 일자리는 좀처럼 구하지 못한다.

就職口(しゅうしょくぐち) 취직처, 일자리 | 見(み)つかる 발견되다 | なかなか〜ない 좀처럼 〜하지 못하다 | 転(ころ)ぶ 넘어지다 | 助(たす)ける 돕다 | 運(はこ)ぶ 운반하다

06 ③ 冷(さ)めて 식어서

このコーヒーはさめておいしくないですね。 이 커피는 식어서 맛이 없네요.

07 ③ 覚(おぼ)えて 기억하지

子供の時のことはおぼえていない。 어린 시절의 일은 기억하지 못한다.

08 ② 抑(おさ)えて 억누르고

私は彼に対する怒りをおさえていました。 나는 그에 대한 분노를 억누르고 있었습니다.

怒(いか)り 분노, 노여움 | 喜(よろこ)んで 기뻐하고 | 楽(たの)しんで 즐기고 | 誘(さそ)って 유혹하고

09 ③ 偏(かたよ)らない 편중되지 않다

人口が都市にかたよらないように研究している。 인구가 도시에 편중되지 않도록 연구하고 있다.

人口(じんこう) 인구 | 研究(けんきゅう) 연구 | 数(かぞ)えない 수를 세지 않다 | 捨(す)てない 버리지 않다 | 組(く)み立(た)てない 조립하지 않다

10 ① 誘(さそ)って 권유해

最近食事に誘ってくれる人もいない。 최근 식사하자고 청해주는 사람도 없다.

11 ② 用(もち)いて 이용하여

この方法を用いて問題を解いてください。 이 방법을 이용하여 문제를 풀어주세요.

方法(ほうほう) 방법 | 問題(もんだい)を解(と)く 문제를 풀다 | 率(ひき)いて 인솔하여, 통솔하여 | 導(みちび)いて 데리고 가서, 가르쳐서 ,이끌어서

12 ③ 述(の)べる 진술하다

彼が不景気対策について詳しく述べると思います。 그가 불경기 대책에 대해서 자세히 진술할 거라고 생각합니다.

不景気(ふけいき) 불경기 | 対策(たいさく) 대책 | 辞(や)める 그만두다 | 諦(あきら)める 단념하다

13 ④ 味(あじ)わって 맛보아

彼はまだ若いのにありとあらゆる人生の苦しみを味わってしまった。 그는 아직 젊은데 모든 인생의 비애를 맛보아 버렸다.

ありとあらゆる 모든, 온갖 | 苦(くる)しみ 괴로움

14 ① 崩(くず)れる 무너지다

大雨で山がくずれるおそれがある。 큰비로 산이 무너질 우려가 있다.

포인트 〜おそれがある는 '〜할 우려가 있다'는 뜻이다.

大雨(おおあめ) 큰비 | おそれ 우려, 염려, 위험

15 ② 数(かぞ)えて 세어서

参加者の人数をかぞえて報告してください。 참가자의 인원수를 세어서 보고하세요.

参加者(さんかしゃ) 참가자 | 人数(にんず) 인원수 | 報告(ほうこく) 보고

16 ③ 捨(す)てて 버려

必要なものだけ残して全部すててください。 필요한 것만 남기고 전부 버리세요.

포인트 捨와 拾는 한자 모양이 비슷하여 혼동하기 쉽다. '捨(す)てる 버리다'와 '拾(ひろ)う 줍다'로 기억해두자.

必要(ひつよう) 필요 | 残(のこ)す 남기다

進(すす)んで (앞으로) 나아가서 | 生(う)まれて 태어나서 | 育(そだ)てて 키워서

17 ① 加(くわ)える 가하다

水は熱をくわえると、水蒸気に変ってしまう。 물은 열을 가하면 수증기로 변해 버린다.

> 포인트 熱(ねつ)を加(くわ)えるは '열을 가하다'는 뜻.

熱(ねつ) 열 | 水蒸気(すいじょうき) 수증기 | 変わる(かわる) 변하다 | ~てしまう ~해 버리다 | 捕(とら)える 붙잡다, 파악하다 | 進(すす)める 나아가다 | 集(あつ)める 모으다

18 ④ 倒(たお)れる 도산하다, 넘어지다

最近不景気でたおれる会社が増えている。 최근 불경기로 도산하는 회사가 증가하고 있다.

> 포인트 到는 '이를 도'이고 倒는 '넘어질 도'로 동사로는 '到(いた)る 이르다', '倒(たお)れる 넘어지다, 도산하다'로 쓰인다. 명사형 到着(とうちゃく 도착), 倒産(とうさん 도산)도 함께 알아두자.

不景気(ふけいき) 불경기 | 増(ふ)える 증가하다, 늘다 | 崩(くず)れる 무너지다 | 外(はず)れる 떨어지다, 빠지다, 빗나가다

09일 실전예상문제 정답 & 해설

01 ②	02 ④	03 ①	04 ②	05 ③	06 ④	07 ④	08 ③	09 ②
10 ③	11 ③	12 ③	13 ②	14 ①	15 ②	16 ①	17 ③	18 ②	19 ③

01 ② きらく 마음이 편함

物事を深刻に考えないで、のんきなこと。 사물을 심각하게 생각하지 않고 태평한 것.

> 포인트 '呑気(のんき) : 무사태평', '気楽(きらく) : 마음이 편함', '의んびり : 느긋하게' 모두 마음이 편한 여유있는 기분이나 상태를 나타내는 단어.

深刻(しんこく) 심각 | 厳(きび)しい 엄격하다, 지독하다, 험하다 | 気(き)の毒(どく) 불쌍함, 가엾음, 유감임

02 ④ あやうい 위태롭다

今にもよくないことが起こりそうで、安心できない状態。 당장이라도 좋지 않은 일이 일어날 것 같고 안심할 수 없는 상태.

> 포인트 危가 들어가는 말은 대부분 위험하거나 위태로운 상황을 나타내는 단어라고 기억해 두자. 危(あや)うい : 위태롭다, 危(あぶ)ない : 위험하다, 危険(きけん) : 위험 등.

今(いま)にも 당장이라도 | 状態(じょうたい) 상태 | たまらない 견딜 수 없다, 참을 수 없다

03 ① そまつ 변변치 않음

品質が劣っていること。 품질이 떨어지는 것.

> 포인트 행동이나 물건이 변변치 않음, 조잡함, 허술함, 소홀함을 나타내는 형용사는 粗末(そまつ)이다.

品質(ひんしつ) 품질 | 劣(おと)る 떨어지다 | 偉(えら)い 훌륭하다 | 手(て)ごろ 적당함, 알맞음

04 ② もうしわけない 죄송하다

弁解の余地もない。 すまない。 변명의 여지도 없다. 미안하다.

> 포인트 '미안하다'의 뜻을 갖는 형용사는 もうしわけない. さしつかえない는 지장이 없다.

弁解(べんかい) 변명 | 余地(よち) 여지 | とりとめない 종잡을 수 없다 | 止(や)むを得(え)ない 어쩔 수가 없다

05 ③ おおざっぱ 대략적임, 대범함

こまかい事にこだわらないさま。 세세한 일에 구애되지 않는 모양.

> 포인트 세세한 일에 구애되지 않는 것이니까 '대범함'을 나타내는 おおざっぱ가 답.

こまかい 세세하다, 사소하다 | こだわる 구애되다 | 地味(じみ) 수수함 | 生意気(なまいき) 건방짐

06 ④ まぶしい 눈부시다

光が強く輝いてまともに見ることができない。 빛이 강하게 빛나서 똑바로 볼 수 없다.

> 포인트 빛이 강하게 빛나서 똑바로 볼 수 없는 상태를 나타내는 형용사

338

는 'まぶしい : 눈부시다'.

> 輝(かがや)く 빛나다 | まともに 똑바로, 제대로 | しつこい 집요하다 | 激(はげ)しい 심하다,격렬하다 | にくたらしい 얄밉다

07 ④ 地味(じみ)な 수수한

彼は目立たないじみな服が好きだそうですよ。그는 눈에 띄지 않는 수수한 옷을 좋아한다고 해요.

포인트 目立たない(눈에 띄지 않음)이니까 '華(はな)やか : 화려함', 'はで : 화려함'과 'ぜいたく : 사치스러움'은 어울리지 않으므로 답이 아니다. 답은 수수함을 나타내는 '地味(じみ)'.

> 目立(めだ)つ 눈에 띄다

08 ③ たいくつ 따분함

話の相手がいなくてたいくつしています。이야기할 상대가 없어서 따분해 하고 있습니다.

> 相手(あいて) 상대 | いなくて 없어서

09 ② でたらめ 엉터리, 되는대로 함

彼の生活の態度がでたらめなのでいやです。그의 생활 태도가 엉망이라 싫습니다.

포인트 でたらめ는 엉터리, 함부로의 뜻으로 반대말은 'まじめ : 진지함, 성실함'이다.

> 態度(たいど) 태도

10 ③ むだに 헛되게, 헛되이

時間をむだにしてはいけません。시간을 낭비해서는 안 됩니다.

포인트 時間(じかん)をむだにする는 '시간을 낭비하다'의 뜻.

> ～てはいけません ～해서는 안 됩니다

11 ③ 手(て)ごろな 적당한

このバックは手ごろな値段で、それに品質もいいです。이 가방은 적당한 가격이고 게다가 품질도 좋습니다.

포인트 가격과 어울리는 형용사는 手ごろ이다. 한자어로는 適切(てきせつ)な 또는 適当(てきとう)로 표현할 수 있다.

> 値段(ねだん) 가격 | 品質(ひんしつ) 품질

12 ③ 涼(すず)しい 시치미 떼는

彼は過ちを犯してもいつも涼しい顔をしている。그는 잘못을 저질러도 언제나 시치미 떼는 얼굴을 하고 있다.

포인트 涼しい는 원래 '시원하다'의 뜻이나 涼しい顔をする는 '시치미를 떼다'의 뜻.

> 過(あやま)ち 잘못 | 犯(おか)す 저지르다

13 ② 生意気(なまいき)な 주제 넘는

彼女は新入生のくせによくも生意気な口をきく。그녀는 신입생인 주제에 잘도 주제 넘는 말을 한다.

14 ① 緩(ゆる)い 완만하다

この道をまっすぐ行くと、緩い上り坂が出る。이 길을 똑바로 가면, 완만한 오르막이 나온다.

> 上(のぼ)り坂(ざか) 오르막

15 ② 鈍(のろ)い 느리다

彼は足がのろいから、かけっこはいつもびりである。그는 발이 느리니까, 달리기는 늘 꼴찌다.

포인트 足が鈍(のろ)い는 '발이 느리다'. 반대로 足が速い는 '발이 빠르다'는 뜻.

> かけっこ 달리기 | びり 꼴찌

16 ① さしつかえない 지장이 없다

彼女は交通事故に遭ったけど、軽い怪我で日常生活にはさしつかえない。그녀는 교통사고를 당했지만 가벼운 부상으로 일상생활에는 지장이 없다.

> 事故(じこ)に遭(あ)う 사고를 당하다 | 怪我(けが) 부상

17 ③ おもいがけない 뜻하지 않은

この世の中ではおもいがけない出来事が多い。이 세상에는 뜻하지 않은 일(사건)이 많다.

> この世(よ)の中(なか) 이 세상 | 出来事(できごと) 사건, 일

18 ② 激(はげ)しい 심한

政府の政策は国民のはげしい反対に遭った。정부의 정책은 국민의 심한 반대에 부딪쳤다.

포인트 반대와 어울리는 형용사는 はげしい이다. 동사 遭(あ)う는 원하지 않은 상황에 부딪쳤을 때 사용한다.

> 政府(せいふ) 정부 | 政策(せいさく) 정책 | 反対(はんたい)に遭(あ)う 반대에 부딪치다

19 ③ 危(あや)うく 하마터면

危うく車に引かれるところだった。하마터면 차에 치일 뻔 했다.

포인트 危うく는 형용사 '危うい : 위태롭다'에서 나온 부사로 '①하마터면, 자칫하면 ②겨우, 간신히'란 뜻이다.

> 車(くるま)に引(ひ)かれる 차에 치이다

| 01 ① | 02 ② | 03 ③ | 04 ④ | 05 ① | 06 ④ | 07 ③ | 08 ④ | 09 ④ | 10 ② |
| 11 ① | 12 ② | 13 ③ | 14 ② | 15 ③ | 16 ③ | 17 ② | 18 ④ | 19 ② | |

01 ① とたんに ~한 순간에

家を出たとたんに雨が降り出した。집을 나서는 순간 비가 내리기 시작했다.

포인트 집을 나서는 순간 거의 동시에 생각지 못하게 비가 내리는 경우에 쓸 수 있는 표현으로 알맞은 것은 ~たとたん(に)이다.

02 ② たびに ~때마다

この本は読むたびに感動を新たにする。이 책은 읽을 때마다 감동을 새롭게 한다.

感動(かんどう) 감동

03 ③ あげく ~끝에

さんざん迷ったあげく買ってしまった。몹시 망설인 끝에 사 버렸다.

포인트 '~한 끝에 결국에는~'을 나타내는 표현으로 ~たあげく를 쓴다. 앞에 'さんざん : 몹시' 'いろいろ : 여러 가지로' 등이 온다.

さんざん 몹시 | 迷(まよ)う 망설이다

04 ④ だけあって ~답게

横綱だけあって強いですね。요코즈나답게 강하네요.

横綱(よこづな) 씨름꾼의 최고위

05 ① ものの ~지만

力はあるものの、実戦に弱い。힘은 있지만 실전에 약하다.

実戦(じっせん) 실전

06 ④ やり

あの人なら、そんなこともやりかねない。그 사람이라면 그런 일도 할 것 같다.

포인트 '동사의 ます형+かねない'는 '~할지도 모른다, ~할 수도 있다'는 추량을 나타내는 표현으로 좋지 않은 결과를 불러일으킬 수 있을 때만 쓴다. 6일차에 배운 '~かねる : ~하기 어렵다'와 혼동하기 쉬우므로 주의!!

07 ③ どころ ~할 상황

勉強に追われて、遊ぶどころではない。공부에 쫓기어 놀 상황이 아니다.

포인트 어떠한 상황, 처지로 인해 '~할 상황이 아니다'를 나타낼 때 ~どころではない로 표현한다. ところが 아니라 どころ임에 주의!!

08 ④ たまらない 몹시 ~하고 싶다, ~하고 싶어 죽겠다

家族に会いたくてたまらない。가족을 몹시 만나고 싶다.

포인트 ~てたまらない는 심리적으로 그렇게 하지 않을 수 없다는 것을 말할 때 사용하는 표현. ~てしかたがない, ~てしょうがない, ~てならない 등도 비슷한 표현이므로 함께 알아두자.

09 ④ からといって ~라고 해서

疲れたからといって休むわけにはいかない。피곤하다고 해서 쉴 수는 없다.

포인트 ~からといって는 뒤에 ~わけにはいかない(~할 수는 없다), ~とは限らない(~꼭 그런 것은 아니다) 등의 부정 표현이 주로 온다.

疲(つか)れた 지쳤다 | 休(やす)む 쉬다

10 ② から見れば ~의 입장에서 보면

社長から見ればそれも妥協かも知れない。사장님 입장에서 보면 그것도 타협일지도 모른다.

妥協(だきょう) 타협 | ~かも知(し)れない ~일지도 모른다

11 ① たとえ 설사

たとえむだになってもやってみよう。설사 헛된 일이 될지라도 해보자.

포인트 たとえ~ても의 형태로 설사 ~하더라도 그와 관계없이 그렇게 하거나 될 것을 나타낼 때 사용한다.

12 ② さい 때, 시

利用するさいの注意を言います。이용할 때의 주의를 말하겠습니다.

利用(りよう) 이용 | 注意(ちゅうい) 주의

13 ③ のみならず 뿐만 아니라

友だちのみならずお金も失った。친구뿐만 아니라 돈도 잃었다.

失(うしな)う 잃다

14 ② だらけ 투성이

間違いだらけの答案のまま提出しないこと。오답투성이의 답안인 채로 제출하지 말 것.

> 答案(とうあん) 답안 | 提出(ていしゅつ) 제출

15 ③ まい ~하지 않겠다

二度と過ちは繰り返すまい。두번 다시 잘못은 되풀이하지 않겠다.

> 二度(にど)と 두번 다시 | 過(あやま)ち 잘못 | 繰(く)り返(かえ)す 되풀이하다

16 ③ めぐって 둘러싸고

遺産相続をめぐって家族の間のもめごとが起きた。유산 상속을 둘러싸고 가족사이의 분쟁이 일어났다.

> 포인트 めぐって 뒤에는 もめごと, 争い와 같은 부정적인 단어가 종종 온다.

> 遺産(いさん) 유산 | 相続(そうぞく) 상속 | もめごと 분쟁

17 ② ものなら ~라면

もし失敗しようものなら、彼は二度と立ち直れないだろう。만약 실패하게 되면, 그는 두 번 다시 재기할 수 없을 것이다.

> 失敗(しっぱい) 실패 | 立(た)ち直(なお)る 다시 일어서다. 회복하다

18 ④ にさきだち ~에 앞서

卒業式にさきだち、予行練習を行う予定です。졸업식에 앞서 예행 연습을 거행할 예정입니다.

> 卒業式(そつぎょうしき) 졸업식 | 予行練習(よこうれんしゅう) 예행연습 | 行(おこな)う 거행하다

19 ② 限り ~하는 한

時間が許す限り、世界一週をしてみたい。시간이 허락하는 한 세계일주를 해 보고 싶다.

> 許(ゆる)す 허락하다 | 世界一週(せかいいっしゅう) 세계일주

11일 실전예상문제 정답 & 해설

01 ④	02 ③	03 ②	04 ①	05 ②	06 ③	07 1④ 2① 3④	08 ③	09 ④
10 ③	11 ②	12 ②	13 ④	14 ①	15 ②	16 ④	17 ④	18 ③

01 ④ 奇数(きすう) 홀수

二で割りきれない整数。2로 나눌 수 없는 정수.

> 포인트 割(わ)る는 나누다. 整数(せいすう) 정수(분수, 소수에 대해), 正数(せいすう) 정수, 양수(음수에 대해)

> 算数(さんすう) 산수 | 偶数(ぐうすう) 짝수

02 ③ 愛想(あいそ) 붙임성

人当たりのいい態度。붙임성이 좋은 태도.

> 態度(たいど) 태도 | 返事(へんじ) 대답 | 答(こた)え 답 | 応(こた)え 반응, 효과

03 ② 脂肪(しぼう) 지방

「志望」と同じ読み方の単語は。'지망'과 똑같이 읽는 단어는?

> 志望(しぼう) 지망 | 指導(しどう) 지도 | 時報(じほう) 시보 | 司法(しほう) 사법

04 ① 魂(たましい) 영혼, 혼

人の体に宿り、精神活動をつかさどると考えられているもの。사람의 몸에 깃들어 정신활동을 지배한다고 생각되는 것.

> 鬼(おに) 도깨비 | 塊(かたまり) 덩어리, 무리

05 ② 疲労(ひろう) 피로

「披露」と同じ読み方の単語は。'피로'와 똑같이 읽는 단어는?

06 ③ 苗(なえ) 모종

稲・野菜・草木などの、発芽して間がないもの。 벼, 야채, 초목 등이 싹이 나서 얼마 안 되는 것.

芝(しば) 잔디 | 筍(たけのこ) 죽순 | 笠(かさ) 삿갓, 갓

07 1④ 献立(こんだて) 메뉴 2① 問屋(とんや) 도매상 3④ 融通(ゆうずう) 융통

08 ③ 圧縮(あっしゅく) 압축

このファイルを圧縮して保存してください。 이 파일을 압축해서 보존해 주세요.

09 ④ 汚染(おせん) 오염

政府は大気おせん問題で頭を抱えている。 정부는 대기오염문제로 골치를 썩이고 있다.

大気(たいき) 대기

10 ③ 抽選(ちゅうせん) 추첨

今回は公平に抽選で順番を決めましょう。 이번에는 공평하게 추첨으로 순번을 정합시다.

公平(こうへい) 공평 | 順番(じゅんばん)を決(き)める 순번을 정하다

11 ② 渋滞(じゅうたい) 정체

朝から交通渋滞で今日も遅刻です。 아침부터 교통체증으로 오늘도 지각입니다.

交通(こうつう) 교통 | 遅刻(ちこく) 지각

12 ② 暴露(ばくろ) 폭로

あの記者は政府の不正を暴露するために調べている。 저 기자는 정부의 부정을 폭로하기 위해 조사하고 있다.

記者(きしゃ) 기자 | 政府(せいふ) 정부 | 不正(ふせい) 부정

13 ④ 人質(ひとじち) 인질

最近人質事件が相次いでいる。 최근 인질사건이 잇따르고 있다.

事件(じけん) 사건 | 相次(あいつ)ぐ 잇따르다, 뒤를 잇다

14 ① 崩壊(ほうかい) 붕괴

日本では学級崩壊が深刻な問題になっている。 일본에서는 학급붕괴가 심각한 문제가 되고 있다.

学級(がっきゅう) 학급 | 深刻(しんこく) 심각

15 ② 飽和(ほうわ) 포화

今世界の人口はほうわ状態である。 지금 세계의 인구는 포화상태이다.

人口(じんこう) 인구 | 状態(じょうたい) 상태

16 ④ 防犯(ぼうはん) 방범

ぼうはんカメラは時にはプライバシー侵害のおそれがある。 방범카메라는 때로는 프라이버시 침해의 우려가 있다.

時(とき)には 때로는, 경우에 따라서는 | 侵害(しんがい) 침해 | おそれ 우려

17 ④ 親善(しんぜん) 친선

韓国と日本のサッカーしんぜん試合が行われる予定である。 한국과 일본의 축구친선시합이 거행될 예정이다.

試合(しあい)が行(おこ)われる 시합이 거행되다

18 ③ 補償(ほしょう) 보상

彼は国家にほしょうを求めた。 그는 국가에 보상을 요구했다.

国家(こっか) 국가 | 求(もと)める 요구하다, 바라다

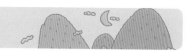
01 ② | 02 ③ | 03 ① | 04 ③ | 05 ④ | 06 ② | 07 ② | 08 ③ | 09 ①
10 ② | 11 ② | 12 ④ | 13 ② | 14 ② | 15 ③ | 16 ③ | 17 ④ | 18 ③

01 ② 署名(しょめい) 서명

文書に自分の姓名を書きしるすこと。 문서에 자신의 성명을 적는 것.

> 文書(ぶんしょ) 문서 | 姓名(せいめい) 성명 | 書(か)きしるす 적다 | 明記(めいき) 명기 | 筆名(ひつめい) 필명 | 匿名(とくめい) 익명

02 ③ 執着(しゅうちゃく) 집착

強く心をひかれ、それにとらわれること。 강하게 마음이 이끌려 그것에 사로잡히는 일.

> 포인트 執는 음독으로 しゅう/しつ 두 가지 음이 있으므로 주의‼
> 執着(しゅうちゃく), 執務(しつむ 집무).

> 我執(がしゅう) 아집 | 密着(みっちゃく) 밀착 | 付着(ふちゃく) 부착

03 ① 追放(ついほう) 추방

犯罪者を一定地域外に放逐する刑。 범죄자를 일정지역 외로 내쫓는 형.

> 포인트 追放(ついほう)를 한국어음 '추방'과 비슷한 ついぼう로 읽지 않도록 주의‼

> 放出(ほうしゅつ) 방출 | 追撃(ついげき) 추격 | 追跡(ついせき) 추적 | 犯罪者(はんざいしゃ) 범죄자 | 放逐(ほうちく) 추방, 내쫓음

04 ③ 禁物(きんもつ) 금물

用いることを禁じられた物事。 이용하는 것이 금지된 사항.

> 포인트 物의 음독은 ぶつ/もつ. 시험에는 もつ로 읽히는 단어가 자주 출제되니 확인해 두자. 貨物(かもつ 화물), 荷物(にもつ 짐), 穀物(こくもつ 곡물).

> 禁煙(きんえん) 금연 | 禁輸(きんゆ) 금수(수출입의 금지) | 厳禁(げんきん) 엄금

05 ④ 膨張(ぼうちょう) 팽창

物体の体積が増大すること。 물체의 체적이 증대하는 것.

> 拡張(かくちょう) 확장 | 緊張(きんちょう) 긴장

06 ② 台(だい)無(な)し 엉망이 됨

大雨でコンサートが台無しになった。 호우로 콘서트가 엉망이 되었다.

07 ② 開拓(かいたく) 개척

不景気の時には新しい販路を開拓しなければならない。 불경기 때에는 새로운 판로를 개척해야 한다.

> 誘導(ゆうどう) 유도 | 開業(かいぎょう) 개업

08 ③ 付録(ふろく) 부록

私は付録つきの雑誌を買うのが大好きです。 나는 부록이 있는 잡지를 사는 것을 매우 좋아합니다.

> 折(お)り紙(がみ) 종이접기 / 감정보증서 | 判子(はんこ) 도장

09 ① 模倣(もほう) 모방

他人の作品を模倣するのはよくない。 타인의 작품을 모방하는 것은 좋지 않다.

> 操作(そうさ) 조작 | 破裂(はれつ) 파열 | 寄贈(きぞう) 기증

10 ② 完璧(かんぺき)な 완벽한

彼は完璧な演技を見せるために稽古を怠らなかった。 그는 완벽한 연기를 보이기 위해서 연습을 게을리하지 않았다.

> 演技(えんぎ) 연기 | 稽古(けいこ) 연습 | 怠(おこた)る 게을리하다

11 ② 柔軟(じゅうなん) 유연

目まぐるしい変化の時代にあって、柔軟に対応するのが賢明である。 어지러운 변화의 시대에 유연하게 대응하는 것이 현명하다.

> 포인트 柔軟은 한국어로는 발음이 '유연'이라서 ゆうなん을 고르기 쉬우나 じゅうなん으로 읽는다는 것 기억하자.

> 目(め)まぐるしい 어지럽다 | 変化(へんか) 변화 | 対応(たいおう) 대응 | 賢明(けんめい) 현명

12 ④ 膨張(ぼうちょう) 팽창

彼は膨張する借金に頭を抱えている。 그는 불어나는 빚에 머리를 감싸 쥐고 있다.

> 完璧(かんぺき) 완벽 | 強行(きょうこう) 강행

借金(しゃっきん) 빚 | 頭(あたま)を抱(かか)える 머리를 감싸 쥐다. 고민하다

13 ② 交代(こうたい) 교대

すべての運動は選手交代のタイミングが肝心である。 모든 운동은 선수교대의 타이밍이 중요하다.

選手(せんしゅ) 선수 | 肝心(かんじん) 중요함

14 ② 誘導(ゆうどう) 유도

犯人は警察のゆうどう尋問にかかってすべての罪を白状した。 범인은 경찰의 유도심문에 걸려서 모든 죄를 자백했다.

尋問(じんもん) 심문 | 罪(つみ) 죄 | 白状(はくじょう) 자백

15 ③ 蓄積(ちくせき) 축적

長年にわたる技術ちくせきの成果があの会社の発展の原動力である。 다년간에 걸친 기술축적의 성과가 저 회사의 발전의 원동력이다.

포인트 畜(기를 축)/蓄(쌓아둘 축)은 음으로는 모두 ちく라고 읽으며 積(쌓을 적)/績(길쌈할, 공 적)은 음으로는 모두 せき로 읽는다. 家畜(かちく 가축), 蓄積(ちくせき 축적), 成績(せいせき 성적)로 기억해두자.

技術(ぎじゅつ) 기술 | 成果(せいか) 성과 | 原動力(げんどうりょく) 원동력

16 ③ 強行(きょうこう) 강행

暴風雨にもかかわらず、最初の計画をきょうこうすることにした。 폭풍우에도 불구하고 최초의 계획을 강행하기로 했다.

포인트 強行(강행)와 強硬(강경) 모두 일본어로는 きょうこう로 읽으므로 주의!!

暴風雨(ぼうふうう) 폭풍우 | 〜にもかかわらず 〜에도 불구하고

17 ④ 寄贈(きぞう) 기증

あの音楽家は母校にピアノをきぞうした。 저 음악가는 모교에 피아노를 기증했다.

포인트 비슷한 모양의 한자, 贈(줄 증)/増(많아질 증)/憎(증오 증) 모두 일본어로는 ぞう로 읽으므로 주의!! 寄贈(きぞう 기증), 増加(ぞうか 증가), 憎悪(ぞうお 증오).

18 ③ 破裂(はれつ) 파열

寒波が続くと、水道管がはれつするおそれがある。 한파가 계속되면 수도관이 파열할 우려가 있다.

寒波(かんぱ) 한파 | 水道管(すいどうかん) 수도관

13일 실전예상문제 정답 & 해설

| 01 ② | 02 ① | 03 ③ | 04 ① | 05 ③ | 06 ① | 07 ② | 08 ① | 09 ③ | 10 ② |
| 11 ④ | 12 ③ | 13 ② | 14 ① | 15 ① | 16 ② | 17 ② | 18 ③ | 19 ① | 20 ③ |

01 ② 促(うなが)す 재촉하다

物事を早くするようにせきたてる。 사물을 빨리 하도록 재촉하다.

포인트 동사와 명사를 세트로 외워 놓자. 促(うなが)す 재촉하다 – 催促(さいそく) 재촉

耕(たがや)す 갈다, 경작하다 | 輝(かがや)く 빛나다 | 培(つちか)う 기르다, 배양하다

02 ① 澄(す)む 맑다

水や空気などに濁りがなくはっきり見える。 물이나 공기 등이 탁함이 없이 똑똑히 보이다.

포인트 澄(す)む : (물이) 맑다
住(す)む : 살다
済(す)む : 끝나다
동음이의어로 시험에 자주 출제되니 각각의 뜻을 잘 알아두자.

濁(にご)る 탁하다 | 曇(くも)る 흐리다 | 晴(は)れる (하늘이) 개다

03 ③ 脅(おど)かす 위협하다, 협박하다
怖がらせて脅迫する。 무서워하게 해서 협박하다.

포인트 동사와 명사를 함께 세트로 외우자. 脅(おど)かす 위협하다, 협박하다 – 脅迫(きょうはく) 협박

聳(そび)える 높이 솟다 │ 悔(く)やむ 후회하다 │ 羨(うら)やむ 부러워하다

04 ① 慕(した)う 그리워하다, 사모하다

05 ③ 悟(さと)る 깨닫다, 터득하다.

06 ① 率(ひき)いる 인솔하다, 거느리다

07 ③ 隔(へだ)てる 사이에 두다, 가로막다

08 ① 崩(くず)す 무너뜨리다

09 ③ 断(ことわ)る 거절하다

10 ② 控(ひか)える 삼가다, 대기시키다, 앞두다

11 ④ 漂(ただよ)って 감돌고
険悪な空気が漂っています。 흉흉한 공기가 감돌고 있다.

포인트 험악의 한자읽기는 険悪(けんあく), 혐오의 한자읽기는 嫌悪(けんお)임에 주의! 漂도 동사와 명사를 함께 외우자. 漂(ただよ)う : 표류하다 – 漂流(ひょうりゅう) : 표류

12 ③ 潜(もぐ)って 잠수하고
海女が海に潜っている。 해녀가 바다에 잠수하고 있다.

포인트 해녀는 海女(あま), '여승'도 尼(あま), 동음이의어에 주의! 潜도 동사와 명사를 함께 외우자. 潜(もぐ)る : 잠수하다 – 潜水(せんすい) : 잠수

13 ② 誂(あつら)えた 주문했다
彼はパーティーに参加するために背広を誂えた。 그는 파티에 참가하기 위해서 양복을 주문했다.

参加(さんか) 참가하다 │ 背広(せびろ) 양복

14 ① 嘆(なげ)いて 비탄하여
彼は母の死を嘆いて自殺した。 그는 어머니의 죽음을 비탄하여 자살했다.

포인트 이것도 동사와 명사를 함께 외워 놓자. 嘆(なげ)く : 비탄하다 – 悲嘆(ひたん) : 비탄

自殺(じさつ) 자살

15 ① 募(つの)る 모집하다
新しいマンションが入居者を募るらしいです。 새 맨션이 입주자를 모집하는 것 같습니다.

入居者(にゅうきょしゃ) 입주자

16 ② 図(はか)って 도모하고
私は失敗してから再び再起を図っています。 나는 실패하고 나서 재기를 도모하고 있습니다.

포인트 はかる는 동음이의어를 갖는 동사이므로 주의!
諮(はか)る : 상의하다
量(はか)る : (양, 무게를) 재다
測(はか)る : (길이, 깊이)를 재다

再起(さいき) 재기

17 ② まかなう 마련하다, 조달하다
寄付で費用をまかなうつもりです。 기부로 비용을 마련할 작정입니다.

18 ③ 取(と)り扱(あつか)う 취급하다
この品物はとりあつかうときに注意してください。 이 물품을 취급할 때 주의하세요.

19 ① 臨(のぞ)む 임하다, 직면하다
試合にのぞむ友達のために豚カツを買ってきた。 시합에 임하는 친구를 위해서 돈가스를 사왔다.

포인트 동음이의어 望(のぞ)む는 '바라다, 소망하다'의 뜻이므로 주의! 豚カツ(돈가스)의 'カツ'가 '이기다'의 '勝(か)つ'와 발음이 같아서 일본에서는 시합에 출전하는 날에 승리를 기원하는 의미로 먹는 음식임.

20 ③ 惜(お)しまない 아끼지 않다
彼は貧しい人を助けるのに協力をおしまない。 그는 가난한 사람을 돕는데 협력을 아끼지 않는다.

貧(まず)しい 가난하다 │ 助(たす)ける 돕다

01 ③	02 ③	03 ①	04 ②	05 ①	06 ③	07 ②	08 ①	09 ④	10 ③
11 1④ 2①		12 ③	13 ④	14 ②	15 ①	16 ①	17 ②	18 ③	

01 ③ 研(と)ぐ 갈다

刃物などをよく切れるようにする。칼 등을 잘 들도록 하다.

> 刃物(はもの) 칼 | 切(き)れる 잘 들다

02 ③ ぼやく 투덜거리다, 불평하다

ぶつぶつと不平を言う。ぐずぐず言う。중얼중얼 불평을 말하다. 투덜투덜 말하다.

03 ① 取(と)り締(し)まる 단속하다

物事がうまく行われるように、また、不正や違反のないように管理・監督する。일이 잘 행해지도록 또한 부정이나 위반이 없도록 관리·감독하다.

> 不正(ふせい) 부정 | 違反(いはん) 위반 | 管理(かんり) 관리 | 監督(かんとく) 감독

04 ② 見積(みつ)もる 어림잡다, 견적하다

目で見て大体をはかる。눈으로 보고 대강 재다.

> 大体(だいたい) 대강 | はかる 재다

05 ① もがく 발버둥이 치다

悶え苦しんで手足を動かす。괴로워서 몸을 뒤틀고 손발을 움직이다.

> 悶(もだ)え苦(くる)しむ 괴로워서 뒤틀다

06 ③ 塞(ふさ)がらない 닫혀지지 않다

彼の無礼な行動を見ていると、開いた口が塞がらない。

> 포인트 開(あ)いた口(くち)が塞(ふ)さがらない : 벌어진 입이 다물어지지 않다

> 無礼(ぶれい) 무례

07 ② 誇(ほこ)る 자랑하다

これは日本がほこる伝統技術である。이것은 일본이 자랑하는 전통 기술이다.

> 伝統(でんとう) 전통 | 技術(ぎじゅつ) 기술

08 ① 耐(た)える 견디다

このビルは高温に耐える素材を使って建てられた。이 빌딩은 고온에 견디는 소재를 사용해 지어졌다.

> 포인트 동사와 명사를 세트로 외워두자. 耐(た)える : 인내하다 – 忍耐(にんたい) : 인내

> 高温(こうおん) 고온 | 素材(そざい) 소재

09 ④ 蘇(よみがえ)る 되살아나다

あの映画を見ると、昔の思い出が蘇る。그 영화를 보면 옛날의 추억이 되살아난다.

> 포인트 동사와 명사를 세트로 외워두자. 蘇(よみがえ)る : 소생하다 – 蘇生(そせい) : 소생

10 ③ さかのぼって 거슬러 올라가서

鮭は川を遡って子供を産む。연어는 강을 거슬러 올라가서 알을 낳는다.

> 鮭(さけ) 연어

11 1④ 顧(かえり)みないで 되돌아보지 않고
　 2① 挑(いど)む 도전하다

彼は勇敢な兵士だけに死を顧みないで敵陣に向って挑む。그는 용감한 병사인 만큼 죽음을 되돌아보지 않고 적진을 향해서 덤벼든다.

> 포인트 かえりみる는 두 가지 뜻이 있으므로 주의!!
> 顧(かえり)みる : 되돌아 보다
> 省(かえり)みる : 반성하다

> 勇敢(ゆうかん) 용감 | 兵士(へいし) 병사 | 敵陣(てきじん) 적진

12 ③ 漏(も)らさぬ 새지 않는

首脳会談のため、水も漏らさぬ警戒態勢がしかれている。정상회담 때문에 물샐틈없는 경계태세를 펴고 있다.

> 首脳(しゅのう) 수뇌 | 警戒(けいかい) 경계 | 態勢(たいせい) 태세

13 ④ 襲(おそ)う 습격하다

真夜中に家へ帰る女の人を襲う事件が相次いでいる。한밤중에 귀가하는 여자를 습격하는 사건이 잇따르고 있다.

> 真夜中(まよなか) 한밤중 | 相次(あいつ)ぐ 잇따르다

346

14 ② 暴(あば)れる 난폭하게 굴다

酒に酔うと暴れる人が一人か二人はいる。술이 취하면 난폭하게 구는 사람이 한 두 사람은 있다.

> 暴(사나울 폭)의 음독은 ばく/ぼう로 읽는다. 暴露(ばくろ 폭로), 暴力(ぼうりょく 폭력), 暴風(ぼうふう 폭풍). 또한 暴을 爆(폭파할 폭)으로 쓰지 않도록 주의!!

酒(さけ)に酔(よ)う 술에 취하다

15 ① 乱(みだ)れた 흐트러진

いくら酒に酔っぱらったって、乱れた姿は見せたくない。아무리 술에 취했다 해도 흐트러진 모습은 보이고 싶지 않다.

酒(さけ)に酔(よ)っぱらう 술에 취하다

16 ① 眺(なが)める 바라보다

ここからながめる景色はとてもすばらしい。여기에서 바라보는 경치는 너무 훌륭하다.

17 ② 滅(ほろ)ぶ 망하다

国民を大事にしない国はほろぶにきまっている。국민을 소중히 생각하지 않는 나라는 망하게 되어 있다.

~にきまっている 반드시 ~하다. ~하기 마련이다.

18 ③ 犯(おか)す 잘못을 범하다

人間は誰でも誤りをおかす。인간은 누구나 잘못을 범한다.

> おかす는 여러 가지 뜻이 있는 동사이므로 한자에 주의하여 써야 한다.
> 犯(おか)す : 범하다
> 侵(おか)す : 침범하다
> 冒(おか)す : 무릅쓰다

人間(にんげん) 인간 | 誤(あやま)り 잘못

 **15일** 실전예상문제 정답 & 해설

01 ②	02 ③	03 ④	04 ②	05 ②	06 ①	07 ②	08 ①	09 ①	10 ②
11 ②	12 ③	13 ④	14 ③	15 ①	16 ②	17 ①	18 ②	19 ④	

01 ② しぶとい 끈질기다

がまん強くてへこたれない。인내심 강하고 지칠 줄 모른다.

> 비슷한 표현인 '粘(ねば)り強(づよ)い : 끈질기다'도 함께 알아두자.

がまん強(づよ)い 인내심이 강하다 | へこたれる 지치다 | かしましい 시끄럽다 | うらやましい 부럽다 | やかましい 시끄럽다

02 ③ みすぼらしい 초라하다

粗末で、いかにも見劣りがするさま。변변치 못하고 매우 못해 보이는 모습.

> 粗末(そまつ) : 변변치 못함과 어울리는 형용사는 'みすぼらしい : 초라하다'.

見(み)劣(おと)りがする 없어 보인다 | ふさわしい 어울리다 | 質素(しっそ)だ 검소하다 | 派手(はで)だ 화려하다

03 ④ 空(むな)しい 공허하다, 헛되다

内容がなく空虚であるさま。내용이 없고 공허한 모습.

内容(ないよう) 내용 | 空虚(くうきょ) 공허 | かしこい 현명하다 | ほがらか 명랑하다 | さびしい 쓸쓸하다

04 ② 情(なさ)けない 한심하다

あまりのふがいなさにがっかりする気持ちである。너무나 무기력한 것에 실망하는 기분이다.

あつかましい 뻔뻔스럽다 | につかわしい 어울리다 | いやしい 상스럽다

347

05 ② 怪(あや)しい 수상하다

포인트 怪(괴이할 괴)는 '怪(あや)しい 수상하다, 怪(あや)しがる 수상해하다, 怪物(かいぶつ) 괴물, 怪我(けが) 상처, 부상'으로 외우자. 怪我(けが)가 시험이 자주 출제된다.

06 ① 鮮(あざ)やか 선명함

07 ② 健(すこ)やか 건강함

08 ① 厚(あつ)かましい 뻔뻔스럽다

포인트 앞서 배운 厚顔(こうがん), 図々(ずうずう)しい와 함께 기억하자.

09 ① 愚(おろ)か 어리석음

10 ② 詳(くわ)しい 자세하다

포인트 '詳細(しょうさい) : 상세'를 나타내는 형용사는 詳(くわ)しい : 자세하다와 細(こま)かい : 자세하다, 작다가 있다.

11 ② 厳(おごそ)かな 엄숙한

お葬式はいつも厳かな雰囲気で行われる。장례식은 언제나 엄숙한 분위기에서 거행된다.

포인트 厳를 쓰는 여러 가지 형용사가 있으니 주의!!
厳(おごそ)かだ : 엄숙하다
厳(きび)しい : 엄하다
厳(いか)つい : 딱딱하고 위엄이 있다
厳(いか)めしい : 엄숙하다, 성대하다

緩(ゆる)やかな 완만한 | 滑(なめ)らかな 원활한 | 穏(おだ)やかな 온화한

12 ③ 煩(わずら)わしい 번거롭다

私は煩わしい人間関係が苦手である。나는 번거로운 인간관계가 질색이다.

포인트 面倒(めんどう)だ, おっくうだ도 '번거롭다'는 뜻.

うるわしい 시끄럽다 | うれわしい 걱정스럽다 | まぎらわしい 혼동하기 쉽다

13 ④ 緩(ゆる)やかな 완만함

この道をまっすぐ行くと、緩やかな坂道が出る。이 길을 곧장 가면 완만한 언덕이 나온다.

坂道(さかみち) 언덕 | ささやかな 자그마한, 초졸한 | 和(なご)やか 온화한

14 ③ 情(なさ)けない 한심하다, 매정하다

私は大学に二度も落ちて情けないと思った。나는 대학에 두 번이나 떨어져서 한심하다고 생각했다.

15 ① 滑(なめ)らかな 매끄러운

彼は子供のような滑らかな肌を持っている。그는 어린애 같은 매끄러운 피부를 가지고 있다.

肌(はだ) 피부, 살 | 明(あき)らかな 명확한 | 朗(ほが)らかな 명랑한

16 ② そっけない 쌀쌀맞다

他人に対する思いやりが感じられないそっけない態度はよくない。타인에 대한 배려가 느껴지지 않는 쌀쌀맞은 태도는 좋지 않다.

さわやかな 상쾌한 | なれなれしい 허물없다

17 ① しなやか 낭창낭창함

柳の枝はしなやかです。버드나무 가지가 낭창낭창합니다.

しなやか 부드러움, 낭창낭창함 | はるか 아득한 | のどか 화창함, 한가로움

18 ② いちじるしく 현저히

彼とは考え方がいちじるしく異なる。그와는 사고방식이 현저히 다르다.

なめらかに 매끄럽게 | たいくつに 따분하게 | したしく 친하게

19 ④ よわよわしくて 가냘퍼서

声があまりよわよわしくてよく聞こえない。소리가 너무 가냘퍼서 잘 들리지 않는다.

ねばりづよくて 끈기 있어서 | たのもしくて 믿음직해서 | たくましくて 씩씩해서

348

01 ④	02 ③	03 ②	04 ①	05 ③	06 ②	07 ①	08 ②	09 ①	10 ①
11 ③	12 ④	13 ②	14 ①	15 ③	16 ④	17 ①	18 ③	19 ④	

01 ④ ならでは ~이 아니면 할 수 없는

日本ならではの寿司の味. 일본이 아니면 맛볼 수 없는 초밥의 맛.

> において ~에 있어서 ┃ のみならず ~뿐만 아니라

02 ③ 最後 일단 ~하면 끝장

走りだしたら最後、止まらない. 일단 달리기 시작하면 멈추지 않는다.

> 포인트 ~하기만 하면 끝이다는 의미로 ~が最後의 형태로도 사용한다.

03 ② そばから ~하자마자, 하는 족족

作るそばから食べる. 만들자마자 먹는다.

> 포인트 ~そばから는 '~한 뒤, 곧'의 의미로 동시 동작을 나타낸다.

04 ① からある ~이나 되다

ここから東京までは、100キロからある. 여기에서 동경까지는 100킬로나 된다.

> 포인트 ~からある는 '~이나 되다'의 의미로 그 수량이 많음을 강조하는 표현.

05 ③ たらなかった ~하기 짝이 없다

彼の慌てぶりったらなかったよ. 그는 몹시 당황했다.

> 포인트 ~たらなかった는 '~하기 짝이 없다'로 '매우 ~하다'의 의미를 나타낸다.

06 ② といえども 아무리 ~하더라도

国王といえども法は犯せない. 국왕이라도 법은 어길 수 없다.

> 포인트 ~いえども는 '아무리 ~하더라도'의 의미. ~越したは ~에 越したことがない 형태로 '~하는 것이 가장 좋다'의 의미. ~たりとも ~ない는 '~라도 없다'의 의미로 최소의 것을 들어 부정문과 함께 쓰여 전체부정을 강하게 말할 때 쓰임.

07 ① あるまじき 있어서는 안될

先生にあるまじき振る舞い. 선생님에게는 있어서는 안 될 행동.

> 포인트 ~まじき는 '그렇게 돼서는 안 된다' 의미로 뒤에 명사가 온다.

08 ② きたら

音楽家ときたらベートーベンですね. 음악가라면 베토벤이지요.

09 ① 皮切り ~을 최초로

パリを皮切りにヨーロッパ各地で演説会を開く. 파리를 시작으로 유럽각지에서 연설회를 연다.

> 포인트 ~を皮切りには '~을 최초로'의 의미로 ~を皮切りにして, ~を皮切りとしての 형태로도 사용함

10 ① がてら ~하는 김에

外に行きがてら、手紙を出してきてくれないか. 밖에 나가는 김에 편지를 부치고 와 주지 않을래?

> 포인트 ~ついで, ~をかねて도 같은 표현이다. 함께 알아두자.

> 手紙(てがみ)を出(だ)す 편지를 부치다

11 ③ あやふや 모호함

記憶があやふやで確答できない. 기억이 모호해서 확답할 수 없다.

> 記憶(きおく) 기억 ┃ 確答(かくとう) 확답

12 ④ うらはら 모순됨

本心とはうらはらなことを言う. 본심과는 모순된 말을 하다.

> 本心(ほんしん) 본심

13 ② あべこべ 앞뒤가 맞지 않음

普段とはあべこべな意見を言う. 평소와는 앞뒤가 맞지 않는 의견을 말한다.

> 普段(ふだん) 평소 ┃ 意見(いけん)を言(い)う 의견을 말하다

14 ① ひいては 나아가서는

個人の権利のためひいては人間の尊厳のために闘う. 개인의 권리를 위해 나아가서는 인간의 존엄을 위해 싸운다.

> 個人(こじん) 개인 ┃ 権利(けんり) 권리 ┃ 尊厳(そんげん) 존엄 ┃ ~のために ~을 위해 ┃ 闘(たたか)う 싸우다

15 ③ 案(あん)の定(じょう) 아니나 다를까, 생각한 대로

しくじるぞと思っていたら案の定失敗した. 실패할 거라고 생각했더니, 아니나 다를까 실패했다.

349

16 ④ あいまって 어울려서

努力と才能があいまって今日の成功を見た。 노력과 재능이 어울려서 오늘의 성공을 보았다.

| 努力(どりょく) 노력 | 才能(さいのう) 재능 | 成功(せいこう) 성공 |

17 ① ふまえて 근거로

事実をふまえて論じる。 사실을 근거로 하여 논하다.

| 事実(じじつ) 사실 |

18 ③ ことごとく 전부, 모조리

住民のことごとくが反対した。 주민의 대다수가 반대했다.

포인트 あらゆる, すべて, みんな, 全部도 '전부, 모두'라는 뜻이다.

| 住民(じゅうみん) 주민 | 反対(はんたい) 반대 |

19 ④ 余儀(よぎ)なく 어쩔 수 없이

今度の事件で辞任を余儀(よぎ)なくされる。 이번 사건으로 어쩔 수 없이 사임하다.

포인트 余儀(よぎ)なくされる의 형태로 '어쩔 수 없이 ~하다'로 しかたなく~する와 같은 표현.

| 事件(じけん) 사건 | 辞任(じにん) 사임 |

 17일 실전예상문제 정답 & 해설

| 01 ② | 02 ④ | 03 ① | 04 ③ | 05 ② | 06 ③ | 07 ④ | 08 ② | 09 ② |
| 10 1① 2② 3② | 11 1① 2④ | 12 ③ | 13 ② | 14 ① | 15 ② | 16 ① | 17 ④ |

01 ② 侮辱(ぶじょく) 모욕

相手を軽んじ、はずかしめること。 상대를 깔보고 창피를 주는 것.

| 雪辱(せつじょく) 설욕 | 恥辱(ちじょく) 치욕 | 軽(かろ)んじる 얕보다, 깔보다 |

02 ④ 統率(とうそつ) 통솔

多くの人をまとめてひきいること。 많은 사람을 통합해서 이끄는 것.

포인트 명사와 동사를 함께 외우자. 率(ひき)いる : 통솔하다 ‒ 統率(とうそつ) : 통솔

| 主導(しゅどう) 주도 | 奇妙(きみょう) 기묘 | 頻繁(ひんぱん) 빈번 |

03 ① 素質(そしつ) 소질

個人が生まれつき持っていて、性格や能力などのもととなる心的傾向。 개인이 선천적으로 가지고 있고 성격이나 능력 등의 근본이 되는 심적 경향.

| 邪魔(じゃま) 방해 | 得意(とくい) 득의 | 横柄(おうへい) 건방짐 |

04 ③ 心得(こころえ) 마음가짐

承知しておくこと。また、わきまえておくべき事柄。 알아두는 것. 또는 알아두어야할 사항.

| 意図(いと) 의도 | 手順(てじゅん) 순서 | 勘定(かんじょう) 계산 |

05 ② 露骨(ろこつ) 노골

感情などを隠さずに、ありのまま外に表すこと。 감정 등을 숨기지 않고 있는 그대로 밖으로 나타내는 것.

| 披露(ひろう) 피로 | 白状(はくじょう) 자백 | 告白(こくはく) 고백 |

06 ③ 購入(こうにゅう) 구입

日用品を共同購入することにした。 일용품을 공동 구매하기로 했다.

| 日用品(にちようひん) 일용품 | 共同(きょうどう) 공동 |

07 ④ 還元(かんげん) 환원

あの店は年末にお客さんに消費税を還元してくれるそうです。 저 가게는 연말에 손님에게 소비세를 환원해 준다고 합니다.

| 消費税(しょうひぜい) 소비세 |

350

08 ② 奇妙(きみょう)な 기묘한

この世には奇妙な物語が少なくない。 이 세상에는 기묘한 이야기가 적지 않다.

頻繁(ひんぱん)な 빈번한 | 質素(しっそ)な 검소한

09 ② 枠内(わくない) 범위 내

今回の支出は予算の枠内で賄わなければならない。 이번 지출은 예산 범위 내에서 충당해야 한다.

賄(まかな)う 충당하다, 조달하다

10 1 ① 邸宅(ていたく) 저택　2 ② 頻繁(ひんぱん) 빈번　3 ② 訴訟(そしょう) 소송

向うの邸宅は頻繁な訴訟にかけられている。 건너편 저택은 빈번하게 소송이 걸려있다.

11 1 ① 勘定(かんじょう) 계산　2 ④ 誤差(ごさ) 오차

どうしても勘定に誤差があるようだ。 아무래도 계산에 오차가 있는 것 같다.

12 ③ 心得(こころえ) 마음가짐

面接の心得として、まず自信感を持つことである。 면접의 마음가짐으로서 우선 자신감을 갖는 것이다.

面接(めんせつ) 면접 | 自信感(じしんかん) 자신감

13 ② 補充(ほじゅう) 보충

希望者に限って放課後補充学習を行うことにした。 희망자에 한해서 방과 후 보충수업을 하기로 했다.

포인트 補는 비슷한 한자 捕와 혼동하지 않도록 주의!! 捕獲(ほかく 포획)

希望者(きぼうしゃ) 희망자 | 放課後(ほうかご) 방과후

14 ① 収穫(しゅうかく) 수확

今年の秋はしゅうかくが多い。 올해 가을은 수확이 많다.

포인트 穫는 비슷한 한자 獲와 혼동하지 않도록 주의!! 獲得(かくとく 획득)

15 ② 発掘(はっくつ) 발굴

隠れた人材をはっくつするのは大変だ。 숨은 인재를 발굴하는 것은 힘들다.

포인트 発掘의 掘를 비슷한 한자 屈이나 堀로 혼동하지 않도록 주의!! 屈折(くっせつ 굴절), 堀(ほり 도랑).

16 ① 待遇(たいぐう) 대우

私だけが特別たいぐうを受けるのはよくないと思います。 나만이 특별대우를 받는 것은 좋지 않다고 생각합니다.

포인트 待遇의 遇를 비슷한 한자 偶나 隅로 혼동하지 않도록 주의!! 偶然(ぐうぜん 우연), 片隅(かたすみ 한쪽 구석)

17 ④ 購入(こうにゅう) 구입

商品を共同にこうにゅうするのは安くつく。 상품을 공동으로 구입하는 것이 싸게 먹힌다.

포인트 購入의 購를 비슷한 한자 構 또는 講, 溝로 혼동하지 않도록 주의!! 構造(こうぞう 구조), 講義(こうぎ 강의), 溝(みぞ 도랑)

安(やす)くつく 싸게 먹히다

18일 실전예상문제 정답 & 해설

01 ③	02 ①	03 ④	04 ②	05 ②	06 ②	07 ①	08 ②	09 ④
10 ③	11 ①	12 ④	13 ③	14 ②	15 ③	16 ①	17 ②	18 ④

01 ③ へりくだる 겸양하다, 자기를 낮추다

相手を敬って自分を控え目にする。 상대를 공경하고 자신을 낮추는 것.

敬(うやま)う 공경하다, 존경하다 | 控(ひか)え目(め) 조심스러움

02 ① 憤(いきどお)る 노하다, 분개하다

激しく腹を立てる。 심하게 화를 내다.

포인트 같은 의미의 동사와 명사를 세트로 외워 두자. 憤(いきどお) る：분개하다-憤慨(ふんがい)：분개

03 ④ 相次(あいつ)ぐ 잇따르다

物事があとからあとから続いて起こる。 일이 뒤따라 계속해서 일어 나다.

物事(ものごと) 매사, 사물 | あとからあとから 뒤따라 계속해서

04 ② こなす 소화시키다, 처리하다

食物を消化する。 思うままに扱う。 음식물을 소화하다. 생각한대로 처리하다.

食物(しょくもつ) 음식물 | 消化(しょうか) 소화

05 ② 練(ね)る 짜다

明日からの計画をねらなけらばなりません。 내일부터의 계획을 짜 야 합니다.

포인트 計画(けいかく)を練(ね)る는 '계획을 짜다'의 뜻. ねる로 읽는 다른 뜻을 갖는 동사들에 주의하자.
練(ね)る : 가다듬다, 개다, 반죽하다, 이기다
寝(ね)る : 자다, 잠들다
錬(ね)る : 정련하다, 단련하다, 키우다

06 ② 装(よそお)って 가장하고

彼は平静をよそおっているようです。 그는 평온을 가장하고 있는 것 같습니다.

平静(へいおん)をよそおう 평온을 가장하다

07 ① 慎(つつし)む 삼가하다

最近体が弱くなって酒をつつしむ。 최근 몸이 약해져서 술을 삼가다.

포인트 慎(つつし)む의 유사한 표현 控(ひか)える도 함께 알아두자.

最近(さいきん) 최근 | 体(からだ)が弱(よわ)くなる 몸이 약해지다

08 ② 試(こころ)みる 시도하다

いろいろな方法で実験をこころみる。 여러 방법으로 실험을 시도하다.

포인트 試는 試(ため)す/試(こころ)みる로 읽는 동사이므로 주의!!

方法(ほうほう) 방법 | 実験(じっけん) 실험

09 ④ 伴(ともな)う 동반하다

風をともなう激しい雨が一日中降り続けた。 바람을 동반하는 심한 비가 하루 종일 계속 내렸다.

激(はげ)しい 심하다 | 降(ふ)り続(つづ)けた 계속 내렸다

10 ③ 唱(とな)える 주장하다

いまさら異議をとなえても無駄ですよ。 이제와서 이의를 제기해도 소용없어요.

포인트 となえる는 唱える와 称える로 쓰는데 唱える는 '주장하다. 외우다. 읊다'의 뜻이고, 称える는 '칭하다, 일컫다'의 뜻임.

異議(いぎ)をとなえる 이의를 제기하다

11 ① 訴(うった)えて 호소하여

これぐらいのことで警察にうったえても相手にしてくれないだろ う。 이정도의 일로 경찰에 호소해도 상대해 주지 않을 것이다.

警察(けいさつ) 경찰 | 相手(あいて) 상대

12 ④ 腐(くさ)った 썩은

歯科で腐った虫歯を抜いてすっきりした。 치과에서 썩은 충치를 빼 서 개운했다.

虫歯(むしば)を抜(ぬ)く 충치를 빼다 | すっきりする 개운하다, 후 련하다

13 ③ 劣(おと)らない 뒤떨어지지 않다

彼女は誰にも劣らない才色を兼ねている。 그녀는 누구에게도 뒤떨 어지지 않는 재색을 겸비하고 있다.

포인트 '劣る : 뒤떨어지다'의 반대말은 '勝(まさ)る : 뛰어나다'

才色(さいしょく)を兼(か)ねてる 재색을 겸비하다

14 ② 憤(いきどお)った 분개했다

彼はテロの現場を目の前にして犯人の残酷さに憤った。 그는 테러 현장을 눈 앞에서 보고 범인의 잔혹함에 분개했다.

現場(げんば) 현장 | 残酷(ざんこく)さ 잔혹함

15 ③ 伴(ともな)う 동반하다

彼はこの分野で名実相ともなう第一人者である。 그는 이 분야에서 명실상부한 제1인자이다.

分野(ぶんや) 분야 | 名実(めいじつ) 명실 | 第一人者(だいいちにんしゃ) 제1인자

16 ① 壊(こわ)れて 부서져서

今回の地震で多くの家屋がこわれてしまった。 이번 지진으로 많은 가옥이 부서져 버렸다.

포인트 壊를 懐柔(かいじゅう 회유)의 懐와 혼동하지 않도록 주의!!

地震(じしん) 지진 | 家屋(かおく) 가옥

17 ② 譲(ゆず)る 양보하다

お年寄りに席をゆずるのは当たり前です。 나이 드신 분에게 자리를 양보하는 것은 당연합니다.

포인트 譲와 비슷한 모양의 글자에 주의!! 모두 음독으로 じょう로 읽는다. 譲歩(じょうほ 양보), 土壌(どじょう 토양), 令嬢(れいじょう 따님), 醸造(じょうぞう 양조)

18 ④ 注(そそ)いで 기울여

彼は心血をそそいできた長年の研究を完成させた。 그는 심혈을 기울여 온 오랫동안의 연구를 완성시켰다.

心血(しんけつ)をそそぐ 심혈을 기울이다 | 長年(ながねん) 오랜 세월 | 研究(けんきゅう) 연구

19일 실전예상문제 정답 & 해설

01 ③	02 ①	03 ④	04 ①	05 ①	06 ③	07 ④	08 ④	09 ①
10 ②	11 ①	12 ③	13 ②	14 ③	15 ④	16 ③	17 ③	18 ④

01 ③ めざましい 눈부시다, 놀랄 만큼 훌륭하다

びっくりするほどすばらしいさま。 깜짝 놀랄 만큼 훌륭한 모습.

ややこしい 번잡하다, 귀찮다 | もっともらしい 그럴 듯하다, 고지식하다

02 ① おびただしい 굉장히 많다

数や量がひじょうに多い。 수나 양이 굉장히 많다.

포인트 おびただしい는 양적으로 많음을 나타내는 것이고 はなはだしい는 정도가 심함을 나타내는 것이다. 시험에 자주 출제되는 것이니 꼭 기억하자.

うっとうしい 우울하다, 거추장스럽다 | みっともない 창피하다 | まずい 맛이 없다, 난처하다

03 ④ なれなれしい 매우 친하다

したしそうに振る舞ってはばからない。 친한 듯이 행동하며 거리낌이 없다.

포인트 なれなれしい는 특별한 관계가 아닌데도 친한 척 행동하며 거리낌이 없는 경우에 사용한다.

振(ふ)る舞(ま)う 행동하다 | はばかる 꺼리다

04 ① むじゃき 천진난만함

気性などに、ねじけたところがなくすなおだ。 기질 등에 비뚤어진 데가 없고 순진함.

気性(きしょう) 기질, 타고난 성질 | ねじける 비뚤어지다 | 爽(さわ)やか 상쾌함 | でたらめ 엉터리임

05 ① あっけない 어이없다, 맥없다

物事の結果が意外に簡単で物足りないさま。 사물의 결과가 의외로 간단하고 뭔가 부족한 모습.

06 ③ このましい 호감이 가다, 바람직하다

好感がもてるさま。 ま感じがよいさま。 호감을 가질 수 있는 모습. 느낌이 좋은 모습.

포인트 유사한 표현 望(のぞ)ましい도 함께 기억하자.

好感(こうかん) 호감 | 悩(なや)ましい 고민스럽다, 요염하다 | 悔(くや)しい 분하다, 원망스럽다

07 ④ **まちどおしい** 몹시 기다려지다

お正月の来るのがまちどおしい。 설날이 오는 것이 몹시 기다려지다.

포인트 まちとおしい가 아니라 まちどおしい임에 주의!!

08 ④ **おおげさに** 과장해서

彼はいつも事実より誇張しておおげさにに言う癖がある。 그는 늘 사실보다 과장해서 요란스럽게 말하는 버릇이 있다.

誇張(こちょう) 과장 │ 癖(くせ) 버릇

09 ① **むさくるしい** 누추하다

むさくるしい所ですが一度お越し下さい。 누추한 곳이지만 한번 찾아 와 주십시오.

포인트 유사한 표현으로 汚(きたな)い, 不潔(ふけつ 불결함)도 함께 알아두자.

10 ② **速(すみ)やかな** 신속한, 빠른

非常時には速やかな判断力が求められる。 비상시에는 신속한 판단력이 요구된다.

포인트 速에서 나온 두 가지 형용사가 있으므로 주의!! 速(はや)い : 빠르다, 速(すみ)やか : 신속함, 빠름

非常時(ひじょうじ) 비상시 │ 判断力(はんだんりょく) 판단력

11 ① **浅(あさ)ましい** 한심한, 치사한, 비열한

人の不幸を喜ぶ、そんな浅ましい考えはやめてください。 남의 불행을 기뻐하는 그런 비열한 생각은 그만 두세요.

포인트 浅에서 나온 두 가지 형용사가 있으므로 주의!
浅(あさ)い : 얕다
浅(あさ)ましい : 치사하다, 비천하다, 초라하다

12 ③ **心細(こころぼそ)い** 불안하다

女が真夜中に一人で出かけるのは心細い。 여자 한밤중에 혼자서 외출하는 것은 불안하다.

포인트 반대말은 心強(こころづよ)い임.

真夜中(まよなか) 한밤중

13 ② **乏(とぼ)しい** 부족하다, 모자라다

私の周りには現実感に乏しい人が多い。 내 주위에는 현실감이 모자라는 사람이 많다.

포인트 貧(まず)しい와 乏(とぼ)しい는 모두 가난함을 나타내는 형용사이다. 이 두 형용사가 합쳐진 단어는 貧乏(びんぼう 가난).

現実感(げんじつかん) 현실감

14 ③ **なやましい** 관능적인, 뇌쇄적인

彼女にはどことなく悩ましい魅力がある。 그녀에게는 어딘지 모르게 관능적인 매력이 있다.

どことなく 어딘지 모르게 │ 魅力(みりょく) 매력

15 ④ **渋い** 떨떠름한, 언짢은

彼はいつもしぶい顔をしている。 그는 언제나 언짢은 얼굴을 하고 있다.

16 ③ **身近** 가까이

自分の将来の配偶者は意外にみぢかにある。 자신의 장래의 배우자는 의외로 가까이에 있다.

配偶者(はいぐうしゃ) 배우자 │ 意外(いがい) 의외

17 ③ **皮肉(ひにく)** 짓궂음, 얄궂음, 기구함

この小説は彼の数奇な生涯とひにくな運命を描いたものである。 이 소설은 그의 기구한 생애와 얄궂은 운명을 그린 것이다.

数奇(すうき)な 기구한, 불우한 │ 生涯(しょうがい) 생애

18 ④ **不気味(ぶきみ)** 어쩐지 기분이 나쁨

幽霊の話はぶきみなのでやめてください。 유령 이야기는 어쩐지 기분 나쁘니까 그만 두세요.

幽霊(ゆうれい) 유령

20일 실전예상문제 정답 & 해설

| 01 ③ | 02 ① | 03 ④ | 04 ② | 05 ① | 06 ③ | 07 ① | 08 ② | 09 ① | 10 ④ |
| 11 ③ | 12 ④ | 13 ③ | 14 ④ | 15 ③ | 16 ③ | 17 ② | 18 ④ | 19 ② | |

01 ③ 杓子定規(しゃくしじょうぎ)

すべてのことを一つの基準や規則に当てはめて処置しようとするさま。모든 일을 하나의 기준이나 규칙에 적용시켜서 처리하려고 하는 모습.

> **포인트** 원뜻은 부정확한 자. 즉 국자의 杓子(しゃくし)와 자의 定規(じょうぎ)를 결합한 표현으로 옛날 국자 자루가 굽었으므로 '부정확한 자' 또는 '융통성이 없는 방법이나 태도'를 말함.

> 隠れん坊(かくれんぼう) 숨바꼭질 | 鬼(おに)ごっこ 술래잡기 | お玉杓子(たまじゃくし) 올챙이

02 ① ごますり 알랑거림, 아부함

自分の利益になることをはかって、人に取り入りへつらうこと。자신의 이익이 되는 일을 도모하여 남에게 비위맞추며 아첨하는 것.

> **포인트** 小耳(こみみ)に挟(はさ)む 관용어구로 '언뜻 듣다'의 뜻.

> ごますり 아첨함 | 口(くち)コミ 입소문 | 小耳(こみみ) 귀동냥 | ほめそやす 격찬하다

03 ④ 事(こと)なかれ主義(しゅぎ) 무사안일주의

いざこざがなく、平穏無事に済みさえすればよいとする消極的な態度や考え方。다툼이 없고 평온 무사하게 끝나기만 하면 좋다고 하는 소극적인 태도나 사고방식.

> 日和見主義(ひよりみしゅぎ) 기회주의 | 小田原評定(おだわらひょうじょう) 질질 끌기만 하고 결론이 나지 않는 회의 | 洞ヶ峠(ほらがとうげ) 기회주의

04 ② 親(おや)がかり 다 큰 자식이 부모의 신세를 지고 있음, 또는 그 자식

自立すべき子が、まだおやに養われていること。자립해야할 아이가 아직 부모에게 부양받고 있는 것.

> **포인트** 親知らずは 원래 '부모의 얼굴을 모름. 또는 그 자식의 의미'이다. 또한 親知(おやし)らず歯(ば)의 준말로 '사랑니'라는 의미가 있음. 이와 유사한 표현으로 쥐약이 猫(ねこ)いらずた는 표현이 있는데, 고양이가 필요 없을 정도로 최상의 악이겠죠. (원래 상표 이름)

> 親(おや)こうこう 효도 | なまかじり 수박 겉핥기 | 親知(おやし)らず 사랑니

05 ① むやみ 함부로, 무턱대고

前後を考えないさま。전후를 생각하지 않는 모습.

> きちょうめんに 꼼꼼하게 | おおざっぱに 대충 | こまやかに 자세히

06 ③ かかりつけ 늘 가는, 단골

いつも診察してもらっていること。늘 진찰 받고 있는 것.

> あじつけ 맛을 냄 | はりつけ 풀로 붙임 | いいつけ 분부, 고자질

07 ① あたりさわり 지장

ほかのものに悪い影響を及ぼすこと。다른 것에 나쁜 영향을 미치는 것.

> もとのもくあみ 도로아미타불 | くたびれもうけ 헛수고 | おせじ 겉치레 인사

08 ② よそに ~아랑곳 하지 않고

友達の心配をよそに強行する。친구의 걱정을 아랑곳하지 않고 강행하다.

> **포인트** 유사표현으로 ~とかかわりなく、~にかかわらずか 있다.

> 強行(きょうこう) 강행 | いっしょに 함께 | けはいに 기색에 | もとに 근거로

09 ① ばかり ~할 듯한

泣き出さんばかりの顔つき。울음을 터뜨릴 듯한 얼굴.

> **포인트** 접속형에 주의해야 한다.〈동사의 ない형 +~んばかりに〉.

> ところ 곳 | ほど 정도, 만큼 | くらい 정도, 쯤

10 ④ いえども ~라 하더라도

雨天といえども決行する。우천이라도 결행한다.

> 雨天(うてん) 우천 | いうと ~이라면 | いわないと ~말하지 않으면 | ~きかず ~듣지 않고

11 ③ やまない ~해 마지않다

彼の優勝を期待してやまない。그의 우승을 기대해 마지않다.

> **포인트** ~てやまないは 期待(きた)する、希望(きぼう)する、祈(いの)る、願(ねが)う 등의 희망이나 기원, 바람을 나타내는 단어와 함께 쓰인다.

> 優勝(ゆうしょう) 우승 | やむをえず 어쩔 수 없이 | やむをえない 어쩔 수 없다

12 ④ 言(い)わずもがな 물론이고

あの人は日本語は言わずもがな、英語も話す。저 사람은 일본어는 물론이고 영어도 한다.

> へたで 못하고 | じょうずで 잘 하고

13 ③ 限(かぎ)らない 꼭 ~하다고는 할 수 없다

お酒が体に毒だとは限らない。술이 몸에 꼭 독이라고는 할 수 없다.

포인트 ~に限るは '~이 제일이다'로 花見は桜に限る 꽃구경은 '벚꽃이 제일이다'의 뜻. ~に尽きるは '~밖에 없다. ~그것으로 모든 할 말을 다하다'의 뜻으로 その一言に尽きる '오직 그 한마디 밖에는 없다'.

毒(どく) 독 | 言(い)いやすい 말하기 쉽다 | 尽(つ)きる 다하다 | 限(かぎ)る 한정되다

14 ④ 禁(きん)じ得(え)ない 금할 수 없다

今回の地震による被災者の境遇を聞いて、私は同情を禁じ得ない。 이번 지진에 의한 재해민의 처지를 듣고 나는 동정을 금할 수 없다.

포인트 禁じ得ないは 자신의 감정을 나타내는 표현으로 '나(1인칭)'만 주어로 올 수 있음에 주의!

地震(じしん) 지진 | 被災者(ひさいしゃ) 재해민 | 境遇(きょうぐう) 처지 | 同情(どうじょう) 동정 | よそにする 소홀히 하다 | ものともしない 개의치 않다 | やむをえない 어쩔 수 없다

15 ③ きわまりない ~하기 짝이 없다, 극심하다

若い時は危険きわまりない行動を平気でする傾向がある。 젊을 때는 위험천만한 행동을 아무렇지 않게 하는 경향이 있다.

포인트 ~きわまりないは 'な형용사의 어간'에 접속하는 표현이다.

禁(きん)じ得(え)ない 금할 수 없다 | やまない ~해 마지 않다 | ならではの ~이 아니고는

16 ③ ため ~위해

子供の命を救わんがために危険を冒す。 아이의 생명을 구하기 위해서 위험을 무릅쓰다.

포인트 ~んばかりと마찬가지로 '동사의 ない형'에 접속한다.

だけ 만큼, 정도 | わけ 이유 | なり ~나름

17 ② むしろ 오히려

彼は天才というよりむしろ努力家だ。 그는 천재라기보다는 오히려 노력가이다.

さいわい 다행, 행운 | しあわせ 행복 | まし 더 나음

18 ④ かかりつけの 언제나 특정한 의사에게 진료를 받음

姉はいつもかかりつけの医者に診てもらいます。 언니는 늘 주치의사에게 진찰받습니다.

やぶ医者 돌팔이 의사 | 竹の子(たけのこ)医者 풋내기 의사 | 太鼓(たいこ)医者 말만 잘 하고 의술은 시원찮은 의사

19 ② もってのほか 당치않다, 괘씸하다

勝手に休むとはもってのほかですね。 멋대로 쉬다니 괘씸하네요.

めっけもの 횡재, 뜻밖의 행운 | ほりだしもの 뜻밖에 싸게 산 물건 | おふだ 부적

21일 실전예상문제 정답 & 해설

| 01 ② | 02 ④ | 03 ① | 04 ① | 05 ④ | 06 ② | 07 ④ | 08 ④ | 09 ② |

10 1③ 2① | 11 1② 2③ | 12 ② | 13 ① | 14 ② | 15 ① | 16 1② 2①

01 ② 辟易(へきえき) 질림

嫌気がさすこと。嫌증이 나는 것.

포인트 유사표현은 うんざりする, 嫌気(いやけ)がさす, 閉口(へいこう)する.

迅速(じんそく) 신속 | 上機嫌(じょうきげん) 기분이 좋음 | 我慢(がまん) 인내

02 ④ 気障(きざ) 아니꼬움

服装・言動などがきどっていて、嫌みに思われること。 복장, 언동 등이 젠체해서 불쾌하게 생각되는 것.

포인트 見栄(みえ)を張(は)る 유사 표현.

服装(ふくそう) 복장 | 言動(げんどう) 언동 | きどる 젠체하다, 거드름 피우다 | 嫌(いや)み 불쾌함

03 ① 華奢(きゃしゃ) **가냘프고 맵시 있음, 날씬함**

繊細で弱々しいさま. 섬세하고 가냘픈 모습.

丈夫(じょうぶ) 튼튼함 | 几帳面(きちょうめん) 꼼꼼함 | 弱虫(よわむし) 겁쟁이 | 繊細(せんさい) 섬세

04 ① 痣(あざ) **멍, 반점**

体を強く打ったあとにできる赤・青・紫などの斑紋. 몸을 강하게 친 후에 생기는 빨강, 파랑, 보라색 등의 얼룩무늬.

紫(むらさき) 보라색 | 斑紋(はんもん) 얼룩무늬

05 ④ 月並(つきな)み **평범함, 진부함**

新鮮味がなく、ありふれていて平凡なこと. 신선미가 없고 흔해 빠져서 평범한 것.

포인트 비슷한 말은 ありふれた, 平凡(へいぼん) 등이고 반대말은 特別(とくべつ)임.

新鮮味(しんせんみ) 신선미 | ありふれる 흔해 빠지다 | 平凡(へいぼん) 평범

06 ② 下取(したど)り **보상회수**

商品の代金の一部として、購入した客から古くなった同種の品物を引き取ること. 상품의 대금의 일부로서 구매한 손님으로부터 낡은 같은 종류의 상품을 인수하는 것.

代金(だいきん) 대금 | 購入(こうにゅう) 구입 | 引(ひ)き取(と)る 인수하다

07 ④ 体裁(ていさい) **체면, 외양**

彼はいつも体裁を気にしている. 그는 언제나 체면에 신경 쓰고 있다.

08 ④ 提携(ていけい) **제휴**

今度あの会社は外国企業と提携した. 이번에 저 회사는 외국기업과 제휴했다.

포인트 비슷한 모양의 한자 携와 獲 주의! 携帯(けいたい) 휴대폰), 獲得(かくとく) 획득)

企業(きぎょう) 기업

09 ② 手遅(てお)くれ **시기를 놓침**

彼の病名は癌で、今手術しないと手遅れになるそうです. 그의 병명은 암으로 지금 수술하지 않으면 시기를 놓친다고 합니다.

病名(びょうめい) 병명 | 癌(がん) 암

10 1③ 麻痺(まひ) **마비**   2① 辛抱(しんぼう) **인내**

お正月の交通麻痺は辛抱するしかないと痛切に感じている. 설날의 교통마비는 참을 수밖에 없다고 뼈아프게 느끼고 있다.

11 1② 指図(さしず) **지시**   2③ 器(うつわ) **그릇**

彼の指図を見ているとどうも社長の器じゃないようです. 그의 지시를 보고 있으면 아무래도 사장 그릇은 아닌 것 같습니다.

12 ② 滑稽(こっけい) **우스꽝스러움**

見慣れない鼻が滑稽に見えると言えば、それまでだ. 낯선 코가 우스꽝스럽게 보인다고 하면 그 뿐이다.

見慣(みな)れない 낯선 | 鼻(はな) 코

13 ① 融通(ゆうずう) **융통**

彼は頑固者で融通がきかない. 그는 고집불통이고 융통성이 없다.

포인트 通는 음으로 つう/つ로 읽는 한자인데 融通는 ゆうずう로 읽는다는 것 주의!!

頑固者(がんこもの) 고지불통, 완고한 사람

14 ② 建前(たてまえ) **(표면상) 원칙, 방침**

彼は建前では立派なことを言うが、実際の行動は正反対である. 그는 원칙으론 훌륭한 말을 하지만 실제 행동은 정반대이다.

実際(じっさい) 실제 | 正反対(せいはんたい) 정반대

15 ① 窮屈(きゅうくつ) **갑갑함**

彼は型にはまることをきゅうくつに思う. 그는 틀에 박히는 것을 갑갑하게 생각한다.

型(かた)にはまる 틀에 박히다

16 1② 根回(ねまわ)し **사전교섭, 사전공작**
    2① 見通(みとお)し **전망, 예측**

しかるべき部署にねまわししておいたからみとおしはいいと思う. 마땅한 부서에 사전교섭을 해 두었으니까 전망은 좋을 거라고 생각한다.

しかるべき 마땅한, 알맞은 | 部署(ぶしょ) 부서

22일 실전예상문제 정답 & 해설

01 ①	02 ③	03 ①	04 ④	05 ③	06 ②	07 ②	08 ④	09 ②
10 ①	11 ③	12 ②	13 ①	14 ④	15 ③	16 ①	17 ④	18 ②

01 ① おだてる 치켜세우다

何かをさせようと、ことさらに褒める。무언가를 시키려고 일부러 칭찬하다.

> ことさらに 일부러, 고의로 | 褒(ほ)める 칭찬하다

02 ③ かさばる 부피가 커지다

体積が大きくて場所をとる。체적이 커서 장소를 차지하다.

> 体積(たいせき) 체적

03 ① あつらえる 주문하다, 맞추다

注文して望み通りのものを作る。주문해서 바라는 대로의 물건을 만들다.

> 注文(ちゅうもん) 주문 | 望(のぞ)み通(どお)りの 원하는 대로의

04 ④ まぬがれる 피하다, 벗어나다

身に受けては好ましくないことから逃れる。몸으로 받아서는 바람직하지 못하는 것으로부터 벗어나다.

05 ③ 欺(あざむ)く 속이다, 기만하다

言葉巧みにうそを言って、相手に本当だと思わせる。교묘한 말로 거짓말을 하여 상대에게 진짜로 생각하게 한다.

> 포인트 비슷한 표현은 騙(だま)す, こまかす.

> 巧(たく)みに 교묘하게

06 ② へだたる 사이가 떨어지다, 멀어지다

間に距離があって離れる。사이에 거리가 있어서 벌어지다.

> 距離(きょり) 거리 | 離(はな)れる 떨어지다, 벌어지다

07 ② うぬぼれる 자만하다

彼女はいつも美人だとうぬぼれています。그녀는 늘 미인이라고 우쭐해 있다.

> 포인트 비슷한 표현은 思(おも)い上(あ)がる, いい気(き)になる.

08 ④ ばてる 지치다, 녹초가 되다

毎日の残業続きでばてる。매일 계속된 잔업으로 녹초가 되다.

> 포인트 비슷한 표현은 疲(つか)れるくたびれる, へとへとになる.

> 残業続(ざんぎょうつづ)き 잔업이 계속됨 | 名残惜(なごりお)しい 헤어지기 섭섭하다 | 有頂天(うちょうてん)になる 기뻐 어쩔 줄 모르다

09 ② すたれる 한물가다

流行語はすたれるのも早い。유행어는 한물가는 것도 빠르다.

> 포인트 반대말은 興(おこ)る : 일어나다.

> 流行語(りゅうこうご) 유행어

10 ① 急(せか)す 재촉하다

そろそろせかさないと遅れる。이제 재촉하지 않으면 늦는다.

> 포인트 비슷한 뜻인 催促(さいそく)する도 함께 알아두자.

11 ③ かきまわした 휘저었다, 혼란을 야기했다

彼の発言が会議をかきまわした。그의 발언이 회의를 휘저었다(혼란을 야기했다).

> 発言(はつげん) 발언 | 会議(かいぎ) 회의

12 ② 懲(こ)りる 질리다

彼は二度の失敗でも懲りることなく、また挑戦した。그는 두 번의 실패에도 질리지 않고 또 도전했다.

> 失敗(しっぱい) 실패 | 挑戦(ちょうせん) 도전

13 ① 憚(はばか)る 꺼리다

彼女は人目を憚ることなく、涙を流した。그녀는 남의 눈을 꺼리지 않고 눈물을 흘렸다.

> 人目(ひとめ) 남의 눈

14 ④ 呟(つぶや)く 중얼거리다, 투덜거리다

彼はちょっとしたことでもぶつぶつ呟く癖がある。그는 조금한 일에도 투덜투덜 불평을 하는 버릇이 있다.

> ぶつぶつ 투덜투덜 | 癖(くせ) 버릇

15 ③ 携(たずさ)わる 종사하다

同じ職業に携わる者同士に親睦会を作りましょう。같은 직업에 종사하는 사람끼리 친목회를 만듭시다.

> 포인트 携는 동사로는 携(たずさ)わる : 종사하다, 携(たずさ)える : 휴대하다'. 명사에서는 けい로 읽는다. 携帯(けいたい) 휴대), 提携(ていけい) 제휴)

> 同士(どうし) 끼리 ┃ 親睦会(しんぼくかい) 친목회

16 ① 籠(こ)もって 틀어박혀서

彼は家にこもって一歩も外に出ようとしない。그는 집에 틀어박혀서 한발자국도 밖에 나가려고 하지 않는다.

17 ④ 浸(ひた)す 적시다

円満な結婚生活から来る幸福感が彼女の胸をひたす。원만한 결혼생활에서 오는 행복감이 그녀의 가슴을 적신다.

> 円満(えんまん)な 원만한 ┃ 幸福感(こうふくかん) 행복감

18 ② 腫(は)れた 부었다

捻挫して足がはれたので、お医者さんに診てもらった。발목을 삐서 발이 부었기 때문에 의사선생님에게 진찰받았다.

> 포인트 はれる는 腫(は)れる로 쓰이면 '붓다', 晴(は)れる로 쓰이면 '날씨가 개다'는 뜻이므로 주의!!

> 捻挫(ねんざ) 관절을 삠 ┃ 診(み)る 진찰하다

 23일 실전예상문제 정답 & 해설

| 01 ④ | 02 ④ | 03 ① | 04 ③ | 05 ① | 06 ③ | 07 ④ | 08 ① | 09 ③ |
| 10 ② | 11 ② | 12 ① | 13 ③ | 14 ② | 15 ④ | 16 ③ | 17 ① | 18 ② |

01 ④ 重宝(ちょうほう) 유용하게 씀, 애용함

便利なものとしてよく使うこと。편리한 물건으로 자주 사용하는 것.

> 慎重(しんちょう) 신중 ┃ 貴重(きちょう) 귀중 ┃ 尊重(そんちょう) 존중

02 ④ しんどい 힘들다, 고단하다

疲れて苦しい気持ちである。피곤하여 괴로운 기분이다.

> 포인트 유사한 표현 つらい, 骨(ほね)が折(お)れる도 함께 알아두자.

03 ① やぼったい 촌스럽다

あかぬけていないさま。세련되지 않은 모습.

> あかぬける 때를 벗다. 세련되다

04 ③ 閉口(へいこう) 난처함, 질림

手に負えなくて困ること。감당할 수 없고 난처한 일.

> 포인트 手(て)に負(お)えない는 '감당할 수 없다. 힘에 부치다'.

05 ① がむしゃら 무모함, 저돌적임

後先を考えないで強引に事をなすこと。앞뒤를 생각하지 않고 억지로 일을 이루는 것.

> 포인트 유사표현으로 向(む)こう見(み)ず, 無鉄砲(むてっぽう), 無謀(むぼう)가 있음.

> 強引(ごういん) 억지로, 막무가내로

06 ③ けち 인색함, 구두쇠

むやみに金品を惜しむこと。지나치게 금품을 아끼는 것.

> むやみに 무턱대고, 함부로 ┃ 金品(きんぴん) 금품 ┃ 惜(お)しむ 아까워하다

07 ④ 押(お)し付(つ)けがましい 강요하는 듯하다

相手の気持ちを無視して自分の考えに従わせようとするさま。상대의 기분을 무시하고 자신의 생각에 따르게 하려는 모습.

> 閉幕(へいまく) 폐막 ┃ 剣幕(けんまく) 무서운 얼굴이나 서슬 ┃ 険相(けんそう) 험상

포인트 ～がましい는 접미어로 '～의 경향이 강하다'는 뜻.

おんきせがましい 은혜를 베풀고 생색을 내다 | みれんがましい 아쉬워하다, 연연해하다 | はれがましい 두드러지게 표나다

08 ① けなげ 씩씩하고 부지런함, 갸륵함, 기특함

心がけがよく、しっかりしているさま。 마음가짐이 좋고 똑 부러지는 모습.

포인트 健気(けなげ)를 けんき로 읽지 않도록 주의!!

かぼそい 가냘프다, 연약하다 | なれなれしい 허물없다 | まめまめしい 부지런하다 | 心(こころ)がけ 마음가짐

09 ③ きらびやか 눈부시게 아름다운 모양

はなやかでかがやくばかりにうつくしいさま。 화려하고 빛나서 아름다운 모양.

すこやか 튼튼함, 건강함 | ほがらか 명랑함 | のどか 화창함

10 ② にべもない 쌀쌀맞다, 정떨어지다

愛想がない。あるいは、取り付く島もない。붙임성이 없다. 또는 말을 붙여 볼 수 없다.

포인트 반대말은 愛想(あいそう)がいい、優(やさ)しい、愛嬌(あいきょう)がある 등이다. 取(と)り付(つ)く島(しま)もない는 '①상대방이 시큰둥하여 말도 못 붙이다, ②의지할 곳이 없다'는 표현.

とほうもない 터무니없다 | なまぐさい 비린내가 나다 | きまりわるい 쑥스럽다

11 ② 疎(おろそ)か 소홀함

学業をおろそかにしてはいけません。학업을 소홀히 해서는 안됩니다.

포인트 유사표현으로 なおざり、ないがしろ 등이 있다.

学業(がくぎょう) 학업 | まめ 성실, 바지런함 | せっせと 부지런히, 열심히

12 ① 淑(しと)やか 얌전함, 정숙함

あの女の人はいつも静かでしとやかに話します。저 여자는 늘 조용하고 얌전하게 이야기합니다.

포인트 반대어는 'がさつ: 거침, 멋대로임, 粗野(そや) : 거침, 엉망임'.

13 ③ あどけない 천진난만하다, 순진하다

子供のあどけない寝顔を見るとほっとする。아이의 천진난만한 잠든 얼굴을 보면 안심한다.

おうへいな 건방진 | たくましい 씩씩한 | もろい 약한, 여린 | 寝顔(ねがお) 잠자는 모습 | ほっとする 안심하다

14 ② ふがいない 한심하다, 무기력하다

成績がクラスで最下位とはふがいないですね。성적이 반에서 최하위라니 한심하다.

成績(せいせき) 성적 | 最下位(さいかい) 최하위 | ふさわしい 어울리다 | につかわしい 적합하다 | たのもしい 믿음직스럽다

15 ④ 厳(いか)めしい 위엄있다

厳めしい顔つきの憲兵が私に近づいてきた。위엄있는 얼굴을 한 헌병이 나에게 다가왔다.

憲兵(けんぺい) 헌병

16 ③ 汚(けが)らわしい 더럽다, 추접스럽다

最近テレビの番組で汚らわしい言葉がよく使われる傾向がある。최근 TV 프로에서 추접스런 말이 자주 쓰이는 경향이 있다.

テレビの番組(ばんぐみ) TV 프로 | 傾向(けいこう) 경향

17 ① 清(きよ)らか 깨끗함, 맑음

私は彼女の心の奥底に潜んでいる清らかな魂を発見して喜びを感じた。나는 그녀의 마음 속 깊이 숨겨져 있는 깨끗한 영혼을 발견하고 기쁨을 느꼈다.

なめらか 매끄러움, 막힘없음 | ほがらか 명랑함 | きららか 눈부시게 아름다움 | 奥底(おくそこ) 깊은 속 | 潜(ひそ)む 숨다 | 魂(たましい) 영혼

18 ② 厄介(やっかい) 번거로움, 성가심

原稿の締め切りに間に合わなかったら、もっと厄介なことになっただろう。원고 마감 시간에 대지 못했으면 더 골치 아프게 되었을 것이다.

포인트 유사표현으로 面倒(めんどう)、煩(わずら)わしい 등이 있음.

原稿(げんこう) 원고 | 締(し)め切(き)り 마감시간

01 ④	02 ①	03 ③	04 ①	05 ②	06 ③	07 ①	08 ④	09 ③	10 ①
11 ②	12 ①	13 ④	14 ③	15 ①	16 ③	17 ②	18 ①	19 ②	

01 ④ 事(こと)なかれ主義(しゅぎ) 무사안일주의

いざこざがなく平穏無事に済みさえすればよいとする消極的な態度や考え方。 다툼이 없이 평온무사로 끝나면 된다고 하는 소극적인 태도나 사고방식.

> 포인트 八(や)つ当(あ)たり : 화풀이, 淸水(きよみず)の舞台(ぶたい)から飛(と)び降(お)りる : 밑져야 본전이라는 심정으로 과감히 일을 해보다. 日和見主義(ひよりみしゅぎ) : 기회주의

平穏無事(へいおんぶじ) 평온무사

02 ① 洞ヶ峠(ほらがとうげ) 기회주의

有利なほうにつこうと形勢をうかがうこと。 유리한 쪽으로 붙으려고 형세를 살피는 일.

> 포인트 月(つき)とすっぽん : 하늘과 땅(만큼의 차이), 畳水練(たたみすいれん) : 이론만 알 뿐 실제로는 도움이 안 됨. しこを踏(ふ)む : (씨름에서) 씨름꾼이 한 발씩 힘있게 높이 들어 땅을 밟다. 준비하다.

つく 붙다 | 形勢(けいせい) 형세 | うかがう 살피다

03 ③ 対岸(たいがん)の火事(かじ) 강 건너 불, 내게 무관한 일

自分には関係なく、なんの苦痛もないこと。 자신에게는 관계없고 아무런 고통도 없는 일.

> 포인트 善(よ)かれ悪(あ)しかれ 좋든 궂든(나쁘든), 腹八分(はらはちぶ) 덜 차게 먹음, 汝(なんじ)自(みずか)らを知(し)れ 너 스스로를 알라

苦痛(くつう) 고통

04 ① 伸(の)るか反(そ)るか 성공이냐 실패냐, 되느냐 안 되느냐

成否は天にまかせ、思い切って物事を行うこと。 성공여부는 하늘에 맡기고 과감히 일을 행하는 것.

> 포인트 うまずたゆまず : 꾸준히, 한결같이, なせばなる : 하면 된다. 耳(みみ)にタコができる : 귀에 못이 박히다

成否(せいひ) 성공 여부 | 思(おも)いきって 과감히

05 ② 寝耳(ねみみ)に水(みず) 아닌 밤중에 홍두깨

不意の出来事や知らせに驚くことのたとえ。 불의의 사건이나 소식에 놀라는 것에 대한 비유

> 포인트 土足(どそく) : 토족(신발을 신은 채의 발), 持(も)ってこい : 안성맞춤, 打(う)って付(つ)け : 안성맞춤

驚(おどろ)く 놀라다

06 ③ ひのき舞台(ぶたい) 영광스런 무대

自分の手腕を人々に見せる晴れの場所。 자신의 수완을 사람들에게 보이는 경사스러운 장소.

> 포인트 見掛(みか)け倒(だお)し : 빛좋은 개살구, おあつらえ向(む)き : 안성맞춤

手腕(しゅわん) 수완

07 ① 怪我(けが)の功名(こうみょう) 뜻밖의 공명

なにげなしにやった事が意外によい結果になること。 아무렇지 않게 했던 일이 의외로 좋은 결과가 되는 것.

> 포인트 二言目(ふたことめ)には 입만 벌리면

意外(いがい)に 의외로 | 結果(けっか) 결과

08 ④ 畑水練(はたけすいれん) 실제로는 소용에 닿지 않는 훈련이나 이론

理屈ばかりで実地の訓練が欠けていて実際には役に立たないこと。 이론뿐이고 실지의 훈련이 결여되어 있어 실제로는 도움이 되지 않는 것.

> 포인트 もっての外(ほか) : 당치도 않음, 途方(とほう)に暮(く)れる : 망연자실하다. 呆気(あっけ)に取(と)られる : 어안이 벙벙하다

理屈(りくつ) 이론 | 訓練(くんれん) 훈련 | 役(やく)に立(た)たない 도움이 되지 않다

09 ③ あぶはち取(と)らず 이것 저것 탐내다가 하나도 얻지 못함 (게도 구럭도 놓치다)

欲を出しすぎると失敗する事のたとえ。 욕심을 너무 내면 실패하는 것.

> 포인트 かもねぎ 안성맞춤 | ご無理(むり)ごもっとも 억지를 써도 지당하다고 함 | 棚(たな)からぼた餅(もち) 굴러 들어온 호박

失敗(しっぱい)する 실패하다

10　① 人(ひと)っ子(こ)一人(ひとり)いない　아무도 없다
　　（개미 새끼 한 마리도 없다）

人が全くいないたとえ。사람이 전혀 없는 것의 비유.

`유인보` 猫(ねこ)もしゃくしも：어중이떠중이
烏合(うごう)の衆(しゅう)：오합지졸
お茶(ちゃ)の子(こ)さいさい：식은 죽 먹기(누워서 떡 먹기)

11　② 猫(ねこ)もしゃくしも　어중이떠중이도

最近は猫もしゃくしも留学に行く。최근에는 어중이떠중이도 유학 간다.

`유인보` 馬(うま)は馬(うま)づれ｜牛(うし)は牛(うし)づれ 유유상종

`留学(りゅうがく) 유학`

12　① うちまたごうやく　간에 붙었다 쓸개에 붙었다 함

しっかりした意見や主張がなくうちまたごうやくのようなひとだ。똑 부러진 의견이나 주장이 없고 이랬다저랬다하는 사람이다.

`유인보` 引(ひ)っ張(ぱ)りだこ：(인기가 있어서) 사방에서 끎
ふたまたかけ：양다리 걸치기
もとのもくあみ：도로아미타불

`意見(いけん) 의견｜主張(しゅちょう) 주장`

13　④ 二枚舌(にまいじた)　일구이언, 거짓말을 함

矛盾したことを言うことを二枚舌と言います。모순된 것을 말하는 것을 일구이언이라 합니다.

`유인보` 一目散(いちもくさん)：쏜살같음, 二枚目(にまいめ)：미남자, 韋駄天(いだてん)：잘 달리는 사람

`矛盾(むじゅん)した 모순되다`

14　③ 油(あぶら)を売(う)る　게으름을 피우다

むだ話などをして仕事を怠けるのを油を売ると言う。쓸데없는 이야기를 하며 일을 게을리 하는 것을 '기름을 판다'라고 한다.

怠(なま)ける 일을 게을리 하다

15　① 濡(ぬ)れ衣(ぎぬ)　누명, 무고한 죄

仲間をかばって濡れ衣を着る。동료를 감싸고 누명을 쓰다.

`普段着(ふだんぎ) 평상복｜晴(は)れ着(ぎ) 나들이 옷｜作業着(さぎょうぎ) 작업복`

16　③ やぶ蛇(へび)　긁어 부스럼

文句がとんだやぶ蛇になる。불평이 뜻하지 않은 긁어 부스럼이 된다.

`유인보` やぶ医者(いしゃ) 돌팔이 의사, 太鼓医者(たいこいしゃ) 말만 번지르르하고 의술은 형편없는 의사, 蛇口(じゃぐち) 수도 꼭지

17　③ 塞翁(さいおう)が馬(うま)　새옹지마

人間万事塞翁が馬と言うんだ。인간만사 새옹지마라고 한다.

`유인보` 三日坊主(みっかぼうず)：싫증이 나서 오래 지속하지 못함. 또는 그런 사람. てるてる坊主(ぼうず)：날이 들기를 기원하여 처녀 끝에 매달아 두는 종이로 만든 인형. やぶから棒(ぼう)：아닌 밤중에 홍두깨

18　① 水掛(みずか)け論(ろん)　결말 안 나는 의론

両者がお互いに自説にこだわってまるで水掛け論みたいね。양자가 서로 자기 의견에 집착하여 마치 '결말이 안 나는 의론' 같네.

`유인보` 論語(ろんご)読(よ)みの論語(ろんご)知(し)らず：논어를 읽되 논어를 모르다(책의 뜻만 알지 실천은 못한다는 의미). 井戸(いど)ばた会議(かいぎ)：숙덕공론, 親(おや)知(し)らず：사랑니.

19　② 踏(ふ)んだり蹴(け)ったり　엎친데 덮친 격이다

お金はないし日は暮れるし踏んだり蹴ったりだ。돈은 없고 날을 저물고 엎친데 덮친격이다.

`유인보` 鬼(おに)に金棒(かなぼう)：범에 날개
掘(ほ)り出(だ)し物(もの)：의외로 싸게 산 물건
めっけもの：뜻밖에 얻은 횡재

| 01 ③ | 02 ① | 03 ② | 04 ④ | 05 ① | 06 ① | 07 ③ | 08 ② | 09 ① | 10 ② |
| 11 ① | 12 ② | 13 ③ | 14 ④ | 15 ① | 16 ④ | 17 ③ | 18 ② | 19 ① | 20 ① |

01 ③ 苦情(くじょう) 고충, 불평, 불만

포인트 苦의 음독은 く, 情의 음독은 じょう로, 苦情는 くじょう로 읽는다. 비슷한 뜻으로 文句(もんく)가 있다.

02 ① 常識(じょうしき) 상식

03 ② 過剰(かじょう) 과잉

포인트 過의 음독은 か, 剰의 음독은 じょう로, 過剰는 かじょう로 읽는다. 반대말은 不足(ふそく)이다.

04 ④ 乾燥(かんそう) 건조

포인트 乾(마를 건)은 음독으로 かん으로, 燥(마를 조)는 そう로 읽는다. 乾燥(かんそう)는 '感想(かんそう 감상)'와 발음이 같아서 한자 관련 시험 문제로 자주 출제된다.

05 ① 水滴(すいてき) 물방울

포인트 음독으로 てき로 읽는 비슷한 모양의 한자 摘/滴/適/敵의 쓰임을 다시 기억하자.

06 ① 補(おぎな)う 보충하다

07 ③ 異(こと)なる 다르다

08 ② 誤(あやま)る 실수하다, 그르치다

포인트 あやまる는 '그르치다, 망치다'의 誤(あやま)る, 謬(あやま)る와 빌다의 '謝(あやま)る'가 있다는 것 다시 기억하자.

09 ① 厳(きび)しい 엄하다

포인트 厳しい는 '엄하다'는 뜻으로 きびしい로 읽는다.

10 ② 羨(うらや)ましい 부럽다

11 ① 現(あらわ)れる 나타나다

はっきりと見える形をとって、姿・形がおもてに出る。뚜렷이 보이는 형태를 띠고 모습, 형태가 표면으로 나오다(표면화되다).

포인트 現(あらわ)れる는 모습 등 뚜렷이 보이는 형태가 나타나는 것을 표현할 때 쓰고, 같은 뜻으로 한자만 다르게 사용하는 表(あらわ)れる는 감정이나 생각 등이 저절로 나타나다는 의미에 주로 쓴다.

はっきりと 분명히, 뚜렷이 | 姿(すがた) 모습 | 表(おもて) 표면

12 ② 鈍(にぶ)い 무디다

刃物などの切れ味が悪い様。칼 등이 잘 들지 않는 모양.

포인트 잘 들지 않는 칼을 나타내는 형용사는 '鈍(にぶ)い : 무디다'. 반대말은 '鋭(するど)い : 예리하다, 날카롭다'.

刃物(はもの) 날붙이, 칼 | 切(き)れ味(あじ)が悪(わる)い 날이 잘 들지 않다 | 薄(うす)い 연하다 | 濃(こ)い 진하다

13 ③ もったいない 아깝다

使えるものが十分に活用されない状態を惜しいと思う様。사용할 수 있는 것이 충분히 활용되지 않는 상태를 아깝다고 생각하는 모양.

活用(かつよう) 활용 | 惜(お)しい 아깝다

14 ④ 飢(う)える 굶주리다

食べ物がなく、ひどく腹が減る。먹을 것이 없고 몹시 배가 고프다.

포인트 うえる는 植える를 쓸 때는 '심다, 주입하다, 이식하다'라는 뜻이며 飢える를 쓸 때는 '굶주리다'는 뜻임에 주의!

ひどく 몹시, 매우 | 腹(はら)が減(へ)る 배가 고프다

15 ① ためらう 주저하다

あれこれ迷ってぐずぐずする。이리저리 망설이고 우물쭈물하다.

あれこれ 이리저리, 이것저것 | 迷(まよ)う 망설이다 | ぐずぐずする 우물쭈물하다

16 ④ ところ ~했더니

名前を調べたところそういう人はいなかった。이름을 조사했더니 그러한 사람은 없었다.

17 ③ むかって 향해서

目的にむかってまっすぐに進んでいるときが幸せな時だ。목적을 향해서 똑바로 나아가고 있을 때가 행복한 때다.

18 ② おきのどくに 딱하게도

となりの子供が怪我をしたそうですよ。それはおきのどくに。옆집의 아이가 부상을 입었다고 해요. 그거 안됐네요.

<table>
<tr><td>怪我(けが) 부상</td></tr>
</table>

19 ① ものか ~할까(결코~않겠다)

あんな汚いレストランには二度と行くものか。 저런 더러운 레스토랑엔 두 번 다시 가나 보자. (결코 가지 않겠다)

 二度と~ものか, 決して~ものか 형태로 결코 ~않겠다고 강하게 부정하는 기분을 나타내는 표현이다.

20 ① に過ぎない ~에 지나지 않다

女性の課長が増えたと言うが、 まだほんの一割程度に過ぎない。

여성 과장이 늘었다고 하지만 아직 불과 10% 정도에 지나지 않는다.

 주로 '불의 ~에 過ぎない : 불과 ~에 지나지 않다' 또는 ただ~に過ぎない : '그저 ~에 지나지 않다' 형태로 쓰여 정도가 낮음을 강조하는 표현이다.

<table>
<tr><td>増(ふ)える 늘다 │ 一割(いちわり) 1할 │ 程度(ていど) 정도</td></tr>
</table>

반드시 어휘 모의고사 정답 & 해설

| 01 ④ | 02 ③ | 03 ② | 04 ① | 05 ① | 06 ② | 07 ③ | 08 ④ | 09 ① | 10 ② |
| 11 ④ | 12 ③ | 13 ② | 14 ① | 15 ② | 16 ② | 17 ③ | 18 ④ | 19 ① | 20 ② |

01 ④ 共感(きょうかん) 공감

 '함께'라는 뜻을 갖는 한자는 共(함께 공)으로 음독은 きょう.

02 ③ 単純(たんじゅん) 단순

 음독으로 単은 たん, 純은 じゅん으로 읽는다.

03 ② 環境(かんきょう) 환경

04 ① 構造(こうぞう) 구조

 비슷한 모양의 한자 構(구), 講(강), 購(구)는 일본어로는 모두 こう로 읽는다고 외워두자.

05 ① 首脳(しゅのう) 수뇌

06 ② 優勝(ゆうしょう) 우승

07 ③ 筆跡(ひっせき) 필적

08 ④ 掃除(そうじ) 청소

09 ① 洗濯(せんたく) 세탁

10 ② 微妙(びみょう) 미묘

 微(び)와 徴(ちょう)는 비슷한 모양의 글자로 혼동하기 쉬운 한자이므로 주의. 微妙(びみょう 미묘), 特徴(とくちょう 특징)으로 기억해 놓자.

11 ④ 誘(さそ)う 유혹하다, 권유하다

相手にある事をするようにすすめる。 상대에게 어떤 일을 하도록 권유하다.

<table>
<tr><td>相手(あいて) 상대 │ 勧(すす)める 권유하다 │ 進(すす)む 나아가다 │ 知(し)らせる 알리다 │ 認(みと)める 인정하다</td></tr>
</table>

12 ③ 雇(やと)う 고용하다

賃金や料金を払って、 ある期間人や乗り物などを使う。 임금이나 요금을 지불하고, 일정기간 사람이나 탈 것을 사용하다.

 동사 '雇(やと)う : 고용하다'는 명사 雇用(こよう 고용)과 함께 외워두면 기억하기 쉽다.

<table>
<tr><td>賃金(ちんぎん) 임금 │ 料金(りょうきん) 요금 │ 遊(あそ)ぶ 놀다 │ 顧(かえり)みる 회고하다 │ 習(なら)う 배우다</td></tr>
</table>

13 ② 味(あじ)わう 맛보다

物のもつうまさをかみしめながら食べる。사물이 지니는 맛을 씹으며 먹다.

> かみしめる 깨물다, 씹다

14 ① いばる 뽐내다, 으스대다

偉そうにする。훌륭한 척 하다(뻐기다).

> 偉(えら)い 훌륭하다 | おとなしい 암전하다 | 勝(まさ)る 뛰어나다
> | 劣(おと)る 쳐지다

15 ② くたびれる 녹초가 되다, 지치다

体や頭を使いすぎてつかれる。몸과 머리를 너무 써서 지치다.

> 体(からだ)や頭(あたま) 몸과 머리 | 使(つか)いすぎる 너무 쓰다 |
> ためらう 주저하다 | でしゃばる 나대다 | げんきになる 건강해지다

16 ② おとなしい 암전하다, 수수하다

デザインのおとなしい車。디자인이 수수한 차.

> なつかしい 그립다 | やかましい 시끄럽다 | うるさい 시끄럽다

17 ③ なつかしく 그립게

青春の日々をなつかしく思い出す。청춘의 나날을 그립게 떠올리다.

> 忙(いそ)がしく 바쁘게 | せわしく 분주하게 | おいしく 맛있게

18 ④ 地味(じみ)に 수수하게

彼は目立たなく地味(じみ)に暮している。그는 눈에 뛰지 않게 수수하게 생활하고 있다.

> 目立(めだ)たない 눈에 뛰지 않다 | 暮(くら)す 생활하다 | ぜいたく
> に 사치스럽게 | 華(はな)やかに 화려하게 | 派手(はで)に 화려하게

19 ① しつこい 끈질기다

今度の風邪はしつこいですね。이번 감기는 끈질기군요.

> 今度(こんど) 이번 | 風邪(かぜ) 감기 | すっぱい 시다 | からい 맵
> 다 | 鈍(のろ)い 느리다

20 ② 惜(お)しい 아쉽다, 아깝다

この時計は捨てるには惜しいですね。

> 時計(とけい)を捨(す)てる 시계를 버리다 | 惨(むご)い 잔혹하다 |
> 悲(かな)しい 슬프다 | 楽(たの)しい 즐겁다

절대로 어휘 모의고사 정답 & 해설

01 ③	02 ①	03 ②	04 ④	05 ①	06 ②	07 ④	08 ③	09 ①	10 ②
11 ②	12 ④	13 ①	14 ④	15 ①	16 ①	17 ③	18 ②	19 ①	20 ③

01 ③ 削減(さくげん) 삭감

풀이팁 削減은 음으로 さく로 읽는 削(깎을,빼앗을 삭)과 음으로 げん으로 읽는 減(덜 감), 모두 '줄어든다'는 의미를 갖는 한자로 이루어진 단어이다. 줄여서 없애버리는 것은 削除(さくじょ 삭제)

02 ① 侮辱(ぶじょく) 모욕

풀이팁 비슷한 모양의 한자 悔(かい)와 혼동하지 않도록 주의!

03 ② 訴訟(そしょう) 소송

풀이팁 訴(하소연할 소), 訟(송사 송)으로 訴訟(そしょう 소송)을 뜻한다.

04 ④ 巧妙(こうみょう) 교묘

05 ① 模倣(もほう) 모방

포인트 倣(본받을 방)을 放(놓을 방)으로 쓰지 않도록 주의!!

06 ② 償(つぐな)う 보상하다, 속죄하다

07 ④ 漂(ただよ)う 맴돌다, 감돌다, 표류하다

08 ③ 断(ことわ)る 거절하다, 양해를 구하다

09 ① 厳(おごそ)か 엄숙함

10 ② 鮮(あざ)やか 선명함

11 ② うぬぼれる 자만하다
自分がすぐれていると思って、ひとりで得意になる。 자신이 훌륭하다고 생각하여, 혼자서 우쭐거리다.

포인트 비슷한 표현으로 自慢(じまん)する, 手前(てまえ)味噌(みそ)を並(なら)べる가 있다.

すぐれる 훌륭하다 | 得意(とくい)になる 우쭐거리다 | 奪(うば)う 빼앗다 | おとす 습격하다 | へりくだる 자기를 낮추다

12 ④ そっけない 쌀쌀맞다
言葉や態度に、相手に対する好意や思いやりがない。 말과 태도에, 상대에 대한 호의나 배려가 없다.

포인트 不親切(ふしんせつ) 불친절, 愛想(あいそう)がない 싹싹하지 않다도 비슷한 표현.

言葉(ことば)や態度(たいど) 말과 태도 | 好意(こうい) 호의 | 思(おも)いやり 배려 | はかない 덧없다 | みすぼらしい 초라하다 | ややこしい 성가시다

13 ① でたらめ 멋대로, 아무렇게나
思いつくままに勝手なことを言ったり行ったりすること。 생각나는 대로 멋대로 말하거나 행동하거나 하는 것.

포인트 'いいかげんだ : 대충하다, 아무렇게나 하다'와 같은 표현.

思(おも)いつく 생각나다 | 勝手(かって) 멋대로, 마음대로 | こぢんまり 아담하게 | 情(なさけ)ない 매정하다, 한심하다 | せせこましい 비좁다

14 ④ あせる 초조하게 굴다
思い通りに事が運ばないので、急いでしようとして落ち着かなくなる。 생각대로 일이 진행되지 않으므로, 서둘러서 하려고 침착하지 못하다.

思(おも)い通(どお)り 생각대로 | 急(いそ)ぐ 서둘다 | 落(お)ち着(つ)く 침착하다 | わめく 소리치다 | もがく 발버둥치다 | むせぶ 숨이 막히다, 흐느껴 울다

15 ① けなす 헐뜯다
よい点は無視し、わざわざ悪い点ばかりとりあげて非難する。 좋은 점은 무시하고, 일부러 나쁜 점만 들추어 비난하다.

포인트 非難(ひなん)する : 비난하다와 같은말로, 반대말은 褒(ほ)める : 칭찬하다임.

無視(むし) 무시 | わざわざ 일부러 | 非難(ひなん)する 비난하다 | 挑(いど)む 도전하다 | 逃(にが)す 놓아주다, 놓치다 | おそう 습격하다

16 ① 霜(しも) 서리
地面に生じる細かな氷の結晶。 지면에 생기는 자그마한 얼음의 결정체.

地面(じめん) 지면 | 生(しょう)じる 생기다 | 氷(こおり)の結晶(けっしょう) 얼음의 결정 | 雷(かみなり) 천둥 | 雲(くも) 구름

17 ③ まして ~보다 더
以前にもまして不安感がつのる。 이전보다 더 불안감이 더해진다.

不安感(ふあんかん) 불안감 | つのる 더해진다, 모집하다

18 ② つくづく 곰곰이, 절실하게
我が国の将来をつくづくと考えた。 우리나라의 장래를 곰곰이 생각했다.

我(わ)が国(くに) 우리나라 | 将来(しょうらい) 장래 | ふわふわ 둥실둥실, 푹신푹신 | ぎりぎり 빠듯함 | わくわく 두근두근

19 ① そばから 하자마자
勉強するそばから忘れる始末。 공부하자마자 잊어버리는 꼴.

포인트 ~が早(はや)いか、~や否(いな)や도 비슷한 표현.

勉強(べんきょう) 공부 | 忘(わす)れる 잊어버리다 | 始末(しまつ) 꼴, 상태

20 ③ とかく 걸핏하면, 툭하면, 여러 가지, 이러쿵저러쿵
人のことをとかく批判する前に、自分のことを考えなさい。 남의 일을 걸핏하면 비판하기 전에, 자신의 일을 생각하세요.

批判(ひはん) 비판 | 自分(じぶん) 자신 | うらはらに 뒤죽박죽으로 | ことごとく 모두, 죄다 | いっぽんやりに 외곬, 일변도

01 ③	02 ①	03 ②	04 ④	05 ①	06 ②	07 ④	08 ①	09 ③	10 ②
11 ③	12 ①	13 ④	14 ②	15 ①	16 ③	17 ②	18 ①	19 ③	20 ④

01 ③ 邸宅(ていたく) 저택

음독으로 'てい'로 읽는 비슷한 모양의 한자에 주의!
邸宅(ていたく) : 저택
低温(ていおん) : 저온
海底(かいてい) : 해저
抵抗(ていこう) : 저항

02 ① 跳躍(ちょうやく) 도약

비슷한 모양의 한자의 躍/曜/濯의 발음에 주의!
躍動(やくどう) : 약동
曜日(ようび) : 요일
洗濯(せんたく) : 세탁

03 ② 貢献(こうけん) 공헌

04 ④ 収穫(しゅうかく) 수확

05 ① 拒否(きょひ) 거부

06 ② 養(やしな)う 양육하다

養는 음으로는 よう로 읽는다. 養育(よういく 양육), 養分(ようぶん 양분)

07 ④ 慎(つつし)む 신중하다, 삼가다

08 ① 試(こころ)みる 시도하다

09 ③ 朽(く)ちる 썩다

10 ② 尊(とうと)い 귀중하다

尊는 음으로는 そん로 읽는다. 尊敬(そんけい 존경), 尊重(そんちょう 존중)

11 ③ 真剣(しんけん) 진지, 진검

まじめに物事に対するさま。성실하게 사물을 대하는 모양.

유사한 표현으로 真面目(まじめ), 本腰(ほんごし)を入(い)れる 등이 있다.

愚痴(ぐち) 불만 | 文句(もんく) 불평 | 不平(ふへい) 불평

12 ① 皮肉(ひにく) 비꼼

遠回しに意地悪く相手を非難すること。우회적으로 심술궂게 상대를 비난하는 것.

無造作(むぞうさ) 아무렇게 | 無邪気(むじゃき) 순진 | 質素(しっそ) 검소

13 ④ あっけない 싱겁다, 어이없다

期待外れでもの足りない。기대가 어긋나서 뭔가 부족하다.

空(むな)しい 허무하다 | はかない 덧없다 | むさ苦(くる)しい 너저분하다

14 ② なれなれしい 허물없이 친하다

非常に親しいようすである。몹시 친한 모양이다.

반대말은 'よそよそしい : 서먹하다' 임.

生々(なまなま)しい 생생하다 | 弱々(よわよわ)しい 연약하다 | 若々(わかわか)しい 매우 젊다

15 ① 大(おお)げさ 과장, 허풍

誇張されたさま。과장된 모양.

허풍을 떨다는 뜻을 나타내는 관용표현 '大風呂敷(おおぶろしき)を広(ひろ)げる/ ほらを吹(ふ)く'도 함께 알아두자.

大(おお)まか 대범함, 대략적임, 대충임 | 大騒(おおさわ)ぎ 대소동 | 大男(おおおとこ) 거인

16 ③ つらら 고드름

水の滴が凍って、軒先に棒状に垂れ下がったもの。물방울이 얼어, 처마 끝에 막대기 모양으로 매달리는 것.

小雨(こさめ) 이슬비 | 氷雨(ひさめ) 늦가을 차가운 비 | 津々浦々(つつうらうら) 방방곡곡, 전국

17 ② きわまりない ~하기 짝이 없다

巧妙きわまりない手口だ。교묘하기 짝이 없는 수법이다.

綺麗(きれい)な 깨끗한 | みすぼらしい 초라하다 | あどけない 천진난만하다

18 ① 思(おも)いきや 생각했지만

直ったと思いきやまたすぐに壊れてしまった。 고쳤다고 생각하는데 또 바로 망가졌다.

思(おも)うつぼ 생각하는 대로 | 思(おも)いながら 생각하면서 | 思(おも)い勝(が)ち 생각하기 쉽상

19 ③ かたわら 한편으로

会社に勤めるかたわら小説を書く。 회사에 근무하며, 한편으로는 소설을 쓰다.

포인트 かたわらは〈동사의 기본형〉또는〈する동사의 명사형+の〉에 접속하므로 주의‼

20 ④ 専(もっぱ)ら 오로지

休日はもっぱら子供の相手をする。 휴일은 오로지 아이의 상대를 한다.

相次(あいつ)いで 연달아 | 相(あい)まって 서로 어울려 | ご無理(むり)ごもっとも 지당하심

勤(つと)める 근무하다 | かつて 옛날 | あるいは 혹은 | しいて 굳이

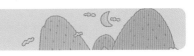

축!만점 어휘 모의고사 정답 & 해설

01 ③	02 ②	03 ④	04 ①	05 ②	06 ③	07 ①	08 ④	09 ③	10 ①
11 ④	12 ②	13 ①	14 ③	15 ④	16 ②	17 ①	18 ④	19 ③	20 ①

01 ③ 重宝(ちょうほう) 애지중지함, 아껴 씀

02 ② 融通(ゆうずう) 융통

포인트 通는 음으로 つう/つ로 읽는 한자인데 融通는 ゆうずう로 읽는다는 것에 주의‼

03 ④ 提携(ていけい) 제휴

포인트 비슷한 모양의 한자 携와 獲 주의‼ 携帯(けいたい 휴대폰), 獲得(かくとく 획득)

04 ① 是正(ぜせい) 시정

05 ② 欠乏(けつぼう) 결핍

06 ③ 歪(ゆが)む 일그러지다, 왜곡되다

07 ① 隔(へだ)てる 간격이 벌어지다

08 ④ 携(たずさ)わる 관계하다, 종사하다

09 ③ 欺(あざむ)く 기만하다, 속이다

10 ① 白状(はくじょう) 자백

11 ④ 二言目(ふたことめ) 말만 꺼내면

何か言ったあと、口癖や決まり文句のように続く言葉。 뭔가 말한 다음, 입버릇이나 문구처럼 이어지는 말.

포인트 寝言(ねごと) 잠꼬대, 小言(こごと) 잔소리, 一言(ひとこと) 한마디

口癖(くちぐせ) 입버릇

12 ② 七転(ななころ)び八起(やお)き 칠전팔기

多くの失敗にもめげず、そのたびに勇をふるって立ち上がること。 많은 실패에도 기죽지 않고, 그때 마다 용기를 내어 일어서는 일.

포인트 二束三文(にそくさんもん) 싸구려, 떨이, 八百屋(やおや) 채소가게 八百長(やおちょう) : 짜고 하는 시합

失敗(しっぱい) 실패 | めげず 기죽지 않고 | 勇(ゆう)をふるう 용기를 내다 | 立(た)ち上(あ)がる 일어서다

13 ① 突拍子(とっぴょうし)もない 얼토당토않다, 말도 안 된다

調子がはずれている。または並外れている。정상을 벗어나다. 또는 평범하지 않다.

勇(いさ)ましい 용감하다 | 厚(あつ)かましい 뻔뻔하다

14 ③ あどけない 천진난만하다

姿や振舞いが無邪気でかわいいさま。모습이나 행동이 순수하고 귀여운 모양.

유사표현으로 無邪気(むじゃき), 純真(じゅんしん) 등이 있다.

ややこしい 복잡하다 | しつこい 끈질기다 | あくどい 야비하다

15 ④ 野暮(やぼ)ったい 촌스럽다

あかぬけていないさま。세련되지 않은 모양.

けちだ 구두쇠다 | 気障(きざ)だ 치사하다 | 尤(もっと)もらしい 그럴듯하다

16 ② 閉口(へいこう) 질림

彼のしつこさには閉口する。그의 끈질김에는 질렸다.

閉講(へいこう) 폐강 | 真剣(しんけん) 진지 | 偽物(にせもの) 가짜

17 ① 懲(こ)りない 물리지 않는다, 질리지 않는다

一度くらいの失敗では懲りない。한 번 정도의 실패로는 질리지 않는다.

刺激(しげき)だ 자극이다 | 鴨葱(かもねぎ)だ 안성맞춤이다 | 険相(けんそう)だ 험상궂다

18 ④ さえずりながら 지저귀면서

小鳥がしきりにさえずりながら飛んでいく。새들이 계속 지저귀면서 날아 간다.

俯(うつむ)く 고개 숙이다 | 遮(さえぎ)る 차단하다 | 喚(わめ)く 울부짖다

19 ③ 廃(すた)れる 쇠퇴하다

流行語は廃れるのも早い。유행어는 쇠퇴도 빠르다.

自惚(うぬぼ)れる 자만하다 | 栄(さか)える 번영하다 | 携(たずさ)わる 관계하다

20 ① 公(おおやけ) 공공, 공적

個人の立場を離れて全体にかかわること。개인의 입장을 떠나 전체에 관계된 것.

礎(いしずえ) 주춧돌 | 大黒柱(だいこくばしら) 집안이나 단체의 기둥, 핵심인물 | 三猿主義(さんえんしゅぎ) 신중한 처세술

☐ **001. 정나미가 떨어지다**　　**愛想が尽きる**

인간이라는 것에 정나미가 떨어졌습니다.　　人間というものに愛想がつきたんです。

☐ **002. 연달아서, 계속이어서**　　**相次いで**

교통사고가 연달아 일어난다.　　交通事故が相次いで起こる。

☐ **003. 맞장구**　　**相づち**

남의 일처럼 무게가 느껴지지 않는 맞장구였다.　　他人事のように重みの感じられない相づちだった。

☐ **004. 맞장구를 치다**　　**相づちを打つ**

그럴 듯하게 그녀는 나의 의견에 맞장구를 쳤다.　　もっともらしく彼女は私の意見に相づちを打った。

☐ **005. 생판 모르는 남**　　**赤の他人**

저 사람과는 생판 모르는 관계다.　　あの人とは赤の他人の関係だ。

☐ **006. 누워서 떡 먹기**　　**朝飯前**

그런 일은 누워서 떡먹기야.　　そういうことは朝飯前だよ。

☐ **007. 발 가는 대로 마음 내키는 대로**　　**足の向くまま気の向くまま**

발 가는 대로 마음 내키는 대로, 훌쩍 여행을 떠났다.　　足の向くまま気の向くまま、ふらりと旅に出た。

☐ **008. 열 받다**　　**頭に来る**

아침부터 열 받았다.　　朝から頭に来た。

☐ **009. 어이없다**　　**あっけない**

어이없을 정도의 실패로 끝났다.　　あっけないほどの失敗に終わった。

☐ **010. 앞뒤 생각하지 않고**　　**後先考えず**

앞뒤 생각 없이 이것을 하면 최종적으로 돌이킬 수　　後先考えずにこれをやると、最終的には取り返しの
없게 되어버린다.　　つかないことになってしまうのだ。

☐ **011. 농땡이치다**　　**油を売る**

학교에서 돌아오는 길에 농땡이치다.　　学校の帰りに油を売る。

☐ **012. 달콤한 꿈에 젖다**　　**甘い夢にひたる**

때때로 있을 수도 없었던 일을 상상하고,　　時々あり得もしなかったことを想像し、
달콤한 꿈에 젖어보고 싶어진다.　　甘い夢にひたってみたくなる。

□ 013. 너무 싱겁다 (어이없다)

너무 어이없는 결말이었다.

あまりにあっけない

あまりにもあっけない結末だった。

□ 014. 새삼스럽게

이 일의 위험성을 새삼스럽게 깨닫게 되었다.

あらためて

この仕事の危険性をあらためて思い知らされていた。

□ 015. 온갖, 모든

온갖 종류의 남자를 봐 왔다.

ありとあらゆる

ありとあらゆる種類の男を見てきた。

□ 016. 애매한 점이 있다

그 사람의 이야기에는 애매한 점이 있다.

あやふやな点がある

あの人の話にはあやふやな点がある。

□ 017. 사과할 것까지는 없다

잘못은 그 사람이 했으니까 네가 사과할 것까지는 없다.

謝ることはない

罪はその人が犯したからあなたが謝ることはない。

□ 018. 아니나 다를까

아니나 다를까 실패했다.

案の定

案の定失敗した。

□ 019. 적당히

나를 깔보는 것도 적당히 해!

いい加減に

おれを見くびるのもいい加減にしろ。

□ 020. 샘통이다

꼴 좋다, 그거 샘통이다.

いい気味だ

ざまみろ、いい気味だ。

□ 021. 발뺌, 회피

발뺌 핑계는 듣고 싶지 않다.

言い逃れ

言い逃れは聞きたくない。

□ 022. 어떻게 하시겠습니까?

크림은 어떻게 하시겠습니까?

いかがなさいますか

クリームは、いかがなさいますか。

□ 023. 아무리 ~ 해도

아무리 공부해도 끝이 없다.

いくら〜ても

いくら勉強してもきりがない。

□ 024. 누가 뭐래도

아이를 패다니 누가 뭐래도 너무 심하다.

いくらなんでも

子供を殴るなんていくらなんでも酷すぎる。

□ 025. 마음 편한 장소

마음 편한 장소와 지금 있어야 할 장소는 다르다.

いごこちのいい場所

いごこちのいい場所と 今いるべき場所は違う。

026. 막상, 드디어

막상 당일이 되어서는 마음이 바뀐다.

いざ

いざ当日になっては心変わる。

027. 막상 일이 벌어지면

막상 일이 벌어지면 탈회도 불사한다.

いざとなったら

いざとなったら脱会も辞さない。

028. 바쁘신데

바쁘신데 실례 좀 하겠습니다.

忙しいところ

忙しいところをお邪魔します。

029. 급할수록 돌아가라

아무리 바빠도 '급할수록 돌아가라'가 최고다.

急がば回れ

いくら忙しくても「急がば回れ」に尽きる。

030. 난처함

이것은 난처한 문제다.

痛し痒し

これは痛し痒しの問題だ。

031. 장난전화

한밤중의 장난 전화는 지긋지긋하다.

いたずら電話

夜中のいたずら電話はこりごりだ。

032. 되든 안 되든

되든 안 되든 해보자.

一か八か

一か八かやってみよう。

033. 하나에서 열까지

하나에서 열까지 모두가 마음에 안 들어.

一から十まで

一から十まですべてが気に入らない。

034. 가라고 하시면 가겠지만

가라고 하시면 가겠지만 가고 싶지 않습니다.

行けと言われれば行くけど

行けと言われれば行くけど行きたくないです。

035. 고집을 부려

고집을 부려 늦게까지 기다렸다.

意地になって

意地になって遅くまで待った。

036. 일일이 말참견하다

하나하나 참견할 게 아니잖아!

いちいち口出す

いちいち口出すんじゃないよ！

037. 빈털터리

그는 이번 화재로 빈털터리가 되었다.

一文無し

彼は今度の火事で一文無しになった。

038. 도대체

도대체 뭘 감출 작정이야!

一体

一体何を隠すつもりだ。

039. 언제라도 사양말고

언제라도 사양 말고 말씀하세요.

いつでも遠慮なく

いつでも遠慮なく言ってください。

☐ 040. 온통, 사방팔방	一面に
불똥이 온 사방으로 튄다.	火花が一面に飛び散る。
☐ 041. 한 대 피고 나서 (잠깐 쉬고 나서)	一服してから
한 대 피고 또 합시다.	一服してからまたやりましょう。
☐ 042. 기분전환	命の洗濯
여행을 나가 기분전환을 하다.	旅に出て命の洗濯をする。
☐ 043. 이제와서 후회해도	今さら悔やんで
이제와서 후회해 봐도 모든 건 늦었다.	今さら悔やんでみてもすべては遅かった。
☐ 044. 이제와서 발버둥쳐도	今さらじたばたしても
이제 와서 발버둥쳐도 때는 늦었다.	今さらじたばたしても手遅れだ。
☐ 045. 금방이라도 울 듯한	今にも泣き出しそうな
금방이라도 울 듯한 얼굴을 했다.	今にも泣き出しそうな顔をした。
☐ 046. 싫증날 정도로	いやというくらい
싫증날 정도로 잤습니다.	いやというくらい寝ました。
☐ 047. 싫든 좋든	否応もなく
싫든 좋든 출석하게 되었다.	否応もなく出席をさせられた。
☐ 048. 안절부절, 초조	いらいら
연락이 취해지지 않아 초조해한다.	連絡がとれず、いらいらする。
☐ 049. 특별한 사정이 있는 듯이	いいわけありげに
사정이 있을 듯한 남자들도 모여드는 것 같았다.	いいわけありげな男たちも集まって来そうだった。
☐ 050. 건성으로	上のそらで
남의 이야기를 건성으로 듣고 있다.	人の話を上のそらで聞いている。
☐ 051. 기분전환	憂さ晴らし
기분전환을 하고 싶은 건 굴뚝 같았지만.	憂さ晴らしをしたいのはやまやまだったが。
☐ 052. 손가락질	後ろ指
누구에게도 손가락질 받지 않을 행동.	誰からも後ろ指をさされない行動。
☐ 053. 새빨간 거짓말	うそ八百
새빨간 거짓말임에 뻔하다.	うそ八百に決まっていた。

054. 의심스러운 듯이

疑わしそうに

그래도 그녀는 의심스러운 듯이 나를 보고 있었다.

それでも彼女は疑わしそうに私をみていた。

055. 모두 털어놓다, 밝히다

打ち明ける

일이 끝나면 모든 것을 밝힐 준비는 돼 있다.

ことが終わればすべてを打ち明ける用意はある。

056. 안성맞춤

打って付け

이곳은 피크닉하기에 안성맞춤의 장소다.

こっちはピクニックするには打って付けの場所だ。

057. 쏠 테면 쏴봐라

撃てるものなら撃ってみろ

쏠 테면 쏴보라고 말하고 싶은 듯이.

撃てるものなら撃ってみろと言いたげに。

058. 잘 되면

うまくいくと

뭐든지 잘 되면 좋지만.

なにもかもうまく行くといいんですけど。

059. 우이독경(소 귀에 경 읽기)

馬の耳に念仏

저 사람은 우이독경 같다.

あの人は馬の耳に念仏のようだ。

060. 익다, 여물다

熟れる

빨갛게 익은 토마토.

赤く熟れたトマト。

061. 바람 피우다

浮気をする

요즘 남편이 바람을 피우는 것 같아요.

この頃主人が浮気をするようです。

062. 진절머리 나다

うんざりする

저 여자의 입버릇에는 진절머리 난다.

あの女の口癖にはうんざりする。

063. 잘하는 것과 못하는 것(특기와 비특기)

得手不得手

누구든지 잘하는 것과 못하는 것이 있다.

誰にだって得手不得手はある。

064. 조심스럽다

遠慮がちだ

조심스럽게 그녀에게 말을 걸었다.

遠慮がちに彼女に話をかけた。

065. 사양하지 말고

遠慮なく

사양하지 않고 먹겠습니다.

遠慮なくいただきます。

066. 사양하지 마시고

遠慮なさらずに

자, 사양하지 마시고.

どうぞ 遠慮なさらずに。

067. 예의도 인사도 없이

遠慮も会釈もなく

예의도 인사도 없이 가버렸다.

遠慮も会釈もなく行ってしまった。

☐	**068. 따돌림 당하다**	**おいてけぼりを食う**	

동료들에게 따돌림 당하다.

仲間におていてけぼり食う。

☐ **069. 많든 적든**　　　**多かれ少なかれ**

많든 적든 누구에게나 결점은 있다.

多かれ少なかれ誰にでも欠点はある。

☐ **070. 한 잔 더**　　　**お代わり**

커피 한 잔 더요.

コーヒーお代わりね。

☐ **071. 덕분에**　　　**お陰様で**

덕분에 도움이 되었습니다.

お陰様で助かりました。

☐ **072. 편히 쉬시는데**　　　**おくつろぎのところ**

편히 쉬시는데 대단히 실례합니다.

おくつろぎのところを大変失礼します。

☐ **073. 쓸모없어지다**　　　**おしゃかになる**

내 차가 망가졌다.

私の車がおしゃかになった。

☐ **074. 설빔, 설날 요리**　　　**おせち料理**

설날 먹는 요리의 이름에도 의미가 담겨 있습니다.

おせち料理の名前にも、意味がこめられています。

☐ **075. 쓸데없어지다**　　　**お節介**

쓸데없는 참견은 그만두세요.

お節介はやめてください。

☐ **076. 늦게나마**　　　**遅蒔きながら**

늦게나마 조사에 착수하다.

遅蒔きながら調査に乗り出す。

☐ **077. 조심조심, 멈칫멈칫**　　　**おそるおそる**

조심조심 방안을 엿보다.

おそるおそる部屋のなかをのぞく。

☐ **078. 피차 매일반**　　　**お互い様**

소식 전하지 못한 건 피차 마찬가지입니다.

ご無沙汰はお互い様です。

☐ **079. 배가 고프다**　　　**お腹が減ってる**

시장하지 않으세요?

お腹が減ってるんじゃありません。

☐ **080. 부끄럽기 그지없습니다만**　　　**お恥ずかしい限りですが**

부끄럽기 그지없습니다만, 아침에 일어나 학교에
가는 것이 정말 괴롭습니다.

恥ずかしい限りですが、朝起きて学校に行くのが
非常に辛いです。

081. 네 편

お前の味方

나는 너의 편이야.

俺はお前の味方なんだぞ。

082. 세상에 공공연하게 알려지는 일

表沙汰

겉으로 드러낼 수 없는 일.

表沙汰 にできない仕事。

083. 소홀

おろそか

준비가 소홀했다.

準備がおろそかになった。

084. 사죄를 드리다

お詫びをする

뭐라 사죄를 드려야 좋을지 할 말이 없습니다.

何とお詫びをしていいか言葉もありません。

085. 끝나는 대로

終わり次第

끝나는 대로 전화 주십시오.

終わり次第お電話ください。

086. 여자인 주제에

女だてらに、女のくせに

여자인 주제에 남자 같은 행동을 한다.

女だてらに男っぷりの行動をとる。

087. 감지덕지

御の字

용돈이 20만 엔 이라니 감지덕지다.

小遣いが20万円とは御の字だ。

088. ~가 있는 이상에는

~があるからには

법무성의 기록을 조사할 힘이 있는 이상에는.

法務省の記録を調べる力があるからには。

089. 친숙한 사이

顔馴染みの間柄

어릴 적부터 친숙한 사이다.

子供の頃から顔馴染みの間柄だ。

090. 대목

書き入れ時

술집은 이제부터 대목이다.

酒場はこれから書き入れ時だ。

091. 확인이 되다

確認は取れる

아직 확인은 되지 않았습니다.

まだ確認は取れていません。

092. 사랑의 도피 행각

駆け落ち

부모의 결혼 반대로 사랑의 도피행각을 벌이다.

親に結婚を反対されて駆け落ちする。

093. 두 번 다시 없는

かけがえのない

두 번 다시 없는 때를 보냈다.

かけがえのない時を過ごした。

094. 옹고집 부리다

片意地を張る

자기 혼자서 고집부리면 안 된다.

自分一人で片意地を張ってはいけない。

095. 이길 승산은 없다

勝ち目はない

처음부터 우리 쪽에 이길 승산은 없다.

最初からこちらに勝ち目はない。

096. 체면 차리고 싶어한다.

格好をつけたがる

그는 체면 차리고 싶어하는 성격이다.

彼は格好をつけたがる性格だ。

097. 엎친 데 덮친 격

かててくわえて

사업에 실패하고 설상가상으로 병에 걸리다.

事業に失敗し、かててくわえて病気になる。

098. 무턱대고, 다짜고짜, 덮어놓고

我武者羅に

무턱대고 일하다.

我武者羅に働く。

099. 헛기침을 하다

空咳をする

짐짓 일부러 헛기침을 해보였다.

わざとらしく空咳をして見せた。

100. 그럭저럭

かれこれ

그럭저럭 하는 사이에 동이 텄다.

かれこれしているうちに夜が明ける。

101. 파리 날리다

閑古鳥が鳴く

불경기로 가게는 파리 날린다.

不景気で店は閑古鳥が鳴く。

102. 짜증이 나다

癇癪をおこす

아이가 이유도 없이 울음을 안 멈추면 짜증이 난다.

子供がわけもなく泣き止まないと癇癪をおこします。

103. 들어 주었으면 한다

聞いてほしい

화내지 말고 들어주셨으면 합니다만.

怒らないで聞いてほしいのですが。

104. 기가 죽다

気後れがする

생각하면 생각할수록 기가 죽었다.

考えれば考えるほど気後れがした。

105. 느낌이 들어서 못 견디겠다

気がしてならない

그런 느낌이 들어서 못 견디겠다.

そんな気がしてならない。

106. ~기분(마음, 생각)이 들다

~気がする

슬픈 기분이 든다.

悲しい気がする。

107. 마음이 개운치 않다

気が済まない

어쩐지 마음이 개운치 않다.

なんとなく気が済まない。

108. 양심에 찔리다

気がとがめる

그에게 거짓말을 해서 양심에 찔린다.

彼にうそを言って気がとがめる。

109. (욕설 등을)들으란 듯이

들으란 듯이 욕을 한다.

聞こえよがしに

聞こえよがしに悪口をいう。

110. 계기가 된 것은

계기가 된 것은 지난 주 대회 참가였습니다.

きっかけとなったのは

きっかけとなったのは先週の大会参加でした。

111. 신경 쓰지 않고

괜찮아요, 신경 쓰지 마세요.

気にしないで

いいのよ、気にしないで。

112. 신경 쓰다

신경 쓰지 않아도 됩니다.

気にする

気にしなくてもいいです。

113. 신경 쓰이다(궁금하다)

궁금한 점이 있다.

気になる

気になるところがある。

114. 어색한 듯이

그는 어색한 듯이 나를 바라봤다.

気まずそうに

彼は気まずそうにわたしを眺めた。

115. 그지 없다, 끝이 없다

사람을 의심하기 시작하면 끝은 없다.

きりはない

人を疑い出せばきりはない。

116. 죄송(황송)합니다만

황송해 하며 기쁜 듯이 고마움을 표했다.

恐縮しながらも

恐縮しながらも嬉しそうに礼を述べた。

117. 불평을 늘어놓다

일의 불평을 늘어놓다.

愚痴をこぼす

仕事の愚痴をこぼす。

118. 입을 한 일자로 굳게 다물고

입을 한 일자로 굳게 다물고 있었다.

口をへの字に曲げて

口をへの字に曲げていた。

119. 구석구석, 샅샅이

집안을 샅샅이 뒤진다.

くまなく

家中をくまなく捜す

120. 부상을 당하다

그런 일을 하면 다친다.

けがをする

そんなことをするとけがをする。

121. 짐작이 가다

짐작도 가지 않았다.

見当がつく

見当もつかなかった。

122. 안심하세요

일본어로도 접수하고 있으니 안심하세요.

ご安心ください

日本語でも受け付けておりますのでご安心ください。

123. 안내해 드리겠습니다   ご案内いたします

이 길을 안내해 드리겠습니다.   この道をご案内いたします。

124. 구실을 달다   口実をつける

어떻게든 구실을 달아서라도 거부하겠지.   なんとか口実をつけてでも拒否するだろう。

125. 목소리가 너무 크다   声がでかすぎる

바보! 목소리가 너무 커!   あほ声がでかすぎる。

126. 비위를 맞추다   ご機嫌をとる

너무 비위를 맞춰도 효과가 없다.   あまりご機嫌をとっても効果がない。

127. 아시는 바와 같이   ご存じのように

아시는 바와 같이 일본은 자원이 부족한 나라입니다.   ご存じの ように 日本は資源小國です。

128. 대답할까 말까   答えようかどうか

대답할까 말까 망설이고 있는 듯이 내게는 느껴졌다.   答えようかどうか迷っているように私には感じられた。

129. 하필이면   こともあろうに(=よりによって)

하필이면 서런 곳에서 만나다니.   こともあろうにあんな所で会うとは。

130. 더할 나위 없는   このうえない

더할 나위 없는 즐거움으로 여기고 있었다.   このうえない楽しみにしていた。

131. 도저히 참을 수 없어서   こらえきれなくて

도저히 참을 수 없어서 웃어버리다.   こらえきれなくて笑ってしまう。

132. 지긋지긋함, 질색임   こりごり

여자는 지긋지긋해, 여자는 모두 늑대야.   女はこりごりや、女はみんな狼や。

133. 이 보란 듯이   これ見よがしに

이 보란 듯이 고급차를 몰고 다닌다.   これ見よがしに高級車を乗り回す。

134. 새옹지마   塞翁が馬

인간만사 새옹-지마(길흉을 알 수 없다)   人間万事塞翁が馬。

135. 주사위는 던져졌다   さいは投げられた

이제 주사위는 던져졌다 가자.   もうサイは投げられた行こう。

136. 술을 입에 대다   酒を口にする

좀처럼 술을 입에 대는 일이 없는 나.   めったに酒を口にすることのない私。

☐ 137. 탁 터놓고

탁 터놓고 말하는 것이 제일 좋다고 생각해.

ざっくばらんに

ざっくばらんに話すのが一番だと思うんです。

☐ 138. 시간만 있으면

시간만 있으면 단어를 외운다.

時間さえあれば

時間さえあれば単語を覚える。

☐ 139. 시간을 내주다

부디 시간을 내주실 수 없는지요.

時間を割く

ぜひお時間を割いていただけないでしょうか。

☐ 140. 발을 동동 구르다

발을 동동 구르며 분해하다.

じだんだを踏む

地団駄を踏んで悔しがる。

☐ 141. 생돈 내다

생돈을 내서 회사의 비품을 사다.

自腹を切る

自腹を切って会社の備品を買う。

☐ 142. 자기 멋대로

자기 멋대로 행동하다.

自分勝手に

自分勝手に行動する。

☐ 143. 자신에게 타이르다

나는 언제나 자신에게 그렇게 말을 한다.

自分に言い聞かせる

俺はいつも自分にそう言い聞かせる。

☐ 144. 시치미를 떼다

그녀는 끝까지 시치미를 뗐다.

しらを切る

彼女はあくまでもしらを切った。

☐ 145. 모르는 게 약

모르는 게 약이라는 듯 태연히 있다.

知らぬが仏

知らぬが仏というふうに平気でいる。

☐ 146. 어안이 벙벙하다

어안이 벙벙하여 눈을 깜빡거리다.

白を切る

呆気に取られて目をパチクリさせる。

☐ 147. 살림에 찌들다

그래요, 남자라도 살림에 찌들어요.

しょたいにじみる

そうよ、男だってしょたいにじみるわよ。

☐ 148. 빈둥거리면서 쉼.

꾀부려 쉬려고 전화를 하다.

ずる休み

ずる休みの電話を入れる。

☐ 149. 있는 힘껏

있는 힘껏 노력하면 가능하다.

精一杯

精一杯努力すればできる。

☐ 150. 무슨 일이 있어도 (하늘이 두 쪽 나도)

하늘이 두 쪽 나도 완수하고 싶다.

是が非でも

是が非でもやりとげたい。

151. 자리를 비우다 　　　　　　　　　席を外す

아무래도 아직 자리를 비울 수 없습니다. 　　　どうしてもまだ席を外せません。

152. 대사 　　　　　　　　　　　　　台詞

준비해온 대사로 들렸다. 　　　　　　　　用意してきた台詞に聞こえた。

153. 모처럼의 기회 　　　　　　　　　せっかくの機会

모처럼의 기회를 놓쳐서는 안 된다. 　　　　せっかくの機会を逃してはいけない。

154. 선수를 당했다 　　　　　　　　　先手を打たれた

상대에게 선수를 당해서 졌다. 　　　　　　相手に先手を打たれて負けた。

155. 쇠뿔도 단김에 빼라 　　　　　　　善は急げ

무슨 일이든 망설이지 않고 '쇠 뿔도 단김에 빼라'는 　　何事もためらわず「善は急げ」というふうにやる。
식으로 한다.

156. 그렇게는 엿장수 마음대로 안 된다 　　そうは問屋が卸さない

그렇게 뜻대로 되지 않는 것이 세상의 기준이다. 　　そうは問屋が卸せないのが世間の目だ。

157. 외면하다 　　　　　　　　　　　そっぽを向く

부하에게 외면당하다. 　　　　　　　　　部下にそっぽをむかれる。

158. 애시 당초, 원래 　　　　　　　　そもそも(もともと)

애시당초 문제는 자네가 온 것이다. 　　　　そもそもの問題は君が来たことだ。

159. 그것을 시작으로 　　　　　　　　それを皮切りに

서울을 시작으로 각지에서 연주회를 연다. 　　　ソウルを皮切りに各地で演奏会を開く。

160. 의외로 너무 쉽다 　　　　　　　存外わけがない

그 일은 의외로 너무 쉬울지도 모릅니다. 　　　その仕事は存外わけがないかも知れません。

161. 심심하다 　　　　　　　　　　　退屈だ

어제 일요일에는 혼자서 심심했다. 　　　　　昨日日曜日には一人で退屈だった。

162. 고작 　　　　　　　　　　　　　たかが

상대는 고작 어린애가 아닌가. 　　　　　　相手はたかが子供じゃないか。

163. 고압적인 태도 　　　　　　　　　高飛車な態度

입으로는 상냥한 말을 하면서 고압적인 태도의 사람이 　　口では優しいことを言いながら高飛車な態度の者が
꽤 있습니다. 　　　　　　　　　　　　結構おります。

□ **164. ~한 이상에는** 　　　　　**~たからには**

　　일본어 공부를 시작한 이상에는 열심히 한다.　　日本語の勉強を始めたからにはけんめいにやる。

□ **165. 그냥 두지 않겠다** 　　　　　**ただじゃおかない**

　　내 앞에 나타나면 그냥 두지 않겠다.　　俺の前に現れたら、ただじゃおかない。

□ **166. 다다익선** 　　　　　**多々益々弁ず**

　　돈은 많으면 많을수록 좋다고 할 수 없다.　　お金は多々益々弁ずとは言えない。

□ **167. 멋으로 쓰는 안경** 　　　　　**だて眼鏡**

　　맨 안경으로 멋을 부리다.　　だて眼鏡でおしゃれをする。

□ **168. 굴러온 호박, 횡재** 　　　　　**棚からぼた餅**

　　이것이 발견되다니 굴러온 호박이다.　　これが見つかるとは棚からぼた餅だな。

□ **169. 피가 되고 살이 되고** 　　　　　**血となり肉となり**

　　나의 피가 되고 살이 된 500엔.　　ぼくの血となり肉となった五百円。

□ **170. 쓸데없이 나서다** 　　　　　**ちょっかいを出す**

　　내 구역에 쓸데없이 나서지 마라.　　おれの縄張りにちょっかいを出すな。

□ **171. 잠시 휴식** 　　　　　**ちょっと休憩**

　　잠깐 쉴 수 없을까요?　　ちょっと休憩してもらえますか。

□ **172. 드문드문** 　　　　　**ちらほらと**

　　벌써 드문드문 팬의 모습이 보이기 시작했다.　　もうちらほらとファンの姿が見え始めた。

□ **173. 사랑싸움** 　　　　　**痴話喧嘩**

　　저 두 사람의 사랑싸움에는 이유가 여러 가지입니다.　　あの二人の痴話喧嘩はその理由は様々です。

□ **174. ~든 아니든** 　　　　　**~であろうとなかろうと**

　　고의건 아니건(간에) 위반은 위반이다.　　故意であろうとなかろうと、違反は違反だ。

□ **175. 정중히 머리를 숙이다** 　　　　　**ていねいに頭を下げる**

　　어른들께는 머리를 숙여 인사를 드리고 존대말을　　年上に丁寧に頭を下げ、あいさつをし、尊敬語を
　　합니다.　　使います。

□ **176. 손수 돌보아 키우다** 　　　　　**手塩に掛ける**

　　손수 돌본 아들을 유학보내다.　　手塩に掛けた息子を留学させる。

177. 쪽박을 차더라도

쪽박을 차도 당신만 있으면 좋아.

手鍋を下げても

手鍋を下げてもあなたさえいればいい。

178. 쑥스러운 얼굴

쑥스러운 얼굴을 하고 있었다.

照れくさそうな顔

照れくさそうな顔をしていた。

179. 눈코 뜰 새 없이

눈코 뜰 새 없이 바쁘다.

てんてこ舞い

てんてこ舞いの忙しさだ。

180. 어차피

어차피 죽을 거라면 내버려둬도 마찬가지다.

どうせ

どうせ死ぬなら放っておいても同じだ。

181. 이러쿵저러쿵

너에게 이러쿵저러쿵 말 듣고 싶지 않다.

どうのこうの

君にどうのこうの言われたくない。

182. 아무리 호의적으로 봐도

아무리 호의적으로 봐도 상대가 센 것 같다.

どう贔屓目にみても

どう贔屓目にみても相手のほうが強そうだ。

183. ~로 말하자면

술로 말하자면 그 사람이다.

~ときたら

お酒ときたら彼だ。

184. 어디에도 있을 것 같지 않다

서로 이야기할 여지는 어디에도 있을 것 같지 않다.

どこにもありそうにない

話し合う余地はどこにもありそうにない。

185. ~했댔자, ~해봤자

아무리 초조하게 굴어봤댔자 소용없다.

~たところで

いくらあせてみたところで、しようがない。

186. 따로 간직해 두었던

그는 비장의 와인을 꺼냈다.

取って置きの

彼は取って置きのワインを出した。

187. 맞벌이

젊을 때 맞벌이 한다.

共稼ぎ

若いときに共稼ぎする。

188. 비밀

왜 비밀로 하고 있었어?

内緒

どうして内緒にしてたんだ。

189. 돌아가시다

돌아가신 분은 몇 살이셨습니까?

亡くなる

亡くなられた方はお幾つだったんですか。

190. 정에 의지하다

결코 정에 의지한 부탁이 아닙니다.

情けに頼る

決して情けに頼ってのお願い事ではございません。

191. 칠전팔기

七転び八起き

칠전팔기의 정신으로 가야 한다.

七転び八起きの精神で行くべきだ。

192. 고민 끝에

悩んだ末に

고민한 끝에 포기했다.

悩んだ末に諦めた。

193. 익숙해져 있다

慣れきっている

이런 일은 옛날부터 너무 익숙해져 있다.

こういうことには昔から慣れきっている。

194. 왠지 이상한 느낌

何かいやな感じ

왠지 이상한 느낌이 들지 않나요.

何かいやな感じがしませんかね。

195. 생트집을 잡다

難癖をつける

생트집잡혀서 회사를 그만두었다.

難癖をつけられて会社を辞めた。

196. 왠지 모르게

何となく

왠지 모르게 마음이 끌린다.

何となく心が引かれる。

197. 뭔가 아셨다면

何かご存じでしたら

만일 뭔가 아셨다면 가르쳐주실 수 없겠지요?

もし何かご存じでしたら教えていただけないでしょうか。

198. 질색

苦手

저는 공부는 질색입니다.

私は勉強は苦手です。

199. ~보다 나은 것은 없다

~に越したことはない

그것보다 더 나은 것은 없습니다.

それに越したことはありません。

200. 위조지폐

偽札

최근에 위조지폐가 나돈다.

最近偽札が出回る。

201. 부부는 서로 닮음

にたもの夫婦

이른바 부부는 닮는 법이라는 말이 있다.

いわゆる似た者夫婦という言葉がある。

202. ~이 될까 말까

~になるかならないか

40세가 될까 말까한 여성.

四十歳になるかならないかの女性。

203. 전철을 밟다

二の舞を演じる

전임자의 실수를 되풀이하다.

前任者の二の舞を演じる。

204. 일구이언(한 입으로 두 말함)　　　　二枚舌

저 녀석은 늘 일구이언한다.　　　　　あいつはいつも二枚舌を使う。

205. 빼도 박도 못하다　　　　　　　　抜き差しならぬ

빼도 박도 못하는 상황에 있다.　　　抜き差しならぬ状況にある。

206. 내숭　　　　　　　　　　　　　　猫被り

그녀는 내숭쟁이다.　　　　　　　　彼女は猫被りだ。

207. 어중이 떠중이　　　　　　　　　　猫も杓子も

요즘은 개나 소나 해외여행을 간다.　最近は猫も杓子も海外旅行だ。

208. 내숭 떨다　　　　　　　　　　　　猫をかぶる

신입생 때는 내숭 떨며 얌전했다.　　新入生のときは猫を被っておとなしかった。

209. 미주알고주알　　　　　　　　　　根掘り葉掘り

미주알고주알 캐묻다.　　　　　　　根掘り葉掘り聞く。

210. 졸음을 쫓다　　　　　　　　　　　眠気を覚ます

졸음을 쫓게 하는 효과도 있습니다.　眠気を覚ます効果もあります。

211. 아닌 밤중에 홍두깨　　　　　　　寝耳に水

그가 죽다니 아닌 밤중에 홍두깨다.　彼が亡くなったとは、寝耳に水だ。

212. 근거 없다　　　　　　　　　　　　根も葉もない

모든 것은 아무 근거도 없는 거짓말이었다.　すべては根も葉もない嘘だった。

213. 노파심에(틀림없겠지만)　　　　　念のために

노파심에 다시 한 번 조사하다.　　念のためにもう一度調べる。

214. 야외에 비바람을 맞히며 내버려 둠　野ざらし

가게는 내팽개진 상태.　　　　　　店は野ざらしの状態。

215. 피할 수도 물러설 수도 없다　　　のっぴきならない

빼도 박도 못하는 관계.　　　　　　のっぴきならない関係。

216. 되든 안 되든　　　　　　　　　　伸るか反るか

되든 안 되든 해보자.　　　　　　　伸るか反るかやってみよう。

217. 쓰레기더미에 장미, 군계일학　　　はきだめに鶴

그는 군계일학의 존재이다.　　　　彼ははきだめに鶴の存在だ。

218. 처음 　　　　　　　　　　　初めて

처음 전화드립니다. 　　　　　　初めて電話いたします。

219. 금시초문 　　　　　　　　　初耳

금시초문이었던 것 같다. 　　　　初耳だったようだ。

220. 머쓱해하다, 주눅 들다 　　　鼻白む

상대의 기세에 주눅들다. 　　　　相手の気勢に鼻白む。

221. 금강산도 식후경 　　　　　　花より団子

일단 먹고 나서 생각하자, 금강산도 식후경이니까. 　　まず食べてから考えよう、花より団子だから。

222. 빠른 것이 승리 　　　　　　早いもの勝ち

세상은 빠른 자가 이긴다. 　　　　世の中は早いもの勝ち。

223. 빠르든 느리든 (조만간에) 　早かれ遅かれ

인간은 빠르든 느리든 모두 죽는다. 　人間は早かれ遅かれみんな死ぬ。

224. 지레짐작 　　　　　　　　　早合点

저의 단순한 지레짐작일지도 모릅니다. 　私の単なる早合点かも知れません。

225. 하루살이 생활에 만족하다 　日暮らしに甘んじる

하루살이 생활에 만족하고 있었다. 　その日暮らしに甘んじていた。

226. 인기척이 났다 　　　　　　人の気配がする

어딘가에서 인기척이 났다. 　　　どこかで人の気配がした。

227. 남의 눈을 신경쓰다 　　　　人の目を気にする

다른 사람의 이목을 신경쓰지 마라. 　人の目を気にするな。

228. 남의 눈에 띄다 　　　　　　人目にかかる

남의 눈에 띄는 것을 두려워하듯 　人目にかかるのを恐れるよう。

229. 경제적으로 몹시 궁함 　　　火の車

우리 집 살림살이는 말이 아니다. 　わが家の台所は火の車だ。

230. 햇빛을 보지 못하다 　　　　日の目を見ない

오랜 연구가 햇빛을 보다. 　　　長年の研究が日の目を見る。

231. 기둥서방 (제비족) 　　　　ひも(若い燕)

저 여자에게는 기둥서방이 붙어 있다. 　あの女にはひもがついている。

232. 충분히 알고 있음

百も承知

그건 뻔히 알고도 남죠.

それは百も承知ですよ。

233. 맥 빠짐, 김 빠짐

拍子抜け

맥 빠지는 듯한 반응.

拍子抜けするような反応。

234. 척 감이 오다

ピンと来る

척 감이 안 오는 이야기다.

ピンと来ない話だ。

235. 떼어먹다, 삥땅치다

ピンはねする

수입의 절반을 뜯겼다.

もうけの半分をピンはねされた。

236. 해태 눈, 동태 눈(판단력이 없는 눈)

節穴

눈은 붙어 있니, 네 눈은 동태 눈이냐.

目はついてる、君の目は節穴か。

237. 무기력함, 한심스러움

ふがいなさ

자신의 칠칠맞음이 창피했다.

自分のふがいなさが恥ずかしかった。

238. 떫은 모습

不承不承

퍽이나 떫은 모습으로

いかにも不承不承といった様子で。

239. 입만 벌리면

二言目には

저 사람은 입만 벌리면 거짓말을 한다.

あの人は二言目にはうそをつく。

240. 평소부터

普段から

평소부터 알고 있는 분입니다.

普段から知っている方です。

241. 퉁명스럽게 말하다

ぶっきらぼうに言う

그는 퉁명스럽게 말했다.

彼はぶっきらぼうに言った。

242. 납득이 가다

腑に落ちる

단지 납득이 되지 않는 점이 두세 개 있습니다.

ただ、腑に落ちない点が二三あります。

243. 옛날 좋은 시절

古き良き時代

옛날 좋은 시절을 떠올리다.

古き良き時代を思い出す。

244. 안 된다 주의, 하지 말라 주의

べからず主義

어머니는 늘 안 된다 주의이다.

お母さんはいつもべからず主義式だ。

245. 까딱 잘못하면

へたをすると

까딱 잘못하면 끝장이다.

へたをするとおしまいだ。

246. 실수를 저지르다

へまをする

엄청난 실수를 저질렀다.

とんだへまをした。

247. 대답이 없다

返事はない

물어봤지만 대답은 없었다.

聞いてみたけど返事はなかった。

248. 뼈 빠지게 고생하고 아무 득이 없음

骨折り損のくたびれ儲け

모처럼의 일이 아무 득이 없이 끝나다.

せっかくのことが骨折り損のくたびれ儲けに終わる。

249. 이 게 웬 떡

掘り出し物

헌 책방에서 횡재를 했다.

古本屋で掘り出し物を見つけた。

250. 실수하다, 결점이 드러나다

ボロを出す

나는 결점을 드러내지 않으려고 했다.

私はボロを出すまいとした。

251. 본심을 내뱉다

本音を吐く

그는 좀체 본심을 내뱉지 않는다.

彼はなかなか本音を吐かない。

252. 진짜

本物

겉보기에도 진짜와 구별이 안 가는 것이다.

見た目にも本物と見分けのつけないものだ。

253. 그럭저럭

曲がりなりにも

그럭저럭 졸업할 수 있습니다.

曲がりなりにも卒業出来ます。

254. 옷이 날개

馬子にも衣裳

옷이 날개라니까 꾸며 볼까?

馬子にも衣裳というから飾ってみようか。

255. 설마

まさか

설마, 이런 일이 되리라고는 생각도 못했다.

まさか、こんなことになるとは思いもしなかった。

256. 거의 없다

まずない

성공할 가망은 거의 없다.

成功の見込みはまずない。

257. 바람 맞다

待ちぼうけを食わされる

남자친구한테 바람 맞았다.

彼氏に待ちぼうけを食わされた。

258. 마치 다 죽어 가는 개구리처럼

まるで死にかかった蛙のように

마치 다 죽어 가는 개구리처럼 그냥 발버둥만 치고 있습니다.

まるで死にかかった蛙のように、ただもがいてばかり居ました。

259. 만에 하나

만에 하나 그런 일이 있으면 큰일입니다.

万が一

万が一そんなことがあったら大変です。

260. 눈에 보이는 뻔함

뻔한 핑계예요.

見え見え

見え見えの言い訳ですよ。

261. 생판 모르는 사람

생판 모르는 사람에게 부탁받았다.

見ず知らずの人

見ず知らずの人から頼まれた。

262. 얼핏 보기에는

얼핏 보기에는 완전히 어린애였다.

見た目には

見た目にはまるっきりの子供だった。

263. 분에 넘치는

분에 넘치는 영광입니다.

身に余る

身に余る光栄です。

264. 귀에 못이 박힐 정도로

핑계는 이제 귀에 못이 박힐 정도로 들어서 질렸다.

耳にたこができるほど

言い訳はもう耳にたこができるほど聞き飽きた。

265. 보란 듯이

보란 듯 거들먹거린다.

見ろとばかりに

見ろとばかりに気取る。

266. 쓸데없는 짓

쓸데없는 짓 하지 마!

むだなこと

むだなことをするな。

267. 헛되다

결코 헛되지는 않았다.

無駄になる

決して無駄にはならなかった。

268. 쓸데없는 줄 알면서

나는 쓸데없는 줄 알면서 엄마한테 부탁했다.

無駄を承知で

私は無駄を承知で母に頼み込んだ。

269. 엉망진창, 뒤죽박죽

서류의 순서가 엉망진창이다.

めちゃくちゃ

書類の順序がめちゃくちゃだ。

270. 좀처럼 ~아니다

좀처럼 외출하지 않는다.

めったに~ない

めったに外出しない。

271. 마구잡이로, 아무렇게나

마구잡이로 사들이다.

めったやたら

めったやたらに買いまくる。

272. 엎어지면 코 닿을 데

집에서 회사까지는 엎어지면 코 닿을 데이다.

目と鼻の先

家から会社までは目と鼻の先だ。

273. 낫 놓고 기역자도 모른다

그는 일자무식꾼이다.

目に一丁字もない

彼は目に一丁字もない人だ。

274. 드릴 말씀이 없습니다

정말이지 드릴 말씀이 없습니다.

申し訳ありません

大変申し訳ありません。

275. 어쩌면

어쩌면 결혼할지도 모른다.

もしかしたら

もしかしたら結婚するかも知れない。

276. 글자 그대로

글자 그대로 빼도 박도 못하는 상태이다.

文字通り

文字通り抜き差しならぬ状態だ。

277. 안성맞춤

이건 저에게 안성맞춤입니다.

持ってこい、打って付け

これは私には持ってこいです。

278. 말짱 도루묵(도로아미타불)

말짱 도루묵의 상태가 되어버렸다.

元のもくあみ

元のもくあみの状態になってしまった。

279. 돌아 갈래야 돌아갈 수 없다

뒤가 밀려 있어서 돌아갈래야 돌아갈 수가 없다.

戻るに戻れない

うしろがつかえていて、戻るに戻れない。

280. 철들다, 세상물정을 알다

저 사람도 이제 철이 들었다.

物心がつく

あの人ももう物心がついた。

281. 잘 이해해 주다

난 이해심 많은 아버지인 줄 알고 있는데.

物わかりのいい

俺は物わかりのいい親父のつもりだよ。

282. 기를 쓰고

그는 기를 쓰며 부정했다.

躍起になって

彼は躍起になって否定した。

283. 긁어 부스럼

불만이 엄청난 긁어 부스럼이 된다.

やぶ蛇

文句がとんだやぶ蛇になる。

284. 산더미

감추고 싶은 것은 산더미 같습니다.

やまやま

隠したいのはやまやまです。

285. 꿈을 갖고 있다

그녀 나름대로 일에 대한 꿈도 가지고 있었던 것 같습니다.

夢を持つ

彼女なりに仕事への夢も持っていたようです。

286. 좋든 나쁘든

좋든 나쁘든 결과를 기다릴 수밖에 없다.

よかれあしかれ

よかれあしかれ結果を待つしかない。

287. 쓸데없는 말참견　　　　　余計なおせっかい

그거야말로 쓸데없는 말참견입니다.　　　それこそ余計なおせっかいです。

288. 쓸데없는 걱정을 끼치다　　　　余計な心配をかける

쓸데없는 걱정을 끼쳐서는, 안 됩니다.　　余計な心配をかけてはいけません。

289. 예상대로　　　　　　　　　予想通り

예상대로 불합격이었다.　　　　　　予想通りに不合格だった。

290. 어색한 흉내　　　　　　　　よそよそしい真似

그런 어설픈 흉내는 그만두세요.　　　そんなよそよそしい真似はやめてください。

291. 밤샘 운전　　　　　　　　　夜通し運転

오사카까지 밤샘 운전으로 왔다.　　　大阪まで夜通し運転で来た。

292. 야반도주　　　　　　　　　夜逃げ

빚을 갚지 못해서 야반도주했다.　　　借金が払えなくて夜逃げをした。

293. 밤잠도 자지 않고　　　　　　夜の目も寝ずに

밤잠도 자지 않고 공부한다.　　　　　夜の目も寝ずに勉強する。

294. 변변히, 제대로　　　　　　　ろくに

변변히 이야기할 수 있는 재료가 없다.　　ろくに話せる材料がない。

295. 알 듯 모를 듯한　　　　　　わかったようなわからないような

알 듯 모를 듯한 말을 하다.　　　　　わかったようなわからないようなことを言う。

296. 이해하기 어렵다　　　　　　わかりかねる

글쎄요, 저로서는 이해하기 어렵습니다만.　　さあ、私にはわかりかねますが。

297. 한눈도 팔지 않고　　　　　　脇目もふらず

한눈도 팔지 않고 공부한다.　　　　　脇目もふらず勉強する。

298. ~할 수는 없다　　　　　　　~わけにはいかない

여기까지 와서 포기할 수는 없다.　　　ここまで来てあきらめるわけにはいかない。

299. 일식　　　　　　　　　　　和食

일식은 좋아하시는지요?　　　　　　和食はお好きでしょうか。

300. 지푸라기라도 잡고 싶은 심정이다　　わらにもすがる

지푸라기라고 잡고 싶은 심정으로 여러 가지　　わらにもすがる思いでさまざまな民間療法に頼った。
민간요법에 의지했다.

☐ 001. 만남은 이별의 시작
会うは別れの始め

☐ 002. 내일의 100보다 오늘의 50
明日の百より今日の五十

☐ 003. 맞는 것도 점, 맞지 않는 것도 점
当たるも八卦、当たらぬも八卦

☐ 004. (돈과 자식은) 있어도 고생 없어도 고생
あっても苦労なくても苦労

☐ 005. 비온 뒤에 땅이 굳는다
雨降って地固まる

☐ 006. 걱정하는 것보다 실제 해보면 쉽다
案ずるより産むが易い

☐ 007. 말은 쉽고 행동은 어렵다
言うは易く行うは難し

☐ 008. 돌다리도 두들기고 건넌다
石橋を叩いて渡る

☐ 009. 급할수록 돌아가라
急がば回れ

☐ 010. 이러지도 저러지도 못함
痛し痒し

☐ 011. 남자는 첫째 박력, 둘째 돈, 셋째 외모
一押し、二金、三男

☐ 012. 한 번 있는 일은 두 번 생긴다
一度あることは二度ある

☐ 013. 하나를 듣고 열을 안다
一を聞いて十を知る

☐ 014. 한 치 앞을 모른다
一寸先は闇

☐ 015. 지렁이도 밟으면 꿈틀 거린다
一寸の虫にも五分の魂

☐ 016. 열심히 돌아다니면 운도 따른다
犬も歩けば棒に当たる

☐ 017. 우물 안 개구리 바다 넓은 줄 모른다
井戸の中の蛙大海を知らず

☐ 018. 오는 정 가는 정
魚心あれば水心

☐ 019. 친구 따라 강남 간다
牛に引かれて善光寺参り

☐ 020. 거짓말도 한 방편
嘘も方便

☐ 021. 말 귀에 염불(우이독경)
馬の耳に念仏

☐ 022. 가는 말이 고와야 오는 말이 곱다
売り言葉に買い言葉

☐ 023. 중이 제 머리 못 깎는다(점쟁이가 자기 신세 모른다)
易者、身の上知らず

☐ 024. 그림의 떡
絵に描いた餅

☐ 025. 여자의 마음은 갈대
女の心と秋の空

☐ 026. 남자는 깡 여자는 애교
男は度胸、女は愛嬌

☐ 027. 도깨비에 방망이(범에 날개)
鬼に金棒

028. 귀신도 눈물이 있다 　　鬼の目にも涙

029. 물에 빠진 자는 지푸라기라도 잡는다 　溺れる者は藁をもつかむ

030. 여자 셋이 모이면 접시가 깨진다 　女三人寄れば姦しい

031. 믿는 도끼에 발등 찍힌다 　飼い犬に手を噛まれる

032. 감기는 만병의 원인 　風邪は万病の元

033. 원숭이도 나무에서 떨어진다 　猿も木から落ちる。河童の川流れ

034. 돈은 돌고 돈다 　金は天下の回りもの

035. 들으면 극락 보면 지옥 　聞いて極楽、見て地獄

036. 질문은 순간의 창피 묻지 않는 건 영원한 창피 　聞くは一時の恥、聞かぬは一生の恥

037. 이판사판 죽을 각오로 　清水の舞台から飛び降りる思いで

038. 썩어도 준치 　腐っても鯛

039. 자식을 가져야 아는 부모의 은혜 　子を持って知る親の恩

040. 술은 백약의 으뜸 　酒は百薬の長

041. 백지장도 맞들면 낫다 　三人寄れば文殊の知恵

042. 모르는 게 약 　知らぬが仏

043. 좋아하는 거야말로 능숙해진다 　好きこそ物の上手なれ

044. 세 살 버릇 여든 간다 　雀百まで踊り忘れず

045. 정들면 고향 　住めば都

046. 정신일도 하사불성 　精神一到何事もならざらん

047. 쇠뿔은 단 김에 빼라 　善は急げ

048. 타산지석 　他山の石

049. 청산유수 　立て板に水

050. 죽마고우 　竹馬の友

051. 피는 물보다 진하다 　血は水よりも濃い

052. 티끌모아 태산 　ちりも積もれば山となる

053. 모난 돌이 정 맞는다 　出る杭は打たれる

054. 하늘은 스스로 돕는 자를 돕는다 　天は自ら助くる者を助く

☐ 055. 등잔 밑이 어둡다   灯台、下暗し

☐ 056. 멀고도 가까운 남녀관계   遠くて近きは男女の仲

☐ 057. 시간은 금이다   時は金なり

☐ 058. 남의 떡이 커 보인다   隣りの花は赤い

☐ 059. 떡 줄 사람은 생각도 않는데 김치국부터 마신다   捕らぬ狸の皮算用

☐ 060. 소 잃고 외양간 고치기   泥棒見て縄をなう

☐ 061. 엎친 데 덮친 격   泣き面に蜂

☐ 062. 정은 남을 위한 것이 아니다   情けは人のためならず

☐ 063. 함흥차사   梨のつぶて

☐ 064. 칠전팔기   七転び八起き

☐ 065. 선무당이 사람 잡는다   生兵法は大怪我のもと

☐ 066. 도망치는 게 승리   逃げるが勝ち

☐ 067. 부부는 닮는 법   似た者夫婦

☐ 068. 두 마리 토끼를 쫓는 자 한 마리도 못 잡는다   二兎を追う者は一兎をも得ず

☐ 069. 여자와 다타미는 새 것일수록 좋다   女房と畳は新しいほうがよい

☐ 070. 처녀가 애를 배도 할 말이 있다   盗人にも三分の理

☐ 071. 고양이에게 생선 가게   猫にかつおぶし

☐ 072. 나는 생각한다. 고로 나는 존재한다.   我思う故に我あり

☐ 073. 아닌 밤중에 홍두깨   寝耳に水

☐ 074. 능력 있는 매는 발톱을 감춘다   能ある鷹は爪を隠す

☐ 075. 쓰레기더미에 학, 개천에서 용 나다   掃き溜めに鶴

☐ 076. 금강산도 식후경   花より団子

☐ 077. 일찍 일어나는 거지 따뜻한 밥 먹는다   早起きは三文の徳

☐ 078. 사람이 술 먹고, 술이 술 먹고, 술이 사람 먹는다   人酒を飲む、酒酒を飲む、酒人を飲む

☐ 079. 남의 소문도 75일   人の噂も７５日

☐ 080. 사람은 겉 보고 모른다   人は身かけによらぬもの

☐ 081. 아니 뗀 굴뚝에 연기 나랴   火の無いところに煙は立たぬ

☐ 082. 백문이 불여일견   百聞は一見に如かず

☐	083. 부부싸움은 칼로 물 베기	夫婦の喧嘩は犬も食わぬ
☐	084. 한 번 엎지른 물 되담을 수 없다	覆水、盆に返らず
☐	085. 무사는 먹지 않아도 이 쑤신다	武士は食わねど高楊枝
☐	086. 부처님도 세 번째는 화낸다	仏の顔も三度
☐	087. 지는 게 이기는 것이다	負けるが勝ち
☐	088. 쥐구멍에도 볕 들 날 있다	待てば海路の日和有り
☐	089. 자업자득, 하늘 보고 침 뱉기	身から出た錆
☐	090. 함부로 보지 말고, 듣지 말고, 말하지 말라	見猿聞か猿言わ猿
☐	091. 물이 너무 맑으면 고기가 못 산다	水清ければ魚すまず
☐	092. 윗물이 맑아야 아랫물도 맑다	源清ければ流れ清し
☐	093. 눈은 마음의 거울	目は心の鏡
☐	094. 떡은 떡집에서	餅は餅や
☐	095. 시작이 반	物は試し
☐	096. 서당개 3년이면 풍월을 읊는다	門前の小僧、習わぬ経を読む
☐	097. 긁어 부스럼	やぶをつついて蛇を出す(やぶ蛇)
☐	098. 모든 병은 마음에서	病は気から
☐	099. 짚신도 제 짝이 있다	破れ鍋に綴じ蓋
☐	100. 웃는 집안에 복 온다	笑う門には福きたる
☐	101. 내일은 내일의 바람이 분다	明日は明日の風が吹く
☐	102. 자라보고 놀란 가슴 솥뚜껑 보고 놀란다	羹に懲りて膾を吹く
☐	103. 원님 행차 후에 나팔	後の祭
☐	104. 쥐구멍에라도 들어가고 싶다	穴があったら入りたい
☐	105. 제 눈에 안경(곰보도 보조개)	あばたも靨
☐	106. 되든 안 되든 일은 해봐야 안다	一か八か
☐	107. 친구는 끼리끼리 논다, 유유상종	牛は牛連れ、馬は馬連れ
☐	108. 산전수전 백전노장	海千山千
☐	109. 호랑이도 제 말하면 온다	噂をすれば影が差す
☐	110. 영웅은 호색이다	英雄、色を好む

[あ]

[な]

[ま]

[や]